Auswirkungen der Europäischen Grundrechtecharta auf die Verfahrensrechte der Drittbeteiligten im europäischen Beihilfeverfahren

Europäische Hochschulschriften

European University Studies

Publications Universitaires Européennes

Reihe II	**Rechtswissenschaft**
Series II	Law
Série II	Droit

Band/ Volume **6011**

Christian Klein

Auswirkungen der Europäischen Grundrechtecharta auf die Verfahrensrechte der Drittbeteiligten im europäischen Beihilfeverfahren

PETER LANG

Bibliografische Information der Deutschen Nationalbibliothek
Die Deutsche Nationalbibliothek verzeichnet diese Publikation in der Deutschen Nationalbibliografie; detaillierte bibliografische Daten sind im Internet über http://dnb.d-nb.de abrufbar.

Zugl.: Mainz, Univ., Diss., 2017

D 77
ISSN 0531-7312
ISBN 978-3-631-74911-1 (Print)
E-ISBN 978-3-631-75890-8 (E-PDF)
E-ISBN 978-3-631-75891-5 (EPUB)
E-ISBN 978-3-631-75892-2 (MOBI)
DOI 10.3726/b14258

Peter Lang – Berlin · Bern · Bruxelles · New York · Oxford · Warszawa · Wien

Diese Publikation wurde begutachtet.

www.peterlang.com

Meinen Eltern

Vorwort

Die vorliegende Arbeit wurde von der juristischen Fakultät der Johannes Gutenberg-Universität Mainz im Sommersemester 2016 als Dissertation angenommen. Rechtsprechung und Literatur wurden bis September 2016 berücksichtigt. Tag des Rigorosums war der 16. August 2017. Für die Drucklegung wurden im Manuskript noch leichte Überarbeitungen vorgenommen, Literatur und Rechtsprechung kursorisch durchgesehen und bei Bedarf aktualisiert.

Mein besonderer Dank gilt meinem Doktorvater, Herrn Prof. Dr. Josef Ruthig, für die herausragende Betreuung und die vielen guten und anregenden Gespräche. Für die zügige Erstellung des Zweitgutachtens möchte ich mich herzlich bei Herrn Prof. Dr. Dieter Dörr bedanken.

Schließlich danke ich allen, die mich während der Erstellung der Arbeit und bei deren Durchsicht unterstützt haben. Mein Dank gilt insbesondere meinen Eltern, auf deren Unterstützung ich stets zählen konnte, und meiner Ehefrau Katharina, ohne deren Rückhalt und Verständnis die Erstellung der Arbeit nicht möglich gewesen wäre.

Inhaltsverzeichnis

Kapitel 1: Einführung und Entwicklung der Verfahrensrechte der Beihilfeempfänger und Konkurrenten

I. Einleitung und Gang der Untersuchung

1. Aktuelle Situation

Während eines europäischen Beihilfeverfahrens werden regelmäßig die Interessen einer Vielzahl von Beteiligten tangiert. Denn nicht nur die Mitgliedstaaten, gegen die sich das Beihilfeverfahren der Kommission primär richtet, sondern auch die Beihilfeempfänger und Konkurrenten[1] haben ein ureigenes Interesse am Ausgang des Verfahrens. Etwaige Rückforderungsbescheide der Kommission gefährden, je nach Höhe der gewährten Beihilfe, die Existenz mancher Unternehmen und führen nicht selten zur Insolvenz des Beihilfeempfängers. Seit vielen Jahren wird deshalb diskutiert, die Stellung der Beihilfeempfänger und Konkurrenten im Rahmen des Beihilfeverfahrens der Kommission weiter auszubauen und somit zu stärken. Insbesondere die Verabschiedung einer Verfahrensverordnung im Jahr 1999, die letztlich nur den Stand der Rechtsprechung kodifizierte, aber keine neuen Verfahrensrechte für Drittbeteiligte mit sich brachte, war Anlass für zahlreiche Dissertationen zur Verfahrensstellung der Drittbeteiligten.[2] Die Diskussion in Literatur und Rechtsprechung fokussierte sich dabei insbesondere auf die Frage, ob den Wettbewerbern der Beihilfeempfänger auch im Vorprüfungsverfahren des Beihilfeverfahrens ein Recht auf Anhörung zugesprochen werden muss. Hoffnung auf eine dementsprechende Erweiterung der Verfahrensrechte Drittbeteiligter hatte zum damaligen Zeitpunkt zwar das wenige Jahre zuvor erlassene Urteil des Gerichtes in der Rechtssache „Sytraval“ gegeben, in dem es dem Beschwerdeführer in der Vorprüfungsphase ein solches Anhörungsrecht zusprach. Dieser Hoffnungsschimmer wurde aber durch die Rechtsmittelentscheidung des Gerichtshofes im Jahr 1998 im Keim erstickt, der die progressive Richtung des Gerichtes nicht teilen wollte.

---

1 Beide werden nachfolgend auch als Drittbeteiligte bezeichnet.

2 S. insbes. *Wagner*, Die Stellung des Wettbewerbers im Beihilfenaufsichtsverfahren der Europäischen Gemeinschaft; *Rosenfeld*, Das Verfahrensrecht der gemeinschaftsrechtlichen Beihilfenaufsicht; *Klingbeil*, Das Beihilfeverfahren nach Art. 93 EG-Vertrag.

Die damaligen Arbeiten beschäftigten sich eingehend mit der zunächst durch die Rechtsprechung geprägten Verfahrensstellung der Drittbeteiligten bis zum Inkrafttreten der Verfahrensverordnung. Des Weiteren stellen sie die Entstehung der Verfahrensverordnung dar und gehen dabei, teils sehr ausführlich, insbesondere auf die Vorschläge aus Wissenschaft und Wirtschaft und deren Niederschlag in der Verfahrensverordnung ein und unterziehen diese einer kritischen Würdigung. Teilweise kommen die Verfasser auch zu dem Ergebnis, dass weitergehende Verfahrensrechte der Drittbeteiligten aus den allgemeinen Rechtsgrundsätzen abzuleiten sind, was jedoch weder zum damaligen Zeitpunkt, noch in den darauffolgenden Jahren Anklang in der Rechtsprechung der Unionsgerichte fand.[3]

Diese Diskussion führt die vorliegende Arbeit weiter. Sie geht intensiv der Frage nach, ob diese Rechtsprechung und damit auch die Verfahrensverordnung nach dem Vertrag von Lissabon und dem damit einhergehenden Inkrafttreten der Europäischen Grundrechtecharta mit dem neueren Primärrecht vereinbar ist. Insbesondere das „Recht auf gute Verwaltung" in Art. 41 GrCh, welches auch Vorschriften über die Ausgestaltung von Verfahren beinhaltet, gibt hier Anlass zum Zweifel. An Aktualität hat die Bedeutung und Auswirkung dieses Chartagrundrechtes auf die bestehenden Regelungen im Beihilfeverfahren zudem dadurch gewonnen, dass zu dieser Thematik auch ein Beschwerdeverfahren beim Europäischen Bürgerbeauftragten durchgeführt wurde.[4] Die Frage, inwieweit sich durch dieses Grundrecht der primärrechtliche Rahmen verschoben hat und welche Auswirkungen dies auf das Beihilfeverfahren und die Stellung der Drittbeteiligten haben könnte, bildet den Schwerpunkt dieser Arbeit.

Dabei hat dic Diskussion über die Verfahrensrechte der Drittbeteiligten nicht nur durch den Vertrag von Lissabon neue Relevanz erhalten. Ihre Aktualität wird

3 So hatte *Wagner* ausf. ein Recht auf Anhörung der Beschwerdeführer im Vorprüfungsverfahren aus den allgemeinen Rechtsgrundsätzen hergeleitet, s. *Wagner*, Die Stellung des Wettbewerbers im Beihilfenaufsichtsverfahren der Europäischen Gemeinschaft, S. 59.

4 Fall 1179/2014/LP. Die Beschwerde wurde von *Prof. John Temple Lang* eingereicht, der auf dem „State Aid Modernisation Seminar" der „UK State Aid Law Association" ein Paper vorgestellt hatte, in dem er insbesondere die Unvereinbarkeit des aktuellen Beihilfeverfahrensrechtes mit Art. 41 GrCh hervorhebt. Dieses ist online abrufbar unter http://uksala.org/wp-content/uploads/2014/11/JTL-paper-on-State-aid-procedure.docx (zuletzt geprüft: 16.08.2016). Am 23.09.2016, nach Einreichung der Dissertationsschrift, ist über die Beschwerde entschieden worden. Nach Ansicht des Europäischen Bürgerbeauftragten kann aus Art. 41 GrCh keine verfahrensrechtliche Gleichbehandlung zwischen Drittbeteiligten und Mitgliedstaaten abgeleitet werden, s. Entscheidung vom 23.09.2016, Rn. 58.

auch dadurch untermauert, dass mittlerweile die meisten Beihilfeverfahren bereits im Vorprüfungsverfahren mit einer abschließenden Entscheidung beendet werden.[5] Da die Konkurrenten der Beihilfeempfänger derzeit in diesem Verfahrensabschnitt nicht beteiligt werden, ist es ihnen also in der Regel nicht möglich, Einfluss auf die Entscheidung der Kommission zu nehmen. Und dies, obwohl eine verfahrensabschließende Entscheidung im Vorprüfungsverfahren stets zur Genehmigung der Auszahlung der Beihilfe führt. Die großzügige Genehmigungspraxis der Kommission wurde begleitet durch zahlreiche Gruppenfreistellungsverordnungen, die bereits zahlreiche Beihilfen aus dem Anwendungsbereich des Beihilfeverbotes ausnehmen.[6] Insgesamt hat dadurch die Frage der Verfahrensbeteiligung von Beihilfeempfängern und Konkurrenten eine neue Dimension erreicht, deren Bedeutung sich weder die Kommission noch die Unionsgerichte auf Dauer verschließen können. Erste Impulse in Richtung einer Ausweitung der Verfahrensrechte Drittbeteiligter ließ der Generalanwalt Mengozzi in seinem Schlussantrag in der Rechtssache „Scott" erkennen. Trotzdem hat das Gericht in einer jüngeren Entscheidung aus dem Jahr 2014 eine Auswirkung der Grundrechtecharta auf die Verfahrensrechte innerhalb des Beihilfeverfahrens zunächst verneint.[7]

Der europäische Gesetzgeber hat sich bislang wenig von den Diskussionen in der wissenschaftlichen Literatur beeindrucken lassen und sich nicht nur zurückhaltend bei der Ausweitung der Verfahrensrechte Drittbeteiligter gezeigt, sondern deren Verfahrensstellung sogar durch die im Jahr 2014 in Kraft getretene Änderungsverordnung zur Verfahrensverordnung weiter geschwächt. Ermittlungsbefugnisse der Kommission wurden hingegen weiter ausgebaut.

2. Gang der Untersuchung

Die Arbeit widmet sich im 1. Kapitel der bisherigen Entwicklung der Verfahrensrechte von Beihilfeempfängern und Konkurrenten. Dabei wird zunächst die Entwicklung der Rechtsprechung in diesem Bereich chronologisch mit den

---

5 *Soltész*, in: Johlen/Oerder, MAH Verwaltungsrecht, § 25 Rn. 33.

6 Nach Angaben der Kommission werden mittlerweile 88 % der Beihilfen auf Grundlage von zuvor genehmigten Beihilferegelungen oder von Gruppenfreistellungen gewährt, s. Arbeitsunterlagen der Kommissionsdienststellen, Begleitunterlage zum Bericht der Kommission an das Europäische Parlament, den Rat, den Europäischen Wirtschafts- und Sozialausschuss und den Ausschuss der Regionen über die Wettbewerbspolitik in 2015, SWD (2016) 198 final, S. 12.

7 EuG, Urteil v. 09.12.2014, Rs. T-140/13, „*Netherlands Maritime Technology Association/ Kommission*", Rn. 60.

wichtigsten Entscheidungen dargelegt. Zudem werden die Rechte der o. g. Beteiligten in der Verordnung (EU) Nr. 2015/1589[8] beleuchtet und einer kritischen Würdigung unterzogen.

Im 2. Kapitel werden die Rechtsschutzmöglichkeiten der genannten Beteiligten dargestellt und es wird näher auf die Frage eingegangen, ob das gerichtliche Verfahren eine mögliche und ausreichende Kompensation für etwaige Verteidigungsdefizite im Beihilfeverfahren darstellt. Insbesondere wird der Frage der Prüfungsreichweite der Unionsgerichte in Bezug auf die Beihilfeentscheidung der Kommission nachgegangen und festgestellt, inwieweit die Gerichte nicht nur die Kommissionsentscheidung auf Verfahrensfehler, sondern auch materiell prüfen. Denn gerade im Hinblick auf eine kompensatorische Funktion des gerichtlichen Verfahrens für die Verweigerung administrativen Rechtsschutzes Drittbeteiligter ist dieser Punkt von entscheidender Bedeutung.

Im 3. Kapitel wird zunächst der Frage nachgegangen, welche Funktionen dem Verwaltungsverfahren und somit auch den Verfahrensrechten überhaupt zukommen und ob diese Funktionen in Bezug auf die Drittbeteiligten im Beihilfeverfahren erfüllt werden. Sodann schließt sich ein Vergleich zu den Verfahrensrechten von Drittbeteiligten in den übrigen Bereichen des europäischen Wettbewerbsrechtes an. Im Zentrum steht hier die Frage, inwieweit sich etwaige unterschiedliche Verfahrenspositionen in den einzelnen Bereichen des europäischen Wettbewerbsrechtes im Hinblick auf die zuvor dargestellten Verfahrenszwecke sachlich rechtfertigen lassen.

Das 4. und letzte Kapitel beschäftigt sich mit der Frage, ob anknüpfend an dem zuvor dargestellten Status quo weitergehende Verfahrensrechte für Drittbeteiligte geschaffen werden müssen. Ausgangspunkt für eine neue rechtliche Beurteilung bildet das „Recht auf gute Verwaltung" in Art. 41 GrCh, welches mit seinen relevanten Teilrechten und seiner Bedeutung auch für die Rechte Drittbeteiligter zunächst ausführlich dargestellt wird. Dabei wird der Sinngehalt der einzelnen Rechte auch durch eine Rechtsvergleichung näher ergründet, die jedoch aufgrund bereits vorhandener wissenschaftlicher Vorarbeiten nur ausgewählte Rechtskreise mit einbezieht.

Im Anschluss wird dargestellt, ob die Drittbeteiligten einen Anspruch auf Verfahrensrechte haben, die ihnen derzeit weder von der Verfahrensverordnung noch von der Rechtsprechung zuerkannt werden. Zunächst geht es um das Recht der

---

8 Verordnung (EU) 2015/1589 des Rates v. 13.07.2015 über besondere Vorschriften für die Anwendung von Artikel 108 des Vertrags über die Arbeitsweise der Europäischen Union, ABl. v. 24.09.2015, L 248/9 (Beihilfeverfahrensordnung, im Folgenden: VVO).

Konkurrenten, nicht nur im förmlichen Prüfverfahren, sondern auch in der Vorprüfungsphase angehört zu werden. Auch wenn eine dahin gehende Forderung seit vielen Jahren von Wissenschaft und Literatur erhoben wird, mangelte es bislang an einer sekundärrechtlichen Regelung bzw. einem primärrechtlichen Anknüpfungspunkt. Die Arbeit stellt an dieser Stelle im Rahmen der Prüfung der rechtmäßigen und damit verhältnismäßigen Einschränkung dieses in Art. 41 Abs. 2 lit. a) GrCh verbürgten Anhörungsrechtes die Argumente dar, die für und gegen ein solches Verfahrensrecht sprechen, zeigt aber auch auf, welche Möglichkeiten existieren, um die verschiedenen Interessen im Rahmen einer praktischen Konkordanz auszugleichen. Dies betrifft insbesondere den Aspekt der Einführung eines Widerspruchsverfahrens. Dessen Vorzüge und seine praktikable Inkorporation in das System des Beihilfeverfahrens werden ausführlich dargelegt. Zudem wird auch beleuchtet, inwieweit derzeitige Defizite durch weitergehende Anhörungsrechte in den nationalen Rechtsordnungen kompensiert werden müssen bzw. dürfen und ob dies vor dem Hintergrund der Relevanz des Beihilferechtes für die Sicherung des Gemeinsamen Marktes überhaupt sinnvoll erscheint.

Weiterhin wird der Frage nachgegangen, ob den Drittbeteiligten im förmlichen Prüfverfahren auch ein Anspruch auf mündliche Anhörung vor der Kommission zusteht. Bislang ist deren Recht auf Anhörung auf die Abgabe einer schriftlichen Stellungnahme beschränkt. Ein weiterer Punkt betrifft die Behandlung verspäteter oder erneuter Stellungnahmen von Drittbeteiligten in der förmlichen Prüfphase. Bislang wurden solche von der Kommission wegen des Fristablaufes in der Regel zurückgewiesen und bei der späteren abschließenden Entscheidung nicht berücksichtigt. Ob dies mit den Grundsätzen einer „guten Verwaltung" vereinbar ist, erscheint in der bisherigen Absolutheit zweifelhaft.

Zuletzt wird ein Verfahrensrecht näher betrachtet, dessen Versagung dem Gerichtshof wie in keinem anderen Fall den Vorwurf entgegengebracht hat, Widersprüche im europäischen Rechtsschutzsystem zu erzeugen. Die Rede ist vom Akteneinsichtsrecht der Drittbeteiligten, sowohl im Vorprüfungs- als auch im förmlichen Prüfverfahren. Denn es waren die Unionsgerichte, die aus den allgemeinen Rechtsgrundsätzen hergeleitet haben, dass ein Recht auf Anhörung grundsätzlich von einem akzessorischen Akteneinsichtsrecht flankiert werden muss, damit das Anhörungsrecht auch effektiv ausgeübt werden kann. Umso überraschender ist es, dass die Rechtsprechung auch in der förmlichen Prüfphase, in der sich auch die Drittbeteiligten auf ein Recht zur Stellungnahme berufen können, sowohl Beihilfeempfängern als auch Konkurrenten jede Akteneinsicht verweigert. Die bisherige Rechtsprechung wird auf Grundlage des nun ausdrücklich als Grundrecht in Art 41 Abs. 2 lit. b) GrCh verbürgten Rechtes auf Akteneinsicht kritisch gewürdigt. Auch an dieser Stelle wird der Frage nachgegangen, inwieweit nationale Akteneinsichtsrechte, die aus den Verfahrensgesetzen, aber auch aus den immer weiter Verbreitung findenden Informationsfreiheitsgesetzen resultieren, geeignet sind, vorhandene Defizite auf Ebene des europäischen Beihilfeverfahrens zu kompensieren.

II. Entwicklung der Verfahrensrechte der Beihilfeempfänger und Konkurrenten im Beihilfeverfahren

1. Ablauf des Beihilfeverfahrens

a) Einleitung eines Beihilfeverfahrens

Ein Beihilfeverfahren wird zunächst dann eingeleitet, wenn ein Mitgliedstaat eine Beihilfe bei der Kommission anmeldet und diese darüber zu befinden hat, ob die Beihilfe genehmigt werden kann. Die Mitgliedstaaten sind zur Anmeldung bei der Kommission verpflichtet, soweit es sich bei der betreffenden Maßnahme um eine Beihilfe handelt und diese weder unter eine „De-minimis-Verordnung“ fällt, noch durch Gruppenfreistellungsverordnungen von der Anmeldepflicht befreit ist.[9] Dies ergibt sich unmittelbar aus Art. 108 Abs. 3 S. 1 AEUV, Art. 2 Abs. 1 S. 1 VVO. Hingegen sind auch Beihilfen, die nach Art. 107 Abs. 2 und 3 AEUV genehmigungsfähig sind, bei der Kommission anzumelden, da ihr insoweit die alleinige Entscheidungskompetenz bei der Genehmigung von Beihilfen zukommt.[10] Die Notifizierungspflicht betrifft hingegen nur neue Beihilfen, worunter nach Art. 1 lit. c) VVO aber auch Änderungen bestehender Beihilfen zu fassen sind. Nachdem die ehemalige Auffassung der Kommission, dass die Mitgliedstaaten bereits bei einem bloßen Verdacht auf Vorliegen einer Beihilfe eine Notifizierung vornehmen müssen, zu einer impraktikablen und unverhältnismäßigen Notifizierungsflut geführt hätte,[11] ist eine Anmeldung nun nur noch notwendig, wenn nach Auffassung der Mitgliedstaaten die Tatbestandsmerkmale des Art. 107 Abs. 1 AEUV vorliegen.[12]

---

9 S. hierzu ausf. *Bartosch*, EU-Beihilfenrecht, Einleitung Rn. 22.

10 *Bungenberg*, in: Birnstiel/Bungenberg/Heinrich, Europäisches Beihilfenrecht, Art. 108 AEUV Rn. 52.

11 *Bierwagen*, in: Birnstiel/Bungenberg/Heinrich, Europäisches Beihilfenrecht, Art. 2 VVO Rn. 198.

12 EuGH, Urteil v. 15.07.2004, Rs. C-345/02, „*Pearle u. a./Hoofdbedrijfschap Ambachten*“, Rn. 31 f., Slg. 2004, I-7139; vgl. hierzu und zu der entsprechenden Kritik an dieser Praxis *Bierwagen*, in: Birnstiel/Bungenberg/Heinrich, Europäisches Beihilfenrecht, Art. 2 VVO Rn. 198 sowie *Bartosch*, EU-Beihilfenrecht, Art. 2 VVO Rn. 3.

Das Risiko, dass die Kommission eine nicht angemeldete Beihilfe entgegen der Auffassung des Mitgliedstaates doch als Beihilfe einstuft, trägt demnach der Mitgliedstaat, aber auch der Empfänger der Beihilfe.[13] Es liegt deshalb in Zweifelsfällen in der Entscheidungskompetenz des Mitgliedstaates, ob er die Beihilfe aus Gründen der Rechtssicherheit trotzdem bei der Kommission mit dem Ziel anmeldet, dass diese eine Entscheidung nach Art. 4 Abs. 2 VVO trifft.[14]

Nicht berechtigt, eine Beihilfe bei der Kommission anzumelden, sind hingegen die Beihilfeempfänger.[15] In föderalgegliederten Mitgliedstaaten trifft die Notifizierungspflicht den Mitgliedstaat, nicht hingegen die einzelnen Bundesländer.[16] In Deutschland ist demnach nicht das jeweilige Bundesland bzw. das dortige Fachministerium, sondern das Bundesministerium für Wirtschaft und Energie die zuständige Behörde für die Einhaltung der Notifizierungspflicht.

Der Mitgliedstaat muss die Notifizierung derart vornehmen, dass sowohl der Begünstigte als auch das konkrete Vorhaben und das Ziel der Beihilfengewährung für die Kommission ersichtlich werden.[17] Auch sollte er versuchen, die Kommission so früh wie möglich über das Vorhaben zu unterrichten, da auf der einen Seite bis zur abschließenden Entscheidung der Kommission die Beihilfe nach Art. 108 Abs. 3 S. 3 AEUV nicht ausgezahlt werden darf, auf der anderen Seite aber die Bedenken und Anregungen der Kommission noch im nationalen Verfahren berücksichtigt werden können.[18]

Gewährt ein Mitgliedstaat eine Beihilfe, die nicht unter die genannten Ausnahmen fällt und meldet er die Beihilfe nicht bei der Kommission an, obwohl er dazu verpflichtet ist, verstößt er gegen seine Pflicht aus Art. 108 Abs. 3 S. 1 AEUV. Gewährt er die Beihilfe trotzdem, handelt es sich um eine rechtswidrige Beihilfe, deren weitere Durchführung die Kommission mit einer Aussetzungsanordnung nach Art 13 Abs. 1 VVO verhindern kann. Erlangt die Kommission von der

13 *Bierwagen*, in: Birnstiel/Bungenberg/Heinrich, Europäisches Beihilfenrecht, Art. 2 VVO Rn. 199; zu neuen Möglichkeiten, das Verfahren auf informellem Weg zu erledigen und somit von einer förmlichen, ggf. nicht notwendigen, Notifizierung abzusehen, s. *Soltész*, EuZW 2016, 87, 92.

14 *Bartosch*, EU-Beihilfenrecht, Art. 2 VVO Rn. 3; *Rosenfeld*, in: Schulte/Kloos, Handbuch Öffentliches Wirtschaftsrecht, § 3 Rn. 82.

15 EuGH, Urteil v. 01.06.2006, verb. Rs. C-442/03 P u. a., *„P&O European Ferries u. a./Kommission"*, Rn. 103, Slg. 2006, I-4845; s. auch *Kühling*, in: Streinz, EUV/AEUV, Art. 108 AEUV Rn. 12.

16 *Koenig/Kühling/Ritter*, EG-Beihilfenrecht, Rn. 374; *Kühling*, in: Streinz, EUV/AEUV, Art. 108 AEUV Rn. 13.

17 *Kühling*, in: Streinz, EUV/AEUV, Art. 108 AEUV Rn. 13.

18 *Rosenfeld*, Das Verfahrensrecht der gemeinschaftsrechtlichen Beihilfenaufsicht, S. 41.

Gewährung der rechtswidrigen Beihilfe Kenntnis, hat sie nach Art. 10 Abs. 1 VVO von Amts wegen den Sachverhalt zu prüfen, wobei sie zur Informationsgewinnung in der Regel ein Auskunftsersuchen an den betreffenden Mitgliedstaat nach Art. 10 VVO richtet.[19] Das Verfahren wird durch eine Entscheidung nach Art. 15 VVO beendet, die den Entscheidungsvarianten der Kommission im Rahmen der vorläufigen Prüfung bei notifizierten Beihilfen entspricht.[20]

Die Kommission kann entweder von sich aus auf den betreffenden Sachverhalt aufmerksam werden, oder aber aufgrund einer Beschwerde. Zu deren Einlegung ist nach Art. 24 Abs. 2 VVO jeder Beteiligte berechtigt.[21]

b) Vorprüfungsverfahren

Bei neuen Beihilfen, die der Mitgliedstaat bei der Kommission anmeldet, leitet die Kommission zunächst ein Vorprüfungsverfahren ein. Es handelt sich bei diesem Verfahren um eine summarische Prüfung des Sachverhaltes.[22] Dieser Verfahrensabschnitt soll der Kommission die Möglichkeit eröffnen, einen ersten Überblick über den Sachverhalt zu erhalten.[23] Aus diesem Grund existieren derzeit, wie gleich noch ausführlich dargestellt werden wird, keine Beteiligungsrechte Dritter. Die Kommission hat für ihre Entscheidung in dieser Prüfphase gem. Art. 4 Abs. 5 VVO zwei Monate Zeit (sog. „Lorenz-Frist“). Da in der Praxis jedoch die von der Kommission angefordertenAuskünfte nicht selten unvollständig sind und die von der Kommission eingeforderten ergänzenden Auskünfte die Frist erneut in Gang setzen, wird dieser Zeitraum oftmals erheblich überschritten.[24]

Ergibt die Prüfung, dass die angemeldete Maßnahme keine Beihilfe darstellt, stellt die Kommission dies nach Art. 4 Abs. 2 VVO durch Entscheidung fest. Sie kann auch zum Ergebnis kommen, dass die Maßnahme offensichtlich mit dem Gemeinsamen Markt vereinbar ist (sog. Positiventscheidung), Art. 4 Abs. 2 VVO. Ergibt ihre Prüfung hingegen Anlass zu Bedenken hinsichtlich ihrer Vereinbarkeit mit dem Gemeinsamen Markt, ist sie nach Art. 4 Abs. 4 VVO verpflichtet, das förmliche Prüfverfahren einzuleiten. Wann dies anzunehmen ist, wird später

---

19 *Bungenberg*, in: Birnstiel/Bungenberg/Heinrich, Europäisches Beihilfenrecht, Art. 108 Rn. 69.

20 S. hierzu näher *Bungenberg*, in: Birnstiel/Bungenberg/Heinrich, Europäisches Beihilfenrecht, Art. 108 Rn. 69 f.

21 S. hierzu näher unten Kap. 1.II.3.b).cc).(2).

22 *Rosenfeld*, Das Verfahrensrecht der gemeinschaftsrechtlichen Beihilfenaufsicht, S. 43.

23 EuGH, Urteil v. 11.12.1973, Rs. C-120/73, „*Lorenz/Deutschland*“, Rn. 3, Slg. 1973, 1471.

24 *Koenig/Kühling/Ritter*, EG-Beihilfenrecht, Rn. 376 f.; *Kühling*, in: Streinz, EUV/AEUV, Art. 108 AEUV Rn. 15.

noch näher erläutert. Trifft die Kommission innerhalb der Zweimonatsfrist keine Entscheidung, gilt die Beihilfe nach Art. 4 Abs. 6 S. 1 VVO als genehmigt.

c) Förmliches Prüfverfahren

Entscheidet sich die Kommission, das förmliche Prüfverfahren einzuleiten, gibt sie gem. Art. 6 Abs. 1 S. 2 VVO allen Beteiligten die Gelegenheit, eine Stellungnahme abzugeben. In ihrem Beschluss, das förmliche Prüfverfahren zu eröffnen, muss die Kommission zudem die wesentlichen Sach- und Rechtsfragen zusammenfassen, eine vorläufige Würdigung des Beihilfecharakters der von dem Mitgliedstaat geplanten Maßnahme sowie die Gründe aufnehmen, aus denen sich ihre Bedenken bei deren Vereinbarkeit mit dem Gemeinsamen Markt ergeben (Art. 6 Abs. 1 S. 1 VVO).Das förmliche Prüfverfahren endet mit einem Beschluss nach Art. 9 Abs. 1 VVO, in dem die Kommission entweder feststellt, dass die betreffende Maßnahme keine Beihilfe darstellt (Art. 9 Abs. 2 VVO) oder aber mit dem Gemeinsamen Markt vereinbar ist (Art. 9 Abs. 3 VVO). Nach Art. 9 Abs. 6 S. 2 VVO bemüht sich die Kommission darum, die Entscheidung innerhalb einer Frist von 18 Monaten zu treffen. Die Frist ist hingegen nicht bindend.[25] Dem Mitgliedstaat steht aber nach Abs. 7 S. 1 VVO die Möglichkeit offen, nach Ablauf der Frist die Kommission aufzufordern, innerhalb von zwei Monaten auf Grundlage der ihr zur Verfügung stehenden Informationen eine Entscheidung zu treffen. Reichen der Kommission die vorhandenen Informationen nicht aus, um die Vereinbarkeit der betreffenden Maßnahme mit dem Gemeinsamen Markt festzustellen, ist sie nach Abs. 7 S. 2 VVO verpflichtet, eine Negativentscheidung zu erlassen. Bislang ungeklärt ist aber die Frage, welche Auswirkungen es hat, wenn die Kommission die Frist verstreichen lässt, ohne eine Entscheidung zu treffen.[26] Da es im förmlichen Prüfverfahren an einer im Vorprüfungsverfahren vergleichbaren Genehmigungsfiktion mangelt (Art. 4 Abs. 6 VVO), kommt wohl nur die Erhebung einer Untätigkeitsklage in Betracht.[27]

2. Beteiligte des Beihilfeverfahrens

a) Zum Begriff des Beteiligten

Der Begriff des „Beteiligten“ wurde in Art. 1 lit. h) VVO erstmals ausdrücklich definiert. Demnach sind Beteiligte alle „Mitgliedstaaten, Personen, Unternehmen oder Unternehmensvereinigungen, deren Interesse aufgrund der Gewährung

---

25 *Bartosch*, EU-Beihilfenrecht, Art. 9 VVO Rn. 4.

26 *Bartosch*, EU-Beihilfenrecht, Art. 9 VVO Rn. 4.

27 So *Bartosch*, EU-Beihilfenrecht, Art. 9 VVO Rn. 4.

einer Beihilfe beeinträchtigt sein können, insbesondere der Beihilfeempfänger, Wettbewerber und Berufsverbände". Wie in weiteren Teilen der Verordnung auch, wird mit dieser Definition die bisherige Rechtsprechung der europäischen Gerichte kodifiziert. Denn der Beteiligtenbegriff des Art. 1 lit. h) VVO basiert auf der Definition, die der Europäische Gerichtshof in der Rechtssache „Intermills"[28] prägte und seitdem in ständiger Rechtsprechung der europäischen Gerichte bestätigt wurde.[29] Der Begriff des „Beteiligten" ist folglich sehr weit gefasst.

b) Die Verfahrensstellung des Mitgliedstaates als Verfahrensbeteiligter

Nach Wortlaut und Systematik des Art. 108 AEUV und der Regelungen in der VVO richtet sich das Beihilfeverfahren gegen den betreffenden Mitgliedstaat.[30] Er ist es, gegenüber dem nach Ende eines beihilfeaufsichtsrechtlichen Verfahrens eine Entscheidung der Kommission ergeht.[31] Daraus folgt seine Stellung als Verfahrensbeteiligter mit einer Fülle von Verfahrensrechten.[32]

c) Die Verfahrensstellung von Beihilfeempfängern und Konkurrenten

Im Gegensatz zum Mitgliedstaat, gegen den sich das Beihilfeverfahren der Kommission richtet, sind die Beihilfeempfänger und Konkurrenten Drittbeteiligte, denen nach Ansicht der europäischen Gerichte nicht die Stellung eines Verfahrensbeteiligten, sondern lediglich die Funktion als Informationsquelle der Kommission zukommt.[33] Dies hat entscheidenden Einfluss auf ihre Stellung im

---

28 EuGH, Urteil v. 14.11.1984, Rs. C-323/82, *„Intermills/Kommission"*, Rn. 16, Slg. 1984, 3809.

29 EuGH, Urteil v. 19.05.1993, Rs. C-198/91, *„Cook/Kommission"*, Rn. 24, Slg. 1993, I-2487; EuGH, Urteil v. 15.06.1993, Rs. C-225/91, *„Matra/Kommission"*, Rn. 18, Slg. 1993, I-3203.

30 EuGH, Urteil v. 10.07.1984, Rs. C-234/84, *„Belgien/Kommission"*, Rn. 29, Slg. 1986, 2263; EuGH, Urteil v. 24.09.2002, Rs. C-74/00, *„Falck und Acciaierie di Bolzano/Kommission"*, Rn. 81, Slg. 2002, I-7869; EuG, Urteil v. 08.07.2004, Rs. T-198/01, *„Technische Glaswerke Ilmenau/Kommission"*, Rn. 190, Slg. 2004, II-2717; *Schneider*, DVBl. 1996, 1301, 1302; *Sinnaeve*, EuZW 1998, 268, 272; *Koenig/Kühling/Ritter*, EG-Beihilfenrecht, Rn. 361.

31 *Becker*, EWS 2007, 255, 259; *Haratsch/Koenig/Pechstein*, Europarecht, Rn. 1248; *Koenig/Kühling/Ritter*, EG-Beihilfenrecht, Rn. 361.

32 EuGH, Urteil v. 24.09.2002, Rs. C-74/00, *„Falck und Acciaierie di Bolzano/Kommission"*, Rn. 81 f., Slg. 2002, I-7869; *Rusche*, in: Immenga/Mestmäcker, Wettbewerbsrecht, Band 3, Art. 108 AEUV Rn. 18.

33 EuG, Urteil v. 14.12.2000, Rs. T-613/97, *„Ufex u.a./Kommission"*, Rn. 89, Slg. 2000, II-4055.

Beihilfeverfahren, insbesondere im Hinblick auf die ihnen zustehenden Verfahrensrechte. Denn die von den Unionsgerichten in ständiger Rechtsprechung aus dem Primärrecht hergeleiteten Verfahrensrechte wie das Recht auf Anhörung oder Akteneinsicht finden nur auf die Mitgliedstaaten als direkte Verfahrensbeteiligte, nicht jedoch auf die Drittbeteiligten Anwendung.[34] Da die Rechtsprechung die Mitgliedstaaten im Gegensatz zu den übrigen Beteiligten als Verfahrensbeteiligte ansieht, wird im weiteren Verlauf dieser Arbeit bei den übrigen Beteiligten von den „Drittbeteiligten" gesprochen, um diese Differenzierung zu verdeutlichen.

d) Die Verfahrensstellung der Beihilfegeber im föderalen Bundesstaat

Fraglich ist, ob auch die Beihilfegeber in einem föderalen Bundesstaat zu den Drittbeteiligten zu zählen sind. Die Bundesrepublik Deutschland wird als Mitgliedstaat der Europäischen Union im Beihilfeverfahren durch das Bundeswirtschaftsministerium vertreten. Wird eine Beihilfe hingegen von einem Bundesland gewährt, tritt dieses Land, mangels einer Notifizierungspflicht, nicht selbst gegenüber der Kommission auf. Auch sein federführendes Ministerium ist nicht in das Verfahren offiziell eingebunden. Hier eröffnen sich Konfliktsituationen, wenn der Bund das Beihilfeverfahren nur ungenügend oder nachlässig führt und dies nicht nur für den Beihilfeempänger, sondern auch für den beihilfegewährenden Bundesstaat nachteilige Auswirkungen hat. Auf derartige Konstellationen wird später noch ausführlich eingegangen.

Folglich tritt die Bundesrepublik Deutschland als Verfahrensbeteiligter in einem Beihilfeverfahren auf, auch wenn ein Bundesland die Beihilfe gewährt hat. Sie alleine leitet über das Bundeswirtschaftsministerium Stellungnahmen und die Beantwortung von Auskunftsersuchen an die Kommission weiter und nimmt Verfahrensrechte in Anspruch. Nur so kann ein Gleichlauf mit der Notifizierungspflicht erreicht werden. Aus dem Grundsatz der Bundestreue[35] lässt sich hingegen ableiten, dass der Bund verpflichtet ist, das Beihilfeverfahren im Interesse des beihilfegewährenden Bundeslandes zu führen. Ob aus diesem Grundsatz hingegen auch abgeleitet werden kann, dass die Bundesregierung, selbst wenn sie eine andere Auffassung als das beihilfegewährende Bundesland vertritt, bei einer für dieses Bundesland nachteiligen Beihilfeentscheidung der Kommission Klage

34 EuGH, Urteil v. 29.06.2010, Rs. C-139/07 P, *„Kommission/Technische Glaswerke Ilmenau"*, Rn. 58, Slg. 2010, I-5885 (Akteneinsicht); EuG, Urteil v. 25.06.1998, verb. Rs. T-371/94 u.a., *„British Airways plc u. A./Kommission"*, Rn. 60, Slg. 1998, II-2405 (Anhörung).

35 S. zu diesem Grundsatz näher *Degenhart*, Staatsorganisationsrecht, Rn. 494 ff.

einzulegen hat, ist fraglich. Denn die Unionsgerichte haben entschieden, dass in diesen Fällen die Bundesländer als Beihilfegeber individuell und unmittelbar von der Kommissionsentscheidung betroffen und somit klagebefugt sind.[36] Die Pflicht zur Einlegung einer Klage durch den privilegierten Mitgliedstaat dürfte dadurch entfallen.

An der Rolle der Beihilfegeber im Beihilfeverfahren ändert dies hingegen nichts. In der Praxis werden sie in der Regel in die nationalen Verfahrensabläufe in der Weise mit eingebunden, dass sie die maßgeblichen Informationen für den Mitgliedstaat zusammenstellen und somit auch dessen Auftreten gegenüber der Kommission mit beeinflussen können.[37] Dies muss hingegen nicht immer der Fall sein, sondern ist auch vom politischen Willen des Mitgliedstaates bzw. seiner Regierung abhängig. Wie die Praxis zeigt, sind inoffizielle Abreden und Gespräche zwischen dem beihilfegebenden Bundesland und der EU-Kommission, in der Regel vor Einleitung eines offiziellen Beihilfeverfahrens, hingegen nicht unüblich, sodass über diesen Weg bereits einige Probleme gelöst und so eine für den Beihilfegeber negative Beihilfeentscheidung der Kommission verhindert werden kann.[38]

Auch wenn die Gebietskörperschaften der Mitgliedstaaten keine Verfahrensbeteiligten und somit lediglich wie die Beihilfeempfänger und Konkurrenten als sonstige Beteiligte anzusehen sind,[39] ist ihre Stellung im Beihilfeverfahren mit derjenigen der sonstigen Drittbeteiligten nicht völlig vergleichbar. Denn staatsorganisatorisch sind sie der Sphäre der Mitgliedstaaten zuzurechnen, die aus völkerrechtlichen Gründen ihre Interessen im Beihilfeverfahren gegenüber der Kommission vertreten. Ihre Verfahrensstellung ist daher nicht Gegenstand der nachfolgenden Untersuchung und wird lediglich an den Stellen noch einmal erörtert, bei denen nationale Verfahrensabläufe Relevanz für die Verfahrensrechte der Drittbeteiligten haben können.[40]

---

36 EuG, Urteil v. 15.12.1999, verb. Rs. T-132/96 u. a., „*Freistaat Sachsen u. a./Kommission*", Rn. 81 ff., Slg. 1999, II-3663. S. zu den näheren Voraussetzungen *Bungenberg*, in: Immenga/Mestmäcker, Wettbewerbsrecht, Band 3, Teil 1 Abschn. VI, Rn. 131 ff.

37 *Martín-Ehlers*, EuZW 2014, 247, 251.

38 S. zu den Absprachen der rheinland-pfälzischen Landesregierung mit der EU-Kommission im Rahmen der Gewährung weiterer Beihilfen an den veräußerten Regionalflughafen Hahn SWR Landesschau aktuell v. 01.06.2016, abrufbar unter http://www.swr.de/landesschau-aktuell/rp/weiter-millionen-fuer-den-hahn/-/id=1682/did=17522636/nid=1682/1bvakiy/ (letzter Zugriff: 07.09.2016).

39 *Haratsch/Koenig/Pechstein*, Europarecht, Rn. 1248; *Lessenich*, in: Schröter/Jakob/Klotz/Mederer, Europäisches Wettbewerbsrecht, Art. 108 AEUV Rn. 3.

40 S. hierzu insbesondere unten Kap. 4.V.2.b).bb).(2).

3. Verfahrensrechte der Beihilfeempfänger und Konkurrenten

a) Entwicklung der Rechtsprechung bis zum Inkrafttreten der VVO

Bis zum Inkrafttreten der VVO wurden die Verfahrensrechte der Drittbeteiligten von den Unionsgerichten ausgehend von den sehr spärlichen Regelungen in den Verträgen in zahlreichen Entscheidungen entwickelt. Die relevantesten Entscheidungen werden im Folgenden kurz dargestellt.

aa) Entscheidungen des Gerichtshofes in den Rechtssachen „BRD/Kommission", „Cook" und „Matra"

In den 70er und 80er Jahren nahm der Gerichtshof insbesondere in zwei Rechtssachen, bei denen jeweils die Bundesrepublik Deutschland Klägerin bzw. Beklagte war, zu der Rolle der Drittbeteiligten Stellung. In der Rechtssache „Kommission/BRD"[41] hob er hervor, dass die Veröffentlichung der Entscheidung der Kommission, das förmliche Prüfverfahren einzuleiten, die Funktion habe, dass sich die Kommission von den Beteiligten die notwendigen Informationen für ihr weiteres Vorgehen beschaffe.[42] In der Rechtssache „BRD/Kommission"[43] stellte der Gerichtshof deutlich klar, dass hinsichtlich der Beteiligtenrechte zwischen der Vorprüfungsphase und der eigentlichen Hauptprüfungsphase, also dem förmlichen Prüfverfahren zu unterscheiden sei. Nur in der letztgenannten Hauptprüfungsphase sei die Kommission verpflichtet, den Betroffenen Gelegenheit zur Stellungnahme zu geben.[44] Denn im Gegensatz zur Vorprüfungsphase, die der Kommission eine erste Meinungsbildung ermöglichen soll, verfolge die Hauptprüfungsphase den Zweck, sich umfassende Kenntnis über alle entscheidungserheblichen Gesichtspunkte zu verschaffen.[45] Diese Rechtsprechung bestätigte der Gerichtshof Anfang der 90er Jahre in den Rechtssachen „Cook"[46] und „Matra"[47].

---

41 EuGH, Urteil v. 12.07.1973, Rs. C-70/72, *„Kommission/BRD"*, Slg. 1973, 813.
42 EuGH, Urteil v. 12.07.1973, Rs. C-70/72, *„Kommission/BRD"*, Rn. 19, Slg. 1973, 813.
43 EuGH, Urteil v. 20.03.1984, Rs. C-84/82, *„BRD/Kommission"*, Slg. 1984, 1451.
44 EuGH, Urteil v. 20.03.1984, Rs. C-84/82, *„BRD/Kommission"*, Rn. 13, Slg. 1984, 1451.
45 EuGH, Urteil v. 20.03.1984, Rs. C-84/82, *„BRD/Kommission"*, Rn. 13, Slg. 1984, 1451.
46 EuGH, Urteil v. 19.05.1993, Rs. C-198/91, *„Cook/Kommission"*, Rn. 22, Slg. 1993, I-1487.
47 EuGH, Urteil v. 15.06.1993, Rs. C-225/91, *„Matra/Kommission"*, Rn. 16, Slg. 1993, I-3203.

bb) Entscheidungen des Gerichtes und des Gerichtshofes in der Rechtssache „Sytraval"

(1) Hintergrund des Falles

Mitte der 90er Jahre kam Bewegung in die Diskussion über die Verfahrensrechte der Drittbeteiligten. Anlass war die Entscheidung des Gerichtes in der Rechtssache „Sytraval".[48] Hintergrund der Rechtsstreitigkeit waren Umstrukturierungen beim französischen Postwesen durch die französische Regierung. Ausgehend davon stellten mehrere französische Gesellschaften, u. a. auch die französische Vereinigung der Sicherheitstransporteure „Sytraval", im September 1989 Anträge bei der Kommission zur Einleitung eines Beihilfeverfahrens. In diesem Rahmen forderte die Kommission die französische Regierung zu einer Stellungnahme auf. Diese Stellungnahme wurde jedoch den konkurrierenden Unternehmen und somit auch der Firma „Sytraval" nicht zugeleitet. Nachdem die Kommission Ende 1993 den Antrag der Firma „Sytraval" auf Feststellung der Gewährung rechtswidriger Beihilfen durch die französische Regierung gegenüber der neu gegründeten und staatlich kontrollierten „Sécuripost" zurückwies, erhob „Sytraval" im März 1994 Nichtigkeitsklage beim Gericht. Dabei rügte sie unter anderem eine Verletzung ihres Anspruches auf rechtliches Gehör, weil ihr die Stellungnahme der französischen Regierung nicht zugeleitet worden sei, obwohl die Kommission diese Stellungnahme in ihrer Entscheidung verwertet hätte.

(2) Entscheidung des Gerichtes

Das Gericht stellte in seinem Urteil fest, dass die Kommission in der Zurückweisung der Beschwerde eine Entscheidung gegenüber „Sytraval" getroffen hätte, die mit Gründen zu versehen gewesen sei, und erklärte die Entscheidung für nichtig. In seiner Begründung führte es aus, dass die Kommission den Anspruch der Klägerin auf rechtliches Gehör verletzt habe, indem sie es unterließ, dieser die Stellungnahme der französischen Regierung zuzuleiten.[49] Denn in Erweiterung ihrer Pflicht zur unvoreingenommenen und sorgfältigen Prüfung einer Beschwerde, in dessen Rahmen sie alle erforderlichen Stellungnahme einzuholen habe, könne sie zudem auch verpflichtet sein, den Beschwerdeführer zur Begründung ihrer Entscheidung anzuhören.[50] Damit räumte das Gericht Beschwerdeführern

48 EuG, Urteil v. 28.09.1995, T-95/94, *„Sytraval/Kommission"*, Slg. 1995, II-2651.

49 EuG, Urteil v. 28.09.1995, Rs. T-95/94, *„Sytraval/Kommission"*, Rn. 78 f., Slg. 1995, II-2651.

50 EuG, Urteil v. 28.09.1995, Rs. T-95/94, *„Sytraval/Kommission"*, Rn. 78, Slg. 1995, II-2651.

erstmals im Rahmen der Begründungspflicht der Kommission unter bestimmten Voraussetzungen in der Vorprüfungsphase ein Recht auf Anhörung ein.[51]

(3) Rechtsmittelentscheidung des Gerichtshofes

Gegen das Urteil des Gerichtes legte die Kommission Rechtsmittel beim Gerichtshof ein. Dieser wies das Rechtsmittel der Kommission zurück.[52] Anknüpfend an die frühere Rechtsprechung ging der EuGH von der Prämisse aus, dass die Kommission gegenüber „Sytraval" keine Entscheidung getroffen habe.[53] Denn Adressaten von Entscheidungen der Kommission seien ausschließlich die Mitgliedstaaten, sodass der Beschwerdeführer, dessen Antrag auf Einleitung eines Beihilfeverfahrens abgelehnt worden sei, die im Anschluss an den betreffenden Mitgliedstaat ergangene Entscheidung anfechten müsse.[54] Zudem führte der Gerichtshof aus, dass für ein Anhörungsrecht der Beschwerdeführer im Vorprüfungsverfahren keine Rechtsgrundlage existiere, sodass dem Gericht ein Rechtsfehler unterlaufen sei.[55] Dabei verwies der Gerichtshof zudem auf seine Rechtsprechung, wonach selbst in der Hauptprüfungsphase die Beteiligten nur ein Recht zur Äußerung, hingegen kein Recht zur Anhörung hätten.[56] Dies hieße aber nicht, dass die Kommission nicht auch im Rahmen ihrer Pflicht zur sorgfältigen und unvoreingenommenen Prüfung des Sachverhaltes verpflichtet sei, Gesichtspunkte zu prüfen, die der Beschwerdeführer nicht vorgebracht habe.[57]

---

51 S. hierzu *Martín-Ehlers*, EWS 1998, 245 ff. Sehr kritisch zu dem Urteil des Gerichtes und dessen Dogmatik *Nehl*, Europäisches Verwaltungsverfahren und Gemeinschaftsverfassung, S. 359 ff.

52 EuGH, Urteil v. 02.04.1998, Rs. C-367/95 P, „*Kommission/Sytraval*", Slg. 1998, I-1719.

53 EuGH, Urteil v. 02.04.1998, Rs. C-367/95 P, „*Kommission/Sytraval*", Rn. 45 f., Slg. 1998, I-1719.

54 EuGH, Urteil v. 02.04.1998, Rs. C-367/95 P, „*Kommission/Sytraval*", Rn. 45, Slg. 1998, I-1719.

55 EuGH, Urteil v. 02.04.1998, Rs. C-367/95 P, „*Kommission/Sytraval*", Rn. 58 f., Slg. 1998, I-1719.

56 EuGH, Urteil v. 02.04.1998, Rs. C-367/95 P, „*Kommission/Sytraval*", Rn. 59, Slg. 1998, I-1719.

57 EuGH, Urteil v. 02.04.1998, Rs. C-367/95 P, „*Kommission/Sytraval*", Rn. 62, Slg. 1998, I-1719. S. ausf. zum Umfang der Sorgfalts- und Untersuchungspflicht der Kommission im Beihilfeverfahren und deren Funktion für den Individualschutz der Drittbeteiligten *Nehl*, Europäisches Verwaltungsverfahren und Gemeinschaftsverfassung, S. 353 ff.

cc) Entscheidung des Gerichtes in der Rechtssache „British Airways"

(1) Hintergrund des Falles

Nach der Rechtsmittelentscheidung in der Rechtssache „Sytraval" hatte das Gericht in der Rechtssache „British Airways"[58] wiederum Gelegenheit, sich zur Stellung der Drittbeteiligten im Beihilfeverfahren zu äußern. Nachdem die Luftfahrtwirtschaft in den 90er Jahren in Schieflage geriet, standen auch beim französischen Luftfahrtunternehmen „Air France" wichtige Umstrukturierungen an, in dessen Rahmen die französische Regierung nach Gesprächen mit Vertretern von „Air France" der Kommission im März 1994 mitteilte, dass sie beabsichtige, mit einer hohen Summe eine Kapitalerhöhung bei der Gesellschaft durchzuführen. Daraufhin leitete die Kommission ein Beihilfeverfahren ein, welches sie im Juli 1994 mit der Entscheidung abschloss, dass die geplante Kapitalerhöhung zwar als Beihilfe zu qualifizieren, aufgrund des gleichzeitig vereinbarten Restrukturierungsplans aber insgesamt mit dem Gemeinsamen Markt vereinbar sei. Daraufhin erhoben einige Konkurrenten, darunter auch das Unternehmen „British Airways", Klage beim Gericht. Sie warfen der Kommission vor, gegen die Regeln des Beihilfeverfahrens verstoßen zu haben. Zum einen habe sie nicht ausreichende Informationen eingeholt und ihnen die vorhandenen Informationen nicht zur Verfügung gestellt. Zum anderen sei ihr Recht auf Anhörung von der Kommission nicht ausreichend beachtet worden.

(2) Entscheidung des Gerichtes

Das Gericht wies die Klage der Konkurrenten ab und stellte fest, dass den Beteiligten lediglich die Stellung von Informationsquellen der Kommission zukomme.[59] Aus diesem Grunde könnten diese „einen Anspruch auf rechtliches Gehör, wie er denjenigen zusteht, gegen die ein Verfahren eingeleitet worden ist, keineswegs geltend machen."[60] Zudem stellte es eindeutig klar, dass die Beteiligten im Verwaltungsverfahren lediglich über das Recht verfügen, unter Berücksichtigung des Einzelfalls angemessen beteiligt zu werden.[61]

---

58 EuG, Urteil v. 25.06.1998, verb. Rs. T-371/94 u. a., „*British Airways plc u. a./Kommission*", Slg. 1998, II-2405.

59 EuG, Urteil v. 25.06.1998, verb. Rs. T-371/94 u. a., „*British Airways plc u. a./Kommission*", Rn. 59, Slg. 1998, II-2405.

60 EuG, Urteil v. 25.06.1998, verb. Rs. T-371/94 u. a., „*British Airways plc u. a./Kommission*", Rn. 60, Slg. 1998, II-2405.

61 EuG, Urteil v. 25.06.1998, verb. Rs. T-371/94 u. a., „*British Airways plc u. a./Kommission*", Rn. 60, Slg. 1998, II-2405.

dd) Entscheidung des Gerichtes in der Rechtssache „Ufex"

(1) Hintergrund des Falles

Einen vergleichbaren Sachverhalt zur Rechtssache „Sytraval" hatte das Gericht in der Rechtssache „Ufex" Ende des Jahres 2000 zu entscheiden. Anlass der Entscheidung waren wiederum Tätigkeiten der französischen Post. Diese hatte die Société française de messagerie internationale (SFMI), ein im Expresszustellungsdienst tätiges Unternehmen, logistisch und kommerziell unterstützt, was die Konkurrenten, darunter auch der Rechtsvorgänger der Klägerin, das Syndicat français de l'express international (SFEI), im Dezember 1990 zu einer Beschwerde bei der Kommission veranlasste. Im Laufe des von der Kommission daraufhin eingeleiteten Beihilfeverfahrens wurde die französische Regierung zu einer Stellungnahme aufgefordert. Diese übersandte der Kommission ausführliche Informationen. In der Folge forderte das SFEI die Kommission auf, es zu allen in der Akte enthaltenen Angaben anzuhören und ihm die Stellungnahme der französischen Regierung zur Verfügung zu stellen. Dies lehnte die Kommission ab und verweigerte den Zugang zu den Aktenstücken. Auch eine weitere Aufforderung des SFEI an die Kommission zur Mitteilung des Stands der Ermittlungen sowie der Reaktionen und Antworten der französischen Regierung und der weiteren Absichten der Kommission wurde mit Verweis auf den streng vertraulichen Charakter der betreffenden Dokumente abgelehnt.

Nachdem die Kommission im Oktober 1997 entschieden hatte, dass keine rechtswidrigen Beihilfen an die SFMI durch die französische Post gewährt worden seien, erhoben deren Konkurrenten, darunter auch die Rechtsnachfolgerin der SFEI, dieUnion française de l'express (Ufex), Nichtigkeitsklage beim Gericht.

(2) Entscheidung des Gerichtes[62]

Seine im Urteil zur Rechtssache „Sytraval" eingeschlagene Linie zu den Verfahrensrechten der Drittbeteiligten setzte das Gericht in seinem Urteil zur Rechtssache „Ufex" nicht fort und wies die Klage ab. Den von den Klägerinnen gerügten Verstößen gegen das Verfahrensrecht, insbesondere gegen das rechtliche Gehör, folgte das Gericht nicht. Zwar sei die Gewährung des rechtlichen Gehörs in allen Verfahren ein grundlegender Grundsatz des Gemeinschaftsrechtes, käme aber aufgrund der besonderen Konstellation des Beihilfeverfahrens nur den Mitgliedstaaten als Adressaten der Entscheidungen der Kommission zugute, sodass sich

62 Das Urteil des Gerichtes wurde im Jahr 2003 durch den Gerichtshof aus materiellen Gründen aufgehoben, EuGH, Urteil v. 03.07.2003, verb. Rs. C-83/01 P, *„Chronopost, Ufex u. a./Kommission"*, Slg. 2003, I-6993.

sonstige Beteiligte nicht darauf berufen könnten, da diesen primär der Status als Informationsquellen der Kommission zukomme.[63] Diesen stehe ausschließlich in der Hauptprüfungsphase das Recht auf Stellungnahme zu, wobei das Gericht auch ausdrücklich auf das Urteil des Gerichtshofes in der Rechtssache „Sytraval" verwies.[64] Aufgrund der eingeschränkten Beteiligungs- und Informationsrechte der Drittbeteiligten sei die Kommission auch deshalb nicht verpflichtet, ihnen Erklärungen und Auskünfte des betreffenden Mitgliedstaates zu übermitteln.[65] Mit diesen Aussagen nahm das Gericht vorerst Abkehr von seinem im Urteil zur Rechtssache „Sytraval" manifestierten Bestreben, die Verfahrensrechte der Drittbeteiligten auszuweiten, und schloss sich der ständigen Rechtsprechung des Gerichtshofes an.

b) *Verfahrensrechte nach der Verordnung (EG) Nr. 659/1999 in Form der Verordnung (EU) Nr. 2015/1589*

aa) *Entstehungsgeschichte*

Obwohl die Kompetenz zum Erlass einer Verfahrensverordnung von Anfang an in den Verträgen vorgesehen war, sah sich die Kommission über Jahrzehnte nicht dazu veranlasst, dem Rat einen Vorschlag für eine Verfahrensverordnung vorzulegen. Die einzigen Entwürfe der Kommission für eine Verfahrensverordnung aus den Jahren 1966 und 1972 wurden von ihr jeweils wieder zurückgezogen.[66] Auch Initiativen von Mitgliedstaaten, deren erkennbares Ziel zumeist darauf gerichtet war, die Kontrollkompetenz der Kommission einzuschränken, hatten keinen Erfolg.[67] Es lag somit am Gerichtshof, die Verfahrensregeln zum Beihilfeverfahren ausgehend vom Sinn und Zweck der Verträge auszulegen und auszugestalten, um diese Lücke zu schließen.[68]

---

63 EuG, Urteil v. 14.12.2000, Rs. T-613/97, „*Ufex u. a./Kommission*", Rn. 85 f., 89., Slg. 2000, II-4055.

64 EuG, Urteil v. 14.12.2000, Rs. T-613/97, „*Ufex u. a./Kommission*", Rn. 87, Slg. 2000, II-4055.

65 EuG, Urteil v. 14.12.2000, Rs. T-613/97, „*Ufex u. a./Kommission*", Rn. 90, Slg. 2000, II-4055.

66 *Sinnaeve*, EuZW 1998, 268, 273; *Kruse*, NVwZ 1999, 1049, 1049 f.; vgl. ausf. zur historischen Entwicklung der VVO *Wagner*, Die Stellung des Wettbewerbers im Beihilfenaufsichtsverfahren der Europäischen Gemeinschaft, S. 232 ff.

67 S. zur Initiative von Belgien und Italien im Jahr 1990 *Kruse*, NVwZ 1999, 1049, 1050; *Reufels*, Europäische Subventionskontrolle durch Private, S. 47 f. Fn. 50.

68 S. hierzu EuGH v. 20.03.1984, Rs. C-84/82, „*BRD/Kommission*", Rn. 10, Slg. 1984, 1451; nach *Kruse*, NVwZ 1999, 1049 ist es hingegen grundsätzlich zur effektiven Ausübung

Erst im Jahr 1996 startete die Kommission eine erneute Initiative zur Reform des Beihilfeverfahrens, die am 14.11.1996 vom Industrierat begrüßt wurde und zunächst am 15.07.1997 in einem Vorschlag[69] der Kommission für eine Ermächtigungsverordnung an den Rat mündete. Dieser Vorschlag wurde am 07.05.1998 vom Rat angenommen und bildete seitdem die Grundlage für zahlreiche Gruppenfreistellungsverordnungen.[70] Über den Vorschlag der Kommission für eine Verfahrensverordnung vom 18.02.1998[71] wurde am 16.11.1998 vom Europäischen Rat politisches Einvernehmen hergestellt und die Verordnung vom Rat am 22.03.1999 förmlich verabschiedet[72], nachdem das Europäische Parlament zuvor Stellung genommen hatte.[73]

Auf Grundlage von Art. 27 VVO erließ die Kommission am 21.04.2004 eine Durchführungsverordnung zur Verfahrensverordnung Nr. 659/1999, welche in den Folgejahren vielfach durch weitere Verordnungen verändert wurde.[74] Mit dem Ziel der Effizienzsteigerung des Beihilfeverfahrens wurde zudem im Jahr 2009 ein Verhaltenskodex für die Durchführung von Beihilfeverfahren[75] von der Kommission erlassen, dessen Auswirkungen jedoch hinter den Erwartungen der Kommission zurückblieben.[76] Die Kommission sah sich deshalb veranlasst, die

---

der Beihilfenkontrolle zu begrüßen, den primärrechtlichen Rahmen der Kontrollregelungen nur im Grundsatz festzulegen und den weiteren Ausbau der Kommissionspraxis zu überlassen.

69 Vorschlag für eine Verordnung (EG) des Rates über die Anwendung der Artikel 92 und 93 des EG-Vertrags auf bestimmte Gruppen horizontaler Beihilfen, ABl. v. 28.08.1997, C 262/6.

70 S. zur Gesetzeshistorie Dok. der Kommission KOM (1998) 73 endg. v. 18.02.1998 – 98/0060 (CNS) –, veröff. in: BT-Drs. 13/11225, S. 10 sowie *Bartosch*, EU-Beihilfenrecht, Erwägungsgründe zur VVO Rn. 1.

71 Vorschlag für eine Verordnung (EG) des Rates über Vorschriften für die Anwendung von Artikel 93 des EG-Vertrages, ABl. v. 16.04.1998, C 116/13.

72 Verordnung (EG) Nr. 659/1999 des Rates v. 22.03.1999 über besondere Vorschriften für die Anwendung von Artikel 93 des EG-Vertrages, ABl. v. 27.03.1999, L 83/1.

73 *Kruse*, NVwZ 1999, 1049, 1050 Fn. 9.

74 Verordnung (EG) Nr. 794/2004 der Kommission v. 21.04.2004 zur Durchführung der Verordnung (EG) Nr. 659/1999 des Rates über besondere Vorschriften für die Anwendung von Artikel 93 des EG-Vertrages, ABl. v. 30.04.2004, L 140/1; s. hierzu *Bartosch*, EU-Beihilfenrecht, Erwägungsgründe zur VVO Rn. 4.

75 Verhaltenskodex für die Durchführung von Beihilfeverfahren, ABl. v. 16.06.2009, C 136/13.

76 Begründung Ziff. 2.1. zum Vorschlag einer Verordnung des Rates zur Änderung der Verordnung (EG) Nr. 659/1999 über besondere Vorschriften für die Anwendung von Artikel 93 des EG-Vertrages, COM (2012) 725 final v. 05.12.2012.

Verfahrensverordnung zu reformieren. Ein Vorschlag einer Verordnung des Rates zur Änderung der Verordnung (EG) Nr. 659/1999[77] wurde von der Kommission am 05.12.2012 veröffentlicht und trat nach Annahme des Rates als Verordnung (EU) Nr. 734/2013[78] am 22.07.2013 in Kraft. Aufgrund der zahlreichen Änderungen der Verordnung (EG) Nr. 659/1999 entschied sich der Rat, diese Änderungen in einer neuen Verfahrensverordnung zu kodifizieren. Diese neue Verordnung (EU) Nr. 2015/1589 ist am 14.10.2015 in Kraft getreten. Mit ihrem Art. 35 wurden die Verordnung (EG) Nr. 659/1999 und somit auch die Verordnung (EU) Nr. 734/2013 aufgehoben.

bb) Ziel der Verfahrensverordnung[79] im Hinblick auf die Beteiligtenrechte

Mit der Verordnung (EG) Nr. 659/1999 verfolgten die Kommission und der Rat das Ziel, die bisherige Rechtsprechung des Gerichtshofes zum Beihilfeverfahren in einem transparenten Regelwerk zu kodifizieren und damit die Regelungen zum Verfahren übersichtlich zusammenzutragen, um Rechtssicherheit zu schaffen.[80] Im Hinblick auf die Verfahrensrechte der Drittbeteiligten sollten deren Rechte jedoch nicht erweitert werden, sodass die Verordnung für deren Verfahrensrechtsposition nur eine beschränkte Auswirkung hatte.[81] Vielmehr war der Vorschlag der Kommission für die Verordnung auch motiviert durch die Befürchtung, dass die europäischen Gerichte die Verfahrensstellung der Beteiligten weiter aufwerten und stärken könnten.[82] Anlass für diese nicht ganz unberechtigte Befürchtung hatte das Urteil des Gerichtes in der Rechtssache „Sytraval“[83] gegeben, welches in seiner Tendenz auf eine deutliche Stärkung der Verfahrensrechte der Beteiligten ausgerichtet war.[84] Um einer weiteren Stärkung der Verfahrensrechte der Betei-

---

77 Vorschlag einer Verordnung des Rates zur Änderung der Verordnung (EG) Nr. 659/1999 über besondere Vorschriften für die Anwendung von Artikel 93 des EG-Vertrages, COM (2012) 725 final v. 05.12.2012.

78 Verordnung (EU) Nr. 734/2013 des Rates v. 22.07.2013 zur Änderung der Verordnung (EG) Nr. 659/1999 über besondere Vorschriften für die Anwendung von Artikel 93 des EG-Vertrages, ABl. v. 31.07.2013, L 204/15.

79 Im Folgenden wird die neue Verordnung (EU) Nr. 2015/1589 zugrunde gelegt.

80 Vorschlag für eine Verordnung (EG) des Rates über Vorschriften für die Anwendung von Artikel 93 des EG-Vertrages, veröff. in: BT-Drs. 13/11225, S. 10; *Bartosch*, ZIP 2000, 601; s. zum Verordnungsvorschlag *Sinnaeve*, EuZW 1998, 268.

81 *Köster*, in: MüKo-Wettbewerbsrecht, Band 3, Art. 20 VVO Rn. 2 f; *Sinnaeve*, in: Heidenhain, Handbuch des Europ. Beihilfenrechts, § 37 Rn. 2.

82 *Bartosch*, EU-Beihilfenrecht, Erwägungsgründe zur VVO Rn. 1.

83 EuG, Urteil v. 28.09.1995, Rs. T-95/94, „*Sytraval/Kommission*“, Slg. 1995, II-2651.

84 *Bartosch*, EU-Beihilfenrecht, Erwägungsgründe zur VVO Rn. 1.

ligten durch die Unionsgerichte vorzubeugen, wurde zudem in den Erwägungsgründen festgehalten, dass in der Verordnung alle Möglichkeiten festzulegen sind, „über die Dritte verfügen, um ihre Interessen bei Verfahren für staatliche Beihilfen zu vertreten.“[85] Aus dieser Formulierung wird vom überwiegenden Teil der Literatur abgeleitet, dass die in Art. 24 VVO aufgeführten Rechte der Drittbeteiligten von der Kommission als abschließend angedacht waren.[86]

cc) Verfahrensrechte im Einzelnen

In Art. 24 VVO werden die Rechte der Drittbeteiligten aufgelistet. Die wenigen dort genannten Verfahrensrechte verdeutlichen nochmals, dass die Kommission ausgehend von der Rechtsprechung der europäischen Gerichte, die in dieser Vorschrift kodifiziert wurde, den Drittbeteiligten nicht die Stellung als Verfahrensbeteiligte zuerkennt und sie lediglich als bloße Informationsquelle ansieht.[87]

(1) Recht zur Stellungnahme im förmlichen Prüfverfahren, Art. 24 Abs. 1 VVO

Art. 24 Abs. 1 S. 1 VVO sieht vor, dass jeder Beteiligte nach der Entscheidung der Kommission zur Eröffnung des förmlichen Prüfverfahrens eine Stellungnahme nach Art. 6 VVO abgeben kann. Gibt er eine solche Stellungnahme ab, erhält er, wie auch der Empfänger der Beihilfe, eine Kopie von der von der Kommission nach Art. 9 VVO getroffenen Entscheidung. Das Recht zur Stellungnahme beschränkt sich somit auf das förmliche Prüfverfahren, sodass den Drittbeteiligten in der Vorprüfungsphase keinerlei Verfahrensrechte zustehen.[88] Dies ist Ausdruck der oben bereits ausgeführten Auffassung des Gerichtshofes, dass die Vorprüfungsphase lediglich dazu dient, der Kommission eine erste Meinungsbildung über die Vereinbarkeit der Beihilfe mit den Verträgen zu ermöglichen.[89]

---

85 EG (16) VVO.

86 So *Nowak*, in: Birnstiel/Bungenberg/Heinrich, Europäisches Beihilfenrecht, Kap. 2 Rn. 675; *Sinnaeve*, EuZW 1999, 270, 275; *dies.* in: Heidenhain, Handbuch des Europ. Beihilfenrechts, § 37 Rn. 3; *Bartosch*, ZIP 2000, 601, 602; a.A. *Eilmansberger*, in: Koppensteiner, Österreichisches und europäisches Wirtschaftsrecht, Teil 8/2, 45.

87 S. zur st. Rstpr. EuG, Urteil v. 25.06.1998, verb. Rs. T-371/94 u. a., „*British Airways plc u. a./Kommission*“, Rn. 59, Slg. 1998, II-2405; EuG, Urteil v. 14.12.2000, Rs. T-613/97, „*Ufex u. a./Kommission*“, Rn. 89., Slg. 2000, II-4055; vgl. hierzu auch *Bartosch,* EU-Beihilfenrecht, Art. 24 VVO Rn. 1.

88 *Bartosch,* EU-Beihilfenrecht, Art. 24 VVO Rn. 2; s. hierzu auch *Gambaro/Mazzocchi*, CMLRev 2016, 385, 395 ff.

89 EuGH, Urteil v. 20.03.1984, Rs. C-84/82, „*BRD/Kommission*“, Rn. 13, Slg. 1984, 1451.

Die Vorschrift hat hingegen nur geringe eigenständige Bedeutung, weil sich das Recht zur Stellungnahme der Beteiligten bereits unmittelbar aus Art. 108 Abs. 2 UAbs. 1 AEUV sowie aus Art. 6 Abs. 1 S. 2 VVO ergibt.[90] Irrelevant ist hingegen, ob sich die Eröffnung des förmlichen Prüfverfahrens auf das in Art. 2–11 VVO normierte Verfahren bei angemeldeten Beihilfen, auf das Verfahren bei rechtswidrigen Beihilfen nach Art. 12–16 VVO, auf ein Verfahren bei bestehenden Beihilferegelungen nach Art. 21–23 VVO oder auf ein Verfahren bei missbräuchlicher Anwendung von Beihilfen nach Art. 20 VVO bezieht.[91]

Die Entscheidung, das förmliche Prüfverfahren einzuleiten, ist, wie bereits oben erwähnt, nur an den betreffenden Mitgliedstaat und nicht an die weiteren Drittbeteiligten gerichtet.[92] Aus diesem Grund reicht es nach ständiger Rechtsprechung des Gerichtshofes aus, wenn die Entscheidung gem. Art. 26 Abs. 2 VVO und die Aufforderung an die Beteiligten zur Abgabe einer Stellungnahme innerhalb einer bestimmten Frist im Amtsblatt veröffentlicht wird, da dies ein angemessenes Mittel zur Unterrichtung darstelle.[93] Eine explizite Informierung der Drittbeteiligten ist hingegen nach der Rechtsprechung des Gerichtshofes nicht notwendig.[94] Die Beteiligten müssen sich also im Anschluss an die Veröffentlichung der Eröffnungsentscheidung von sich aus aktiv an die Kommission wenden, um von ihrem Recht zur Stellungnahme Gebrauch machen zu können.[95]

Gemäß Art. 6 Abs. 1 S. 2 VVO beträgt die Frist, innerhalb der die Beteiligten ihre Stellungnahme einreichen können, grundsätzlich einen Monat, wobei diese Frist in begründeten Ausnahmefällen verlängert werden kann, Art. 6 Abs. 1 S. 3 VVO. Für die Mitgliedstaaten beginnt die Frist ab dem Zeitpunkt, in dem ihnen die Eröffnungsentscheidung übermittelt wurde.[96] Für die Drittbeteiligten, also insbesondere Beihilfeempfänger und Wettbewerber, setzt die Veröffentlichung der Eröffnungsentscheidung im Amtsblatt den Lauf der Frist in Gang.[97]

---

90 *Nowak*, in: Birnstiel/Bungenberg/Heinrich, Europäisches Beihilfenrecht, Kap. 2 Rn. 683.

91 *Nowak*, in: Birnstiel/Bungenberg/Heinrich, Europäisches Beihilfenrecht, Kap. 2 Rn. 684.

92 EuGH, Urteil v. 24.09.2002, verb. Rs. C-74/00 P u. a., *„Falck und Acciaierie di Bolzano/Kommission"*, Rn. 81, Slg. 2002, I-7869; EuG, Urteil v. 29.03.2007, Rs. T-366/00, *„Scott/Kommission"*, Rn. 52, Slg. 2007, II-797.

93 EuGH, Urteil v. 24.09.2002, verb. Rs. C-74/00 P u. a., *„Falck und Acciaierie di Bolzano/Kommission"*, Rn. 80, Slg. 2002, I-7869.

94 EuGH, Urteil v. 24.09.2002, verb. Rs. C-74/00 P u. a., *„Falck und Acciaierie di Bolzano/Kommission"*, Rn. 83 f., Slg. 2002, I-7869; *Bartosch*, EU-Beihilfenrecht, Art. 6 VVO Rn. 4.

95 *Bartosch*, EU-Beihilfenrecht, Art. 6 VVO Rn. 4.

96 *Harringa*, in: Birnstiel/Bungenberg/Heinrich, Europäisches Beihilfenrecht, Kap. 2 Rn. 335.

97 *Harringa*, in: Birnstiel/Bungenberg/Heinrich, Europäisches Beihilfenrecht, Kap. 2 Rn. 335; *Werner*, in: MüKo-Wettbewerbsrecht, Band 3, Art. 6 VVO Rn. 7.

Werden Stellungnahmen von Beteiligten der Kommission nach Ablauf der Frist zugeleitet, bedeutet dies jedoch nicht, dass sie diese nicht mehr in ihre Entscheidung einfließen lassen darf. Vielmehr steht es ihr frei, diese auch nach Ablauf der Monatsfrist zu berücksichtigen.[98] Außerdem hat die Kommission die Möglichkeit, neben der Stellungnahme der Beteiligten von sich aus weitere Informationen zu erbitten.[99] Wie bereits ausgeführt, haben Drittbeteiligte im Gegensatz zu den als Verfahrensbeteiligte geltenden Mitgliedstaaten keinen Anspruch auf Akteneinsicht[100] oder auf rechtliches Gehör.[101] Eine freiwillige Anhörung von Drittbeteiligten durch die Kommission ist aber möglich[102]. Dies gilt auch für das Vorprüfungsverfahren.[103]

Macht der Drittbeteiligte von seinem Stellungnahmerecht Gebrauch, erhält er, neben dem Empfänger der Beihilfe, gemäß Art. 24 Abs. 1 S. 2 VVO eine Kopie der von der Kommission nach Art. 9 VVO getroffenen Entscheidung. Jedoch entsteht die Pflicht zur Übermittlung der Kopie erst, nachdem die das förmliche Prüfverfahren beendende Entscheidung auch dem betreffenden Mitgliedstaat zugeleitet worden ist.[104]

Der Verhaltenskodex für die Durchführung von Beihilfeverfahren, der lediglich unverbindliche Verhaltensregeln der Kommission bei der Anwendung der Verfahrensregelungen beinhaltet, erhält keine über die VVO hinausgehenden Rechte der Beteiligten, was ausdrücklich in Ziff. 8 festgehalten wird.[105] Die dort enthaltenen Ausführungen in Bezug auf das Stellungnahmerecht der Beteiligten beschreiben lediglich die Verhaltensweise der Kommission im Umgang mit diesen Stellungnahmen.[106] In bestimmten Fällen kann die Anwendung be-

98 *Harringa*, in: Birnstiel/Bungenberg/Heinrich, Europäisches Beihilfenrecht, Kap. 2 Rn. 335.

99 *Sinnaeve*, in: Heidenhain, Handbuch des Europ. Beihilfenrechts, § 37 Rn. 5; zu den neuen Ermittlungsbefugnissen der Kommission s. u. Kap. 1.II.3.b).dd).

100 *Bartosch*, EU-Beihilfenrecht, Art. 24 VVO Rn. 2; s. auch unten Kap. 4.V.1.

101 EuG, Urteil v. 25.06.1998, verb. Rs. T-371/94 u. a., *„British Airways plc u. a./Kommission“*, Rn. 60, Slg 1998, II-2405–2569.

102 *Sinnaeve*, in: Heidenhain, Handbuch des Europ. Beihilfenrechts, § 37 Rn. 5.

103 *von Wallenberg/Schütte*, in: Grabitz/Hilf/Nettesheim, Das Recht der Europäischen Union, Art. 108 AEUV Rn. 30.

104 EuG, Urteil v. 08.07.2004, Rs. T-198/01, *„Technische Glaswerke Ilmenau/Kommission“*, Rn. 220, Slg. 2004, II-2717.

105 Ziff. 8 des Verhaltenskodex für die Durchführung von Beihilfeverfahren, ABl. v. 16.06.2009, C 136/13.

106 S. Ziff. 33 ff. des Verhaltenskodex für die Durchführung von Beihilfeverfahren, ABl. v. 16.06.2009, C 136/13.

stimmter, unverbindlicher Verhaltensregelungen, zu einer Selbstbindung der Kommission führen, wie später noch ausführlicher dargestellt wird.

(2) Recht auf Mitteilung mutmaßlich rechtswidriger Beihilfen, Art. 24 Abs. 2 VVO

Ursprünglich sah Art. 20 Abs. 2 S. 1 der Verordnung (EG) Nr. 659/1999 nach seinem Wortlaut das Recht der Beteiligten vor, der Kommission mutmaßlich rechtswidrige Beihilfen bzw. eine mutmaßlich missbräuchliche Anwendung von Beihilfen mitzuteilen. Mit der Verordnung (EU) Nr. 734/2013 wurde das Beschwerderecht ausdrücklich als solches formuliert und weiter konkretisiert. Art. 20 Abs. 2 der Verordnung (EG) Nr. 659/1999 enthielt keine Vorgaben für die Form der Beschwerde. Mit der Verordnung (EG) Nr. 734/2013 wurde jedoch die Pflicht des Beschwerdeführers eingeführt, ein in einer Durchführungsvorschrift festgelegtes Formular ordnungsgemäß auszufüllen. Grund für diese Formalisierung war die oft mangelnde Qualität der bei der Kommission eingegangenen Beschwerden sowie das Ziel der Kommission, durch ein einheitliches Formular mehr Transparenz und Rechtssicherheit zu schaffen.[107] Zwar hatte die Kommission schon vor vielen Jahren ein Formblatt[108] für Beschwerden über mutmaßlich rechtswidrige staatliche Beihilfen im Amtsblatt veröffentlicht sowie auf der Homepage der Generaldirektion Wettbewerb ein Beschwerdeformular[109] zur Verfügung gestellt, welches nach ihrem Willen für eine Beschwerde verwendet werden sollte.[110] Die Verwendung dieses Formulares war jedoch nicht verbindlich, sodass es keinerlei Vorgaben für die Form einer Beschwerde gab.[111] Mit der Formalisierung des Beschwerdeverfahrens sollte deshalb eine effektivere und zeitnahe Bearbeitung der eingehenden Beschwerden erreicht werden.[112]

---

107 EG (14) zur VO (EU) Nr. 734/2013; s. ausf. zu den Hintergründen der Verfahrensreform und der Neuregelung des Beschwerdeverfahrens *Woll*, in: Immenga/Körber, Beihilfenrecht in der Krise – Reform des Beihilfenrechts, 101, 118 ff.

108 Formblatt über Beschwerden über mutmaßlich rechtswidrige staatliche Beihilfen, ABl. v. 16.05.2003, C 116/3.

109 Abrufbar unter http://ec.europa.eu/competition/forms/sa_complaint_de.html (letzter Zugriff: 16.04.2018).

110 S. Ziff. 46 des Verhaltenskodex für die Durchführung von Beihilfeverfahren, ABl. v. 16.06.2009, C 136/13.

111 EuG, Urteil v. 29.09.2011, Rs. T-442/07, *„Ryanair/Kommission"*, Rn. 33, Slg. 2011 II-333; *Nowak*, in: Birnstiel/Bungenberg/Heinrich, Europäisches Beihilfenrecht, Kap. 2 Rn. 690; *Soltész/Hellstern*, BRZ 2013, 3, 5.

112 *Stöbener*, EuZW 2014, 601, 602. Mit der VO (EU) Nr. 734/2013 wurde auch die Durchführungsverordnung zur VVO, Verordnung (EG) Nr. 794/2004 durch die

Art. 24 Abs. 2 S. 1 VVO nennt zwei Varianten des Beschwerderechtes. Zum einen ist eine Beschwerde gegen mutmaßlich rechtswidrige Beihilfen möglich, die in Art. 1 lit. f) als neue Beihilfen, die unter Verstoß gegen Art. 108 Abs. 3 AEUV eingeführt wurden, definiert werden. Hier sieht die VVO zum einen in den Art. 12–16 Regelungen zum Verfahren vor. Zum anderen ist nach Art. 24 Abs. 2 S. 1 VVO auch die Möglichkeit einer Beschwerde bei der mutmaßlich missbräuchlichen Anwendung von Beihilfen vorgesehen. Dies betrifft nach Art. 1 lit. g) VVO Beihilfen, die der Empfänger unter Verstoß gegen eine Entscheidung nach Art. 4 Abs. 3 oder Art. 9 Abs. 3 oder 4 VVO verwendet. Für diesen Fall bietet Art. 20 VVO die Möglichkeit der Eröffnung des förmlichen Prüfverfahrens und verweist auf zahlreiche Vorschriften der VVO. Auch wenn Art. 24 Abs. 2 S. 1 VVO nicht auf das Verfahren bei bestehenden Beihilferegelungen[113] Bezug nimmt, schließt dies eine Beschwerde über einen Sachverhalt, der dieses Verfahren betrifft, nicht aus.[114]

Wie sich aus Art. 15 Abs. 1 S. 1 VVO sowie Art. 20 S. 2 VVO, der auf die erstgenannte Vorschrift verweist, ergibt, ist die Kommission verpflichtet, einer Beschwerde nachzugehen und diese zu prüfen.[115] Dies folgt zudem auch aus Art. 12 Abs. 1 VVO, der die Pflicht der Kommission beinhaltet, alle Informationen gleich welcher Herkunft und damit auch Informationen von Drittbeteiligten im Rahmen einer Beschwerde unverzüglich zu prüfen.[116] Die Kommission hat danach zwar nicht in einen Informations- und Meinungsaustausch mit dem Beschwerdeführer zu treten und auch nicht alle potentiellen Rügen zu prüfen, jedoch hat sie ggf. ihre Prüfung auch auf Bereiche auszudehnen, die nicht vom Beschwerdeführer vorgebracht wurden.[117]

Dabei kann die Kommission zunächst zu dem Ergebnis kommen, dass die Beschwerde auf Grundlage einer Prima-facie-Prüfung aus sachlichen oder recht-

---

Verordnung (EU) Nr. 372/2014 der Kommission v. 09.04.2014 durch einen neuen Art. 11a „Zulässigkeit von Beschwerden" ergänzt, der ebenfalls die Notwendigkeit der Verwendung eines Formblattes beinhaltet, welches sich in Anhang IV der Verordnung findet.

113 Hierzu finden sich Regelungen in Kap. VI, Art. 21–23 VVO.

114 S. *Nowak*, in: Birnstiel/Bungenberg/Heinrich, Europäisches Beihilfenrecht, Kap. 2 Rn. 689 mwN.

115 *Bartosch*, EU-Beihilfenrecht, Art. 24 VVO Rn. 3.

116 *Nowak*, in: Birnstiel/Bungenberg/Heinrich, Europäisches Beihilfenrecht, Kap. 2 Rn. 692; *Bartosch*, EU-Beihilfenrecht, Art. 12 VVO Rn. 1; *Sinnaeve*, in: Heidenhain, Handbuch des Europ. Beihilfenrechts, § 37 Rn. 8.

117 EuGH, Urteil v. 02.04.1998, Rs. C-367/95 P, *„Kommission/Sytraval"*, Rn. 62, Slg. 1998, I-1719–1776; *Sinnaeve*, in: Heidenhain, Handbuch des Europ. Beihilfenrechts, § 37 Rn. 8.

lichen Gesichtspunkten unbegründet ist oder sie den formalen Anforderungen durch mangelhaftes Ausfüllen des Beschwerdeformulars nicht entsprochen hat, Art. 24 Abs. 2 S. 3 VVO. In Betracht kommt dies beispielsweise in Fällen, in denen offensichtlich keine Beihilfe vorliegt oder bei vagen Beschwerden, die es der Kommission unmöglich machen, die betreffende Beihilfe zu identifizieren[118], wobei letzteres durch die eingeführten Formbestimmungen nur noch selten in Betracht kommen wird. In diesen Fällen setzt sie den Beschwerdeführer gemäß Art. 24 Abs. 2 UAbs. 1 S. 1 VVO in Kenntnis und fordert ihn auf, innerhalb einer vorgeschriebenen Frist von höchstens einem Monat Stellung zu nehmen. Kommt der Beschwerdeführer dieser Aufforderung innerhalb der gesetzten Frist nicht nach, gilt die Beschwerde nach Art. 24 Abs. 2 UAbs. 2 S. 2 VVO als zurückgenommen. Die Kommission hat den betroffenen Mitgliedstaat hiervon zu unterrichten, Art. 24 Abs. 2 UAbs. 2 S. 3.[119] Diese Mitteilung ist jedoch nach Ansicht der Kommission kein rechtsmittelfähiger Beschluss. Die in diesen Fällen bei ihr eingegangenen Informationen können aber als „Marktinformationen“ registriert und von ihr für von Amts wegen eingeleitete Untersuchungen zu einem späteren Zeitpunkt genutzt werden.[120]

Außerhalb dieser Rücknahmefiktion ist die Kommission stets verpflichtet, eine rechtsmittelfähige Entscheidung zu treffen.[121] Dies gilt zum einen, wenn sie nach Prüfung der Beschwerde die Ansicht vertritt, dass es sich bei der betreffenden Maßnahme um keine Beihilfe handelt; hier hat sie eine Entscheidung nach Art. 4 Abs. 2 VVO zu treffen.[122] Zum anderen gilt dies aber auch dann, wenn nach erneuter Stellungnahme des Beschwerdeführers gem. Art. 24 Abs. 2 UAbs. 2 VVO nach ihrer Ansicht nach wie vor die Voraussetzungen von Abs. 2 UAbs. 2 S. 1 VVO

118 *Sinnaeve*, in: Heidenhain, Handbuch des Europ. Beihilfenrechts, § 37 Rn. 8.

119 Diese Vorgehensweise ähnelt der Praxis der Kommission bei nichtprioritären Beihilfen nach der unveränderten Fassung der Verordnung Nr. 659/1999, die die Kommission durch ihren Verhaltenskodex für die Durchführung von Beihilfeverfahren eingeführt hatte, vgl. Ziff. 48 f. des Verhaltenskodexes für die Durchführung von Beihilfeverfahren, ABl. v. 16.06.2009, C 136/13, s. hierzu *Nowak*, in: Birnstiel/Bungenberg/Heinrich, Europäisches Beihilfenrecht, Kap. 2 Rn. 695.

120 Begründung Ziff. 2.1. zum Vorschlag einer Verordnung des Rates zur Änderung der Verordnung (EG) Nr. 659/1999 über besondere Vorschriften für die Anwendung von Artikel 93 des EG-Vertrages, COM (2012) 725 final v. 05.12.2012; hierzu kritisch *Bartosch*, EU-Beihilfenrecht, Art. 24 VVO Rn. 4; vgl. auch *Soltész/Hellstern*, BRZ 2013, 3, 4 und zur alten Rechtslage bei nichtprioritären Beihilfesachen *Nowak*, in: Birnstiel/Bungenberg/Heinrich, Europäisches Beihilfenrecht, Kap. 2 Rn. 695.

121 S. hierzu näher unten Kap. 2.II.1.

122 *Bartosch*, EU-Beihilfenrecht, Art. 24 VVO Rn. 4.

vorliegen.[123] Dies geht auf die Rechtsprechung des Gerichtshofes aus dem Jahr 2008 zurück, nach der die Kommission verpflichtet ist, eine Entscheidung nach Art. 4 VVO zu treffen, auch wenn sie nach den vorliegenden Unterlagen keinen Anlass sieht, zu dem Sachverhalt eine Meinung zu vertreten.[124]

Um das Beschwerderecht nicht auszuhöhlen, sollten für die Begründung der Beschwerde an die Beteiligten keine überhöhten Anforderungen gestellt werden.[125] Da dem Beschwerdeführer insbesondere keine faktische Beweislast für das Vorliegen einer unionsrechtswidrigen Beihilfe aufgebürdet werden soll, sollte das schlüssige Vorbringen eines hinreichenden „Anfangsverdachts" ausreichen, also die Darlegung von tatsächlichen Anhaltspunkten, dass ein Verstoß gegen das Beihilferecht in Betracht kommt.[126]

Sieht die Kommission nach der Durchführung der „Prima-facie-Prüfung" Veranlassung, ein Prüfverfahren einzuleiten, übermittelt sie dem Beschwerdeführer gemäß Art. 24 Abs. 2 UAbs. 3 VVO eine Kopie ihrer Entscheidung.[127] Die Kommission ist in diesem Fall verpflichtet, eine Entscheidung zu treffen, und kann sich, im Gegensatz zu den im Kartellrecht geltenden Regelungen, nicht auf ein fehlendes Unionsinteresse berufen.[128]

Die Tatsache, dass gegenüber dem Beschwerdeführer gerade keine Entscheidung ergeht, ist wiederum Ausdruck der bilateralen Ausgestaltung des Beihilfeverfahrens zwischen Kommission und Mitgliedstaat und verdeutlicht, dass es sich im Kern trotz des Wortlautes von Art. 24 Abs. 2 VVO um kein „klassisches"

---

123 So wohl auch *Bartosch*, EU-Beihilfenrecht, Art. 24 VVO Rn. 4 sowie *Nowak*, in: Birnstiel/Bungenberg/Heinrich, Europäisches Beihilfenrecht, Kap. 2 Rn. 695. Beide kritisieren zu Recht, dass Art. 24 Abs. 2 UAbs. 2 VVO keine Aussage darüber trifft, wie die Kommission weiter verfährt, wenn innerhalb der Frist keine bzw. eine weitere Stellungnahme eingeht. Nach der neueren Rechtsprechung des Gerichtshofes muss davon ausgegangen werden, dass die Kommission in beiden Fällen eine rechtsmittelfähige Entscheidung zu treffen hat, vgl. hierzu auch *Soltész*, EuZW 2011, 541, 548 sowie *Gambaro/Mazzocchi*, CMLRev 2016, 385, 404; s. hierzu auch unten Kap. 2.II.1.

124 EuGH, Urteil v. 17.07.2008, Rs. C-521/06, *„Athinaïki Techniki/Kommission"*, Slg. 2008, I-5829; s. hierzu auch ausf. *Bartosch*, EU-Beihilfenrecht, Art. 24 VVO Rn. 4 sowie *Lübbig/Martín-Ehlers*, Beihilfenrecht der EU, S. 332 f.

125 EG (15) zur Verordnung (EU) Nr. 734/2013.

126 *Soltész/Hellstern*, BRZ 2013, 3, 4.

127 Davon umfasst sind nicht nur abschließende Entscheidungen, sondern auch etwaige Verfahrenseröffnungen nach Art. 4 Abs. 4 VVO oder Anordnungen nach Art. 12 Abs. 3 und Art. 13 VVO, s. *Sinnaeve*, in: Heidenhain, Handbuch des Europ. Beihilfenrechts, § 37 Rn. 10.

128 *Sinnaeve*, in: Heidenhain, Handbuch des Europ. Beihilfenrechts, § 37 Fn. 31.

Beschwerdeverfahren handelt.[129] Denn ein solches umfasst grundsätzlich eine Entscheidung gegenüber dem Beschwerdeführer.[130]

(3) Anspruch auf Kopie der Kommissionsentscheidung, Art. 24 Abs. 3 VVO

Nach Art. 24 Abs. 3 VVO wird jedem Beteiligten die Möglichkeit eröffnet, auf Antrag eine Kopie jeder nach den Art. 4 und 9 sowie nach Art. 12 Abs. 3 und Art. 13 getroffenen Entscheidung zu erhalten. Die Vorschrift hat kaum praktische Bedeutung, da die meisten Entscheidungen bereits nach Art. 32 VVO im Amtsblatt veröffentlicht oder nach Art. 24 Abs. 1 und 2 VVO den Beteiligten Kopien der Entscheidungen übermittelt werden.[131] Einen Vorteil bietet dieser Anspruch deshalb nur für Beteiligte, die nach den vorgenannten Vorschriften keine Kopie erhalten oder aus zeitlichen Gründen nicht auf die Veröffentlichung im Amtsblatt warten können oder wollen.[132] Auch bei Entscheidungen nach Art. 12 Abs. 3 und Art. 13 VVO hat die Vorschrift eine eigenständige Bedeutung für die Beteiligten, weil diese von den Art. 24 und 32 VVO nicht umfasst sind.[133] Zudem beinhaltet die Vorschrift keine zeitliche Begrenzung, sodass Beteiligten auch die Möglichkeit eröffnet wird, Kopien von älteren Entscheidungen zu erhalten.[134]

(4) Anspruch auf Begründung der Kommissionsentscheidung

Bei der Überprüfung der Beihilfeentscheidungen spielt der Verstoß gegen die Begründungspflicht der Kommission eine zentrale Rolle und ist in der Praxis einer der häufigsten Gründe, die zur Aufhebung von Kommissionsentscheidungen führen.[135] Die Pflicht folgt zum einen aus Art. 296 Abs. 2 AEUV und ist zum anderen durch den Vertrag von Lissabon nun auch als Grundrecht in Art. 41 Abs. 2 lit c) GrCh aufgenommen worden. Auf die konkreten Anforderungen der Entscheidungsbegründung im Beihilfeverfahren und die Unterschiede in den jeweiligen Verfahrensabschnitten wird später noch ausführlich eingegangen.

---

129 *Sinnaeve*, in: Heidenhain, Handbuch des Europ. Beihilfenrechts, § 37 Rn. 7.

130 S. z. B. Art. 7 Abs. 2 Verordnung (EG) Nr. 773/2004.

131 *Sinnaeve*, in: Heidenhain, Handbuch des Europ. Beihilfenrechts, § 37 Rn. 11.

132 *Köster* in: MüKo-Wettbewerbsrecht, Band 3, Art. 20 VVO Rn. 11; *Nowak*, in: Birnstiel/Bungenberg/Heinrich, Europäisches Beihilfenrecht, Kap. 2 Rn. 702.

133 *Sinnaeve*, in: Heidenhain, Handbuch des Europ. Beihilfenrechts, § 37 Rn. 11.

134 *Sinnaeve*, in: Heidenhain, Handbuch des Europ. Beihilfenrechts, § 37 Rn. 12; *Nowak*, in: Birnstiel/Bungenberg/Heinrich, Europäisches Beihilfenrecht, Kap. 2 Rn. 702; *Köster* in: MüKo-Wettbewerbsrecht, Band 3, Art. 20 VVO Rn. 11.

135 S. zur Begründungspflicht näher Kap. 2.IV.1.a).bb).

(5) Ungeschriebene Beteiligungsrechte

Bereits vor Erlass der VVO hatten die Unionsgerichte in Bezug auf die Verfahrensrechte der Drittbeteiligten darauf hingewiesen, dass diese am Verwaltungsverfahren unter Berücksichtigung der Umstände des Einzelfalls angemessen beteiligt werden müssen.[136] Diese sehr unkonkrete Formulierung nahmen jedoch weder das Gericht noch der Gerichtshof zum Anlass, weitergehende Verfahrensrechte der Drittbeteiligten zu begründen. Ausgehend von der oben aufgeführten Rechtsprechung, die bzgl. der Verfahrensrechte zwischen dem Vorprüfungsverfahren und dem Hauptprüfungsverfahren unterscheidet, sahen die Gerichte bislang die Voraussetzungen für eine angemessene Beteiligung bereits dann als gegeben an, wenn den betreffenden Beteiligten das Recht zur Stellungnahme im Hauptprüfungsverfahren eingeräumt wurde.[137] Zumindest sahen sich die Gerichte noch mit keinem Fall konfrontiert, der Anlass für eine weitergehende Einzelfallbetrachtung gegeben hätte.[138] Zudem kann nach h.M. dem Erwägungsgrund 16[139] zur VVO entnommen werden, dass die in der VVO aufgeführten Rechte als abschließend angesehen werden sollten.[140]

(6) Kein Recht auf Akteneinsicht im Beihilfeverfahren

Ein Recht auf Akteneinsicht wird den Drittbeteiligten weder durch die VVO, noch, wie bereits dargestellt, durch die Rechtsprechung zuerkannt. Zwar kann die

---

136 EuG, Urteil v. 25.06.1998, verb. Rs. T-371/94 u.a., *„British Airways plc u.a./Kommission“*, Rn. 60, Slg. 1998, II-2405; s. für den Zeitraum nach Erlass der VVO EuGH, Urteil v. 17.07.2008, Rs. C-521/06, *„Athinaïki Techniki/Kommission“*, Rn. 38, Slg. 2008, I-5829; EuG, Urteil v. 30.11.2009, verb. Rs. T-427/04 u.a., *„Frankreich u. France Télécom/Kommission“*, Rn. 147, Slg. 2009, II-4315; EuG, Urteil v. 16.12.2010, verb. Rs. T-231/06 u.a., *„Niederlande u.a./Kommission“*, Rn. 36, Slg. 2010, II-5993.

137 S. hierzu EuG, Urteil v. 25.06.1998, verb. Rs. T-371/94 u.a., *„British Airways plc u.a./Kommission“*, Rn. 59 ff., Slg. 1998, II-2405; EuG, Urteil v. 30.11.2009, verb. Rs. T-427/04 u.a., *„Frankreich u. France Télécom/Kommission“*, Rn. 147 ff., Slg. 2009, II-4315; zu den niedrigen Anforderungen für eine „angemessene Beteiligung im Einzelfall“ *Nowak*, EuZW 2001, 293, 301; *Kamann*, in: Nowak/Cremer, Individualrechtsschutz in der EG und der WTO, S. 161, 166.

138 Kritisch zur praktischen Relevanz dieser sehr unbestimmten Vorgabe deshalb auch *Temple Lang*, The Charter and EU State Aid Procedure, S. 6 f., Paper presented at the State Aid Modernisation Seminar of the UK State Aid Law Association.

139 EG (16): „Es sind alle Möglichkeiten festzulegen, über die Dritte verfügen, um ihre Interessen bei Verfahren für staatliche Beihilfen zu vertreten.“.

140 *Sinnaeve*, EuZW 1999, 270, 275; *dies.*, in: Heidenhain, Handbuch des Europ. Beihilfenrechts, § 37 Rn. 3.

Kommission von sich aus den Drittbeteiligten Informationen zugänglich machen, die sie von den Mitgliedstaaten erhalten hat,[141] wenn sie keine Geschäftsgeheimnisse betreffen.[142] Eine Verpflichtung hierzu besteht nach der aufgeführten Rechtsprechung hingegen nicht.[143]

dd) Ausweitung der Ermittlungsbefugnisse der Kommission durch die Verordnung Nr. 734/2013

Am 22.07.2013 trat mit der Verordnung Nr. 734/2013 die erste Änderungsverordnung zur Verordnung (EG) Nr. 659/1999 in Kraft, die, neben der Konkretisierung des Beschwerderechtes, auch weitere Veränderungen und Neuerungen mit sich brachte. Statt einer Stärkung der Verfahrensrechte der Drittbeteiligten wurden die Ermittlungsbefugnisse der Kommission durch die Verordnung Nr. 734/2013 deutlich ausgeweitet.[144] Zum einen normierte sie ein Auskunftsersuchen der Kommission an andere Auskunftsgeber. Demnach kann die Kommission nach Einleitung des förmlichen Prüfverfahrens andere Mitgliedstaaten sowie Unternehmen und Unternehmensvereinigungen auffordern, für ihre Bewertung erforderliche Marktauskünfte zu übermitteln, wenn ihr die Auskünfte des betreffenden Mitgliedstaates nicht ausreichend sind. Auskunftsersuchen an den Beihilfeempfänger darf sie aber nur stellen, wenn der betreffende Mitgliedstaat sein Einverständnis erklärt.[145]

---

141 *Nowak*, in: Behrens/Braun/Nowak, Europäisches Wettbewerbsrecht im Umbruch, 23, 49. S. zu dieser unregelmäßigen Praxis auch *Temple Lang*, The Charter and EU State Aid Procedure, S. 4, Paper presented at the State Aid Modernisation Seminar of the UK State Aid Law Association.

142 EuG, Urteil v. 25.06.1998, verb. Rs. T-371/94 u. a., „*British Airways plc u. a./Kommission*“, Rn. 63, Slg. 1998, II-2405.

143 EuG, Urteil v. 14.12.2000, Rs. T-613/97, „*Ufex u. a./Kommission*“, Rn. 90, Slg. 2000, II-4055; vgl. auch *Nowak*, in: Behrens/Braun/Nowak, Europäisches Wettbewerbsrecht im Umbruch, 23, 49.

144 Dies grundsätzlich vor dem Hintergrund einer „Effektuierung des Notifikationsverfahrens“ begrüßend, kritisch aber in Bezug auf die fehlende Stärkung der Verfahrensrechte der Drittbeteiligten *Ruthig*, ZG 2014, 136, 144; s. zu den Regelungen in der Verordnung ausf. *Plappert*, EuZW 2014, 216 ff.; *Nehl*, EStAL 2014, 235 ff.; *Woll*, in: Immenga/Körber, Beihilfenrecht in der Krise – Reform des Beihilfenrechts, S. 101, 126 ff.

145 Vgl. Art. 7 Abs. 2 lit. b) VVO. Diese Einschränkung wird teilweise scharf kritisiert und als unvereinbar mit dem „Recht auf gute Verwaltung“ aus Art. 41 GrCh angesehen, weil nicht nur die Unternehmen i. d. R. über mehr relevante Informationen als der betreffende Mitgliedstaat verfügen, sondern letztere es – insbesondere in Fällen unterschiedlicher Interessen von Beihilfeempfänger und beihilfegewährenden

Zum anderen wurde ihr die Möglichkeit eingeräumt, die Auskunftsverlangen mit der Verhängung von Zwangsgeldern durchzusetzen und bei unvollständigen oder unrichtigen Auskünften Geldbußen festzusetzen. Darüber hinaus erhielt die Kommission die Kompetenz, unter gewissen Voraussetzungen Untersuchungen einzelner Wirtschaftszweige und Beihilfeinstrumente vorzunehmen.

ee) Stellungnahme

Die Darstellung der wenigen Verfahrensrechte der Drittbeteiligten in der Verfahrensverordnung verdeutlicht ihre schwache Stellung im Verfahren. Das Recht auf Stellungnahme im förmlichen Prüfverfahren aus Art. 24 Abs. 1, 6 Abs. 1 VVO ist lediglich die Kodifizierung des Mindeststandards an Verfahrensbeteiligung, den die europäischen Gerichte auf Grundlage des Art. 108 Abs. 2 UAbs. 1 AEUV den Drittbeteiligten zum Zeitpunkt des Inkrafttretens der Verordnung Nr. 659/1999 zugesprochen hatten. Die VVO geht über diesen von der Rechtsprechung entwickelten Mindeststandard nicht hinaus. Insbesondere das fehlende Anhörungsrecht im Vorprüfungsverfahren und die Ausgestaltung des Beschwerderechtes sind Ausdruck der unveränderten Qualifizierung der Drittbeteiligten als Informationsquellen der Kommission. Daran hat die Kommission auch mit ihrer neuesten Reform der Verfahrensverordnung nichts geändert. Eine Verstärkung der Verfahrensposition durch ein umfassendes Akteneinsichtsrecht hat sie vielmehr bislang strikt abgelehnt.

Ihre Erwägungen zur Reform der Verfahrensverordnung waren vielmehr auf eine Steigerung der Effizienz und Transparenz des Beihilfeverfahrens als auf eine Stärkung der Verfahrensrechte der Drittbeteiligten ausgerichtet. So sah es die Kommission als gerechtfertigt an, zur Effizienzsteigerung ihre Ermittlungsbefugnisse gegenüber den Beteiligten deutlich auszuweiten. Diese durch die Verordnung Nr. 734/2013 vorangebrachten Änderungen verstärken damit eher das Ungleichgewicht zwischen Kommission und Drittbeteiligten in Bezug auf ihren Einfluss im Beihilfeverfahren.[146] Die Kommission ist bei ihrer Sammlung der Informationen, die sie als Grundlage für ihre abschließenden Entscheidungen

---

Mitgliedstaat – in der Hand haben, welche Informationen die Kommission erhält, s. *Temple Lang*, The Charter and EU State Aid Procedure, S. 5 f., 17, Paper presented at the State Aid Modernisation Seminar of the UK State Aid Law Association.

146 So auch *Bartosch*, EU-Beihilfenrecht, Art. 24 VVO Rn. 1; *Plappert*, EuZW 2014, 216, 219; *Nehl*, EStAL 2014, 235, 243, 249; *Gambaro/Mazzocchi*, CMLRev 2016, 385, 417; in diese Richtung auch *Ruthig*, ZG 2014, 136, 144; kritisch zur ausgelassenen Verbesserung der Verfahrensposition Dritter in der Verordnung auch *Laprévote*, EStAL 2014, 426, 436.

benötigt, nicht mehr auf eine passive Entgegennahme der Informationen der betreffenden Mitgliedstaaten angewiesen, sondern kann nun selbst aktiv werden. Dadurch, so ist den Erwägungsgründen zur Verordnung Nr. 734/2013 zu entnehmen, soll aber „keine Rechtsgrundlage für bilaterale Verhandlungen zwischen dem Empfänger und der Kommission geschaffen werden."[147] Demgegenüber wird der Einfluss der Drittbeteiligten in Bezug auf eine aktive Mitgestaltung des Beihilfeverfahrens immer unbedeutender.

Auch wenn die Kommission bislang kaum auf diese neuen Ermittlungsbefugnisse zurückgegriffen hat[148], hat deren Kodifizierung endgültig die Nebenrolle der Drittbeteiligten als Informationsquellen der Kommission besiegelt. Zudem wird durch die Regelung der neuen Ermittlungsbefugnisse deutlich, dass das Konstrukt der Bilateralität des Beihilfeverfahrens weiter aufgeweicht wird, wenn auch bislang nur einseitig zulasten der Drittbeteiligten. Dies kann aber nicht ohne Konsequenzen für deren Rechtsposition bleiben, wie später noch zu sehen sein wird. Es gilt nun zunächst zu untersuchen, wie sich die Rechtsprechung zur VVO nach deren Inkrafttreten entwickelt hat und ob diese Anlass dazu sah und sieht, sich über die spärliche Berücksichtigung von Verfahrensrechten der Drittbeteiligten in der VVO hinwegzusetzen.

c) Entwicklung der Rechtsprechung zur VVO

Im Folgenden werden die relevantesten Entscheidungen zu den Verfahrensrechten der Drittbeteiligten, die im Anschluss an das Inkrafttreten der VVO erlassen wurden, kurz dargestellt.

aa) Urteile des Gerichtes und des Gerichtshofes in der Rechtssache „Falck und Acciaierie di Bolzano"

(1) Hintergrund des Falles

In der Rechtssache „Falck und Acciaierie di Bolzano" hatten das Gericht und der Gerichtshof die Gelegenheit, nach Inkrafttreten der VVO zu den Rechten der Drittbeteiligten Stellung zu nehmen. Bei der Klägerin, der Acciaierie di Bolzano (im Folgenden: ACB), handelte es sich um ein Unternehmen, welches Spezialstahlerzeugnisse herstellte. Nachdem die ACB von Italien öffentliche Zuschüsse erhalten hatte, ersuchte die Kommission aufgrund einer eingegangenen förmlichen Beschwerde die italienische Regierung im Dezember 1994

---

147 EG (4) zur Verordnung (EU) Nr. 734/2013.

148 *Soltész*, EuZW 2015, 277, 278, der zudem davon ausgeht, dass die neuen Ermittlungsbefugnisse kaum zu einer Verfahrensbeschleunigung beitragen werden.

über Auskünfte zu diesen Zuschüssen. Nachdem die italienische Regierung dieser Aufforderung nachgekommen war, unterrichtete die Kommission im Mai 1995 diese von der Einleitung eines Beihilfeverfahrens nach dem Fünften Stahlbeihilfekodex und veröffentlichte diesen Beschluss im Dezember 1995 im Amtsblatt der Europäischen Gemeinschaften. Den anderen Mitgliedstaaten und interessierten Dritten wurde Gelegenheit zur Stellungnahme gegeben. Im Januar 1996 beantragte die ACB bei der Kommission, im eingeleiteten Verfahren hinzugezogen und angehört zu werden. Nachdem die Kommission auf dieses Schreiben nicht reagiert hatte, richtete die ACB im März 1996 ein zweites Schreiben an die Kommission, in dem sie um Auskunft über den Verfahrensstand und insbesondere auch darüber bat, ob es die Kommission als ihre Pflicht ansehe, die Klägerin anzuhören oder bei ihr Informationen einzuholen. Auch dieses Schreiben blieb seitens der Kommission unbeantwortet. Im Juli 1996 erließ die Kommission ihre abschließende Entscheidung, in der sie die vom Staat Italien gewährten Zuschüsse als nicht mit dem Gemeinsamen Markt vereinbar beurteilte.

Gegen die Entscheidung erhob die ACB Klage beim Gericht. In ihrer Klagebegründung führte sie aus, dass gegen ihre Verfahrensrechte verstoßen worden sei. Die Kommission habe ihr nicht die Gelegenheit eingeräumt, zum Vorliegen und zur Erheblichkeit der behaupteten Tatsachen und Umstände sowie zu den weiteren Unterlagen, die die Kommission ihrer Entscheidung zugrunde gelegt habe, Stellung zu nehmen.[149]

(2) Entscheidung des Gerichtes

Das Gericht wies die Klage ab. Ein Verstoß gegen Verfahrensrechte der ACB konnte es nicht erkennen und wies darauf hin, dass weder aus den Verträgen noch aus der Rechtsprechung der Unionsgerichte ein Anhörungsrecht der Beihilfeempfänger herzuleiten sei und diese nur den Anspruch hätten, an dem Verfahren unter Berücksichtigung der Umstände des Einzelfalles angemessen beteiligt zu werden.[150] Der ACB sei Gelegenheit gegeben worden, zum Beschluss über die Einleitung des Beihilfeverfahrens Stellung zu nehmen, auch wenn sie von dieser Möglichkeit keinen Gebrauch gemacht hätte.[151]

---

149 EuG, Urteil v. 16.12.1999, Rs. T-158/96, „*Acciaierie di Bolzano/Kommission*“, Rn. 38, Slg. 1999, II-3927.

150 EuG, Urteil v. 16.12.1999, Rs. T-158/96, „*Acciaierie di Bolzano/Kommission*“, Rn. 44 f., Slg. 1999, II-3927.

151 EuG, Urteil v. 16.12.1999, Rs. T-158/96, „*Acciaierie di Bolzano/Kommission*“, Rn. 46, Slg. 1999, II-3927.

(3) Entscheidung des Gerichtshofes

Auch das Rechtsmittel der ACB beim Gerichtshof hatte keinen Erfolg. Dieser wies zunächst darauf hin, dass seine Rechtsprechung zu Art. 93 Abs. 2 EGV (jetzt Art. 108 Abs. 2 AEUV) und die dabei aufgestellten Grundsätze auch im Rahmen des Fünften Stahlbeihilfekodex Anwendung fänden. Er bestätigte seine Rechtsprechung, dass die Veröffentlichung einer Mitteilung im Amtsblatt ein angemessenes Mittel zur Unterrichtung aller Beteiligten über die Einleitung des Beihilfeverfahrens sei. Diese Mitteilung diene dem Zweck, von den Beteiligten alle Auskünfte zu erhalten, um über weitere Maßnahmen zu entscheiden.[152] Zudem führte er unter Hinweis auf seine Rechtsprechung in der Rechtssache „Sytraval" aus, dass die Drittbeteiligten im Gegensatz zu den betreffenden Mitgliedstaaten keinen Anspruch auf streitige Erörterung des Falles mit der Kommission hätten.[153] Dass es sich bei der ACB um den Beihilfeempfänger handele, ändere nichts an der Tatsache, dass diesen gegenüber den sonstigen Drittbeteiligten keine besondere Position durch gesetzliche Vorschriften eingeräumt werde.[154] Diese Rechtsprechung setzte das Gericht in den Rechtssachen „Életricité de France"[155] und „ThyssenKrupp"[156] fort.

bb) Urteil des Gerichtes in der Rechtssache „WestLB"

(1) Hintergrund des Falles

Im WestLB-Fall musste sich das Gericht mit der Eingliederung der Wohnungsbauförderungsanstalt des Landes Nordrhein-Westfalen (WfA) in die Westdeutsche Landesbank Girozentrale (WestLB) beschäftigen. Nachdem der Bundesverband deutscher Banken (BdB) bei der Kommission die Einleitung eines Beihilfeverfahrens beantragt hatte, leitete die Kommission ein Verfahren gegen die Bundesrepublik Deutschland ein. Im Rahmen des Verfahrens beantragte die WestLB bei der Kommission erfolglos Zugang zu einem Sachverständigengutachten sowie zu den Stellungnahmen des BdB. Das Verfahren wurde mit einer Entscheidung

152 EuGH, Urteil v. 24.09.2002, verb. Rs. C-74/00 u. a., *„Falck und Acciaierie di Bolzano/Kommission"*, Rn. 80, Slg. 2002, I-7869.

153 EuGH, Urteil v. 24.09.2002, verb. Rs. C-74/00 u. a., *„Falck und Acciaierie di Bolzano/Kommission"*, Rn. 82, Slg. 2002, I-7869.

154 EuGH, Urteil v. 24.09.2002, verb. Rs. C-74/00 u. a., *„Falck und Acciaierie di Bolzano/Kommission"*, Rn. 83, Slg. 2002, I-7869.

155 EuG, Urteil v. 15.12.2009, Rs. T-156/04, *„Életricité de France/Kommission"*, Rn. 102, Slg. 2009, II-4503.

156 EuG, Urteil v. 01.07.2010, Rs. T-62/08, *„ThyssenKrupp/Kommission"*, Rn. 162 f., Slg. 2009, II-3229.

der Kommission abgeschlossen, in der diese die Maßnahme als rechtswidrige Beihilfe einstufte. Dagegen erhob die WestLB im Oktober 1999 Klage gegen die Kommission. Sie stellte sich auf den Standpunkt, auch der Beihilfeempfänger habe wie auch der betreffende Mitgliedstaat einen Anspruch auf rechtliches Gehör. Hingegen sei sie am Verwaltungsverfahren nicht unter Berücksichtigung der Umstände des Einzelfalls beteiligt worden, weil ihr die beantragten Gutachten und Stellungnahmen nicht zugeleitet worden seien.[157] Im Hinblick auf das Stellungnahmerecht aus Art. 20 VVO aF (jetzt Art. 24 VVO) vertrat die WestLB die Ansicht, dass dieses nur Ausfluss des allgemeinen Grundsatzes des Anspruches auf rechtliches Gehör sei, ohne dass dadurch dieser Anspruch im Beihilferecht eingeschränkt werden könne.[158]

(2) Entscheidung des Gerichtes

Das Gericht folgte der Argumentation der WestLB hinsichtlich eines Verstoßes gegen ihre Verfahrensrechte in keinem einzigen Punkt und verwies auf seine Rechtsprechung und die des Gerichtshofes zur Stellung der Drittbeteiligten im Beihilfeverfahren als bloße Informationsquellen, denen im Gegensatz zu den Mitgliedstaaten kein Anspruch auf rechtliches Gehör zustehe.[159] Im Übrigen stellte das Gericht fest, dass die WestLB ausreichende Gelegenheit gehabt hätte, sich zu den von der Kommission in ihrer Entscheidung angeführten Tatsachen und Beanstandungen zu äußern.[160]

Losgelöst von den grundsätzlichen Ausführungen des Gerichtes zur Stellung des Beihilfeempfängers im Verfahren traf das Gericht jedoch eine andere, weitreichende Feststellung. Nachdem es nämlich ausgeführt hatte, dass nicht gegen Verfahrensrechte der WestLB, insbesondere gegen den Anspruch auf rechtliches Gehör verstoßen wurde, prüfte es im Anschluss, ob gegen den Anspruch des

---

157 EuG, Urteil v. 06.03.2003, verb. Rs. T-228/99 u. a., „*WestLB u. a./Kommission*“, Rn. 109, Slg. 2003, II-435.

158 EuG, Urteil v. 06.03.2003, verb. Rs. T-228/99 u. a., „*WestLB u. a./Kommission*“, Rn. 111, Slg. 2003, II-435.

159 EuG, Urteil v. 06.03.2003, verb. Rs. T-228/99 u. a., „*WestLB u. a./Kommission*“, Rn. 125, Slg. 2003, II-435. Diese Rechtsprechung setzte das Gericht ebenfalls in den Rechtssachen „*Èletricité de France*“, EuG, Urteil v. 15.12.2009, Rs. T-156/04, „*Èletricité de France/Kommission*“, Rn. 103, Slg. 2009, II-4503 sowie „*ThyssenKrupp*“, EuG, Urteil v. 01.07.2010, Rs. T-62/08, „*ThyssenKrupp/Kommission*“, Rn. 162, Slg. 2009, II-3229, fort.

160 EuG, Urteil v. 06.03.2003, verb. Rs. T-228/99 u. a., „*WestLB u. a./Kommission*“, Rn. 128, Slg. 2003, II-435.

betreffenden Mitgliedstaates auf rechtliches Gehör verstoßen wurde und sich die WestLB als Beihilfeempfänger auf diesen Verstoß berufen kann.[161] Dies bejahte das Gericht mit dem Argument, dass aufgrund der zentralen Stellung des betroffenen Mitgliedstaates in dem Beihilfekontrollverfahren seine Anhörung ein wesentliches Formerfordernis darstelle, dessen Nichtbeachtung zur Nichtigkeit der Entscheidungen der Kommission führe und deshalb auch vom Beihilfeempfänger vor Gericht gerügt werden könne.[162]

cc) Urteile des Gerichtes und des Gerichtshofes in der Rechtssache „Technische Glaswerke Ilmenau“

(1) Hintergrund des Falles

Wieder etwas Bewegung in die Debatte um die Verfahrensrechte der Drittbeteiligten, hier konkret zum Akteneinsichtsrecht, kam durch die Entscheidung des Gerichtes in der Rechtssache „Technische Glaswerke Ilmenau“ im Dezember 2012. Im Zusammenhang mit einem von der Kommission eingeleiteten Beihilfeverfahren beantragte die Technische Glaswerke Ilmenau GmbH bei der Kommission Einsicht in nicht vertrauliche Akten. Dabei stützte sie sich jedoch nicht auf etwaige Rechte aus der VVO, sondern berief sich auf die Verordnung (EG) Nr. 1049/2001[163]. Nach dessen Art. 2 Abs. 1 hat jeder Unionsbürger sowie jede natürliche oder juristische Person mit Wohnsitz oder Sitz in einem Mitgliedstaat vorbehaltlich der in dieser Verordnung festgelegten Grundsätze, Bedingungen und Einschränkungen ein Recht auf Zugang zu Dokumenten der Organe. Die Kommission lehnte hingegen die Zugänglichmachung der angeforderten Dokumente mit dem Hinweis ab, dass diese unter die Ausnahme nach Art. 4 Abs. 2 TransparenzVO fielen. Dieser sieht vor, dass die Organe den Zugang zu einem Dokument verweigern können, wenn durch dessen Verbreitung u. a. der Schutz des Zwecks von Inspektions-, Untersuchungs- und Audittätigkeiten beeinträchtigt werden würde, mit Ausnahme eines überwiegenden öffentlichen Interesses an der Verbreitung.

---

161 EuG, Urteil v. 06.03.2003, verb. Rs. T-228/99 u. a., *„WestLB u. a./Kommission“*, Rn. 134 ff., Slg. 2003, II-435; s. hierzu auch *Soltész*, EuZW 2011, 541, 545 f.

162 EuG, Urteil v. 06.03.2003, verb. Rs. T-228/99 u. a., *„WestLB u. a./Kommission“*, Rn. 141 f., Slg. 2003, II-435.

163 Verordnung (EG) Nr. 1049/2001 des Europäischen Parlaments und des Rates v. 30.05.2001 über den Zugang der Öffentlichkeit zu Dokumenten des Europäischen Parlaments, des Rates und der Kommission, ABl. v. 31.05.2001, L 145/43 (im Folgenden: TransparenzVO).

Nachdem die Technische Glaswerke Ilmenau GmbH nach Art. 7 Abs. 2 TransparenzVO einen Zweitantrag an das Generalsekretariat der Kommission gerichtet hatte, wurde auch dieser von der Kommission abgelehnt. Dabei führte die Kommission in ihrem Schreiben u. a. aus: „Nach Prüfung Ihres Antrags muss ich leider die Ablehnung der GD Wettbewerb bestätigen, da durch eine Verbreitung dieser Dokumente der Schutz des Zwecks von Inspektions- und Untersuchungstätigkeiten beeinträchtigt werden könnte. (…) Im Rahmen der laufenden Untersuchungen über die Vereinbarkeit einer staatlichen Beihilfe mit dem Gemeinsamen Markt sind eine loyale Zusammenarbeit und gegenseitiges Vertrauen zwischen der Kommission, dem Mitgliedstaat und den betreffenden Unternehmen unverzichtbar, damit sich die Parteien frei äußern können. Eine Verbreitung der Dokumente könnte diesen Dialog stören und somit die Prüfung der Beschwerde beeinträchtigen.“[164]

Daraufhin erhob die Technische Glaswerke Ilmenau GmbH gegen die Entscheidung der Kommission Klage beim Gericht, in der sie u. a. darlegte, dass der Anspruch aus Art. 2 Abs. 1 TransparenzVO kein gewöhnlicher Anspruch, sondern vielmehr Ausdruck des Demokratieprinzips sei und deshalb aufgrund seines grundrechtlichen Charakters Ausnahmen eng ausgelegt werden müssten. Im Verfahren selbst vertrat die Kommission hingegen die Auffassung, dass durch eine enge Auslegung der Ausnahmevorschriften über die Hintertür weitreichende Verfahrensrechte für Drittbeteiligte eines Beihilfeverfahrens geschaffen werden könnten, die die VVO jedoch gerade, insbesondere in Form eines Akteneinsichtsrechtes oder eines Rechtes auf Zugang zu Dokumenten, nicht vorsehen würde.

Dem Hauptsacheverfahren waren zahlreiche Verfahren des vorläufigen Rechtsschutzes vorausgegangen, auf deren Bedeutung für die Verfahrensrechte der Drittbeteiligten im Einzelnen später noch ausführlich eingegangen werden wird.[165]

(2) Entscheidung des Gerichtes

Das Gericht hatte somit zu entscheiden, ob die Kommission die Ausnahmevorschrift des Art. 4 Abs. 2 TransparenzVO ordnungsgemäß angewandt hatte. Dabei stellte es fest, dass die betreffenden Dokumente zwar in Zusammenhang mit einer

164 Zitiert in der Urteilsbegründung des EuG v. 14.12.2006, Rs. T-237/02, *„Technische Glaswerke Ilmenau/Kommission“*, Rn. 12, Slg. 2006, II-5131.

165 S. hier insbesondere den Beschluss des Präsidenten des Gerichtes v. 04.04.2002, Rs. T-198/01 R, *„Technische Glaswerke Ilmenau/Kommission“*, Rn. 85, Slg. 2002, II-2153 sowie in der Rechtsmittelinstanz Beschluss des Präsidenten des Gerichtshofes v. 18.10.2002, Rs. C-232/02 P, *„Kommission/Technische Glaswerke Ilmenau“*, Rn. 74, Slg. 2002, I-8977.

„Untersuchungstätigkeit" i.S.d.Vorschrift ständen.[166] Jedoch könne die Anwendung einer Ausnahme nicht alleine dadurch rechtfertigt werden, dass ein Dokument ein durch eine Ausnahme geschütztes Interesse beträfe.[167] Vielmehr müsse im konkreten Fall geprüft werden, ob der Zugang zu dem Dokument das geschützte Interesse tatsächlich verletzen würde und ob nicht doch ein höherrangiges öffentliches Interesse bestehe, welches eine Zugänglichmachung des Dokumentes rechtfertigen würde.[168] Da eine solche konkrete Betrachtung von der Kommission nicht vorgenommen wurde, wurde die Entscheidung der Kommission vom Gericht für nichtig erklärt.

(3) Entscheidung des Gerichtshofes

Gegen das Urteil des Gerichtes legte die Kommission Rechtsmittel beim Gerichtshof ein. Dieser bestätigte zwar die Linie des Gerichtes, dass für die Annahme der Ausnahmevorschrift des Art. 4 Abs. 2 TransparenzVO eine konkrete Beeinträchtigung der geschützten Interessen durch die Zugänglichmachung der Dokumente dargelegt werden müsse.[169] Hingegen ist es nach Ansicht des Gerichtshofes ausreichend, wenn sich die Kommission hierbei auf allgemeine Vermutungen stützt, die für bestimmte Kategorien von Dokumenten gelten.[170] Dabei sei bei der Auslegung der Ausnahmevorschrift zu berücksichtigen, dass Art. 20 VVO aF (jetzt Art. 24 VVO) kein Akteneinsichtsrecht vorsehe.[171] Ein Akteneinsichtsrecht über die TransparenzVO würde im Rahmen eines Beihilfeverfahrens das System der Kontrolle staatlicher Beihilfen gefährden. Aus diesem Grund wurde die Rüge der Technischen Glaswerke Ilmenau GmbH vom Gerichtshof zurückgewiesen. In dieser Weise schob er dem Bestreben des Gerichtes, durch eine enge Auslegung der Ausnahmevorschriften der Verordnung Nr. 1049/2001 durch die Hintertür doch weitere Verfahrensrechte der Drittbeteiligten eines Beihilfeverfahrens zu schaffen, einen Riegel vor.

---

166 EuG, Urteil v. 14.12.2006, Rs. T-237/02, „*Technische Glaswerke Ilmenau/Kommission*", Rn. 76, Slg. 2006, II-5131.

167 EuG, Urteil v. 14.12.2006, Rs. T-237/02, „*Technische Glaswerke Ilmenau/Kommission*", Rn. 77, Slg. 2006, II-5131.

168 EuG, Urteil v. 14.12.2006, Rs. T-237/02, „*Technische Glaswerke Ilmenau/Kommission*", Rn. 77, Slg. 2006, II-5131.

169 EuGH, Urteil v. 29.06.2010, Rs. C-139/07, „*Kommission/Technische Glaswerke Ilmenau*", Rn. 53, Slg. 2010, I-5885.

170 EuGH, Urteil v. 29.06.2010, Rs. C-139/07, „*Kommission/Technische Glaswerke Ilmenau*", Rn. 54, Slg. 2010, I-5885.

171 EuGH, Urteil v. 29.06.2010, Rs. C-139/07, „*Kommission/Technische Glaswerke Ilmenau*", Rn. 58, Slg. 2010, I-5885.

dd) Urteil des Gerichtes in der Rechtssache „Le Levant 001"

(1) Hintergrund des Falles

In der Rechtssache „Le Levant 001" hatte eine Gruppe privater Investoren ein Kreuzfahrtschiff mit dem Namen „Le Levant" erworben und in einzelne Miteigentumsanteile aufgeteilt.[172] Die Geschäftsführung der Miteigentümergemeinschaft wurde im Rahmen eines Auftrages, der u. a. den Abschluss eines Bauvertrages mit einer Werft sowie den Betrieb des Schiffes zum Ziel hatte, auf die Gesellschaft Compagnie des îles du Levant (im Folgenden: CIL) übertragen. Für den Erwerb war den Investoren durch den französischen Staat die Möglichkeit eingeräumt worden, den Einstandspreis der Investition und die Belastungen, die mit deren Erwerb und Haltung verbunden waren, sowie die sich eventuell aus deren Betrieb ergebenden Verluste von ihrem zu versteuernden Einkommen abzuziehen. Nachdem die Kommission von diesem Vorgang aus der Presse erfahren hatte, leitete sie im Dezember 1999 ein Beihilfeverfahren ein, setzte die französische Regierung davon in Kenntnis und veröffentlichte im Februar 2000 ihre Entscheidung im Amtsblatt. Mit der Eröffnungsentscheidung wurden die Beteiligten zur Stellungnahme binnen eines Monats nach deren Veröffentlichung aufgefordert. Daraufhin nahmen im Rahmen des Verwaltungsverfahrens sowohl die französischen Behörden als auch die CIL innerhalb dieser Frist Stellung.

Im Juli 2001 richtete einer der Investoren ein Schreiben an die Kommission, in dem er diese darum bat darzulegen, wen sie als Empfänger der Beihilfe ansehe und ob auch die Privatinvestoren als Beteiligte des Beihilfeverfahrens anzusehen seien. Auf dieses Schreiben erhielt der Investor keine Antwort, sodass dieser kurze Zeit später ein erneutes Schreiben an die Kommission richtete. In diesem wies er darauf hin, dass er erst einige Monate nach Veröffentlichung der Eröffnungsentscheidung im Amtsblatt von der Prüfung des Falles durch die Kommission erfahren habe und beantragte unter Hinweis auf Art. 6 Abs. 1 VVO die Gewährung einer angemessenen Frist zur Einreichung einer Stellungnahme. In der Begründung zu diesem Antrag wies er explizit auf Art. 6 Abs. 1 S. 3 VVO hin und trug u. a. vor, dass er aufgrund der Angaben in der Eröffnungsentscheidung davon ausgegangen sei, als Investor nicht vom Beihilfeverfahren betroffen zu sein. Auf seine beiden Schreiben antwortete die Kommission dem Investor nun lediglich mit dem Hinweis, dass die Frist zur Abgabe einer Stellungnahme längst abgelaufen sei.

Ende Juli 2001 erließ die Kommission ihre Entscheidung, wonach die gewährten Steuervorteile eine nicht mit dem Gemeinsamen Markt vereinbare Beihilfe

172 S. zum Sachverhalt und Verfahrenshergang auch *Bartosch*, RIW 2007, 401, 405.

darstellten und die Beihilfen von den Investoren, den unmittelbaren Empfängern der Beihilfe und gegenwärtigen Eigentümern des Passagierschiffes, zurückzuverlangen seien. Dagegen erhoben die Investoren im Februar 2002 Klage beim Gericht und rügten insbesondere einen Verstoß gegen ihren Anspruch auf rechtliches Gehör. Zudem habe die Kommission gegen Art. 6 Abs. 1 S. 3 VVO verstoßen, indem sie ohne nähere Begründung einen Antrag auf Fristverlängerung abgelehnt hätte.

(2) Entscheidung des Gerichtes

Das Gericht gab den Verfahrensrügen der Kläger statt und hob die Kommissionsentscheidung auf. In seiner Urteilsbegründung führte es aus, dass die Bestimmung des Beihilfeempfängers in den Fällen, in denen sich das förmliche Prüfverfahren auf eine rechtswidrige, ausgezahlte Beihilfe beziehe, von entscheidender Bedeutung sei.[173] Ausgehend von der Pflicht der Kommission, alle Beteiligten zur Abgabe einer Stellungnahme aufzufordern, ist zwar nach der ständigen Rechtsprechung des Gerichtshofes eine Aufforderung an alle Beteiligten in der Veröffentlichung der Entscheidung im Amtsblatt grundsätzlich ausreichend. Einschränkend führte das Gericht aber aus, dass in den Fällen, in denen die Eigenschaft als Beteiligter nicht aus der Eröffnungsentscheidung noch in einem späteren Zeitpunkt des förmlichen Verfahrens hervorgehe, von einer Aufforderung zur Abgabe einer Stellungnahme nicht ausgegangen werden könne.[174] Da die Stellung der Investoren als Beteiligte sich weder aus der Eröffnungsentscheidung noch innerhalb des Beihilfeverfahrens ergeben habe, vielmehr in dessen Rahmen bei Gesprächen zwischen den französischen Behörden und der Kommission immer von der CIL als Beihilfeempfängerin die Rede gewesen sei, hätten diese davon ausgehen dürfen, dass sie von der Eröffnungsentscheidung nicht betroffen seien.[175] Eine Aufforderung zur Stellungnahme und eine diesbezügliche Fristsetzung seien deshalb gegenüber den Investoren nicht erfolgt, sodass der Anspruch der Investoren auf rechtliches Gehör verletzt worden sei.[176] Indem die Kommission zudem den Antrag des bezeichneten Investors auf Fristverlängerung nach

---

173 EuG, Urteil v. 22.06.2006, Rs. T-34/02, „*Le Levant 001 u. a./Kommission*“, Rn. 80, Slg. 2006, II-267.

174 EuG, Urteil v. 22.06.2006, Rs. T-34/02, „*Le Levant 001 u. a./Kommission*“, Rn. 83, Slg. 2006, II-267.

175 EuG, Urteil v. 22.06.2006, Rs. T-34/02, „*Le Levant 001 u. a./Kommission*“, Rn. 85 ff., Slg. 2006, II-267.

176 EuG, Urteil v. 22.06.2006, Rs. T-34/02, „*Le Levant 001 u. a./Kommission*“, Rn. 91, 97, Slg. 2006, II-267.

Art. 6 Abs. 1 S. 3 VVO abgelehnt habe, ohne überhaupt Gründe für diese Ablehnung aufzuführen, habe die Kommission auch gegen diese Vorschrift verstoßen.[177]

ee) Urteile des Gerichtes und des Gerichtshofes in der Rechtssache „Scott“

(1) Hintergrund des Falles

Zuletzt gaben insbesondere die Entscheidungen des Gerichtes und des Gerichtshofes in der Rechtssache „Scott“ neuen Anlass zur Diskussion über die Stellung der Drittbeteiligten im Beihilfekontrollverfahren. Hintergrund der Rechtsstreitigkeiten zwischen der Scott SA (im Folgenden: Scott) und der Kommission war u. a. der Verkauf eines Grundstückes von der Stadt Orléans und des Departements Loiret an die Rechtsvorgängerin von Scott, die Bouton Brochard Scott, für den symbolischen Preis von einem Franc und die Verpflichtung seitens der Verkäufer, die Abwassergebühr nach einem Vorzugstarif zu berechnen.

Nachdem die Kommission aufgrund einer Beschwerde bereits im Januar 1997 die Französische Republik aufgefordert hatte, zu den Vergünstigungen an Scott Stellung zu nehmen, eröffnete sie nach vorherigem ausführlichen Schriftwechsel mit Frankreich im Mai 1998 ein förmliches Prüfverfahren. Dieses mündete im Juli des Jahres 2000 in der Entscheidung der Kommission, dass die staatlichen Beihilfen in Form des Vorzugspreises für das Grundstück sowie die eingeräumten Vergünstigungen bei der Abwasserentsorgung nicht mit dem Gemeinsamen Markt vereinbar seien.

Im Rahmen des Verfahrens hatte Scott zunächst am 23.11.1998 eine Stellungnahme bei der Kommission eingereicht, nachdem sie von dieser dazu nach Art. 6 Abs. 1 VVO aufgefordert worden war. Nach einem Treffen von Vertretern der Kommission mit Vertretern der französischen Regierung in Begleitung von Vertretern von Scott Anfang Dezember 1999 gestattete die Kommission die Mitteilung ergänzender Auskünfte zur streitigen Beihilfe bis Ende des Jahres 1999. Daraufhin übersandte Scott am 24.12.1999 an die Kommission ein Schreiben mit ergänzenden Angaben. Die Kommission teilte Scott hingegen am 12. Januar und 22. Februar 2000 mit, dass sie die ergänzende Stellungnahme vom 24.12.1999 nicht zu den Akten nehmen könne, weil diese nach Ablauf der in der Entscheidung über die Verfahrenseröffnung gesetzten Frist, also nach dem 30.10.1998, eingegangen sei. Die Aufforderung zur Abgabe ergänzender Auskünfte sei nur an die Vertreter der französischen Regierung, nicht jedoch an die Vertreter von Scott gerichtet gewesen.

---

177 EuG, Urteil v. 22.06.2006, Rs. T-34/02, „*Le Levant 001 u. a./Kommission*“, Rn. 94, Slg. 2006, II-267.

Daraufhin erhob Scott Klage beim Gericht. Sie machte mehrere Klagegründe, insbesondere die Verletzung von Verfahrensrechten durch die Nichtberücksichtigung der Informationen ihres Schreibens an die Kommission vom 24.12.1999, geltend.

(2) Entscheidung des Gerichtes im Vorabentscheidungsverfahren („Scott I") und Rechtsmittelentscheidung des Gerichtshofes („Scott II")

Auf Antrag von Scott entschied das Gericht zunächst isoliert über einen bestimmten Klagegrund, der die Auslegung von Art. 15 VVO aF (jetzt Art. 17 VVO)betraf. Dabei ging es um die Frage, ob die Verjährungsfrist bzgl. der Rückforderung von Beihilfen durch die Kommission durch ein Ereignis unterbrochen werden kann, welches dem Beihilfeempfänger nicht mitgeteilt wurde. Dies bejahte das Gericht unter Hinweis auf die Stellung der Beihilfeempfänger als Informationsquellen der Kommission, die nicht die Verpflichtung treffe, diese von Maßnahmen zu unterrichten, die sie in Bezug auf eine rechtswidrige Beihilfe vor Eröffnung des Verwaltungsverfahrens ergreife.[178] Folglich wies das Gericht die Klage hinsichtlich dieses Klagegrundes ab und setzte das Verfahren bis zur Entscheidung des Gerichtshofes über das Rechtsmittel aus. Der Gerichtshof wies das Rechtsmittel von Scott zurück und hob in seiner Urteilsbegründung nochmals hervor, dass die Verfahrensrechte, die den Drittbeteiligten zugestanden werden, zwar die Möglichkeit eröffnen, der Kommission Informationen zu liefern und gleichzeitig eigene Argumente geltend zu machen, diesen aber nicht die Stellung als Verfahrensbeteiligte verleihen würden.[179]

(3) Entscheidung des Gerichtes im Hauptsacheverfahren („Scott III")

Nachdem der Gerichtshof das Rechtsmittel zurückgewiesen hatte, nahm das Gericht das Verfahren wieder auf und entschied über die übrigen Klagegründe. Hinsichtlich der Berücksichtigung des Schreibens vom 24.12.1999 wies das Gericht zunächst darauf hin, dass Scott von der in Art. 6 Abs. 1 VVO eingeräumten Möglichkeit zur Abgabe einer Stellungnahme Gebrauch gemacht hatte. Den Inhalt dieser Stellungnahme hatte die Kommission bei ihrer Entscheidung auch berücksichtigt. Sodann führte das Gericht jedoch aus, dass die Kommission nicht alle weiteren Stellungnahmen, die nach Ablauf der Frist zur

---

178 EuG, Urteil v. 10.04.2003, Rs. T-366/00, „*Scott/Kommission*", Rn. 58 ff., Slg. 2003, II-1763.

179 EuGH, Urteil v. 06.10.2005, Rs. C-276/03, „*Scott/Kommission*", Rn. 34, Slg. 2005, I-8437.

Abgabe der Stellungnahme bei ihr eingehen, ohne weiteres unberücksichtigt hätte lassen und sich nicht auf eine formalistische Auslegung hätte beschränken dürfen.[180] Aus der Pflicht zur sorgfältigen und unvoreingenommenen Prüfung des Falles könne nämlich unter gewissen Umständen die Pflicht der Kommission resultieren, auch Stellungnahmen nach Fristablauf zu berücksichtigen.[181] Art. 6 Abs. 1 VVO stehe dem nicht entgegen, weil diese Vorschrift selbst die Möglichkeit vorsehe, von der zuvor gesetzten Frist abzuweichen und diese, in ordnungsgemäß begründeten Fällen, zu verlängern.[182] Das Gericht führte aus, dass die in dem Verfahren streitige Frage des Wertes des betreffenden Grundstückes Gegenstand zahlreicher Schriftwechsel zwischen den Beteiligten gewesen sei und Informationen hierzu für die Kommission nur schwer zu beschaffen waren.[183] Das Treffen mit Vertretern der französischen Regierung und Scott am 07.12.1999 habe deshalb vor dem Hintergrund stattgefunden, dass die Kommission zu diesem Zeitpunkt noch immer mit der Aufklärung des Sachverhaltes beschäftigt gewesen sei.[184] Hinsichtlich einer sorgfältigen und unvoreingenommenen Prüfung des Falles sei es unverhältnismäßig und widersprüchlich, bei der Entgegennahme ergänzender Informationen Ende des Jahres 1999 nach der Herkunft dieser Informationen zu unterscheiden, selbst wenn zwischen den Beteiligten streitig sei, ob die Aufforderung zur Abgabe dieser Informationen bei dem Treffen am 07.12.1999 auch an die Vertreter von Scott gerichtet gewesen sei, deren Teilnahme am Treffen man andererseits ermöglicht habe.[185] Zudem habe die Kommission im Januar und Februar 2000 Informationen der französischen Regierung akzeptiert, die im Wesentlichen dem Inhalt des Schreibens von Scott vom 24.12.1999 entsprochen hätten.[186] Da das Gericht außerdem zu dem Ergebnis kam, dass es bei der Bewertung der streitigen Beihilfe zu Beurteilungsfehlern bei der Schätzung des Marktwertes des betreffenden Grundstückes gekommen sei, gab es der Klage statt und hob die Entscheidung der Kommission auf.

---

180 EuG, Urteil v. 29.03.2007, Rs. T-366/00, „*Scott/Kommission*", Rn. 56, Slg. 2007, II-797.

181 EuG, Urteil v. 29.03.2007, Rs. T-366/00, „*Scott/Kommission*", Rn. 56, Slg. 2007, II-797.

182 EuG, Urteil v. 29.03.2007, Rs. T-366/00, „*Scott/Kommission*", Rn. 57, Slg. 2007, II-797.

183 EuG, Urteil v. 29.03.2007, Rs. T-366/00, „*Scott/Kommission*", Rn. 58, 60, Slg. 2007, II-797.

184 EuG, Urteil v. 29.03.2007, Rs. T-366/00, „*Scott/Kommission*", Rn. 61, Slg. 2007, II-797.

185 EuG, Urteil v. 29.03.2007, Rs. T-366/00, „*Scott/Kommission*", Rn. 61 f., Slg. 2007, II-797.

186 EuG, Urteil v. 29.03.2007, Rs. T-366/00, „*Scott/Kommission*", Rn. 62, Slg. 2007, II-797.

(4) Verfahren vor dem Gerichtshof

Gegen die Entscheidung des Gerichtes legte die Kommission beim Gerichtshof Rechtsmittel ein. Dieser hob das Urteil des Gerichtes auf und verwies die Rechtssache an das Gericht zur abschließenden Entscheidung zurück.[187] Für die Diskussion über die Verfahrensrechte der Drittbeteiligten interessanter als die Urteilsbegründung des Gerichtshofes, der zu dieser Frage keinerlei Stellung genommen hatte, waren hingegen die Ausführungen des Generalanwaltes Mengozzi in seinem Schlussantrag.[188] Dieser nahm zur Diskussion über die Rechte der Beteiligten im Beihilfekontrollverfahren mit allgemeinen Erwägungen ausführlich Stellung.[189] Zuvor wies er jedoch darauf hin, dass die Ausführungen des Gerichtes zur Stellung des Beihilfeempfängers nach seiner Ansicht als obiter dicta zu qualifizieren seien, da die Nichtigerklärung der Kommissionsentscheidung durch das Gericht sich ausschließlich auf die Fehler bei der Bewertung des Grundstückes stütze.[190]

Sodann führte der Generalanwalt aus, dass die Rechtsprechung des Gerichtes zur Stellung der Beihilfeempfänger im Verfahren seit jeher gewissen Unsicherheiten und Schwankungen unterliege und davon auszugehen sei, dass das Gericht mit seinen Urteilen wohl darauf abziele, dass der Gerichtshof seine Rechtsprechung auf diesem Gebiet überprüfen solle.[191] Es sei auch „nicht auszuschließen, dass der Gerichtshof künftig seine Entscheidungen zur Stellung des Beihilfeempfängers revidieren muss".[192] Nachdem das Gericht bereits in der Vergangenheit versucht habe, den Beihilfeempfängern gewährten Schutz auszudehnen, sei auch das vorliegende Urteil des Gerichtes dieser Bestrebung

187 EuGH, Urteil v. 02.09.2010, Rs. C-290/07 P, „*Kommission/Scott*", Slg. 2010, I-7763.

188 EuGH, Urteil v. 02.09.2010, Rs. C-290/07 P, „*Kommission/Scott*", Schlussanträge v. 23.02.2010.

189 EuGH, Urteil v. 02.09.2010, Rs. C-290/07 P, „*Kommission/Scott*", Schlussanträge v. 23.02.2010, Rn. 52 ff.

190 EuGH, Urteil v. 02.09.2010, Rs. C-290/07 P, „*Kommission/Scott*", Schlussanträge v. 23.02.2010, Rn. 49. Dieser Erwägung schloss sich der Gerichtshof in seiner Urteilsbegründung wohl auch an, indem er sich lediglich mit der Frage der Bewertungsfehler auseinandersetzte und auf mögliche Verfahrensfehler nicht näher einging. Ein fehlendes obiter dictum des Gerichtshofes zu den verfahrensrechtlichen Aspekten des Falles wurde von Teilen der Literatur mit Bedauern aufgenommen, s. *von Bonin/Kadar*, EStAL 2011, 105, 111.

191 EuGH, Urteil v. 02.09.2010, Rs. C-290/07 P, „*Kommission/Scott*", Schlussanträge v. 23.02.2010, Rn. 52.

192 EuGH, Urteil v. 02.09.2010, Rs. C-290/07 P, „*Kommission/Scott*", Schlussanträge v. 23.02.2010, Rn. 52.

zuzuordnen.[193] Der Generalanwalt stellte sich weiterhin auf den Standpunkt, dass zwischen den beiden Rechtspositionen, die auf der einen Seite dem Beihilfeempfänger jede verfahrensrechtliche Rolle abspreche und die, die ihm dieselbe Verfahrensposition einräumen möchte wie den Mitgliedstaaten, ein Zwischenweg gefunden werden müsse, sodass beide Positionen in Ausgleich zu bringen seien.[194] Den rechtlichen Ansatz sah der Generalanwalt hierbei in dem „Grundsatz der ordnungsgemäßen Verwaltung", der durch seine Aufnahme in Art. 41 GrCh nun auch eindeutig als allgemeiner Grundsatz des Unionsrechtes anzusehen sei.[195] Diese Erwägungen führten Mengozzi zu dem Fazit, „dass der Grundsatz der ordnungsgemäßen Verwaltung im Bereich der staatlichen Beihilfe zwar nicht verlangt, dass der Beihilfeempfänger den formalen Status einer Partei im Verfahren zur Kontrolle von Beihilfen erhält, dass er die Kommission aber doch daran hindert, ein Vorbringen des Empfängers strikt und ausnahmslos zurückzuweisen, wenn es ihr nach Ablauf der den Beteiligten zur Stellungnahme gesetzten Frist übermittelt wird."[196] Einschränkend führte er aus, dass dies dann in Betracht käme, „wenn die betreffenden Informationen für die Verwaltung zur Klärung und Ergänzung ihrer Erkenntnisse tatsächlich von Nutzen sind und sofern der Stand des Verwaltungsverfahrens die Berücksichtigung zulässt, ohne dass eine Verzögerung beim Erlass der endgültigen Entscheidung eintritt."[197]

Ausgehend von diesen allgemeinen Erwägungen bezog Mengozzi diese auf den zu entscheidenden Fall und kam zu dem Ergebnis, dass die Kommission nur dann zur Berücksichtigung der Stellungnahme trotz Ablauf der hierfür gesetzten Frist nach dem Grundsatz der ordnungsgemäßen Verwaltung verpflichtet gewesen sei, wenn das Nutzen dieser Unterlagen wirksam belegt worden sei; dies sei nur der Fall, wenn durch die Unterlagen etwaige Lücken in den Sachverhaltserkenntnissen der Kommission geschlossen werden könnten und das Stadium des Verfahrens die Berücksichtigung der Stellungnahmen

---

193 EuGH, Urteil v. 02.09.2010, Rs. C-290/07 P, „*Kommission/Scott*", Schlussanträge v. 23.02.2010, Rn. 56 f.

194 EuGH, Urteil v. 02.09.2010, Rs. C-290/07 P, „*Kommission/Scott*", Schlussanträge v. 23.02.2010, Rn. 58 ff.

195 EuGH, Urteil v. 02.09.2010, Rs. C-290/07 P, „*Kommission/Scott*", Schlussanträge v. 23.02.2010, Rn. 59 f.

196 EuGH, Urteil v. 02.09.2010, Rs. C-290/07 P, „*Kommission/Scott*", Schlussanträge v. 23.02.2010, Rn. 63.

197 EuGH, Urteil v. 02.09.2010, Rs. C-290/07 P, „*Kommission/Scott*", Schlussanträge v. 23.02.2010, Rn. 64.

zulasse.[198] Diese Voraussetzungen sah der Generalanwalt aber als nicht gegeben an, weil das Gericht es bereits versäumt habe, überhaupt den Inhalt des Schreibens zu prüfen.[199]

Der Gerichtshof ging, wie bereits oben angesprochen, überhaupt nicht auf den betreffenden Rechtsmittelgrund der Kommission hinsichtlich der Ausführungen des Gerichtes zur Berücksichtigung des Schreibens von Scott vom 24.12.1999 ein. Es kann davon ausgegangen werden, dass auch der Gerichtshof – wie Generalanwalt Mengozzi – von einem obiter dictum des Gerichtes ausging, sodass die Feststellungen in den Urteilsgründen nicht entscheidungserheblich waren.

ff) Urteil des Gerichtes in der Rechtssache „Netherlands Maritime Technology Association“

(1) Hintergrund des Falles

In der Rechtssache „Netherlands Maritime Technology Association“[200] wandte sich die Netherlands Maritime Technology Association (NMTA) mit einer Beschwerde an die Europäische Kommission. Anlass war eine neue spanische Steuerregelung, die den Bau von Schiffen in spanischen Werften förderte.[201] Während des Verfahrens richtete sie an die Kommission mehrere Schreiben, in denen sie Informationen über den Stand des Prüfverfahrens forderte sowie geltend machte, dass Dritte die Möglichkeit eingeräumt bekommen sollten, die betreffende Maßnahme zu kommentieren.[202] Darauf ging die Kommission hingegen nicht ein und stellte mit Beschluss vom 20.11.2012 fest, dass die Maßnahme keine Beihilfe darstelle und daher kompatibel mit dem Binnenmarkt sei.[203]

Im folgenden Klageverfahren machte die NMTA mehrere Rechtsverstöße geltend. Sie vertrat die Ansicht, dass ernsthafte Schwierigkeiten vorgelegen hätten, die die Kommission zur Einleitung des förmlichen Prüfverfahrens hätten ver-

198 EuGH, Urteil v. 02.09.2010, Rs. C-290/07 P, *„Kommission/Scott“*, Schlussanträge v. 23.02.2010, Rn. 73.

199 EuGH, Urteil v. 02.09.2010, Rs. C-290/07 P, *„Kommission/Scott“*, Schlussanträge v. 23.02.2010, Rn. 75 f.

200 EuG, Urteil v. 09.12.2014, Rs. T-140/13, *„Netherlands Maritime Technology Association/Kommission“*.

201 EuG, Urteil v. 09.12.2014, Rs. T-140/13, *„Netherlands Maritime Technology Association/Kommission“*, Rn. 1.

202 EuG, Urteil v. 09.12.2014, Rs. T-140/13, *„Netherlands Maritime Technology Association/Kommission“*, Rn. 21.

203 EuG, Urteil v. 09.12.2014, Rs. T-140/13, *„Netherlands Maritime Technology Association/Kommission“*, Rn. 22.

anlassen müssen.[204] In diesem Zusammenhang machte sie u. a. geltend, dass sie mehrere Schreiben an die Kommission gerichtet hätte, in der sie ihre Bedenken vorgebracht und die Kommission ersucht hätte, ihr die Möglichkeit zur Anhörung in einem förmlichen Prüfverfahren einzuräumen.[205] Die Verfahrensökonomie könne zudem nicht vorrangig gegenüber den Verfahrensrechten der betroffenen Parteien sein, da es sich bei diesen um Grundrechte handele, die durch die Grundrechtecharta gewährleistet werden würden.[206]

(2) Entscheidung des Gerichtes

Das Gericht folgte dieser Argumentation nicht. Dabei verwies es nicht nur darauf, dass die Eingaben und Beobachtungen von Dritten kein Indiz für die Existenz „ernsthafter Schwierigkeiten" darstellten, die die Einleitung eines förmlichen Prüfverfahrens notwendig machen würden; insbesondere die Einreichung einer Beschwerde sei kein solches Indiz, da Dritte dann stets veranlassen könnten, das förmliche Prüfverfahren einzuleiten.[207] Dies wäre aber nicht vereinbar mit ihrer beschränkten Position innerhalb des Beihilfeverfahrens, die ihnen nach stetiger Rechtsprechung zustehe.[208] Die Charta beabsichtige nach Ansicht des Gerichtes nicht, die Natur des Beihilfeverfahrens zu ändern oder den Drittbeteiligten ein – in Art. 108 AEUV nicht vorgesehenes – Mitspracherecht zu verleihen.[209]

gg) Fazit und Stellungnahme

Fasst man die Aussagen der Urteile zu den Verfahrensrechten der Drittbeteiligten nach dem Inkrafttreten der VVO zusammen, lässt sich festhalten: Über das Recht auf Stellungnahme im förmlichen Prüfverfahren und die Begründungspflicht der Kommission hinaus stehen den Drittbeteiligten nach wie vor keine Verfahrensrechte zu. Die Rechtsprechung hat somit auch nach Inkrafttreten der VVO, die

---

204 EuG, Urteil v. 09.12.2014, Rs. T-140/13, *„Netherlands Maritime Technology Association/Kommission"*, Rn. 43.

205 EuG, Urteil v. 09.12.2014, Rs. T-140/13, *„Netherlands Maritime Technology Association/Kommission"*, Rn. 56.

206 EuG, Urteil v. 09.12.2014, Rs. T-140/13, *„Netherlands Maritime Technology Association/Kommission"*, Rn. 56.

207 EuG, Urteil v. 09.12.2014, Rs. T-140/13, *„Netherlands Maritime Technology Association/Kommission"*, Rn. 60.

208 EuG, Urteil v. 09.12.2014, Rs. T-140/13, *„Netherlands Maritime Technology Association/Kommission"*, Rn. 60.

209 EuG, Urteil v. 09.12.2014, Rs. T-140/13, *„Netherlands Maritime Technology Association/Kommission"*, Rn. 60.

wie oben erläutert lediglich auf eine Kodifizierung des Status quo ausgerichtet war, keine Veränderungen hervorgebracht. Auffallend sind aber, wie bereits in der Rechtssache „Sytraval“ deutlich geworden, die einzelnen Versuche des Gerichtes, eine Änderung der Rechtsprechung des Gerichtshofes herbeizuführen. Insbesondere in den Urteilen zu den Rechtssachen „Technische Glaswerke Ilmenau“ und „WestLB“ hat es seine Tendenz zur Stärkung der Verfahrensrechte über die Regelungen der VVO hinaus unterstrichen.[210] Dass es in der Rechtssache „Technische Glaswerke Ilmenau“ den Umweg über die TransparenzVO suchte, kann als Versuch gedeutet werden, dem Gerichtshof einen Ausweg aus seinem selbst verursachten Dilemma aufzuzeigen. Auch diesen Weg hat sich der Gerichtshof nun verschlossen. Prägnant ausgedrückt kann man hinsichtlich einer Erweiterung der Verfahrensrechte der Drittbeteiligten festhalten: Das Gericht will, kann aber nicht; der Gerichtshof kann, will aber nicht!

Die Ausführungen von Generalanwalt Mengozzi in der Rechtssache „Scott“ ermöglichen aber einen neuen Blick auf die Diskussion. Denn er hinterfragt sehr deutlich die o. g. Rechtsprechung des Gerichtshofes und vertritt die Ansicht, dass die bisherige Rechtsprechung zu den Verfahrensrechten der Drittbeteiligten ausgehend vom Grundsatz der ordnungsgemäßen Verwaltung überdacht werden muss. Anlass zu dieser Neubetrachtung gibt nach seiner Ansicht die Konsolidierung dieses Grundsatzes in Art. 41 GrCh.[211]

Berücksichtigt man zudem, dass die Schlussanträge der Generalanwälte großen Einfluss auf die Rechtsprechung des Gerichtshofes haben,[212] können die vorgenannten Ausführungen von Generalanwalt Mengozzi den Weg zu einer Änderung der Rechtsprechung des Gerichtshofes in Bezug auf die Verfahrensstellung der Drittbeteiligten ebnen. Dass es der Gerichtshof in seinem Urteil zur Rechtssache „Scott“ unterließ, zu diesen Fragen Stellung zu nehmen, ist der Tatsache geschuldet, dass die betreffenden Rechtsfragen wie bereits dargelegt nicht entscheidungserheblich waren und der Gerichtshof wohl auch keine Veranlassung sah, diese Fragen Obiter Dictum zu entscheiden. Bedenkt man jedoch die mitunter überdeutlichen Reaktionen des Gerichtshofes auf die Urteile des Gerichtes,

---

210 S. hierzu auch *Bartosch*, RIW 2007, 401, 403 ff.

211 EuGH, Urteil v. 02.09.2010, Rs. C-290/07 P, *„Kommission/Scott“*, Schlussanträge v. 23.02.2010, Rn. 60. Diese Ausführungen des Generalanwaltes zeigen, dass für ihn die Grundsätze der „ordnungsgemäßen Verwaltung“ und der „guten Verwaltung“ aus Art. 41 GrCh synonym sind. Aus diesem Grund werden diese Begriffe in der Folge auch synonym verwendet.

212 *Oppermann/Classen/Nettesheim*, Europarecht, § 5 Rn. 143.

mit denen dieses versuchte, die Verfahrensposition der Beteiligten zu stärken, so kann das Schweigen des Gerichtshofes eher für als gegen ein Umdenken sprechen.

Getrübt wird dieser Ausblick durch das jüngste Urteil des Gerichtes in der Rechtssache „Netherlands Maritime Technology Association", in dem es einer Ausweitung der Verfahrensrechte auf Grundlage der Grundrechtecharta entgegengetreten ist. Eine abschließende Stellungnahme des Gerichtshofes zu dieser Fragestellung steht aber nach wie vor aus. Ob die – kurze – Feststellung des Gerichtes tragfähig ist oder überdacht werden sollte, wird Kern der nun folgenden Untersuchung sein.

Es wird im Folgenden zu untersuchen sein, in welchem Maße die Rechte in der Grundrechtecharta und hier insbesondere das „Recht auf eine gute Verwaltung" mit seinen einzelnen Ausprägungen dazu führen, die Verfahrensstellung der Drittbeteiligten im Beihilfeverfahren zu verändern. Dabei wird auch die Frage relevant werden, inwieweit die Grundrechte nur einen Mindeststandard gewährleisten, dessen konkrete Ausformung dem Sekundärrechtsgesetzgeber überlassen ist. Welche Konsequenz sich daraus für die Verfahrensposition der Drittbeteiligten ergibt, kann jedoch erst dann eingehend erörtert werden, wenn man sich die Rechtsschutzmöglichkeiten der Beteiligten außerhalb des Verwaltungsverfahrens betrachtet. Es stellt sich also zuvor die Frage, welche Chancen das derzeitige gerichtliche Verfahren eröffnet, etwaige Beteiligungsdefizite im Verwaltungsverfahren zu kompensieren.

Kapitel 2: Berücksichtigung der Rechtsposition von Beihilfeempfänger und Konkurrenten im gerichtlichen Verfahren

I. Rechtsschutz der Beihilfeempfänger

1. Entscheidungen im Vorprüfungsverfahren

Stellt die Kommission zum Abschluss der Vorprüfungsphase fest, dass entweder keine Beihilfe vorliegt (Art. 4 Abs. 2 VVO) oder die betreffende Beihilfe mit dem Gemeinsamen Markt vereinbar ist (Art. 4 Abs. 3 VVO), stellt sich für den Beihilfeempfänger mangels einer belastenden Entscheidung in der Regel nicht die Frage des gerichtlichen Rechtsschutzes.[213]

Anders sieht es jedoch aus, wenn die Kommission am Ende der Vorprüfungsphase entscheidet, das förmliche Prüfverfahren einzuleiten, Art. 4 Abs. 4 VVO.[214] Zwar hat diese Entscheidung grundsätzlich nur einen vorläufigen Charakter, weil eine abschließende Entscheidung über die Frage, ob die Beihilfe mit dem Gemeinsamen Markt vereinbar ist, erst im förmlichen Prüfverfahren getroffen wird.[215] Ein Rechtsschutzinteresse besteht in diesen Fällen aber dann, wenn die Entscheidung zur Eröffnung des förmlichen Prüfverfahrens selbstständige Rechtswirkungen entfaltet und somit geeignet ist, unmittelbar die Rechtsposition des Beihilfeempfängers zu verschlechtern.[216] Da durch den Beschluss der Kommission, das förmliche Prüfverfahren einzuleiten, unmittelbar das Durchführungsverbot nach Art. 108 Abs. 3 S. 3 AEUV greift, wenn die Kommission vom Vorliegen einer rechtswidrigen Neubeihilfe ausgeht, sind diese Beschlüsse grundsätzlich durch den Beihilfeempfänger mit der Nichtigkeitsklage nach Art. 263 AEUV angreifbar.[217] Gleiches gilt,

---

213 Zur denkbaren Beschwer im letzteren Fall in den Konstellationen, in denen der Mitgliedstaat nur vorsichtshalber eine Beihilfe anmeldet, dabei aber davon ausging, dass keine Beihilfe vorliegt und die Kommission in der Folge die Maßnahme als Beihilfe qualifiziert *Weiß*, ZHR 180 (2016), 80, 87 f.

214 S. hierzu ausf. *Weiß*, ZHR 180 (2016), 80, 89 ff.

215 *Bartosch*, EU-Beihilfenrecht, Art. 4 VVO Rn. 27.

216 *Bartosch*, EU-Beihilfenrecht, Art. 4 VVO Rn. 27; *Kühling*, in: Streinz, EUV/AEUV, Art. 108 AEUV Rn. 48.

217 *Bartosch*, EU-Beihilfenrecht, Art. 4 VVO Rn. 27; *Kühling*, in: Streinz, EUV/AEUV, Art. 108 AEUV Rn. 48; *Lumma*, EuZW 2004, 457, 458; *Weiß*, ZHR 180 (2016),

wenn die Kommission eine Maßnahme im Eröffnungsbeschluss im Gegensatz zum Mitgliedstaat als rechtswidrige Beihilfe tituliert, soweit die betreffende Maßnahme sich noch in der Durchführung befindet und nicht bereits vollständig an den Beihilfeempfänger ausgezahlt wurde.[218]

2. Entscheidungen im förmlichen Prüfverfahren

Unstreitig vom Beihilfeempfänger mit der Nichtigkeitsklage angreifbar sind die Beschlüsse der Kommission nach Art. 9 Abs. 5 VVO, mit der diese die Unvereinbarkeit der gewährten Beihilfe mit dem Gemeinsamen Markt feststellt und damit das förmliche Prüfverfahren abschließt.[219] Die für die zulässige Erhebung der Nichtigkeitsklage notwendige Klagebefugnis des Beihilfeempfängers gegen den Beschluss der Kommission nach Art. 9 Abs. 5 VVO setzt zwar nach der ständigen Rechtsprechung des Gerichtshofes voraus, dass diese ihn unmittelbar und individuell betrifft.[220] Da durch die Entscheidung in den Fällen der Gewährung von Einzelbeihilfen von der Kommission endgültig festgestellt wird, dass dem Beihilfeempfänger die gewährte Beihilfe nicht zusteht und der betreffende Mitgliedstaat zur Wiedereinziehung verpflichtet ist, ohne dass ihm dabei Ermessen eingeräumt wird, hat die Entscheidung direkten negativen Einfluss auf die Rechtsstellung des Beihilfeempfängers.[221] Aus der Stellung als Begünstigter folgt auch seine individuelle Betroffenheit.[222] Die Klagebefugnis der Beihilfeempfänger wird

---

80, 91; ist die Beihilfe hingegen nicht mehr in der Durchführung begriffen, entfaltet die Entscheidung zur Durchführung des förmlichen Prüfverfahrens keine eigenständige Rechtswirkung mehr, sodass eine Nichtigkeitsklage ausscheidet, EuG, Urteil v. 16.10.2014, Rs. T-129/13, „*Alpiq RomIndustries Srl u. a./Kommission*“, Rn. 42 = EuZW 2015, 150.

218 *Bartosch*, EU-Beihilfenrecht, Art. 4 VVO Rn. 27.

219 Ausf. zum gerichtlichen Rechtsschutz der Beihilfeempfänger gegen verfahrensabschließende Entscheidungen im förmlichen Prüfverfahren *Weiß*, ZHR 180 (2016), 80, 92 ff.

220 EuGH, Urteil v. 15.07.1963, Rs. 25/62, „*Plaumann/Kommission*“, Slg. 1963, 199.

221 *Bartosch*, EU-Beihilfenrecht, Art. 9 VVO Rn. 6; problematischer stellt sich die Klagebefugnis bei Beihilferegelungen nach Art. 1 lit. d) VVO dar, da die unmittelbare Betroffenheit hier nach der Rechtsprechung nur gegeben ist, wenn feststeht, dass der Beihilfeempfänger bei Wirksamkeit der nationalen Beihilferegelung auch die Beihilfe erhalten hätte, s. hierzu und auch zur Frage der individuellen Betroffenheit in diesen Fällen *Bartosch*, EU-Beihilfenrecht, Art. 9 VVO Rn. 6.

222 EuGH, Urteil v. 19.10.2000, verb. Rs. C-15/98 u. a., „*Italien und Sardegna Lines/Kommission*“, Rn. 34, Slg. 2000, I-8855.

deshalb gerade bei Einzelbeihilfen vielfach von der Rechtsprechung als selbstverständlich gegeben angenommen.[223]

II. Rechtsschutz der Konkurrenten

1. Entscheidungen im Vorprüfungsverfahren

Spiegelbildlich zur Situation der Beihilfeempfänger können für Konkurrenten die Entscheidungen der Kommission rechtlich von Nachteil sein, mit denen diese in der Vorprüfungsphase feststellt, dass es sich bei der betreffenden Maßnahme entweder um keine Beihilfe (Art. 4 Abs. 2 VVO) handelt oder diese mit dem Gemeinsamen Markt vereinbar ist (Art. 4 Abs. 3 VVO).[224]

Anfangs ungeklärt war die Frage, inwieweit eine formlose Mitteilung der Kommission nach Art. 24 Abs. 2 S. 2 VVO aF, in der diese mitteilt, dass sie keinen Anlass für weitere Ermittlungen bzw. ein Einschreiten sehe, mit der Nichtigkeitsklage angegriffen werden kann.[225] Die Kommission stellte sich in diesen Fällen immer wieder auf den Standpunkt, dass keine rechtsmittelfähige „Entscheidung“ und somit auch kein Klagegegenstand für eine Nichtigkeitsklage vorlägen und eine Unterlassungsklage deshalb bereits ausscheide, weil sie eine Handlung ja gerade nicht unterlassen habe.[226] Der Gerichtshof schloss sich dieser Rechtsauffassung in den Rechtssachen „Athinaïki Techniki“ und „NDSHT“ nicht an und hob die anderslautenden Urteile des Gerichtes auf.[227] Da die Kommission nicht berechtigt sei, in der Vorprüfungsphase untätig zu bleiben, habe sie diese stets mit einer Entscheidung abzuschließen, auch wenn sie diese nicht als solche bezeichnet.[228] Denn bei der Beurteilung einer Hand-

---

223 EuG, Urteil v. 11.05.2005, verb. Rs. T-111/01 u. a., *„Saxonia Edelmetalle u. a./Kommission“*, Slg. 2005, II-1579; EuG, Urteil v. 19.10.2005, Rs. T-324/00, *„CDA/Kommission“*, Slg. 2005, II-4309; s. auch *Nowak*, in: Birnstiel/Bungenberg/Heinrich, Europäisches Beihilfenrecht, Kap. 2 Fn. 992 m.w.N.

224 Ausf. Darstellung aller denkbaren Konstellationen bei *Weiß*, ZHR 180 (2016), 80, 97 ff.

225 S. hierzu bereits oben Kap. 1.II.3.b).cc).(2).; vgl. auch *Gundel*, WiVerw 2011, 242, 246 f.

226 *Soltész*, EuZW 2011, 541, 548.

227 EuGH, Urteil v. 17.07.2008, Rs. C-521/06, *„Athinaïki Techniki/Kommission“*, Slg. 2008, I-5829; EuGH, Urteil v. 18.11.2010, Rs. C-322/09 P, *„NDSHT/Kommission“*, Slg. 2010, I-11911 = EuZW 2011, 105.

228 EuGH, Urteil v. 17.07.2008, Rs. C-521/06, *„Athinaïki Techniki/Kommission“*, Rn. 40, Slg. 2008, I-5829.

lung der Kommission sei auf deren Wesen und nicht auf die Bezeichnung als „Entscheidung“ abzustellen.[229]

Folglich ist jede Beschwerde im Vorprüfungsverfahren mit einer Entscheidung abzuschließen, gegen die der Beschwerdeführer, soweit es sich nicht um eine Entscheidung zur Eröffnung des förmlichen Prüfverfahrens handelt, mit der Nichtigkeitsklage vorgehen kann.[230]

2. Entscheidungen im förmlichen Prüfverfahren

Ein Rechtsschutzinteresse haben Konkurrenten zudem gegen Entscheidungen der Kommission nach Art. 9 Abs. 2 und 3 VVO, mit denen die Kommission im Ergebnis feststellt, dass keine Beihilfe vorliegt oder eine gewährte Beihilfe mit dem Gemeinsamen Markt vereinbar ist (sog. „Positiventscheidung“). Dass die Konkurrenten in diesem Fall grundsätzlich eine Nichtigkeitsklage erheben können, bejahte der Gerichtshof bereits im Jahr 1986 in seinem „Cofaz-Urteil“.[231] Ob diese in den genannten Fallkonstellationen zulässigerweise erhoben werden kann, hängt wiederum davon ab, ob der betreffende Konkurrent im Einzelfall klagebefugt ist.

3. Klagebefugnis

a) *Früher: Formalistische Betrachtungsweise*

Unter Hinweis auf den eindeutigen Wortlaut des Art. 263 Abs. 4 AEUV hat sich der EuGH auch bei der Klagebefugnis der Konkurrenten zunächst lange Zeit an den in seiner „Plaumann-Entscheidung“ aufgestellten Kriterien orientiert. Demnach kann derjenige, der „nicht Adressat einer Entscheidung ist, [kann] nur dann geltend machen, von ihr individuell betroffen zu sein, wenn die Entscheidung ihn wegen bestimmter persönlicher Eigenschaften oder besonderer, ihn aus dem Kreis aller übrigen Personen heraushebender Umstände berührt und ihn daher in ähnlicher Weise individualisiert wie den Adressaten.“[232]

Unmittelbar sind die Konkurrenten von einer Positiventscheidung in der Vorprüfungsphase betroffen, wenn außer Zweifel steht, dass der betreffende Mit-

---

229 EuGH, Urteil v. 17.07.2008, Rs. C-521/06, „*Athinaïki Techniki/Kommission*“, Rn. 42, Slg. 2008, I-5829; EuGH, Urteil v. 18.11.2010, Rs. C-322/09 P, „*NDSHT/Kommission*“, Rn. 46, Slg. 2010, I-11911; vgl. hierzu auch *Soltész*, EuZW 2011, 541, 548.

230 Vgl. hierzu ausf. *Bartosch*, EU-Beihilfenrecht, Art. 4 VVO Rn. 25, Art. 24 VVO Rn. 4; *Kiethe*, RIW 2004, 579, 581.

231 EuGH, Urteil v. 28.01.1986, Rs. C-169/84, „*COFAZ/Kommission*“, Rn. 22 ff., Slg. 1986, 391.

232 EuGH, Urteil v. 15.07.1963, Rs. 25/62, „*Plaumann/Kommission*“, Rn. Slg. 1963, 199.

gliedstaat auch beabsichtigt, die Beihilfe tatsächlich zu gewähren.[233] Dies ist dann anzunehmen, wenn er schon Vorbereitungen für die Einführung der Beihilfe getroffen hat und eine Nichtgewährung der Beihilfe nach Erlass einer Positiventscheidung durch die Kommission nur noch eine rein theoretische Option darstellt.[234] Die gleichen Erwägungen gelten auch für die unmittelbare Betroffenheit von Positiventscheidungen nach Art. 9 Abs. 2 und 3 VVO.[235]

b) Erweiterung des Merkmals der „individuellen Betroffenheit“

In der Entscheidung „Cook“[236] erfuhr die Diskussion über die Klagebefugnis der Konkurrenten eine entscheidende Differenzierung. Der Gerichtshof entschied, dass ausgehend von der „Plaumann-Formel“ für die Feststellung der individuellen Betroffenheit der Sinn und Zweck des Beihilfeverfahrens festzustellen sei.[237] Dabei nahm er Bezug auf seine in der Entscheidung in der Rechtssache „BRD/Kommission“[238] aufgestellte Differenzierung zwischen dem Vorprüfungsverfahren, welches nur den Sinn habe, der Kommission eine erste Meinungsbildung über die Vereinbarkeit der Beihilfe mit dem EU-Recht zu ermöglichen, und der förmlichen Prüfphase nach Art. 93 Abs. 2 EWG (jetzt Art. 108 Abs. 2 AEUV).[239] In dieser letztgenannten „eigentlichen“ Hauptprüfungsphase kommen den Beteiligten die oben bereits genannten Verfahrensrechte zu. Der Gerichtshof kam deshalb zu dem Ergebnis, dass ausgehend von dieser Differenzierung die Verfahrensgarantien der Beteiligten dann nicht zur Geltung kommen könnten, wenn die Kommission bereits in der Vorprüfungsphase zu dem Ergebnis komme, dass die Beihilfe mit dem Binnenmarkt vereinbar und somit rechtmäßig sei.[240] Damit in diesem Fall diese Verfahrensgarantien überhaupt durchgesetzt werden könnten, müsse für die Klagebefugnis gegen einen Beschluss der Kommission, das Hauptprüfverfahren nicht zu eröffnen, die Stellung als Beteiligter für die Annahme der Klagebefugnis bereits ausreichen.[241]

---

233 *Bartosch*, EU-Beihilfenrecht, Art. 4 VVO Rn. 18.

234 EuG, Urteil v. 27.04.1995, Rs. T-435/93, *„ASPEC u.a./Kommission“*, Rn. 60 f., Slg. 1995, II-1281; *Bartosch*, EU-Beihilfenrecht, Art. 4 VVO Rn. 18.

235 *Bartosch*, EU-Beihilfenrecht, Art. 9 VVO Rn. 7.

236 EuGH, Urteil v. 19.05.1993, Rs. C-198/91, *„Cook/Kommission“*, Slg. 1993, I-2487.

237 EuGH, Urteil v. 19.05.1993, Rs. C-198/91, *„Cook/Kommission“*, Rn. 21, Slg. 1993, I-2487.

238 EuGH, Urteil v. 20.03.1984, Rs. C-84/82, *„BRD/Kommission“*, Slg. 1984, 1451.

239 EuGH, Urteil v. 19.05.1993, Rs. C-198/91, *„Cook/Kommission“*, Rn. 22, Slg. 1993, I-2487.

240 EuGH, Urteil v. 19.05.1993, Rs. C-198/91, *„Cook/Kommission“*, Rn. 23, Slg. 1993, I-2487.

241 EuGH, Urteil v. 19.05.1993, Rs. C-198/91, *„Cook/Kommission“*, Rn. 23, Slg. 1993, I-2487.

Diese Rechtsprechung bestätigte der Gerichtshof noch im gleichen Jahr in der Rechtssache „Matra"[242]. Diese weite Auslegung der Klagebefugnis gegen Entscheidungen in der Vorprüfungsphase wurde jedoch im Jahr 2005 in der Rechtssache „ARE"[243] wieder eingeschränkt. Die Große Kammer entschied, dass ausgehend von dem Sinn und Zweck dieser weiten Auslegung, dem Beteiligten die Durchsetzung seiner Verfahrensgarantien zu ermöglichen, die Stellung als Beteiligter nur für die Annahme der Klagebefugnis ausreiche, wenn er durch die Klage die ihm eigentlich im Verfahren zustehenden Verfahrensrechte wahren möchte.[244] Stelle er hingegen die Begründetheit der Kommissionsentscheidung selbst infrage, reiche die Stellung als Beteiligter nicht mehr aus, um die Klagebefugnis zu begründen.[245] In diesem Fall müsse die individuelle Betroffenheit nach Maßgabe der „Plaumann-Formel" wieder im Einzelfall nachgewiesen werden, was dann gelinge, wenn der Nachweis erbracht werden könne, dass die Marktstellung des Klägers durch die Beihilfe spürbar beeinträchtigt werde.[246]

Diese Differenzierung wurde weitestgehend in einer Entscheidung der Großen Kammer im Jahr 2011 wieder aufgegeben. Der Gerichtshof entschied, dass sich zwar die Klage des Beteiligten nach wie vor gegen die Verletzung seiner Verfahrensrechte richten müsse, jedoch der Beteiligte bei seinem Begehren auf Nichtigerklärung der Kommissionsentscheidung im Wesentlichen rüge, dass die Genehmigung der Beihilfe ohne förmliches Prüfverfahren erfolgt sei, und dass die Kommission dadurch seine Verfahrensrechte verletzt habe.[247] Die Entscheidung der Großen Kammer wurde noch im gleichen Jahr in einer weiteren Entscheidung des Gerichtshofes[248] bestätigt.

Da bei Entscheidungen nach Ablauf des förmlichen Prüfverfahrens bereits die Verfahrensrechte der Beteiligten gewahrt wurden, bleibt es nach der Recht-

---

242 EuGH, Urteil v. 15.06.1993, Rs. C-225/91, *„Matra/Kommission"*, Rn. 22 ff., Slg. 1993, I-3203.

243 EuGH, Urteil v. 13.12.2005, Rs. C-78/03, *„ARE/Kommission"*, Slg 2005, I-10737–10804.

244 EuGH, Urteil v. 13.12.2005, Rs. C-78/03, *„ARE/Kommission"*, Rn. 35, Slg 2005, I-10737–10804.

245 EuGH, Urteil v. 13.12.2005, Rs. C-78/03, *„ARE/Kommission"*, Rn. 37, Slg 2005, I-10737–10804.

246 EuGH, Urteil v. 13.12.2005, Rs. C-78/03, *„ARE/Kommission"*, Rn. 37, Slg 2005, I-10737–10804.

247 EuGH, Urteil v. 24.05.2011, Rs. C-83/09, *„Kronoply und Kronotex/Kommission"*, Rn. 59, Slg 2011, I-4441; hierzu auch *von Donat*, EuZW 2011, 595, 597.

248 EuGH, Urteil v. 27.10.2011, Rs. C-47/10, *„Österreich/Kommission"*, Rn. 40 ff., Slg 2011, I-10707; s. auch EuG, Urteil v. 28.03.2012, Rs. T-123/09, Rn. 57 ff.; vgl. *von Donat*, EuZW 2011, 595, 597 sowie *Weiß*, ZHR 180 (2016), 80, 96 ff.

sprechung des Gerichtshofes für die Bejahung der Klagebefugnis grundsätzlich bei den Kriterien der„Plaumann-Formel". Diese wurden hingegen im Laufe der Zeit weiter konkretisiert und ausgeformt.[249] Als bedeutendstes Kriterium zur Bejahung individueller Betroffenheit von Nichtadressaten (wie der Konkurrenten) hat der Gerichtshof in der „Cofaz-Entscheidung" die Beteiligung an einem vorangegangenen Verwaltungsverfahren anerkannt.[250] Hingegen ist die Beteiligung am Hauptprüfungsverfahren alleine nicht für die notwendige Individualisierung ausreichend; vielmehr verlangt der Gerichtshof neben einer aktiven Beteiligung am Verfahren zur Individualisierung eine spürbare Beeinträchtigung der Marktstellung des klagenden Unternehmens durch die Vergabe der Beihilfe.[251] Die Beteiligung im Hauptprüfungsverfahren ist somit nach Ansicht der Rechtsprechung nur eine von mehreren Umständen, aus denen sich die individuelle Betroffenheit ableiten lässt.[252] Diese Rechtsprechung wurde jüngst in einer Entscheidung des Gerichtes bestätigt.[253]

c) Fazit und Stellungnahme

Die vom Gerichtshof in der Rechtssache „Cook" vorgenommene Differenzierung zwischen der Vorprüfungsphase und dem förmlichen Prüfverfahren offenbart in deutlichem Maße die nicht schlüssige Argumentation des Gerichtshofes bezüglich der Gewährleistung von Verfahrensrechten der Beteiligten im Beihilfeverfahren bzw. deren Auswirkungen auf das gerichtliche Verfahren. Der Gerichtshof legt zwar dar, dass den Beteiligten Verfahrensrechte (in Form des Rechtes zur Stellungnahme) im förmlichen Prüfverfahren zustehen. Um diese zu gewährleisten, senkt er die Anforderungen an die Klagebefugnis der Konkurrenten bei Klagen gegen Entscheidungen der Kommission nach Art. 4 VVO soweit herunter, dass bereits

---

249 *Cremer*, in: Calliess/Ruffert, EUV/AEUV, Art. 263 AEUV Rn. 42.

250 EuGH, Urteil v. 28.01.1986, Rs. C-169/84, „*COFAZ/Kommission*", Rn. 24 ff., Slg. 1986, 391.

251 EuGH, Urteil v. 15.06.1993, Rs. C-225/91, „*Matra/Kommission*", Rn. 14 ff., Slg. 1993, I-3203; *Cremer*, in: Calliess/Ruffert, EUV/AEUV, Art. 263 AEUV Rn. 42 mwN.

252 EuG, Urteil v. 11.02.1999, Rs. T-86/96, „*Arbeitsgemeinschaft Deutscher Luftfahrt-Unternehmen u. Hapag-Lloyd Fluggesellschaft mbH/Kommission*", Rn. 51, Slg. 1999, II-179; ausf. zur individuellen Betroffenheit der Konkurrenten bei Entscheidungen im förmlichen Prüfverfahren und zu den Kriterien für eine spürbare Beeinträchtigung ihrer Marktstellung *Weiß*, ZHR 180 (2016), 80, 109 ff.

253 EuG, Urteil v. 26.09.2014, Rs. T-601/11, „*Dansk Automat Brancheforening/Kommission*",Rn. 29 ff.; gegen die Entscheidung wurde am 05.12.2014 Rechtsmittel beim EuGH eingelegt.

die Beteiligteneigenschaft ausreicht. Auf der anderen Seite bleibt der Gerichtshof die Erklärung schuldig, warum es eines gerichtlichen Verfahrens bedarf, um diese Verfahrensrechte zu gewährleisten.[254] Der pauschale Verweis auf den Zweck des Vorprüfungsverfahrens, der Kommission ein erstes Meinungsbild über die Vereinbarkeit der Beihilfe mit dem Europarecht zu verschaffen,[255] stellt für sich allein zumindest kein überzeugendes Argument für diese fehlende Beteiligung in der Vorprüfungsphase dar. Denn diese Sichtweise hat ihren Ursprung in der Befürchtung, dass das Beihilfeverfahren weiter in die Länge gezogen werden würde, wenn Beteiligten auch schon in der Vorprüfungsphase Verfahrensrechte zuerkannt werden.[256] Dieser Gedanke greift aber zu kurz. Drittbeteiligte, die sich im Beihilfeverfahren nicht ausreichend einbringen konnten, werden in der Regel zur Wahrung ihrer Interessen den Klageweg beschreiten, sodass die möglichen Zeitersparnisse im Verwaltungsverfahren durch ein sich anschließendes gerichtliches Verfahren negiert werden, welches insgesamt die Dauer der Rechtsstreitigkeit in die Länge zieht.

Für die Klagebefugnis des Konkurrenten gegen eine Entscheidung der Kommission nach Art. 7 VVO nach Beendigung des förmlichen Prüfverfahrens verlangt der Gerichtshof, trotz vorsichtiger Erweiterung, eine spürbare Beeinträchtigung der Marktstellung. Den Schritt, auch in dieser Konstellation analog zu dem Vorgehen gegen eine das Vorprüfungsverfahren beendende Entscheidung nach Art. 4 VVO die Beteiligteneigenschaft als einzig ausschlaggebendes Kriterium für eine individuelle Betroffenheit anzusehen, will die Rechtsprechung nicht gehen. Das praktische Argument der drohenden Klageflut vermag dabei zumindest rechtlich nicht zu überzeugen. Denn wenn der Beteiligtenbegriff weit ausgelegt wird, so kann die Abgabe einer Stellungnahme durch einen Konkurrenten in der Hauptprüfungsphase gerade das entscheidende Indiz dafür liefern, dass er sich in seiner Marktstellung beeinträchtigt fühlt. Dem Beihilferecht ist eine so weitreichende Auswirkung auf das Wettbewerbsverhältnis einer Vielzahl von Unternehmen gerade inhärent. Wenn der Gerichtshof in einer aktuellen Vorlageentscheidung zum Telekommunikationsrecht ausführt, dass „nach ständiger Rechtsprechung (…) bei der Auslegung einer Unionsvorschrift nicht nur deren Wortlaut, sondern auch ihr Zusammenhang und die Ziele zu berücksichtigen [sind], die mit der Regelung, zu der sie gehört, ver-

254 Diese (rhetorische) Frage stellt auch *Martín-Ehlers,* EWS 1998, 245, 247.

255 EuGH, Urteil v. 19.05.1993, Rs. C-198/91, *„Cook/Kommission"*, Rn. 22, Slg. 1993, I-1487–2532.

256 *Sinnaeve*, EuZW 1995, 172, 175; *dies.*, EuZW 1998, 268, 273; *Kruse*, NVwZ 1999, 1049, 1055; *Schütterle*, EuZW 1994, 265.

folgt werden“[257], so wird diese Sichtweise iRd Rechtsschutzes der Konkurrenten im Beihilferecht durch ihn nicht oder zumindest nicht konsequent vertreten. Das Ziel des Beihilferechtes ist die Vermeidung von Wettbewerbsverzerrungen. Dieser Zielerreichung wäre eine großzügige Auslegung der Klagebefugnis von Konkurrenten und nicht eine restriktive förderlich.

Eine systematisch konsequente Betrachtung müsste deshalb dazu führen, eine Beteiligung im förmlichen Prüfungsverfahren nicht als eines von vielen Merkmalen für die Bejahung der individuellen Betroffenheit und somit der Klagebefugnis gegen eine Entscheidung der Kommission nach Art. 9 VVO anzusehen, sondern eine Klagebefugnis schon deshalb anzunehmen, weil sich der Konkurrent im Verfahren beteiligt und dadurch die Beeinträchtigung seiner Wettbewerbsstellung manifestiert hat.

Der Befürchtung, dass eine weitere Lockerung der Anforderung an die Klagebefugnis der Konkurrenten bei Klagen gegen Entscheidungen der Kommission zu einem Anstieg der Klageverfahren führen würde[258], kann zum einen damit entgegengetreten werden, dass Konkurrentenklagen auch der Erreichung materieller Rechtmäßigkeit der betreffenden Entscheidung dienen.[259] Zum anderen kann eine solche aber bereits auch im Verwaltungsverfahren erreicht werden, wenn man den Konkurrenten ausreichende Verfahrensrechte zur Seite stellt, wodurch die Befriedungsfunktion des Verwaltungsverfahrens erfüllt und damit nicht selten die Beschreitung des Klageweges verhindert wird.[260]

III. Auswirkungen der Veröffentlichungspraxis der Kommissionsentscheidungen auf den gerichtlichen Rechtsschutz

1. Regelungen in Art. 32 VVO

Von nicht unerheblicher Bedeutung für die Gewährleistung eines effektiven Rechtsschutzes der Drittbeteiligten gegen die Entscheidungen der Kommission ist die Art und Weise der Veröffentlichung dieser Entscheidungen.[261] Deshalb ist es nicht weiter verwunderlich, dass die entsprechenden Regelungen in Art. 32

257 EuGH, Urteil v. 22.01.2015, Rs. C-282/13, „*T-Mobile Austria GmbH/Telekom-Control-Kommission*“, Rn. 32.

258 Zu dieser Befürchtung bereits *Sinnaeve*, EuZW 1995, 172, 175 f.

259 *Sinnaeve*, EuZW 1995, 172, 176.

260 S. zu den Verfahrenszwecken unten Kap. 3.II.

261 *Kruse*, NVwZ 1999, 1049, 1056.

VVO Gegenstand intensiver Diskussionen im Rat waren.[262] Die letztlich darin enthaltenen Regelungen bilden einen Kompromiss zwischen Rechtsschutz und Rechtssicherheit sowie Transparenz und Effizienz ab.[263]

Art. 32 VVO differenziert zwischen Positiventscheidungen in der Vorprüfungsphase (Abs. 1) sowie Entscheidungen, in denen sie das förmliche Prüfverfahren einleitet (Abs. 2) und solchen, die das förmliche Prüfverfahren abschließen (Abs. 3). Erstere werden in einer verkürzten Version, die die wesentlichen Bestandteile der Entscheidung wie Nummer der Beihilfe, Titel, Laufzeit der Beihilfe, Angaben zu den für die Beihilfe bereitgestellten Haushaltsmittel sowie Zielsetzung und Rechtsgrundlage zusammenfasst, im Amtsblatt veröffentlicht.[264] Hingegen wird diese Zusammenfassung nicht in allen verbindlichen Sprachfassungen veröffentlicht, sondern nur mit dem Hinweis, dass auf Antrag eine Kopie der Entscheidung in der jeweils verbindlichen Sprachfassung erhältlich ist.[265] Entscheidungen nach Art. 4 Abs. 4 VVO, die das förmliche Prüfverfahren eröffnen, werden hingegen vollständig in der jeweils verbindlichen Sprachfassung im Amtsblatt veröffentlicht, Art. 32 Abs. 2 S. 1 VVO. In den anderen Amtsblättern wird hingegen, wie in den Fällen nach Art. 32 Abs. 1 VVO, eine Zusammenfassung in der jeweils verbindlichen Amtssprache veröffentlicht. Zuletzt regelt Art. 32 Abs. 3 VVO, dass die Entscheidungen, die das förmliche Prüfverfahren beenden, in allen Amtsblättern in der jeweils verbindlichen Amtssprache veröffentlicht werden.

2. Kritik

Im Hinblick auf die Ausübung effektiven Rechtsschutzes werden die abgestuften Regelungen in Art. 32 Abs. 1 bis 3 VVO in der Literatur kritisiert. Zum einen wird darauf hingewiesen, dass die verkürzte Zusammenfassung in den Fällen der Positiventscheidungen in der Vorprüfungsphase eine Barriere für den Rechtsschutz des Konkurrenten darstellen, der letztlich auch hier ein Interesse daran hat, schnellstmöglich über die gesamte Entscheidung, wie in den Fällen der Entscheidungen im förmlichen Prüfverfahren, unterrichtet zu werden.[266] In Hinblick auf die Veröffentlichung der Entscheidungen nach Art. 4 Abs. 4 VVO gemäß

262 *Sinnaeve*, EuZW 1999, 270, 276.

263 *Sinnaeve*, EuZW 1999, 270, 276.

264 *Bartosch*, EU-Beihilfenrecht, Art. 32 VVO Rn. 1.

265 In der Praxis wird darauf hingewiesen, dass der Entscheidungstext vollständig in der jeweiligen Originalsprache auf der Internetseite der Generaldirektion abrufbar ist, s. *Bartosch*, EU-Beihilfenrecht, Art. 32 VVO Rn. 1.

266 *Kruse*, NVwZ 1999, 1049, 1056.

Art. 32 Abs. 2 VVO wird zudem kritisiert, dass diejenigen Beteiligten, die der Sprache der vollständigen Entscheidung mächtig sind, einen Vorteil gegenüber den anderen Beteiligten haben, die zuerst auf eigene Kosten eine Übersetzung beantragen und sich bis dahin mit den Zusammenfassungen begnügen müssen.[267]

Zugleich wird von Kritikern bemängelt, dass die derzeitige Veröffentlichungspraxis es den Wettbewerbern erschwert, frühzeitig durch eine Beschwerde in ein Beihilfeverfahren aktiv einzugreifen. Denn wird eine Beihilfe zur Notifizierung bei der Kommission angemeldet, ist es bislang reiner Zufall, ob die Wettbewerber davon, beispielsweise aus der Presse, Kenntnis erlangen oder nicht. Eine Pflicht der Kommission, Wettbewerber über die Vorhaben der Mitgliedstaaten zur Einführung einer Beihilfe zu unterrichten, ist weder aus den Verträgen abzuleiten,[268] noch wurde eine solche Pflicht in der VVO normiert.[269] Deshalb wird schon seit vielen Jahren die Einführung eines Notifizierungsregisters gefordert, das für die Konkurrenten und Wettbewerber frei zugänglich ist und aus dem diese sich frühzeitig über die entsprechenden Sachverhalte informieren können.[270]

3. Stellungnahme

Die Veröffentlichungsregelungen in Art. 32 VVO und ihr schon auffällig abgestuftes System sind in der Tat erneut ein Resultat politischer Kompromissfindung denn durchdachter und schlüssiger Regelungssetzung. Dass die Beteiligten, die schon im Beihilfeverfahren eine nur geringe aktive Rollen spielen, zudem bei der Suche gerichtlichen Rechtsschutzes bzgl. der anzugreifenden Entscheidungen im Amtsblatt mehr „suchen" als „finden", ist aus ihrer Sicht ein erneuter fehlender Baustein im Rechtsschutzsystem. Die Ungleichbehandlung der Veröffentlichung von Positiventscheidungen in der Vorprüfungsphase gegenüber Entscheidungen, die das förmliche Verfahren abschließen, ist zumindest vor dem Hintergrund, dass sie im gleichen Maße die Rechtsstellung der Drittbeteiligten tangieren, nicht zu rechtfertigen. Auch wenn zutreffend darauf hingewiesen wird, dass die enorme Sprachenvielfalt in der Europäischen Union durchaus Probleme bei der Veröffentlichung von Kommissionsentscheidungen mit sich bringt und die enorme Anzahl

267 *Sinnaeve*, in: Heidenhain, Handbuch des Europäischen Beihilfenrechts, § 39 Rn. 8.
268 EuGH, Urteil v. 09.10.1984, verb. Rs. C-91/83 u. a., „*Heineken Brouwerijen BV/ Inspecteurs der Vennootschapsbelasting Amsterdam und Utrecht*",Rn. 15, Slg. 1984, 3435.
269 Vgl. auch *Wagner*, Die Stellung des Wettbewerbers im Beihilfenaufsichtsverfahren der Europäischen Gemeinschaft, S. 88.
270 S. hierzu *Wagner*, Die Stellung des Wettbewerbers im Beihilfenaufsichtsverfahren der Europäischen Gemeinschaft, S. 87 f.; *Laprévote*, EStAL 2014, 426, 439.

der Entscheidungen die europäische Administrative vor hohe logistische Herausforderung stellt,[271] ist der hier eingeschlagene Mittelweg in Bezug auf eine Gleichbehandlung der Drittbeteiligten der denkbar schlechteste Weg. Denn berücksichtigt man, dass die Rechtsprechung gerade die Klage der Konkurrenten der Beihilfeempfänger gegen Positiventscheidungen in der Vorprüfungsphase mit dem Argument der Garantie von Verfahrensrechten vereinfachen will, ist schwerlich nachzuvollziehen, warum dann durch die Zusammenfassung der Entscheidungen im Amtsblatt die Einlegung gerichtlichen Rechtsschutzes erschwert wird.

IV. Prüfungsreichweite der Gerichte

Hinsichtlich der Frage, inwieweit etwaige Verfahrensdefizite der Drittbeteiligten im gerichtlichen Verfahren kompensiert werden können, kommt es entscheidend darauf an, ob und wenn ja in welchem Umfang zum einen Verfahrensmängel im Gerichtsverfahren für die Entscheidung des Gerichtes von Bedeutung sind und ggf. geheilt werden können und zum anderen, in welchem Umfang die Unionsgerichte überhaupt die Beihilfeentscheidungen der Kommission materiell überprüfen.

1. Folgen der Verletzung von Verfahrensvorschriften

a) Verstoß gegen wesentliche Formvorschriften

aa) Wesentliche Formvorschriften

Nach Art. 263 Abs. 2 AEUV ist die Verletzung wesentlicher Formvorschriften ein Nichtigkeitsgrund. Er wird von den Unionsgerichten von Amts wegen geprüft.[272] Dabei werden vom Begriff der Formvorschrift neben den auf die Form bezogenen Vorschriften auch die Verfahrensvorschriften umfasst.[273] Wesentlich sind nach der Rechtsprechung des Gerichtshofes solche Formvorschriften, bei denen die Möglichkeit besteht, dass das Verwaltungsverfahren bei deren Beachtung zu einem anderen Ergebnis hätte führen können.[274] Da dies mehr vom Einzelfall als von der Art des jeweiligen Verstoßes abhängt, kann entgegen des Wortlautes der Vorschrift nicht zwischen wesentlichen und unwesentlichen Formvorschriften differenziert werden; es kommt vielmehr darauf an, wie wesentlich bzw. unwesentlich sich ein Ver-

---

271 *Kruse*, NVwZ 1999, 1049, 1056.

272 EuGH, Urteil v. 07.05.1991, Rs. C-304/89, *„Oliveira/Kommission“*, Rn. 18, Slg. 1991, I-2283.

273 *Ehricke*, in: Streinz, EUV/AEUV, § 263 AEUV Rn. 79.

274 EuGH, Urteil v. 10.07.1980, Rs. C-30/78, *„Distillers Company/Kommission“*, Rn. 26, Slg. 1980, 2229.

stoß gegen die jeweilige Formvorschrift darstellt.[275] Weiterhin werden auch solche Formvorschriften als wesentlich angesehen, die den Betroffenen schützen sollen.[276] Insbesondere von den genannten Formvorschriften umfasst sind deshalb Beteiligungs- und Anhörungsrechte.[277] Deren Nichtbeachtung führt dann grundsätzlich auch zu einem wesentlichen Verstoß und somit zur Nichtigkeit des Rechtsaktes, wenn sie als obligatorische Rechte ausdrücklich im Primärrecht vorgesehen sind.[278] Dies ist nicht nur der Fall bei Anhörungs- und Beteiligungsrechten der Unionsorgane und Mitgliedstaaten, sondern auch bei den Rechten Einzelner in besonderen Bereichen des Unionsrechts.[279] Ausgeschlossen ist die Nichtigkeit eines Rechtsaktes in solchen Fällen aber dann, wenn mit Sicherheit feststeht, dass auch bei einer erfolgten Anhörung keine andere Entscheidung vom betreffenden Unionsorgan getroffen worden wäre.[280] Dies ist insbesondere dann der Fall, wenn die Stellungnahme der anzuhörenden Person keine neuen Informationen enthält und somit das Verwaltungsverfahren auch nicht beeinflusst hätte.[281]

bb) Insbesondere: Die Pflicht zur Begründung der Entscheidung

Weiterhin zu den Formvorschriften i.S.d. Art. 263 Abs. 2 AEUV gehört die Begründungspflicht, welche in Art. 296 Abs. 2 AEUV normiert ist. Demnach sind Rechtsakte der Unionsorgane mit einer Begründung zu versehen. Die Einhaltung dieser Pflicht ist für die Betroffenen von elementarer Bedeutung, da sie letztlich bezweckt, diesen durch die Erläuterung der Entscheidung und Auseinandersetzung mit den jeweiligen Argumenten und Sachvorträgen als Entscheidungsgrundlage für ein etwaiges gerichtliches Vorgehen zu dienen.[282] Zudem zielt die Pflicht darauf ab, dem jeweiligen Unionsorgan eine Selbstkontrolle seiner Entscheidung

---

275 *Ehricke*, in: Streinz, EUV/AEUV, Art. 263 AEUV Rn. 79; *Cremer*, in: Calliess/Ruffert, EUV/AEUV, Art. 263 AEUV Rn. 88.

276 EuGH, Urteil v. 20.03.1984, Rs. C-84/82, *„Deutschland/Kommission"*, Rn. 17 ff., Slg. 1984, 1451; EuGH, Urteil v. 12.02.1987, Rs. C-233/85, *„Bonino/Kommission"*, Rn. 11, Slg. 1987, 739.

277 *Cremer*, in: Calliess/Ruffert, EUV/AEUV, Art. 263 AEUV Rn. 89.

278 *Cremer*, in: Calliess/Ruffert, EUV/AEUV, Art. 263 AEUV Rn. 89; *Ehricke*, in: Streinz, EUV/AEUV, Art. 263 AEUV Rn. 80.

279 EuGH, Urteil v. 21.11.1991, Rs. C-269/90, *„Hauptzollamt München/TU München"*, Rn. 28, Slg. 1991, I-5469; *Ehricke*, in: Streinz, EUV/AEUV, Art. 263 AEUV Rn. 81.

280 EuGH, Urteil v. 14.02.1990, Rs. C-301/87, *„Frankreich/Kommission"*, Rn. 31, Slg. 1990, I-307; *Cremer*, in: Calliess/Ruffert, EUV/AEUV, Art. 263 AEUV Rn. 90.

281 EuGH, Urteil v. 14.02.1990, Rs. C-301/87, *„Frankreich/Kommission"*, Rn. 31, Slg. 1990, I-307.

282 *Gellermann*, in: Streinz, EUV/AEUV, Art. 296 AEUV Rn. 5.

zu ermöglichen.[283] Bezogen auf Entscheidungen der Kommission im Beihilfeverfahren sollen deshalb zum einen die Beteiligten nachvollziehen können, ob sich die Kommission mit ihren Stellungnahmen bzw. ihrer Beschwerde auseinandergesetzt hat; zum anderen soll aber auch die Kommission ihre Entscheidung selbst darauf überprüfen, ob sie mit den materiellen Voraussetzungen im Einklang steht. Letztlich soll die Begründung der Entscheidung aber auch so ausführlich sein, dass der jeweilige Unionsrichter auch seine Kontrolle effektiv ausüben kann.[284]

Nach ständiger Rechtsprechung des Gerichtshofes muss bei der Frage, ob eine Begründung den Anforderungen des Art. 296 Abs. 2 AEUV entspricht, nicht nur deren Wortlaut, sondern auch ihr Kontext einschließlich aller Rechtsvorschriften auf dem betreffenden Gebiet berücksichtigt werden.[285] Zwar muss die Kommission bei der Begründung einer Entscheidung nicht zu den Gesichtspunkten Stellung nehmen, „die offensichtlich neben der Sache liegen oder keine oder eindeutig untergeordnete Bedeutung haben“[286]. Insbesondere bei Beschwerden von Konkurrenten ist sie aber grundsätzlich verpflichtet, auf alle, nicht völlig fernliegende Beschwerdegesichtspunkte einzugehen.[287] In der Rechtssache „Sytraval“ ist der Gerichtshof jedoch nicht der Ansicht des Gerichtes gefolgt, dass die Kommission auch von Amts wegen die Rügen zu prüfen habe, die der Beschwerdeführer mit Sicherheit erhoben hätte, wenn ihm die Ermittlungsergebnisse der Untersuchung bekannt geworden wären.[288] Dies hieße aber nicht, dass die Kommission nicht auch im Rahmen ihrer Pflicht zur sorgfältigen und unvoreingenommenen Prüfung des Sachverhaltes verpflichtet sei, Gesichtspunkte zu prüfen, die der Beschwerdeführer nicht vorgebracht habe.[289]

---

283 *Gellermann*, in: Streinz, EUV/AEUV, Art. 296 AEUV Rn. 5.

284 EuGH, Urteil v. 02.04.1998, Rs. C-367/95 P, *„Kommission/Sytraval“*, Rn. 63, Slg. 1998, I-1719.

285 EuGH, Urteil v. 02.04.1998, Rs. C-367/95 P, *„Kommission/Sytraval“*, Rn. 63, Slg. 1998, I-1719 mwN.

286 EuGH, Urteil v. 02.04.1998, Rs. C-367/95 P, *„Kommission/Sytraval“*, Rn. 64, Slg. 1998, I-1719.

287 EuGH, Urteil v. 02.04.1998, Rs. C-367/95 P, *„Kommission/Sytraval“*, Rn. 64, Slg. 1998, I-1719; s. auch Schlussantrag von Generalanwalt Lenz v. 27.05.1997, Rn. 63.

288 EuGH, Urteil v. 02.04.1998, Rs. C-367/95 P, *„Kommission/Sytraval“*, Rn. 60, Slg. 1998, I-1719. *Schohe/Hoenike*, EuZW 1997, 741, 742 weisen darauf hin, dass eine solche Pflicht die Kommission vor eine unlösbare Aufgabe gestellt hätte, da die Antizipierung aller nur denkbaren Einwendungen kaum möglich ist.

289 EuGH, Urteil v. 02.04.1998, Rs. C-367/95 P, *„Kommission/Sytraval“*, Rn. 62, Slg. 1998, I-1719. S. zur Pflicht, den Sachverhalt sorgfältig und unparteiisch zu prüfen auch EuGH, Urteil v. 21.11.1991, Rs. C-269/90, *„Hauptzollamt München-Mitte/TU*

cc) *Pflicht zur Einleitung des förmlichen Prüfverfahrens*

Vor Inkrafttreten der VVO fanden sich in den Verträgen keine ausdrücklichen Regelungen, in welchen Fällen die Kommission verpflichtet ist, nach einer Prüfung im Vorprüfungsverfahren das förmliche Prüfverfahren einzuleiten. Auch diese Frage wurde deshalb frühzeitig von den Unionsgerichten beantwortet. Nach ständiger Rechtsprechung war die Kommission zur Einleitung des förmlichen Prüfverfahrens verpflichtet, sobald sie bei der Prüfung, ob ein Beihilfevorhaben mit dem Gemeinsamen Markt vereinbar ist, auf ernste Schwierigkeiten stieß.[290]

In Art. 4 Abs. 4 VVO findet sich nun die Regelung, dass die Eröffnung des förmlichen Prüfverfahrens dann notwendig wird, wenn „die angemeldete Maßnahme Anlaß zu Bedenken hinsichtlich ihrer Vereinbarkeit mit dem Gemeinsamen Markt gibt". Vor dem Hintergrund des erklärten Zieles der Kommission, mit der VVO die bisherige Rechtsprechung der Unionsgerichte zum Beihilfeverfahren zu kodifizieren, wurde in der Literatur die Frage diskutiert, ob die Begriffe „Bedenken" und „ernsthafte Schwierigkeiten" miteinander synonym sind.[291] Die Gerichte haben hingegen auch nach Inkrafttreten der VVO am Merkmal der „ernsthaften Schwierigkeiten" festgehalten.[292] Letztlich ist, auch aufgrund der Tatsache, dass der Gerichtshof nicht konsequent an dem Merkmal „ernsthafte Schwierigkeiten" festhält und oftmals auch die Begriffe „alle Schwierigkeiten" oder nur „Schwierigkeiten" verwendet,[293] davon auszugehen, dass all diese Begriffe materiell unter die in Art. 4 Abs. 4 VVO genannten „Bedenken" subsumiert werden können, sodass diese Vorschrift nicht darauf abzielte, die ständige Rechtsprechung der Unionsgerichte zu ändern.[294]

München", Rn. 14, Slg. 1991, I-5469. Ausf. zum Umfang der Sorgfalts- und Untersuchungspflicht der Kommission im Beihilfeverfahren, deren Zusammenhang mit der Begründungspflicht und ihrer Funktion für den Individualschutz der Drittbeteiligten *Nehl*, Europäisches Verwaltungsverfahren und Gemeinschaftsverfassung, S. 353 ff.

290 St. Rtspr., vgl. EuGH, Urteil v. 02.04.1998, Rs. C-367/95 P, „*Kommission/Sytraval*", Rn. 39, Slg. 1998, I-1719; EuG, Urteil v. 15.09.1998, Rs. T-11/95, „*BP Chemicals Limited/Kommission*", Rn. 164, Slg. 1998 II-3235.

291 S. zur Diskussion *Bartosch*, EU-Beihilfenrecht, Art. 4 VVO Rn. 5.

292 EuGH, Urteil v. 19.05.1993, Rs. C-198/91, „*Cook/Kommission*", Rn. 29, Slg. 1993, I-1487; EuGH, Urteil v. 15.06.1993, Rs. C-225/91, „*Matra/Kommission*", Rn. 33, Slg. 1993, I-3203; EuG, Urteil v. 10.05.2000, Rs. T-46/97, „*SIC/Kommission*", Rn. 71, Slg. 2000 II-2125.

293 EuGH, Urteil v. 15.06.1993, Rs. C-225/91, „*Matra/Kommission*", Rn. 33, Slg. 1993, I-3203.

294 *Bartosch*, EU-Beihilfenrecht, Art. 4 VVO Rn. 5.

Die Gerichte prüfen somit, ob die von der Kommission vorgenommenen Wertungen, die sich aus der Entscheidungsbegründung ergeben, Schwierigkeiten aufwerfen, die letztlich zu der Einleitung eines förmlichen Prüfverfahrens hätten führen müssen.[295] Diese Frage unterliegt der vollen richterlichen Überprüfung.[296] Im Rahmen dieser Prüfung berücksichtigt das Gericht insbesondere die Länge des Vorprüfungsverfahrens, aber auch die Ausführlichkeit der Auseinandersetzung mit gewissen Gesichtspunkten in der Entscheidungsbegründung; hingegen ist eine lange Verfahrensdauer für sich genommen noch kein ausreichendes Indiz für ernsthafte Schwierigkeiten.[297] Von Relevanz ist zudem, ob der Kommission im Zeitpunkt ihrer Entscheidung nach Auffassung des Gerichtes ausreichend Informationen zur Verfügung standen, die eine Entscheidung über die Vereinbarkeit der Beihilfe mit dem Gemeinsamen Markt tragen.[298] Maßgeblich ist also an dieser Stelle, ob nach Ansicht des Gerichtes die Anforderungen des Sorgfalts- und Untersuchungsgrundsatzes gewahrt wurden, der insoweit nicht nur den grundsätzlich weiten Beurteilungsspielraum der Kommission einschränkt, sondern dessen Beachtung auch den individuellen Interessen der Konkurrenten und Beschwerdeführer dient.[299] Denn zum einen wird durch einen strengen Maßstab gewährleistet, dass sich die Kommission mit den Argumenten der Konkurrenten bzw. Beschwerdeführer auseinandersetzt, zum anderen kann die Kommission dadurch gezwungen sein, in die Hauptprüfungsphase einzutreten, in der den Drittbeteiligten durch das Recht zur Stellungnahme ein Beteiligungsrecht am Verfahren zugesprochen wird.[300]

dd) Zwischenfazit

Zusammengefasst lässt sich festhalten: Die Begründungs- sowie die Sorgfalts- und Untersuchungspflicht sind im Beihilfeverfahren neben dem Recht auf Stellungnahme im förmlichen Prüfverfahren die wesentlichen Verfahrens- bzw. Formvorschriften, auf die sich die Drittbeteiligten berufen können. Insbesondere

---

295 EuGH, Urteil v. 15.06.1993, Rs. C-225/91, „*Matra/Kommission*“, Rn. 34, Slg. 1993, I-3203.

296 EuGH, Urteil v. 19.05.1993, Rs. C-198/91, „*Cook/Kommission*“, Rn. 31 ff., Slg. 1993, I-1487; *Bartosch*, EU-Beihilfenrecht, Art. 4 VVO Rn. 6 mwN.

297 EuGH, Urteil v. 20.03.1984, Rs. C-84/82, „*BRD/Kommission*“, Rn. 15, 17, Slg. 1984, 1451; EuG, Urteil v. 10.05.2000, Rs. T-46/97, „*SIC/Kommission*“, Rn. 102, Slg. 2000 II-2125; vgl. auch *Bartosch*, EU-Beihilfenrecht, Art. 4 VVO Rn. 7.

298 EuG, Urteil v. 15.03.2001, Rs. T-73/98, „*Prayon-Rupel/Kommission*“, Rn. 85, Slg. 2001, II-867 = EuZW 2001, 503.

299 *Nehl*, Europäisches Verwaltungsverfahren und Gemeinschaftsverfassung, S. 357 ff.

300 *Nehl*, Europäisches Verwaltungsverfahren und Gemeinschaftsverfassung, S. 358 f.

bei Beschwerden, die bereits mit einer Entscheidung im Vorprüfungsverfahren zurückgewiesen werden, ist die Begründung der Entscheidung mangels eines weitergehenden Stellungnahmerechtes für die Beschwerdeführer der einzige Indikator, ob sich die Kommission mit den Beschwerdegesichtspunkten ausreichend auseinandergesetzt hat und somit ihrer Sorgfalts- und Untersuchungspflicht nachgekommen ist.[301]

Zudem haben die Konkurrenten die Möglichkeit, die Durchführung des förmlichen Prüfverfahrens zu erzwingen, falls das Gericht feststellt, dass die Kommission im Vorprüfungsverfahren bei ihrer Bewertung des Sachverhaltes auf ernsthafte Schwierigkeiten gestoßen ist.

b) Heilung von Verfahrensfehlern

Wie bereits oben erläutert, wird nach der derzeitigen Gesetzeslage in Art. 108 Abs. 2 AEUV, Art. 24 Abs. 1 S. 1 VVO und dem Stand der aktuellen Rechtsprechung den Drittbeteiligten im Beihilfeverfahren im Rahmen ihres Anspruches auf rechtliches Gehör nur ein Recht auf Stellungnahme im förmlichen Prüfverfahren zugestanden. In den Fällen, in denen die Kommission bereits im Vorprüfungsverfahren eine „Positiventscheidung“ trifft, hat der Gerichtshof, um dieses Verfahrensrecht abzusichern, wie ebenfalls bereits erläutert die Voraussetzungen an die Klagebefugnis der Konkurrenten deutlich abgesenkt, sodass hier bereits die Stellung als Beteiligter ausreichend ist.[302] Es stellt sich nun die Frage, ob in den Fällen, in denen das Recht auf Stellungnahme im förmlichen Prüfverfahren verletzt wurde, eine Heilung bis zum Schluss der mündlichen Verhandlung im gerichtlichen Verfahren möglich ist, sodass dem Anspruch auf rechtliches Gehör ohne einer Aufhebung der Entscheidung durch das Gericht noch entsprochen werden kann.[303] Damit im direkten Zusammenhang steht aber auch die in der Praxis relevantere Frage, inwieweit auch eine unzureichende oder sogar fehlende Begründung der Entscheidung geheilt werden kann.

301 *Nehl*, Europäisches Verwaltungsverfahren und Gemeinschaftsverfassung, S. 365.

302 Vgl. Kap. 2.II.3.

303 Diese Frage dürfte zugegebenermaßen in der Praxis nur von untergeordneter Bedeutung sein, weil der Verstoß gegen Art. 108 Abs. 2 AEUV, Art. 24 Abs. 1 S. 1 VVO aufgrund der st. Rechtsprechung des Gerichtshofes, dass bereits die Aufforderung zur Abgabe einer Stellungnahme im Amtsblatt ausreichend ist (s. Kap. 1.II.3.b).cc).(1)), nur bei gravierender Unachtsamkeit der Kommission denkbar ist.

aa) *Heilung im deutschen Verwaltungsverfahren*

Das deutsche Verwaltungsrecht sieht bei einigen formellen Mängeln eines Verwaltungsaktes, die nicht zu dessen Nichtigkeit führen, vor, dass diese bis zum Schluss der letzten Tatsacheninstanz eines verwaltungsgerichtlichen Verfahrens nachgeholt werden können, § 45 Abs. 2 VwVfG. Zu den nachholbaren Verfahrensmängeln gehören nach § 45 Abs. 1 Nr. 2 und 3 VwVfG auch eine fehlende bzw. unzureichende Begründung sowie Verstöße gegen die Anhörungsvorschriften. Eine Nachholung der Anhörung kommt jedoch nach dem Grundsatz „realer Fehlerheilung"[304] nur dann in Betracht, wenn sie geeignet ist, in ihrer Funktion einer ursprünglichen Anhörung gleichzukommen.[305]

bb) *Heilung im europäischen Beihilfeverfahren*

Vergleichbare normierte Heilungsvorschriften wie diejenigen des deutschen Verwaltungsrechtes existieren im Unionsrecht nicht.[306] Ein einheitliches europäisches Verwaltungsverfahrensrecht ist zwar seit Jahren in Planung,[307] bis dato aber noch nicht realisiert. Die Rechtsquellen des Beihilferechtes schweigen zu dieser Frage, insbesondere sind derartige Vorschriften auch nicht in der Verfahrensordnung des Gerichtshofes[308] zu finden.

Relativ unbestritten können Verfahrensfehler noch im Laufe des Verwaltungsverfahrens geheilt werden.[309] Ob Verfahrens- und Formmängel aber auch noch im gerichtlichen Verfahren geheilt werden können, ist seit jeher umstritten und wird von der Rechtsprechung nicht einheitlich beantwortet.[310] Insbesondere Mängel bei der Begründungspflicht wurden aber vom Gerichtshof in der

---

304 *Sachs*, in: Stelkens/Bonk/Sachs, VwVfG, § 45 Rn. 20.

305 *Emmenegger*, in: Mann/Sennekamp/Uechtritz, VwVfG, § 45 Rn. 70.

306 *Sachs*, in: Stelkens/Bonk/Sachs, VwVfG, § 45 Rn. 158; *Huck*, EuZW 2016, 132.

307 Am 15.01.2013 verabschiedete das Europäische Parlament eine Entschließung, in der es Empfehlungen für ein einheitliches europäisches Verfahrensrecht an die Kommission richtete, 2012/2024 (INL); s. hierzu *Seitz*, EuZW 2015, 273 sowie *Philipp*, EuZW 2013, 124.

308 Verfahrensordnung des Gerichtshofes, ABl. v. 29.09.2012, L 265/1.

309 In Bezug auf das Recht zur Anhörung EuGH, Urteil v. 25.10.1983, Rs. C-107/82, „*AEG/Kommission*", Rn. 29, Slg. 1983, 3151; *Frenz*, Handbuch Europarecht, Band IV Rn. 4565; *Klatt*, in: von der Groeben/Schwarze/Hatje, Europäisches Unionsrecht, Art. 41 GrCh Rn. 13; *Classen*, Gute Verwaltung im Recht der Europäischen Union, S. 298.

310 S. allg. zum Streitstand *Sachs*, in: Stelkens/Bonk/Sachs, VwVfG, § 45 Rn. 163 ff.; ausf. auch *Pietzcker*, in: FS Maurer, 695, 702 ff.

Vergangenheit als unheilbar angesehen.[311] Sie führen somit in der Regel zur Aufhebung der Kommissionsentscheidung. Dies ist nicht zuletzt eine Folge davon, dass die Unionsgerichte im Gegensatz zur deutschen Verwaltungsrechtsprechung seltener auf eine Spruchreife fixiert sind und somit regelmäßig die Entscheidungen aufheben und an die betreffenden Unionsorgane zur erneuten Entscheidung zurückverweisen, sodass eine stärkere Trennung der Zuständigkeiten zwischen Exekutive und Judikative erreicht wird.[312] Die Zwecke, die insbesondere die Begründungspflicht erfüllen soll,[313] sollen somit bereits im Verwaltungsverfahren erreicht werden. Dies verdeutlicht erneut die große Bedeutung des Verfahrens.

Uneinheitlich ist die Rechtsprechung der Unionsgerichte insbesondere bei der Verletzung von Anhörungsrechten.[314] In einigen Entscheidungen lehnte der Gerichtshof auch hier eine nachträgliche Heilung im gerichtlichen Verfahren ab[315], wohingegen er in anderen Fällen eine solche unter gewissen Umständen als zulässig erachtete.[316] In der Literatur wird die Ansicht vertreten, dass eine Heilung im Verwaltungsverfahren möglich ist, hingegen eine solche im gerichtlichen Ver-

---

311 EuGH, Urteil v. 24.10.1996, verb. Rs. C-329/93 u.a, *„Bremer Vulkan u. a./Kommission“*, Rn. 48, Slg. 1996, I-5151; s. bei völligen Fehlens einer Begründung auch EuG, Urteil v. 22.03.1995, Rs. T-586/93, *„Petros Kotzonis/Wirtschafts- und Sozialausschuss“*, Rn. 105, Slg. 1995, II-665; vgl. auch *Nowak*, in: Behrens/Braun/Nowak, Europäisches Wettbewerbsrecht im Umbruch, 23, 38. Bei beamtenrechtlichen Entscheidungen hat der Gerichtshof hingegen eine Heilung im Prozess zugelassen, s. EuGH, Urteil v. 08.03.1988, verb. Rs. C-64/86 u. a., *„Sergio u. a./Kommission“*, Rn. 52 f., Slg. 1988, 1399; s. zur Heilung von Begründungsmängeln auch *Pietzcker*, in: FS Maurer, 695, 702 ff.

312 S. nur EuG, Urteil v. 08.11.1990, Rs. T-73/89, *„Barbi/Kommission“*, Rn. 38, Slg. 1990, II-619; EuG, Urteil v. 09.11.1995, Rs. T-346/94, *„France-aviation/Kommission“*, Rn. 42, Slg. 1995, II-2841; vgl. auch *Pietzcker*, in: FS Maurer, 695, 702 sowie *Sachs*, in: Stelkens/Bonk/Sachs, VwVfG, § 45 Rn. 158.

313 S. hierzu oben Kap. 2.IV.1.a).bb).

314 S. hierzu *Fengler*, Die Anhörung im europäischen Gemeinschaftsrecht und deutschen Verwaltungsverfahrensrecht, 2003, S. 102 ff.; *Sachs*, in: Stelkens/Bonk/Sachs, VwVfG, § 45 Rn. 165. Eine gute Darstellung der Rechtsprechung auch bei *Classen*, Gute Verwaltung im Recht der Europäischen Union, S. 298 ff.

315 EuGH, Urteil v. 07.02.1979, verb. Rs. 15/76 u. a., *„Frankreich/Kommission“*, Rn. 7 f., Slg. 1979, 321; EuGH, Urteil v. 10.07.2001, Rs. C-315/99 P, *„Ismeri Europa Srl/Rechnungshof“*, Rn. 31 f., Slg. 2001, I-5281; EuGH, Urteil v. 07.01.2004, verb. Rs. C-204/00 P u. a., *„Aalborg Portland u. a./Kommission“*, Rn. 104, Slg. 2004, I-123.

316 EuGH, Urteilv. 13.02.1979, Rs. C-85/76, *„Hoffmann-La Roche/Kommission“*, Rn. 11, 15, Slg. 1979, 461; s. hierzu näher *Pfeffer*, Das Recht auf eine gute Verwaltung, S. 150 f.

fahren ausscheide.[317] In diese Richtung scheint auch das Urteil des Gerichtes in der Rechtssache „Solvay" zu deuten. Hier lehnte das Gericht eine Heilung im gerichtlichen Verfahren ab, da dieses nicht die im Verwaltungsverfahren notwendige Sachverhaltsaufklärung ersetzen könne.[318] Eine Aufhebung kommt hingegen dann nicht in Frage, wenn feststeht, dass die Sachentscheidung durch die Anhörung nicht beeinflusst worden wäre.[319]

cc) Fazit und Stellungnahme

Ein Verstoß gegen die Begründungspflicht, der in der Praxis im Gegensatz zu einer fehlenden Einholung von Stellungnahmen im förmlichen Prüfverfahren die wohl relevanteste Fallgruppe einer Verletzung wesentlicher Formvorschriften bildet, ist nach der Rechtsprechung der Unionsgerichte somit unheilbar. Führt man sich vor Augen, dass die Begründungspflicht bezogen auf das Beihilfeverfahren auch eine Selbstkontrolle der Kommission bezweckt, soll diese durch eine ausführliche und mangelfreie Begründung ihrer Entscheidung dazu angehalten werden, sich mit allen relevanten Informationen und Stellungnahmen der Beteiligten auseinanderzusetzen. Dies korrespondiert mit ihrer Pflicht, den Sachverhalt sorgfältig und neutral zu überprüfen.[320] Die Sachverhaltsfeststellung soll somit, auch durch die von den Unionsgerichten vorgenommene strikte Trennung der Zuständigkeiten, im Verwaltungs- und nicht im gerichtlichen Verfahren erreicht werden. Diese Erwägungen gelten freilich nicht nur für Entscheidungen im förmlichen Prüfverfahren, sondern auch bei verfahrensabschließenden Entscheidungen im Vorprüfungsverfahren, wenn das Verfahren aufgrund einer Beschwerde eines Konkurrenten eingeleitet wurde. Wie dargelegt, muss sich die Kommission nämlich auch bei diesen Entscheidungen mit den einzelnen Beschwerdegesichtspunkten auseinandersetzen und gleichzeitig durch ihre Begründung den Nachweis erbringen, dass sie keine ernsthaften Schwierigkeiten bei der Beurteilung der Frage der Vereinbarkeit der streitigen Beihilfe mit dem Gemeinsamen Markt bzw. des Vorliegens einer Beihilfe sieht.[321]

---

317 *Frenz*, Handbuch Europarecht, Band IV Rn. 4565; *Klatt*, in: von der Groeben/Schwarze/Hatje, Europäisches Unionsrecht, Art. 41 GrCh Rn. 13.

318 EuG, Urteil v. 29.06.1995, Rs. T-30/91, *„Solvay/Kommission"*, Rn. 98, Slg. 1995, II-1775.

319 EuGH, Urteil v. 14.02.1990, Rs. C-301/87, „Frankreich/Kommission", Rn. 31, Slg. 1990, I-307.

320 EuGH, Urteil v. 21.11.1991, Rs. C-269/90, *„Hauptzollamt München-Mitte/TU München"*, Rn. 14, Slg. 1991, I-5469.

321 EuGH, Urteil v. 15.06.1993, Rs. C-225/91, *„Matra/Kommission"*, Slg. 1993, I-3203, Rn. 48.

Bedenkt man die o. g. Bedeutung der Begründungspflicht in Bezug auf die notwendige Auseinandersetzung der Kommission mit den Stellungnahmen der Drittbeteiligten bei Entscheidungen im förmlichen Prüfverfahren, so kann die Begründungspflicht bei verfahrensabschließenden Entscheidungen im Vorprüfungsverfahren nicht den gleichen Zweck erfüllen. Denn trotz der Verpflichtung der Kommission zur Prüfung der Beschwerdegesichtspunkte gibt es doch zwei wesentliche Unterschiede: Nicht nur, dass die Beschwerdeführer im Vorprüfungsverfahren keinen Anspruch darauf haben, zu gewissen Untersuchungsergebnissen Stellung zu nehmen oder sogar angehört zu werden, wie der Gerichtshof in der Rechtssache „Sytraval" unmissverständlich dargelegt hat.[322] Ihnen bleibt einzig die Möglichkeit, mit einer Beschwerde auf etwaige Verstöße aufmerksam machen, die sie aber nur auf Grundlage von sehr spärlichen Informationen verfassen können. Auch die anderen Konkurrenten des Beihilfeempfängers, die keine Beschwerde eingereicht haben, weil sie beispielsweise keine Kenntnis von der geplanten Gewährung der Beihilfe erlangt haben, haben keine Möglichkeit, ihre Positionen in das Vorprüfungsverfahren einzubringen.

Besonders problematisch sind jedoch die Fälle, in denen mangels Kenntnis des Sachverhaltes überhaupt kein Konkurrent eine Beschwerde eingelegt hat. Erhält die Kommission nicht über eine Beschwerde, sondern anderweitig Kenntnis von der möglichen Gewährung nicht notifizierter Beihilfen und trifft sie hier eine verfahrensabschließende Entscheidung im Vorprüfungsverfahren, hatten die Konkurrenten in keinster Weise die Möglichkeit, im Wege einer Beschwerde auf bestimmte problematische Aspekte hinzuweisen. Dies wirkt sich unmittelbar auch auf die Begründung der Entscheidung aus, die nun, im Gegensatz zum Beschwerdeverfahren, mangels der Darlegung von Beschwerdegesichtspunkten letztlich nur die Aspekte beinhalten muss, die die Kommission für relevant ansah.

Zwar folgt aus der Verpflichtung der Kommission, den Sachverhalt sorgfältig und unparteiisch zu prüfen,[323] dass auch die Unionsgerichte bei einer Nichtigkeitsklage der Konkurrenten prüfen, ob die Kommission diesen Grundsatz beachtet hat. Die Möglichkeit, explizit auf bestimmte Aspekte, die gerade bei wirtschaftlich komplexen Sachverhalten womöglich auch für die Kommission nicht direkt auf der Hand liegen, hinzuweisen, ist in der genannten Konstellation jedoch nicht gegeben. Eine wirkliche Kompensation des fehlenden Stellungnahmerechtes der Konkurrenten im Vorprüfungsverfahren kann im gerichtlichen Verfahren

---

322 EuGH, Urteil v. 02.04.1998, C-367/95 P, „*Kommission/Sytraval*", Rn. 58 f., Slg. 1998, I-1719.

323 EuGH, Urteil v. 21.11.1991, Rs. C-269/90, „*Hauptzollamt München-Mitte/TU München*", Rn. 14, Slg. 1991, I-5469.

deshalb nur dann gewährleistet werden, wenn sich die Unionsgerichte bei ihrer materiellen Überprüfung der Kommissionsentscheidung nicht nur auf eine Evidenzkontrolle beschränken. Es kommt deshalb bei der Beurteilung dieser Kompensationsfunktion des gerichtlichen Verfahrens entscheidend auf die materielle Prüfungsreichweite der Unionsgerichte an.

2. Reichweite der materiellen Überprüfung der Entscheidungen im Beihilfeverfahren durch die Unionsgerichte

Die Entscheidungsfindung der Kommission im Beihilfeverfahren zieht sich bereits schon im Vorprüfungsverfahren nicht selten über mehrere Monate hin. Ursache hierfür ist nicht nur die von der Kommission immer wieder vorgebrachte hohe Anzahl an anhängigen Beihilfeverfahren, sondern auch die Komplexität der jeweiligen Verfahren. Die Kommission muss bei ihrer Entscheidung eine Vielzahl an hochkomplexen wirtschaftlichen Zusammenhängen berücksichtigen, um letztlich die Auswirkungen auf den Gemeinsamen Markt beurteilen zu können.

Neben der rechtlichen Frage, ob die Kommission verpflichtet gewesen wäre, das förmliche Prüfverfahren einzuleiten, kann der Beschwerdeführer bei einer Positiventscheidung im Vorprüfungsverfahren auch vorbringen, dass die Kommission das Nichtvorliegen einer Beihilfe (Art. 4 Abs. 2 VVO) oder die Vereinbarkeit einer Beihilfe mit dem Gemeinsamen Markt (Art. 4 Abs. 3 VVO) materiell fehlerhaft beurteilt hat. Der Einwand der materiell fehlerhaften Beurteilung der Entscheidung kann selbstverständlich auch gegen Entscheidungen im förmlichen Prüfverfahren vorgebracht werden, durch die die Kommission entweder feststellt, dass keine Beihilfe vorliegt (Art. 9 Abs. 2 VVO), eine Beihilfe von ihr als mit dem Gemeinsamen Markt vereinbar (Art. 9 Abs. 3 VVO) oder nicht vereinbar angesehen wird (Art. 9 Abs. 5 VVO).

Bei der rechtlichen Beurteilung dieser Fragen hat der Gerichtshof jedoch seit jeher Zurückhaltung geübt. Dies gilt insbesondere für die Frage, ob eine Beihilfe als mit dem Gemeinsamen Markt vereinbar angesehen werden kann. Hier nimmt der Gerichtshof keine eigene wirtschaftliche und soziale Wertung vor; vielmehr beschränkt er sich bei seiner Prüfung auf die Frage, ob die Kommission ihr Ermessen in der Weise überschritten hat, indem „sie die Tatsachen entstellt oder offensichtlich unrichtig beurteilt oder einen Ermessens- oder Verfahrensmissbrauch begangen hat“[324]. Er würdigt die Tatsachen in wirtschaftlicher Hinsicht deshalb nicht selbst und überlässt dies, abgesehen von den genannten Ausnah-

---

324 EuGH, Urteil v. 15.06.1993, Rs. C-225/91, „*Matra/Kommission*“, Rn. 25, Slg. 1993, I-3203.

men, der Kommission, sodass er sich auf eine Evidenzkontrolle beschränkt. Als Argument führt der Gerichtshof an, dass die Verträge der Kommission bei der Frage der Vereinbarkeit einer Beihilfe mit dem Gemeinsamen Markt ausdrücklich einen Ermessensspielraum einräumten[325] und zudem hochkomplexe wirtschaftliche Beurteilungen vorgenommen werden müssten.[326] Im Rahmen des ihr durch die Verträge eingeräumten Entscheidungsspielraums habe sie wirtschaftliche und soziale Wertungen anzustellen, die sich auf die Union als Ganzes zu beziehen hätten.[327]

Für die Auslegung des unbestimmten Rechtsbegriffs der „Beihilfe" (Art. 107 Abs. 1 und 2 AEUV) wird, ausgehend von der deutschen Rechtsanwendungstechnik, kein Ermessen eingeräumt. Überwiegend wird deshalb in der europarechtlichen Literatur die Ansicht vertreten, dass der Beihilfebegriff als solcher vom Gerichtshof vollständig überprüft werden kann.[328] Auch Generalanwalt Lenz hat in der Rechtssache „Sytraval" seine Zweifel daran geäußert, ob die Erwägungen der Unionsgerichte für die Fälle des Art. 107 Abs. 3 AEUV auch in den Fällen gelten, in denen die Kommission bereits das Vorliegen einer Beihilfe verneint.[329] Da für die Auslegung dieses Begriffes gerade keine ausschließliche Zuständigkeit der Kommission bestehe, sei der Beurteilungsspielraum zumindest deutlich geringer.[330]

Der Gerichtshof räumt aber auch für die Beurteilung dieser Frage der Kommission einen gewissen Beurteilungsspielraum ein, auch wenn sich ein solcher zunächst nicht aus den Verträgen ergibt. Zwar hat er zunächst festgestellt, dass

325 Art. 107 Abs. 3 AEUV: „Als mit dem Binnenmarkt vereinbar *können* angesehen werden…".

326 EuGH, Urteil v. 14.02.1990, Rs. C-301/87, *„Frankreich/Kommission"*, Rn. 15, Slg. 1990, I-307; EuGH, Urteil v. 11.07.1996, Rs. C-39/94, *„SFEI/La Poste u.* a.", Rn. 36, Slg. 1996, I-3547; so auch *Schroeder/Sild*, EuZW 2014, 12, 14, die jedoch den Hinweis auf die wirtschaftliche Komplexität aufgrund der eindeutigen in Art. 107 Abs. 3 AEUV vorgesehenen Ermessensentscheidung der Kommission für überflüssig halten.

327 EuGH, Urteil v. 17.09.1980, Rs. C-730/79„*Philip Morris/Kommission*", Rn. 24, Slg 1980, 2671.

328 *Schroeder/Sild*, EuZW 2014, 12, 14 f.; *Schwarze*, EU-Verwaltungsrecht, S. 372; *Nowak*, EuZW 2001, 293, 295.

329 Schlussantrag von Generalanwalt Lenz v. 27.05.1997, Rn. 56 in der Rs. C-367/95 P, *„Kommission/Sytraval"*, Slg. 1998, I-1719; kritisch zur allgemeinen Einräumung eines weiten Beurteilungsspielraumes in allen Beihilfeangelegenheiten auch *Schroeder/Sild*, EuZW 2014, 12, 17.

330 Schlussantrag von Generalanwalt Lenz v. 27.05.1997, Rn. 56 in der Rs. C-367/95 P, *„Kommission/Sytraval"*, Slg. 1998, I-1719.

der Begriff der Beihilfe nach objektiven Kriterien auszulegen und deshalb auch vollumfänglich vom Gemeinschaftsrichter zu überprüfen sei.[331] Insbesondere bei der Durchführung und Bewertung des „Private-Investor-Tests", der als Maßstab für die Qualifizierung einer staatlichen Maßnahme als Beihilfe von der Kommission in der Regel herangezogen wird,[332] hat das Gericht aber in den vergangenen Jahren seine Prüfungsreichweite beschränkt. Als Argument führt es an, dass im Rahmen dieses Tests wirtschaftlich komplexe Bewertungen vorgenommen werden müssten, die von der Kommission sachgerechter beurteilt werden könnten, sodass der Kommission bei ihrer Entscheidung ein Ermessen einzuräumen sei und diese nicht vom Gericht durch eine eigene ersetzt werden könne.[333] Vielmehr beschränke sich die Überprüfung auch hier „darauf, ob die Vorschriften über das Verfahren und die Begründung eingehalten worden sind, ob der Sachverhalt, der der beanstandeten Entscheidung zugrunde gelegt wurde, zutreffend festgestellt worden ist und ob keine offensichtlich fehlerhafte Würdigung dieses Sachverhaltes oder ein Ermessensmissbrauch vorliegt."[334] Diese Rechtsprechung des Gerichtes wurde vom Gerichtshof in der Rechtssache „Scott" bestätigt.[335] Obwohl die Verträge der Kommission nur in Art. 107 Abs. 3 AEUV einen Ermessens- und Beurteilungsspielraum als Ausdruck einer politischen Gestaltungskompetenz einräumen, beschränken sich die Unionsgerichte also auch bei der Frage des Vorliegens einer Beihilfe auf eine reine Missbrauchskontrolle.[336]

Diese Rechtsprechung ist in neuester Zeit jedoch durch Entscheidungen des Gerichtes teilweise zwar nicht revidiert, aber doch modifiziert worden. In diesen Entscheidungen erklärte das Gericht Entscheidungen der Kommission für nichtig, weil diese den Begriff der „Beihilfe" falsch ausgelegt hätte.[337] Dabei bezog sich das Gericht jeweils auf die Ausführungen des Gerichtshofes in der Rechtssache „Scott", nach denen zwar der Kommission ein Beurteilungsspielraum bei

---

331 EuGH, Urteil v. 16.05.2000, Rs. C-83/98 P, *„Frankreich/Ladbroke Racing u. Kommission"*, Rn. 25, Slg 2000, I-3271 = EuZW 2000, 405, 408; ausf. zur Entwicklung der Rechtsprechungspraxis *Schroeder/Sild*, EuZW 2014, 12, 14 ff.

332 *Schroeder/Sild*, EuZW 2014, 12, 15.

333 EuG, Urteil v. 06.03.2003, verb. Rs. T-228/99 u. a., *„WestLB u. a./Kommission"*, Rn. 282, Slg. 2003, II-435.

334 EuG, Urteil v. 06.03.2003, verb. Rs. T-228/99 u. a., *„WestLB u. a./Kommission"*, Rn. 282, Slg. 2003, II-435.

335 EuGH, Urteil v. 02.09.2010, Rs. C-290/07 P, *„Kommission/Scott"*, Rn. 66, Slg. 2010, I-7763.

336 *Schroeder/Sild*, EuZW 2014, 12, 15.

337 EuG, Urteil v. 17.05.2011, Rs. T-1/08, *„Buczek Automotive/Kommission"*, Rn. 71 ff.; EuG, Urteil v. 02.03.2012, verb. Rs. T-29/10 u. a., *„ING u. a./Kommission"*, Rn. 142.

der Bewertung wirtschaftlich komplexer Fragestellungen eingeräumt werde.[338] Dies schließe aber nicht die Kompetenz des Gerichtes aus zu überprüfen, ob die Kommission die für diese Bewertung relevanten Daten und Tatsachen ordnungsgemäß ermittelt und ausgelegt habe.[339] In den genannten Entscheidungen fehlte es nach Ansicht des Gerichtes aber an einer solchen ordnungsgemäßen Tatsachenermittlung für den Private-Investor-Test.[340] Es stellte somit nicht direkt die Beurteilungsspielräume der Kommission bei der Anwendung des Private-Investor-Tests in Frage, sondern berief sich auf die verfahrensrechtlichen Aspekte der Tatsachenermittlung.[341] Indem das Gericht aber bestimmen kann, welche Daten und Tatsachen für die Entscheidung der Kommission Relevanz haben, hat dies indirekt aber auch Einfluss auf die Entscheidung der Kommission, sodass ihr Ermessensspielraum verkürzt wird.[342] Diese Rechtsprechung des Gerichtes führt folglich zu strengeren Anforderungen bei der Darlegungslast der Kommission.

3. Stellungnahme

Die Stellungnahme zum Verhältnis zwischen Verfahrensrechten und gerichtlichem Rechtsschutz für die Drittbeteiligten muss für die einzelnen Verfahrensabschnitte, Vorprüfungsverfahren und förmliches Prüfverfahren, getrennt erfolgen.

Die Argumentation der Kommission und des Gerichtshofes zu den fehlenden Verfahrensrechten im Vorprüfungsverfahren fußt auf dem Hinweis, dass erleichterte Voraussetzungen der Konkurrenten bestehen, gegen eine verfahrensabschließende Entscheidung gerichtlich vorzugehen. Generalanwalt Lenz führte in seinem Schlussantrag in der Rechtssache „Sytraval" aus, dass durch die Ver-

338 EuG, Urteil v. 17.05.2011, Rs. T-1/08, „*Buczek Automotive/Kommission*", Rn. 83; EuG, Urteil v. 02.03.2012, verb. Rs. T-29/10 u. a., „*ING u. a./Kommission*", Rn. 102.

339 EuG, Urteil v. 17.05.2011, Rs. T-1/08, „*Buczek Automotive/Kommission*", Rn. 83; EuG, Urteil v. 02.03.2012, Rs. T-29/10 u. a., „*ING u. a./Kommission*", Rn. 102.

340 Im Rechtsmittelverfahren in der Rechtssache „*ING u. a./Kommission*" wies der Gerichtshof die dahin gehenden Rechtsmittelgründe der Kommission als unzulässig zurück, weil es sich nach seiner Ansicht um Fragen der Tatsachenfeststellung handelte, er hingegen ausschließlich Rechtsfragen beurteilen dürfe, s. EuGH, Urteil v. 03.04.2014, Rs. C-224/12 P, „*Kommission/ING*", Rn. 41 ff. Im Rechtsmittelverfahren in der Rechtssache „*Buczek Automotive/Kommission*" stütze sich die Kommission hingegen auf die im Urteil des Gerichtes auferlegte Beweislast dafür, dass die Voraussetzungen für den Private-Investor-Test vorgelegen haben. Diesen Rechtsmittelgrund wies der Gerichtshof in der Sache zurück, s. EuGH, Urteil v. 21.03.2013, Rs. C-405/11 P, „*Kommission/Buczek Automotive*", Rn. 27 ff.

341 *Schroeder/Sild*, EuZW 2014, 12, 16.

342 *Schroeder/Sild*, EuZW 2014, 12, 16.

pflichtung der Kommission, bei Zweifeln das förmliche Prüfverfahren einzuleiten und bei Nichteinleitung gerichtlicher Rechtsschutz gegen die Kommissionsentscheidung garantiert wird, die Belange der Drittbeteiligten ausreichend geschützt seien.[343] Nach den obigen Ausführungen ist diese Auffassung in zweierlei Hinsicht zweifelhaft.

Zum einen würde das gerichtliche Verfahren nur dann das fehlende Anhörungsrecht im Verfahren kompensieren, wenn das Gericht die Drittbeteiligten im gerichtlichen Verfahren so stellen würde, als hätten sie bereits ihre – im gerichtlichen Verfahren vorgebrachten – Argumente im Vorprüfungsverfahren vorgebracht und dies zum Maßstab für die Einhaltung der Erfordernisse des Sorgfalts- und Untersuchungsgrundsatzes bzw. einer ordnungsgemäße Begründung der Kommissionsentscheidung heranziehen würde. Denn der Verweis auf die richterliche Überprüfung der Frage, ob die Kommission die genannten Pflichten beachtet hat, geht dann ins Leere, wenn diese Überprüfung sich nur auf die Aspekte beschränkt, die die Kommission in ihrer Entscheidungsbegründung aufgeführt hat.[344] Da sie die Aspekte, auf die die Kommission erst im gerichtlichen Verfahren durch den Kläger aufmerksam gemacht wird, nicht in ihrer Entscheidungsbegründung berücksichtigt hat, diese aber die Grundlage für die gerichtliche Überprüfung bildet, bietet das gerichtliche Verfahren gerade keine Möglichkeit, die Interessen der Drittbeteiligten bei verfahrensabschließenden Entscheidungen im Vorprüfungsverfahren ausreichend zu berücksichtigen und somit die fehlende Anhörung im Vorprüfungsverfahren zu kompensieren.[345] Es bleibt einzig die Möglichkeit des Konkurrenten, im gerichtlichen Verfahren vorzubringen, dass seine – von der Kommission in der Entscheidungsbegründung nicht berücksichtigten – Aspekte für die Entscheidung so offensichtlich relevant gewesen seien, dass die Kommission sie hätte nicht unberücksichtigt lassen dürfen. Wie bereits dargestellt und vom Gerichtshof in der Rechtssache „Sytraval“ klargestellt, besteht aber keineswegs die Verpflichtung der Kommission, auf alle Beschwerdegesichts-

343 Schlussantrag von Generalanwalt Lenz v. 27.05.1997, Rn. 90 in der Rs. C-367/95 P, „*Kommission/Sytraval*“, Slg. 1998, I-1719.

344 Auf diesen im Ergebnis für den Individualrechtsschutz der Drittbeteiligten nicht weiterführende Verbindung zwischen dem Sorgfalts- und Untersuchungsgrundsatz zum einen und der Fixierung seiner Einhaltung auf die im Verfahren (gerade durch die in der Vorprüfungsphase durch die Drittbeteiligten nicht) vorgebrachten Aspekte zum anderen weist deshalb zu Recht auch *Nehl*, Europäisches Verwaltungsverfahren und Gemeinschaftsverfassung, S. 400 f. hin.

345 So auch *Nehl*, Europäisches Verwaltungsverfahren und Gemeinschaftsverfassung, S. 401.

punkte einzugehen, die der Beschwerdeführer erhoben hätte, wenn er von allen Ermittlungsergebnissen der Kommission zum Abschluss der Vorprüfungsphase Kenntnis gehabt hätte.[346]

Zum anderen bietet aber auch die materielle Überprüfung der Kommissionsentscheidung durch die Unionsgerichte keine ausreichende Kompensation für die mangelnden Verfahrensrechte im Vorprüfungsverfahren. Aufgrund der Tatsache, dass die Unionsgerichte hinsichtlich der materiellen Prüfung eine wirtschaftliche und soziale Überprüfung der Entscheidung ablehnen und sich nur auf eine Evidenzkontrolle beschränken, schlagen die Verfahrensdefizite im Beihilfeverfahren unmittelbar auch auf die gerichtliche Entscheidung durch.[347] Die neuere Rechtsprechung des Gerichtes lässt zwar die begrüßenswerte Tendenz erkennen, bei der Frage des Vorliegens einer Beihilfe die verfahrensrechtliche Komponente der Tatsachenermittlung noch mehr in den Fokus zu rücken, was auch den Stellenwert des Verwaltungsverfahrens stärkt. Dies ändert jedoch nichts an dem großen Beurteilungsspielraum, den die Unionsgerichte nach wie vor der Kommission bei allen Beihilfeentscheidungen einräumen. Dieser Spielraum wird derzeit nicht durch ein „Mehr" an Verfahrensrechten der Drittbeteiligten im Beihilfeverfahren kompensiert.

346 EuGH, Urteil v. 02.04.1998, Rs. C-367/95 P, „*Kommission/Sytraval*", Rn. 54, Slg. 1998, I-1719; so aber noch in der Vorinstanz in Bezug auf die Verpflichtung der Kommission, den Sachverhalt sorgfältig und unvoreingenommen zu prüfen das EuG, Urteil v. 28.09.1995, Rs. T-95/94, Rs. „*Sytraval/Kommission*", Rn. 66, Slg. 1995, II-2651: „Denn beschließt die Kommission, eine Beschwerde gegen eine Maßnahme, die der Beschwerdeführer als nicht angemeldete staatliche Beihilfe einstuft, zurückzuweisen, ohne dem Beschwerdeführer Gelegenheit zu geben, sich vor Erlaß der endgültigen Entscheidung zu den Ermittlungsergebnissen ihrer Untersuchung zu äußern, so hat sie von Amts wegen die Rügen zu prüfen, die der Beschwerdeführer mit Sicherheit erhoben hätte, wenn ihm diese Ergebnisse bekannt geworden wären." Da diese Pflicht nach Ansicht des Gerichtshofes nicht besteht, ist für *Temple Lang* die Klage gegen die Kommissionsentscheidung in diesen Fällen kein „wirksamer Rechtsbehelf", sodass nach seiner Ansicht ein Verstoß gegen Art. 47 GrCh vorliege, s. *Temple Lang*, The Charter and EU State Aid Procedure, S. 11 ff., Paper presented at the State Aid Modernisation Seminar of the UK State Aid Law Association.

347 So auch *Bartosch*, RIW 2007, 401, 408, der deshalb eine Einflussnahme auf die Beihilfeentscheidung durch eine Klage der Beschwerdeführer in vielen Fällen, in denen dieser Beurteilungsspielraum besteht, ausschließt.

Kapitel 3: Verfahrensrechte im europäischen Eigenverwaltungsrecht

I. Primärrechtliche Grundlagen und Herleitung

Verfahrensrechte waren im europäischen Wettbewerbsrecht bis zum Vertrag von Lissabon in den Verträgen nahezu nicht zu finden. Im Bereich des europäischen Beihilferechtes war einzig das Recht auf Stellungnahme der Beteiligten, jetzt in Art. 108 Abs. 2 S. 1 AEUV geregelt, ausdrücklich in den Verträgen normiert. Aufgrund dessen blieb im Bereich des europäischen Beihilfeverfahrens bis zum Erlass der Verfahrensverordnung im Jahr 1999 die Definition der Verfahrensrechte lange Zeit der Rechtsprechung überlassen.[348] Kodifizierte Verfahrensrechte im europäischen Kartell- und Fusionsrecht sind hingegen ausschließlich sekundärrechtlich geregelt; in den Verträgen finden sich in den Art. 103–105 AEUV keine unmittelbaren Verfahrensregelungen.

Die Entwicklung von Verfahrensgarantien aus den allgemeinen Rechtsgrundsätzen fand in besonderem Maße im Bereich des europäischen Wettbewerbsrechtes statt.[349] Aufgrund der genannten Lücken im Primär- und Sekundärrecht lag es an den Unionsgerichten, Verfahrensrechte aus den ungeschriebenen Rechtsgrundsätzen herzuleiten. Schon früh stellte der Gerichtshof fest, dass insbesondere jeder, der durch eine Entscheidung der Verwaltung spürbar in seinen Interessen beeinträchtigt wird, ein Anspruch auf rechtliches Gehör hat.[350] In neueren Entscheidungen haben die Unionsgerichte darauf hingewiesen, dass „die Beachtung der Verteidigungsrechte in allen Verfahren, die zu einer den Betroffenen beschwerenden Maßnahme führen können, ein fundamentaler Grundsatz des Gemeinschaftsrechts ist, der auch dann sichergestellt werden muß, wenn eine Regelung für das betreffende Verfahren fehlt."[351] Aus diesem Grundsatz leiteten die Gerichte sodann ab, dass jeder Person, die Adressat einer sie beschwerenden Entscheidung ist, Gelegenheit gegeben

---

348 *Gundel*, WiVerw 2011, 242, 243.

349 *Nowak*, in: Behrens/Braun/Nowak, Europäisches Wettbewerbsrecht im Umbruch, 23, 34.

350 St. Rtspr., s. nur EuGH, Urteil v. 23.10.1974, Rs. C-17/74, „*Transocean Marine Paint Association/Kommission*", Rn. 15 f., Slg. 1974, 1063; zur Entwicklung der Verfahrensrechte s. *Schwarze*, DVBl. 2010, 1325.

351 St. Rtspr., s. EuGH, Urteil v. 24.10.1996, Rs. C-32/95 P, „*Kommission/Lisrestal u. a.*", Rn. 21, Slg. 1996, I-5373; EuGH, Urteil v. 22.11.2012, Rs. C-277/11, „*M. M./Minister For Justice, Equality and Law Reform, Irland*", Rn. 81 ff. = NVwZ 2013, 59, 60.

werden muss, Stellung zu den Gesichtspunkten zu nehmen, auf die die Kommission ihre belastende Entscheidung gründet.[352] Drittbeteiligten wurde hingegen ein vollumfänglicher Anspruch auf rechtliches Gehör verweigert.[353]

Zudem wurde dem Anspruch auf rechtliches Gehör von den Unionsgerichten ein akzessorisches Akteneinsichtsrecht beiseite gestellt, um diesen Anspruch auch effektiv wahrnehmen zu können.[354] Denn das Akteneinsichtsrecht soll es den Beteiligten in Verfahren des europäischen Wettbewerbsrechtes ermöglichen, Kenntnis vom Inhalt der Verfahrensakten und der darin aufgeführten Beweismittel zu erhalten, um so das ihnen zustehende Anhörungsrecht effektiv ausüben zu können.[355] Als weitere aus den allgemeinen Rechtsgrundsätzen abgeleitete formelle Verfahrensgrundsätze gelten das Recht auf Entscheidungsbegründung, der Amtsermittlungsgrundsatz und die angemessene Verfahrensdauer.[356]

Diese besonderen Verfahrensrechte können unter die allgemeinen und auch oft von den Unionsgerichten verwendeten Grundsätze des „fairen Verfahrens" und der „Waffengleichheit" gefasst werden.[357] Rechtsdogmatisch wurde den Verteidigungsrechten, insbesondere aber dem Anhörungsrecht im Verwaltungsverfahren, die Stellung eines Grundrechtes eingeräumt, was ihre besondere subjektiv-rechtliche Bedeutung im Unionsrecht verdeutlichen sollte.[358] Dies hat Auswirkungen auf die noch zu diskutierende Frage, inwieweit vom „Recht auf gute Verwaltung", welches jetzt auch in Art. 41 GrCh einen kodifizierten Grundrechtsstatus erhalten hat, und seinen genannten konkreten Ausprägungen darüber hinaus neue rechtliche Impulse in Bezug auf die Verfahrensstellung der Drittbeteiligten ausgehen.

---

352 EuGH, Urteil v. 24.10.1996, Rs. C-32/95 P, „*Kommission/Lisrestal u. a.*", Rn. 21, Slg. 1996, I-5373; EuGH, Urteil v. 22.11.2012, Rs. C-277/11, „*M. M./Minister For Justice, Equality and Law Reform, Irland*", Rn. 87 = NVwZ 2013, 59, 60.

353 S. hierzu EuGH, Urteil v. 29.06.2010, Rs. C-441/07 P, „*Kommission/Alrosa Company*", Rn. 90 f., Slg. 2010, I-5949; dazu *Schwarze*, DVBl. 2010, 1325, 1327.

354 EuG, Urteil v. 11.07.2007, Rs. T-170/06, „*Alrosa Company*/Kommission", Rn. 197, Slg. 2007, II-2601 mwN.

355 EuG, Urteil v. 20.03.2002, Rs. T-16/99, „*Lögstör Rör/Kommission*", Rn. 140 ff., Slg. 2002, II-1633; EuG, Urteil v. 20.03.2002, Rs. T-23/99, „*LR AF 1998/Kommission*", Rn. 169 ff., Slg. 2002, II-1705.

356 S. hierzu ausf. *Haibach*, NVwZ 1998, 456 ff. sowie *Schwarze*, in: FS Fischer, 487, 490, 493.

357 *Nowak*, in: Behrens/Braun/Nowak, Europäisches Wettbewerbsrecht im Umbruch, 23, 35.

358 EuGH, Urteil v. 07.02.2004, verb. Rs. C-204/00 P u. a., „*Aalborg Portland u. a./Kommission*", Rn. 64, Slg. 2004, I-123; *Nowak*, in: Behrens/Braun/Nowak, Europäisches Wettbewerbsrecht im Umbruch, 23, 35.

II. Sinn und Zweck von Verfahren und Verfahrensrechten

Für die Beurteilung der Frage, inwieweit Drittbeteiligten auch im Beihilfeverfahren über den aktuellen von der VVO und der Rechtsprechung zugestandenen Standard hinaus Verfahrensrechte aus dem Unionsrecht zustehen, ist bedeutsam, welchen Sinn und Zweck ein Verfahren überhaupt im Allgemeinen und für die Drittbeteiligten im Beihilfeverfahren im Speziellen verfolgt. In diesem Zusammenhang ist zunächst hervorzuheben, dass das Verwaltungsverfahren und die Ziele, die mit ihm verfolgt werden, nicht isoliert, sondern stets mit dem gerichtlichen Verfahren als systematische Einheit gesehen werden muss.[359] Ziel dieses einheitlichen Rechtsschutzsystems ist, die materiell „richtige" Entscheidung für die Betroffenen zu treffen. Dabei stellt sich die Frage, welche Aufgabe dem Verfahrensrecht zukommt. Im Folgenden sollen die verschiedenen Funktionen des Verwaltungsverfahrens dargestellt und sodann jeweils auf das Beihilfeverfahren übertragen werden.

1. Eigenwert des Verwaltungsverfahrens

Es stellt sich zunächst die grundsätzliche Frage, ob dem Verfahren nur eine „dienende Funktion"[360] bei der Suche nach dem materiell „richtigen" Ergebnis zukommt oder ihm darüber hinaus im Rahmen dieser Zielsetzung ein Eigenwert zugemessen wird. *Rainer Wahl* stellt in diesem Zusammenhang die folgenden Fragen: „Hat das Verfahren einen Eigenwert oder selbstständige Bedeutung (etwa Rechtswahrung) oder ist das Verwaltungsverfahren nur eine Art Probelauf für das dann allein entscheidende Gerichtsverfahren? Ist das Verwaltungsverfahren als vorweggezogener aber unvollständiger Gerichtsschutz zu verstehen oder hat es einen eigenen Rechtswahrungsauftrag?"[361]

Nach seiner Ansicht unterscheiden sich die verschiedenen Ansätze im europäischen und deutschen Verwaltungsrecht, die beide (unmittelbar bzw. mittelbar) nach dem „richtigen" Ergebnis suchen, in folgenden Punkten: „Nach dem einen Verständnis hat das Verfahren eine dienende Funktion, spiegelbildlich dazu geht man vom Vorrang des materiellen Rechts aus. Vom Recht und seiner Verwirklichung erwartet man in erster Linie, dass das richtige inhaltliche Ergebnis erreicht wird. Insgesamt lässt sich diese Alternative als ein *ergebnisbezogenes* Denken charakterisieren.

359 *Wahl*, DVBl. 2003, 1285, 1286.

360 S. zu diesem Begriff in Bezug auf das dt. Verwaltungsverfahrensrecht *Steiner*, NZS 2002, 113, 115.

361 *Wahl*, DVBl. 2003, 1285, 1286 (zitiert unter Auslassung der Fn.).

Die gegenteilige Auffassung erkennt dem Verfahren einen Eigenwert zu. Das zentrale Konzept dieses Denkens ist nicht das richtige Ergebnis, sondern das faire Verfahren. Von der Einhaltung des geordneten und fairen Verfahrens, von der Offenhaltung der Darstellungs- und Argumentationschancen für alle Beteiligten erwartet man die wichtigste Gewähr für das richtige Ergebnis."[362]

Erstere Auffassung ordnet er dem deutschen, letztere dem europäischen Verfahrensrecht zu, was sich auch in der unterschiedlichen Fehlerfolge beider Verfahrensrechte verdeutliche: das deutsche Verfahrensrecht habe umfangreiche Heilungsvorschriften, wohingegen das europäische Verfahrensrecht bei Verstößen nur in seltenen Fällen eine Heilung zuließe.[363] Die verschiedenen Verfahrenskonzeptionen stehen somit aber auch in einer Wechselwirkung mit der Kontrolldichte der Gerichte. Dementsprechend erkennen die deutschen Gerichte nur selten einen Beurteilungsspielraum der Verwaltung an und überprüfen grundsätzlich die Verwaltungsentscheidung in tatsächlicher und rechtlicher Hinsicht, wohingegen die europäischen Gerichte der Verwaltung deutlich größere Spielräume zuerkennen und sich größtenteils auf eine reine Rechtskontrolle beschränken.[364]

Die Ansicht eines verschiedenen Strukturverständnisses zwischen dem deutschen und europäischen Verfahrensrecht wird dem Grunde nach nicht bestritten, aber bezüglich ihres Ansatzes und ihrer Ursache um einen weiteren Aspekt ergänzt. Es wird zusätzlich die Ausgestaltung der materiellen Vorschriften in Bezug auf ihre Rechtsfolgen und deren Auswirkung auf den Sinn und Zweck des Verwaltungsverfahrens in den Blick genommen. Je nachdem, wie die materiellen Vorschriften ausgestaltet sind, übernehme das Verfahren verschiedene Funktionen: bei gebundenen Entscheidungen müsse es gewährleisten, dass der Sachverhalt ordnungsgemäß und möglichst erschöpfend ermittelt wird, bei nicht-gebundenen Entscheidungen sehe es darüber hinaus auch Regelungen für den im Rahmen der Ermessensausübung notwendigen Abwägungsvorgang vor.[365]

Die verschiedenen Ansätze und Aspekte, die die unterschiedliche Bedeutung des Verwaltungsverfahrens für die Rechtsprechung der deutschen und euro-

---

362 *Wahl*, DVBl. 2003, 1285, 1287.

363 *Wahl*, DVBl. 2003, 1285, 1290; ausf. zu den strukturellen Unterschieden zwischen dem deutschen und französischen Verwaltungsrecht *Classen*, NJW 1995, 2457.

364 *Hirsch*, VBlBW 2000, 71, 73; *Classen*, NJW 1995, 2457, 2459 f.

365 *Stelkens*, DVBl. 2010, 1078, 1079; auch *Hirsch*, VBlBW 2000, 71, 73 f. weist auf diese Differenzierung hin, stellt aber gleichzeitig auch dar, dass diese für die Unionsgerichte hinsichtlich des Prüfungsmaßstabes nicht dieselben Auswirkungen habe als für die deutschen Gerichte, da die Unionsgerichte in beiden Konstellationen einen Spielraum der Verwaltung anerkennen würden.

päischen Gerichte zu erklären versuchen, schließen sich nicht aus, sondern ergänzen sich vielmehr. Sicherlich sind die verschiedenen Ansätze teils historisch,[366] teils aber auch einem anderen Verständnis von Rechtsanwendung[367] geschuldet. Denn es gilt zu beachten, dass dem Europarecht eine klare Trennung zwischen gebundener und nicht-gebundener Entscheidung fremd ist.[368] Dies liegt daran, dass die Rechtsnormen des Unionsrechtes nicht deutlich zwischen Tatbestand und Rechtsfolge trennen, sondern auch die deutsche Subsumtionstechnik vom Unionsrechtsanwender nicht angewendet wird.[369] Dies wird besonders bei der Überprüfung der Beihilfeentscheidungen durch die Unionsgerichte deutlich, die hier eine solche Trennung zwischen Tatbestandsebene und Rechtsfolge nicht vornehmen.[370] Nach deutschem Rechtsverständnis wäre das Vorliegen einer Beihilfe i.S.v. Art. 107 AEUV eine Frage des Tatbestandes, der grundsätzlich vollumfänglich von den Gerichten überprüft werden kann. Gleiches gilt für die Negativbeispiele in Art. 107 Abs. 2 AEUV. Deren Vorliegen führt zu einer gebundenen Entscheidung der Kommission, die ebenfalls grundsätzlich nach dem deutschen Rechtsverständnis vollumfänglich überprüft werden kann. Anderes würde für Art 107 Abs. 3 AEUV gelten, der davon spricht, dass gewisse Beihilfen mit dem Binnenmarkt als vereinbar angesehen werden „können". Nach deutscher Rechtsanwendungstechnik handelt es sich hier um eine Ermessensentscheidung, die von den Gerichten nur auf Ermessensfehler untersucht werden dürfte. In all diesen Konstellationen erkennen die Unionsgerichte, ohne große Abstufungen und Differenzierungen, einen Beurteilungsspielraum der Kommission an.[371]

Dieser auf den ersten Blick offensichtliche Gegensatz ist aber auf den zweiten Blick nur ein scheinbarer. Denn auch die deutschen Gerichte nehmen sich in gewissen Ausnahmekonstellationen bei der Prüfung von unbestimmten Rechtsbegriffen einer Rechtsvorschrift zurück und beschränken sich, wie auch die Unionsgerichte bei der Kontrolle der Beihilfeentscheidung, auf die Kontrolle, ob der Sachverhalt richtig ermittelt, keine wesentlichen Verfahrensgrundsätze missachtet, keine sachfremden Erwägungen angestellt und allgemeine Bewertungsgrundsätze angewendet wurden.[372] In der Regel werden folgende Fallgruppen

---

366 S. hierzu *Hirsch*, VBlBW 2000, 71, 74 sowie *Bullinger*, in: FS Brohm, 25, 26 f.

367 S. *Stelkens*, DVBl. 2010, 1078, 1085.

368 *Stelkens*, DVBl. 2010, 1078, 1085.

369 *Stelkens*, DVBl. 2010, 1078, 1085.

370 *Cremer*, in: Calliess/Ruffert, EUV/AEUV, Art. 107 Rn. 49.

371 Vgl. Kap. 2.IV.2.

372 BVerwGE 85, 177, 180; *Decker*, in: Posser/Wolff, VwGO, § 114 Rn. 36.1 ff.; *Schulze-Fielitz*, JZ 1993, 772.

genannt: Prüfungsentscheidungen, beamtenrechtliche Beurteilungen, Planungs-, Prognoseentscheidungen und Risikobeurteilungen sowie Entscheidungen weisungsfreier, mit Interessenvertretern oder Sachverständigen besetzter Ausschüsse und Gremien.[373] Ausgangspunkt ist hier die Vorstellung, dass der Gesetzgeber in diesen Fällen aus verschiedenen Gründen entschieden hat, der Verwaltung die Letztentscheidungskompetenz zukommen zu lassen, sodass die Gerichte die Entscheidung nur eingeschränkt überprüfen sollen, sei es aufgrund besonderer Sachkunde, oder aufgrund einer zu treffenden Prognoseentscheidung.[374] In seiner Entscheidung zur Verfassungsmäßigkeit von Entscheidungen der Bundesprüfstelle i.S.d. Gesetzes über jugendgefährdende Schriften führte das BVerwG aus: „Zum Wesen der Entscheidungen eines derartigen Spruchkörpers gehört die Unvertretbarkeit seiner Meinungsbildung. Es wäre daher widersprüchlich, wenn die Verwaltungsgerichte befugt wären, auf Grund eigener Ermittlungen mit Hilfe von Sachverständigen ihre Entscheidung an die Stelle der Entscheidung der Prüfstelle zu setzen."[375]

Übertragen auf die Situation im Beihilfeverfahren wäre davon auszugehen, dass, müsste ein deutsches Verwaltungsgericht über eine Beihilfeentscheidung der Kommission entscheiden, man zu ähnlichen Ergebnissen hinsichtlich der Prüfungsreichweite kommen würde. Im Rahmen von Art. 107 Abs. 3 AEUV folgt der Spielraum schon aus der Ausgestaltung der Norm als Ermessensvorschrift, was der Kommission Raum für eine wirtschaftspolitische Beurteilung lässt.[376] Aber auch hinsichtlich der Frage nach dem Vorliegen einer Beihilfe (Art. 107 Abs. 1 AEUV) bzw. eines Negativbeispiels (Art. 107 Abs. 2 AEUV), beides im Grundsatz voll gerichtlich überprüfbare unbestimmte Rechtsbegriffe, dürfte ein deutsches Verwaltungsgericht aufgrund der hochkomplexen wirtschaftlichen Zusammenhänge und aufgrund der besonderen Fachkenntnis der Kommission dieser einen Beurteilungsspielraum einräumen. In den Fällen, in denen deutsche Verwaltungsgerichte ebensolche Beurteilungsspielräume anerkennen, wird aber auch ein besonderes Augenmerk auf die Einhaltung und Ausgestaltung des Verfahrens gerichtet. Hier kehrt sich der Grundsatz der „dienenden" Funktion des deutschen Verwaltungsverfahrens um und der Eigenwert tritt deutlicher hervor.

---

373 *Decker*, in: Posser/Wolff, VwGO, § 114 Rn. 36.1 ff.; *Schulze-Fielitz*, JZ 1993, 772, 776 f.; s. zum Ganzen mit weiteren Einzelfallbeispielen auch *W.-R. Schenke*, in: Kopp/Schenke, VwGO, § 114 Rn. 23 ff.

374 BVerwGE 213, 215 f.; vgl. auch *W.-R. Schenke*, in: Kopp/Schenke, VwGO, § 114 Rn. 23 ff. mwN.

375 BVerwG, NJW 1972, 596, 598.

376 S. hierzu ausf. *Bartosch*, EU-Beihilfenrecht, Art 107 Abs. 3 AEUV Rn. 1.

Einen rechtsdogmatisch anderen Ansatz wählt der Europäische Gerichtshof, wenn er deutlich weitgehender als die deutschen Verwaltungsgerichte davon ausgeht, dass die Verträge selbst der Kommission einen Beurteilungsspielraum bei wirtschaftlich komplexen Entscheidungen, gerade im Beihilferecht, zugestehen. Zu beachten ist jedoch, dass das Gericht hinsichtlich der Frage, ob eine Beihilfe vorliegt, in jüngster Zeit seine Prüfungsreichweite ausgedehnt hat.[377]

Die hier relevante Frage, ob dem Verfahren im europäischen Beihilfeverfahren aber letztlich ein Eigenwert zukommt, ist aufgrund der ausgeführten Rechtsprechungspraxis der Unionsgerichte eindeutig zu bejahen. Dies wird nicht nur bei der strengen Behandlung von Verfahrensfehlern, sondern auch dadurch deutlich, dass diese der Kommission einen weiten Beurteilungsspielraum bei der Beihilfeentscheidung einräumen. Das Beihilfeverfahren muss deshalb die Gewähr dafür bieten, dass durch die Einhaltung bestimmter Verfahrens- bzw. Beteiligungsrechte am Ende das materiell „richtige“ Ergebnis gefunden wird. Dies muss nicht nur im Hauptprüfungsverfahren, sondern auch im Vorprüfungsverfahren gewährleistet werden, da dieses, wie bereits oben dargestellt, ebenfalls mit einer abschließenden Entscheidung beendet werden kann.

2. Herbeiführung materieller Gerechtigkeit (Gesetzmäßigkeit der Verwaltung)

Steht somit fest, dass durch eine faire Gestaltung des Beihilfeverfahrens und einer damit einhergehenden transparenten Beteiligung aller von der Entscheidung Betroffenen und der Berücksichtigung der jeweiligen Argumente das materiell „richtige“ Ergebnis erzielt werden soll, so wird gleichsam die Bedeutung der Verfahrensrechte für die Herbeiführung der materiellen Gerechtigkeit eines Verwaltungsverfahrens deutlich.[378] Denn wie die Kommission, aber derzeit auch die Unionsgerichte selbst einräumen, sind die Drittbeteiligten wichtige Informationsquellen.[379] Die Kommission ist bei der umfassenden Sachverhaltsermittlung nicht selten auf Informationen Dritter, insbesondere der Konkurrenten, angewiesen. Dass diese natürlich mehr von dem Bestreben getrieben werden, die Gewährung

377 S. hierzu und zur materiellen Prüfungsreichweite der Unionsgerichte bei Beihilfeentscheidungen der Kommission oben Kap. 2.IV.2.

378 *Classen*, Gute Verwaltung im Recht der Europäischen Union, S. 266 f.; *Nöhmer*, Das Recht auf Anhörung im europäischen Verwaltungsverfahren, S. 29; *Nowak*, DVBl. 2000, 20, 21; *Hirsch*, VBlBW 2000, 71, 74.

379 EuG, Urteil v. 14.12.2000, Rs. T-613/97, *„Ufex u. a./Kommission“*, Rn. 89, Slg. 2000, II-4055; EuG, Urteil v. 06.03.2003, Rs. T-228/99 u. a., *„WestLB u. a./Kommission“*, Rn. 125, Slg. 2003, II-435.

der Beihilfe an den jeweiligen Empfänger zu verhindern, als in selbstloser Absicht einen Stab für die Erreichung der materiellen Gerechtigkeit zu brechen, ändert nichts an der Tatsache, dass durch die Konkurrenzsituation eine nicht zu unterschätzende Dynamik in Bezug auf das Mitteilungsbedürfnis der Drittbeteiligten entsteht. Diese kann sich die Kommission nicht nur zu eigen machen, sondern ist hierzu auch verpflichtet, um den Sachverhalt umfassend von allen Seiten zu beleuchten. Die subjektiven Rechte der Drittbeteiligten, insbesondere der Konkurrenten, leisten damit einen nicht unwesentlichen Beitrag zur Gewährleistung der objektiven materiellen Gerechtigkeit.[380] Dies ist aber nur dann möglich, wenn die Interessen der Konkurrenten mit denen der Kommission bis zu einem gewissen Grad gleichlaufen.[381] Ein solcher Interessensgleichlauf ist auch zwischen Kommission und Konkurrenten im Beihilfeverfahren anzunehmen, denn beide wollen verhindern, dass Beihilfen rechtswidrig gewährt werden. Dass aus Gründen der Effektivität des Verfahrens hingegen Beteiligungsrechte der Konkurrenten nicht uferlos gewährt werden können, steht außer Frage und ist im Rahmen der rechtmäßigen Einschränkung der grundrechtlich verbürgten Verfahrensrechte zu berücksichtigen.

3. Kompensation für etwaige Beurteilungs- und Ermessensspielräume der Verwaltung

Das Verwaltungsverfahren und die Verfahrensgarantien gewinnen im Hinblick auf die Erreichung materieller Gerechtigkeit an Bedeutung, je mehr der Verwaltung Beurteilungs- und Ermessensspielräume eingeräumt werden.[382] In diesen Fällen kommt den Beteiligungsrechten im Verfahren eine Kompensationsfunktion zu,[383] die in engem Zusammenhang mit der Gewährung des subjektiven Rechtsschutzes im Verwaltungsverfahren steht.[384] Sobald sich die Gerichte bei der Überprüfung von Verwaltungsentscheidungen zurücknehmen und Beur-

---

380 *Schneider*, DVBl. 1996, 1301, 1307; auch *Goerlich*, DÖV 2006, 313, 321 sowie *Grzeszick*, EuR 2006, 161, 179 weisen darauf hin, dass (subjektive) Beteiligungsrechte des Einzelnen auch geeignet sind, das objektive Recht durchzusetzen; s. zur Förderung der Beihilfenkontrolle durch die Klage von Konkurrenten vor nationalen Gerichten der Mitgliedstaaten *Lampert*, EWS 2001, 357.

381 *Fehling*, in: Terhechte, Verwaltungsrecht der Europäischen Union, § 12 Rn. 34, der dies bspw. für das Kartellrecht bejaht.

382 EuGH, Urteil v. 21.11.1991, Rs. C-269/90, „*Hauptzollamt München-Mitte/TU München*", Rn. 13 f., Slg. 1991, I-5469; s. auch *Burgi*, JZ 2010, 105, 108.

383 *Schroeder/Sild*, EuZW 2014, 12, 16; *Kahl*, DVBl. 2012, 602, 608.

384 *Nowak*, DVBl. 2000, 20, 21; so wohl auch *Grimm*, NVwZ 1985, 865, 869.

teilungs- und Ermessensspielräume einräumen, muss das Verwaltungsverfahren die Gewähr dafür liefern, dass alle notwendigen Informationen zu einem vollständigen Sachverhalt zusammengetragen, also der Grundsatz der sorgfältigen und unparteiischen Untersuchung des Sachverhaltes eingehalten und auch die übrigen Verfahrensgarantien beachtet werden.[385] Da gerade im Beihilfeverfahren der Kommission ein weiter Beurteilungs- und Ermessensspielraum eingeräumt wird, gewinnen die Beteiligungsrechte im Verfahren in diesen Konstellationen also noch mehr an Bedeutung, da sie den Drittbeteiligten die einzige Möglichkeit zur Einflussnahme eröffnen.[386] Die daraus im gerichtlichen Verfahren entstehenden Rechtsschutzdefizite können in diesen Konstellationen im Verwaltungsverfahren ausgeglichen werden.[387] Eine solche Kompensation der Rechtsschutzdefizite im gerichtlichen Verfahren kann derzeit hingegenaufgrund der fehlenden Beteiligungsrechte der Drittbeteiligten im Vorprüfungsverfahren nicht erreicht werden, wie bereits näher ausgeführt wurde.

4. Subjektiver, effektiver Rechtsschutz

Insbesondere bei der Frage des subjektiven Rechtsschutzes wird deutlich, dass das Verwaltungsverfahrensrecht und das Verwaltungsprozessrecht als Einheit betrachtet werden müssen.[388] Denn beide Bereiche sind eng miteinander verbunden und haben Auswirkungen auf den jeweils anderen Bereich. Rechtsschutz beginnt nicht erst im gerichtlichen Verfahren, endet aber auch nicht mit Beendigung des Verwaltungsverfahrens. Diese enge Verbindung verlangt indes nicht, dass sowohl Verwaltungs- als auch das gerichtliche Verfahren dieselben Rechtsschutzwirkungen entfalten müssen; vielmehr können und müssen sich beide Verfahrensabschnitte gegenseitig zu einem effektiven Rechtsschutzsystem ergänzen.[389] Dementsprechend ist es zunächst nicht problematisch, wenn Beteiligungsdefizite im Verwaltungsverfahren im gerichtlichen Verfahren kompensiert werden. Gelingt dies jedoch nicht, wie es bei den Beteiligungsrechten der Dritt-

385 EuGH, Urteil v. 21.11.1991, Rs. C-269/90, *„Hauptzollamt München-Mitte/TU München“*, Rn. 13 f., Slg. 1991, I-5469.

386 *Ruthig*, ZG 2014, 136, 144.

387 *Degenhart*, DVBl. 1982, 872, 874; kritisch hierzu *Voßkuhle*, Das Kompensationsprinzip, S. 45 mwN, der zwar auf das Ergänzungsverhältnis zwischen Verwaltungsverfahren und Verwaltungsprozess, aber auch auf deren unterschiedliche Funktionen hinweist.

388 *Wahl*, DVBl. 2003, 1285, 1286.

389 Zu diesem Zusammenhang zwischen Verwaltungsverfahren und gerichtlichem Rechtsschutz s. *Wahl*, DVBl. 2003, 1285, 1286.

beteiligten im Vorprüfungsverfahren der Fall ist, so schlägt das Rechtsschutzdefizit im Verwaltungsverfahren auf das gerichtliche Verfahren durch.

Die Rechtsschutzfunktion des Beihilfeverfahrens ist aufgrund der weiten Beurteilungsspielräume, die die Unionsgerichte der Kommission einräumen, von großer Bedeutung.[390] Da es den Drittbeteiligten, abgesehen von der Abgabe der Stellungnahme im Hauptprüfungsverfahren, verwehrt wird, in irgendeiner Weise ihre Interessen gegenüber der Kommission zu vertreten, ihnen insbesondere im Vorprüfungsverfahren kein Anhörungs- und Akteneinsichtsrecht zusteht, kommt diesem Verfahren zumindest keinerlei Bedeutung in Bezug auf die Gewährung von Rechtsschutz zu.[391] Da aber die Drittbeteiligten auch im Hauptprüfungsverfahren nach Ansicht der Kommission und der Unionsgerichte die Rolle von Informationsquellen der Kommission einnehmen,[392] wird der Rechtsschutzaspekt völlig in den Hintergrund gedrängt und deutlich entwertet.[393]

Auch wenn die Frage des effektiven Rechtsschutzes somit einheitlich betrachtet werden muss, sind grundsätzlich weitreichenden Rechtsschutzmöglichkeiten der Betroffenen im Verwaltungsverfahren Vorzug einzuräumen. Denn es dürfen die rein tatsächlichen Hürden, insbesondere die finanziellen Risiken und die Dauer eines gerichtlichen Verfahrens, bei der Frage der Rechtsschutzgestaltung nicht außer Acht gelassen werden.

5. Befriedungs- und Akzeptanzfunktion

Wiederum eng mit der Funktion der Legitimation hoheitlicher Entscheidung im Zusammenhang steht die Befriedungs- und Akzeptanzfunktion des Anhörungsrechtes im Verwaltungsverfahren.[394] Je mehr der Einzelne das Gefühl hat,

---

390 *Nowak*, EuZW 2001, 293, 301 f.; *ders.*, DVBl. 2000, 20, 21; *Kahl*, VerwArch 95 (2004), 1, 9 ff.

391 So wohl auch *Nowak*, DVBl. 2000, 20, 25.

392 S. nur EuG, Urteil v. 14.12.2000, Rs. T-613/97, „*Ufex u. a./Kommission*", Rn. 89, Slg. 2000, II-4055.

393 *Nowak*, DVBl. 2000, 20, 25 unter Hinweis auf die Entscheidung des EuGH, Urteil v. 14.11.1984, Rs. C-323/82, „*Intermills/Kommission*", Slg. 1984, 3809, in der dieser in Rn. 17 darauf hinweist, dass das Recht zur Stellungnahme die Kommission verpflichte, „dafür Sorge zu tragen, dass alle potentiell Betroffenen unterrichtet werden und Gelegenheit erhalten, ihren Standpunkt geltend zu machen."; s. auch *Nöhmer*, Das Recht auf Anhörung im europäischen Verwaltungsverfahren, S. 218.

394 *Kopp/Ramsauer*, VwVfG, § 28 Rn. 2; *Classen*, Gute Verwaltung im Recht der Europäischen Union, S. 267; *Nöhmer*, Das Recht auf Anhörung im europäischen Verwaltungsverfahren, 29 f.; *Burgi*, JZ 2010, 105, 108.

dass seine Argumente und Informationen von der Verwaltung berücksichtigt werden und in die endgültige Entscheidung mit einfließen, desto mehr wird sein Gerechtigkeitsgefühl befriedigt und Rechtsfrieden erreicht. Die Möglichkeit, Verfahrensrechte wahrzunehmen und somit auch die Befriedungs- und Akzeptanzfunktion des Verfahrens zu verwirklichen, setzt hingegen auch ein gewisses Maß an Transparenz des Verwaltungshandelns voraus. Nur wenn nach außen deutlich wird, von welchen Erwägungen und Fragen sich die Verwaltung treiben lässt und in welchem aktuellen Stand sich das Verfahren befindet, ist es den (Dritt-) Beteiligten möglich, darauf zu reagieren und das Verfahren mitzugestalten.[395]

Dieser Funktion wird das derzeitige Beihilfeverfahren weder im Vor- noch im Hauptprüfungsverfahren in Bezug auf die Drittbeteiligten gerecht. Dies wird schon dadurch deutlich, dass die Kommission diese nur als ihre Informationsquellen ansieht, sie also gar nicht erst die Absicht verfolgt, deren Interessen im Verfahren zu berücksichtigen. Die Befriedungsfunktion wird deshalb hinsichtlich der Drittbeteiligten aufgrund der derzeitigen Kommissionspraxis, aber auch rechtlichen Ausgestaltung der Verfahrensrechte der Drittbeteiligten nicht erreicht.

6. Legitimation hoheitlicher Entscheidungen

Eng verbunden mit dem Ziel des Verfahrens, materielle Gerechtigkeit herbeizuführen, aber auch mit der Akzeptanzfunktion, ist der Zweck von Verfahren und Verfahrensgarantien, hoheitliche Entscheidungen zu legitimieren.[396] Dies geht dann über die reine Akzeptanzfunktion hinaus, wenn man eine Partizipation der von der Entscheidung Betroffenen als demokratische Legitimation der Verwaltungsentscheidung anerkennt.[397]

7. Effiziente Entscheidungsfindung

Das Verwaltungsverfahren endet mit einer Entscheidung. Das gesamte Verfahren ist auf dieses Ziel ausgerichtet. Aus Gründen der Effizienz der Verwaltung, aber auch im Interesse der von dem Verfahren Betroffenen muss das Verfahren so ausgestaltet sein, dass eine Entscheidung so effizient wie möglich getroffen wird.[398]

395 *Grimm*, NVwZ 1985, 865, 869.

396 *Nowak*, DVBl. 2000, 20, 21; *Kopp/Ramsauer*, VwVfG, § 28 Rn. 2; *Nöhmer*, Das Recht auf Anhörung im europäischen Verwaltungsverfahren, S. 30.

397 S. hierzu ausf. *Schmidt-Aßmann*, AöR 116 (1991), 329, 371 ff., nach dem sich jedoch eine Partizipation der Betroffenen weder aus dem Rechtsstaats- noch aus dem Demokratieprinzip ableiten lässt.

398 *Burgi*, JZ 2010, 105, 109; *Degenhart*, DVBl. 1982, 872, 874.

Dies bedeutet, dass eine fundierte Entscheidung innerhalb einer möglichst geringen Zeitspanne getroffen werden soll. Die Effektivität des Verwaltungsverfahrens bedingt, dass auf der einen Seite Beteiligungsrechte, die aus dem Rechtsschutzzweck des Verfahrens resultieren, nicht uferlos gewährleistet werden können; auf der anderen Seite muss es den Grundsätzen der Rechtsstaatlichkeit genügen, was die Beachtung der Rechte der Betroffenen voraussetzt.[399] Beide Grundsätze, Effizienz und Rechtsstaatlichkeit, müssen somit in einen sachgerechten Ausgleich gebracht werden.[400]

Bezogen auf das Beihilfeverfahren ist deshalb festzustellen, dass weitreichende Verfahrensrechte der Drittbeteiligten deutliche Auswirkungen auf die Effizienz des Verfahrens haben würden.

8. Fazit

Wie dargestellt, erfüllt das Verwaltungsverfahren auch im Europarecht sehr vielseitige Funktionen. Insbesondere das Beihilfeverfahren hat für die Gewährleistung rechtsstaatlicher Grundsätze einen bedeutsamen Eigenwert. Ob die derzeitigen Regelungen im Beihilfeverfahren einen sachgerechten Ausgleich zwischen Effizienz und Rechtsstaatlichkeit gewährleisten, insbesondere aber auch mit den durch den Lissaboner Vertrag neu gestalteten primärrechtlichen Grundlagen vereinbar sind, wird im Folgenden weiter untersucht. Hierfür ist es aber zunächst notwendig, einen Blick auf die Verfahrensrechte Drittbeteiligter in den anderen Bereichen des Europäischen Wettbewerbsrechtes zu werfen, um etwaige Widersprüche, aber auch Parallelen im administrativen Rechtsschutzsystem des europäischen Wettbewerbsrechtes herausarbeiten zu können.

III. Verfahrensrechte Drittbeteiligter im europäischen Wettbewerbsrecht

1. Sekundärrechtliche Kodifizierungen

Neben der VVO, auf deren Regelungen in Bezug auf die Verfahrensrechte der Drittbeteiligten im Beihilfeverfahren bereits im 1. Kapitel ausführlich eingegangen wurde, sind insbesondere die Verordnung (EG) Nr. 139/2004[401] sowie

399 *Degenhart*, DVBl. 1982, 872, 872 f.
400 *Degenhart*, DVBl. 1982, 872, 872 f.
401 Verordnung (EG) Nr. 139/2004 des Rates v. 20.01.2004 über die Kontrolle von Unternehmenszusammenschlüssen, ABl. v. 29.01.2004, L 24/1 (EG-Fusionskontrollverordnung, im Folgenden: FKVO).

die Verordnung (EG) Nr. 1/2003[402], die neue Kartellverfahrensverordnung, von Bedeutung.

a) *Verfahrensrechte in der Fusionskontrolle*

Die wichtigsten Verfahrensrechte in der europäischen Fusionskontrolle, das Recht auf Anhörung und das Akteneinsichtsrecht, finden sich in Art. 18 FKVO.

Art. 18 Abs. 1 FKVO regelt, dass den betroffenen Personen und Unternehmen sowie Unternehmensvereinigungen durch die Kommission vor bestimmten abschließenden Entscheidungen Gelegenheit gegeben werden muss, sich zu allen gegenüber ihnen geltend gemachten Einwänden in allen Abschnitten des Verfahrens zu äußern. Umfasst sind hier insbesondere Entscheidungen im Hauptprüfungsverfahren nach Art. 8 Abs. 2 bis 6 FKVO, nicht hingegen Entscheidungen im Vorprüfungsverfahren nach Art. 6 Abs. 1 und 2 FKVO. Der Begriff des „Betroffenen" wird näher in Art. 11 der Verordnung (EG) Nr. 802/2004[403] geregelt, der die Anhörungsberechtigten in drei Arten unterteilt: die „Anmelder" (Art. 11 lit. a) als diejenigen Personen oder Unternehmen, die nach Art. 4 Abs. 2 FKVO einen Zusammenschluss angemeldet und somit die Verfahrenseinleitung beantragt haben, die „anderen Beteiligten" (Art. 11 lit. b) als diejenigen Beteiligten, die am Zusammenschlussvorhaben beteiligt sind, ohne Anmelder zu sein wie bspw. der Veräußerer und das Unternehmen, das übernommen werden soll und den „Beteiligten" (Art. 11 lit. d) im Buß- und Zwangsgeldverfahren nach Art. 14 oder 15 FKVO.

Art. 18 Abs. 2 FKVO sieht die Möglichkeit des Erlasses von vorläufigen Entscheidungen vor, verlangt aber eine Nachholung der Anhörung. Auch wenn in den Abs. 1 und 2 von den „Betroffenen", in Abs. 3 hingegen von den „unmittelbar Betroffenen" die Rede ist, sind jeweils die Hauptbeteiligten gemeint.[404]

Das Anhörungsrecht Dritter wird in Art. 18 Abs. 4 FKVO geregelt. Diese haben einen Anspruch auf Anhörung nach Art. 18 Abs. 4 S. 2 FKVO i.V.m. Art. 11 lit. c), 16 FK-DVO, wenn sie ein hinreichendes Interesse darlegen können. Dies

---

402 Verordnung (EG) Nr. 1/2003 des Rates v. 16.12.2002 zur Durchführung der in den Artikeln 81 und 82 des Vertrags niedergelegten Wettbewerbsregeln, ABl. v. 04.01.2003, L 1/1 (Kartellverfahrensverordnung, im Folgenden: KVO).

403 Verordnung (EG) Nr. 802/2004 der Kommission v. 07.04.2004 zur Durchführung der Verordnung (EG) Nr. 139/2004 des Rates über die Kontrolle von Unternehmenszusammenschlüssen, ABl. v. 30.04.2004, L 133/1 (Fusionskontrolldurchführungsverordnung, im Folgenden FK-DVO).

404 *Dittert*, in: von der Groeben/Schwarze/Hatje, Europäisches Unionsrecht, Art. 18 FKVO Rn. 3.

ist Ausdruck des Anspruches auf rechtliches Gehör.[405] Ein solches Interesse kann dann angenommen werden, wenn die Möglichkeit besteht, dass der Ausgang des Verfahrens negative Auswirkungen in rechtlicher oder tatsächlicher Art für den Drittbeteiligten haben könnte.[406] Insbesondere die Beteiligung des Antragsstellers am Verfahren kann hierfür ein geeignetes Indiz sein.[407] In der Regel können besonders die Wettbewerber, Kunden und Lieferanten ein solches Interesse am Verfahrensausgang nachweisen.[408] Notwendig ist ein Antrag des Drittbeteiligten beim zuständigen Anhörungsbeauftragten.[409] Können Dritte hingegen kein hinreichendes Interesse geltend machen, liegt es nach Art. 18 Abs. 4 S. 1 FKVO im Ermessen der Kommission und der Behörden der Mitgliedstaaten, ob sie diese anhören. Da sie sich in diesen Fällen nicht auf einen Anspruch auf rechtliches Gehör berufen können und ihre Anhörung ausschließlich der weiteren Sachverhaltsermittlung dient, haben sie keinen Anspruch auf eine Anhörung.[410]

Im Gegensatz zu den Betroffenen ist das Anhörungsrecht der Drittbeteiligten i.S.v. Art. 18 Abs. 4 S. 2 FKVO jedoch in der Weise beschränkt, dass ihnen nach Art. 16 Abs. 1 FK-DVO nur Informationen über die Art und den Gegenstand des Verfahrens zugänglich gemacht werden, was in der Regel durch Übersendung einer nicht-vertraulichen Fassung der Beschwerdepunkte geschieht.[411] Ebenso wenig steht den Drittbeteiligten ein Anspruch auf eine mündliche Anhörung zu, was sich aus dem Wortlaut von Art. 16 Abs. 2 S. 1 FK-DVO ergibt.[412] Hingegen hat der Anhörungsbeauftragte nach einem entsprechenden Antrag die Möglichkeit, den Drittbeteiligten zu einer anberaumten Anhörung zuzulassen, Art. 16 Abs. 2 S. 2, 3 FK-DVO.[413]

Auch ein Akteneinsichtsrecht[414] steht nach dem Wortlaut des Art. 18 Abs. 3 S. 3 FKVO zunächst nur den „unmittelbar Betroffenen" zu, worunter nach Art. 17 Abs. 1,

---

405 *Ohlhoff*, in: MüKo-Wettbewerbsrecht, Band 1, Art. 18 FKVO Rn. 11.

406 *Kellerbauer*, in: Berg/Mäsch, Kartellrecht, Art. 18 FKVO Rn. 21.

407 *Kellerbauer*, in: Berg/Mäsch, Kartellrecht, Art. 18 FKVO Rn. 21.

408 *Ohlhoff*, in: MüKo-Wettbewerbsrecht, Band 1, Art. 18 FKVO Rn. 13.

409 *Kellerbauer*, in: Berg/Mäsch, Kartellrecht, Art. 18 FKVO Rn. 20.

410 *Ohlhoff*, in: MüKo-Wettbewerbsrecht, Band 1, Art. 18 FKVO Rn. 14.

411 *Kellerbauer*, in: Berg/Mäsch, Kartellrecht, Art. 18 FKVO Rn. 22.

412 *Kellerbauer*, in: Berg/Mäsch, Kartellrecht, Art. 18 FKVO Rn. 22.

413 Vgl. auch *Kellerbauer*, in: Berg/Mäsch, Kartellrecht, Art. 18 FKVO Rn. 23. Zur Frage, ob unter bestimmten Voraussetzungen ein Recht auf eine solche förmliche mündliche Anhörung besteht, s. näher *Ablasser-Neuhuber*, in: Loewenheim/Meessen/Riesenkampff/Kersting/Meyer-Lindemann, Kartellrecht, Art. 18 FKVO Rn. 43.

414 Zwar bleibt auch hier grundsätzlich Anspruch auf Akteneinsichtsrecht aus der Verordnung Nr. 1049/2001, die aufgrund der verschiedenen Zielrichtungen nicht durch die

2 FK-DVO neben den Anmeldern auch die anderen Beteiligten wie der Veräußerer oder das zu übernehmende Unternehmen, nicht aber die Dritten zu fassen sind.[415] Hingegen wird in der Literatur dafür plädiert, Dritten dann ein solches Akteneinsichtsrecht zuzugestehen, wenn sie sich auf ein Anhörungsrecht i.S.v. Art. 18 Abs. 4 S. 2 FKVO berufen, also ein berechtigtes Interesse geltend machen.[416] Einschränkend wird teilweise gefordert, dass das Akteneinsichtsrecht unabdingbar für die effektive Ausübung des Anhörungsrechtes sein muss.[417] Letzteres wird jedoch in der Praxis nur selten der Fall sein.[418] Die Rechtsprechung hat die Frage des Akteneinsichtsrechtes Dritter bislang offen gelassen, aber explizit nicht generell ausgeschlossen.[419] Eine abschließende Stellungnahme der Unionsgerichte steht somit noch aus.[420]

Ein entscheidender Unterschied zwischen dem Anhörungsrecht der „Betroffenen" aus Art. 18 Abs. 1 FKVO und dem der „Dritten" aus Art. 18 Abs. 4 S. 2 FKVO besteht hinsichtlich des Zeitpunktes der Anhörung. Wie oben bereits dargelegt,

---

speziellen Akteneinsichtsregeln des Fusionsrechtes verdrängt wird, s. EuGH, Urteil v. 28.06.2012, Rs. C-404/10, *„Éditions Odile Jacob/Kommission"*, Rn. 109 f.; s. auch *Kellerbauer*, in: Berg/Mäsch, Kartellrecht, Art. 18 FKVO Rn. 23 Fn. 24, der jedoch auch mit Verweis auf Rn. 118 ff. der genannten EuGH-Entscheidung darauf hinweist, dass solche Anträge bis zum Erlass einer rechtskräftigen Entscheidung in der betreffenden Rechtssache grundsätzlich nicht erfolgsversprechend sind. Denn Bezug nehmend auf die Entscheidung in der Rechtssache *„Technische Glaswerke Ilmenau"* (s.o. Kap. 1. II.3.c)cc).) entschied der EuGH hier auch für den Bereich des Fusionsrechtes, dass allgemeine, die Fusionskontrolle betreffende Vermutungen zu einem Ausschluss des Akteneinsichtsrechtes nach der Transparenz-VO führen können, s. EuGH, Urteil v. 28.06.2012, Rs. C-404/10, *„Éditions Odile Jacob/Kommission"*, Rn. 118.

415 *Ohlhoff*, in: MüKo-Wettbewerbsrecht, Band 1, Art. 18 FKVO Rn. 41 ff.

416 *Dittert*, in: Schröter/Jakob/Klotz/Mederer, Europäisches Wettbewerbsrecht, Art. 18 FKVO Rn. 23; *Körber*, in: Immenga/Mestmäcker, Wettbewerbsrecht, Band 1, Art. 18 FKVO Rn. 41 mwN; *Ohlhoff*, in: MüKo-Wettbewerbsrecht, Band 1, Art. 18 FKVO Rn. 44; *Kling/Thomas*, Kartellrecht, 1. A. 2007, § 9 Rn. 395 Fn. 714.

417 *Ohlhoff, in:* MüKo-Wettbewerbsrecht, Band 1, Art. 18 FKVO Rn. 44.

418 *Ohlhoff*, in: MüKo-Wettbewerbsrecht, Band 1, Art. 18 FKVO Rn. 44. Für ein Akteneinsichtsrecht Dritter in sehr engen Grenzen auch *Ablasser-Neuhuber*, in: Loewenheim/Meessen/Riesenkampff/Kersting/Meyer-Lindemann, Kartellrecht, Art. 18 FKVO Rn. 26.

419 EuG, Urteil v. 27.04.1995, Rs. T-96/92, *„CCE Grandes Sources u. a./Kommission"*, Rn. 64, Slg. 1995, II-1213.

420 *Ohlhoff*, in: MüKo-Wettbewerbsrecht, Band 1, Art. 18 FKVO Rn. 44; *Körber*, in: Immenga/Mestmäcker, Wettbewerbsrecht, Band 1, Art. 18 FKVO Rn. 41 Fn. 80; *Dittert*, in: Schröter/Jakob/Klotz/Mederer, Europäisches Wettbewerbsrecht, Art. 18 FKVO Rn. 23 Fn. 48.

greift das Anhörungsrecht der Betroffenen nicht bei Positiventscheidungen in der Vorprüfungsphase, was darin begründet ist, dass die Anmelder bei solchen Entscheidungen nicht beschwert sind und somit kein Interesse an einer Anhörung haben. Hingegen haben Wettbewerber bereits im Vorprüfungsverfahren ein eigenes Interesse daran, ihre Position darzulegen und etwaige Zusammenschlüsse zu verhindern. Nach herrschender Auffassung in der Literatur ist die Anhörung nach Art. 18 Abs. 4 FKVO deshalb nicht an die abschließende Aufzählung in Abs. 1 gebunden, sondern kommt auch bei Entscheidungen im Vorprüfungsverfahren zur Anwendung.[421] Diese Auffassung wurde durch das Gericht bereits in der Entscheidung „Air France I“ bestätigt.[422] Als Hauptargumente wird zum einen die Tatsache hervorgehoben, dass ein sehr hoher Prozentsatz[423] an Fusionsverfahren bereits im Vorprüfungsverfahren abgeschlossen werden und das Anhörungsrecht der Dritten bei einer Beschränkung auf das Hauptverfahren sonst leerlaufen würde.[424] Zum anderen würde auch der Verweis auf die mögliche gerichtliche Überprüfung der Entscheidung nicht überzeugen, da ein solches Verfahren deutlich aufwendiger als eine Anhörung im Vorverfahren wäre.[425] Dadurch „leidet“ auch die Rechtssicherheit, da dem Dritten gar keine andere Möglichkeit bliebe, als durch die Klageerhebung im gerichtlichen Verfahren seine Argumente vorzutragen.[426]

---

421 *Ohlhoff*, in: MüKo-Wettbewerbsrecht, Band 1, Art. 18 FKVO Rn. 33; *Körber*, in: Immenga/Mestmäcker, Wettbewerbsrecht, Band 1, Art. 18 FKVO Rn. 55 f.; *ders.*, Die Konkurrentenklage im Fusionskontrollrecht der USA, Deutschlands und der Europäischen Union, S. 90 ff.; *Ablasser-Neubauer*, in: Loewenheim/Meessen/Riesenkampff/Kersting/Meyer-Lindemann, Kartellrecht, Art. 18 FKVO Rn. 11; *Lange*, in: FS Boujong, S. 885, 895; *Heidenhain*, EuZW 1991, 590, 592; a.A. *Miersch*, Kommentar zur EG-Verordnung Nr. 4064/89 über die Kontrolle von Unternehmenszusammenschlüssen, S. 170; *Mülbert*, ZIP 1995, 699, 711.

422 EuG, Urteil v. 24.03.1994, Rs. T-3/93, *„Air France/Kommission“*, Rn. 81, Slg. 1994, II-121; s. auch EuG, Urteil v. 12.10.2011, Rs. T-224/10, *„Association belge des consommateurs test-achats ASBL/Kommission“*, Rn. 39, Slg. 2011, II-7177; s. hierzu und zu den Argumenten der Gegenauffassung instruktiv *Körber*, in: Immenga/Mestmäcker, Wettbewerbsrecht, Band 1, Art. 18 FKVO Rn. 55 f. sowie *Lange*, in: FS Boujong, 885, 895 ff.

423 Nach *Körber*, in: Immenga/Mestmäcker, Wettbewerbsrecht, Band 1, Art. 18 FKVO Rn. 56, werden ca. 96 % der Fusionskontrollverfahren im Vorverfahren abgeschlossen.

424 *Körber*, in: Immenga/Mestmäcker, Wettbewerbsrecht, Band 1, Art. 18 FKVO Rn. 56; *Lange*, in: FS Boujong, 885, 898.

425 *Körber*, in: Immenga/Mestmäcker, Wettbewerbsrecht, Band 1, Art. 18 FKVO Rn. 56.

426 *Karl*, in: Veelken/Karl/Richter, Die Europäische Fusionskontrolle, S. 66.

Losgelöst von dieser Diskussion hatte die Kommission schon frühzeitig im Rahmen des Fusionskontrollverfahrens das Anhörungsrecht der Drittbeteiligten im Vorprüfungsverfahren anerkannt und Dritte zur Abgabe von Stellungnahmen aufgefordert bzw. diese entgegengenommen.[427]

b) Verfahrensrechte im Kartellverfahren

Fast identische Regelungen wie im Fusionskontrollverfahren finden sich auch bzgl. der Anhörungs- und Akteneinsichtsrechte im Kartellverfahren. Art. 27 Abs. 1 S. 1 KVO gewährt den Hauptbeteiligten ein Recht auf Anhörung, bevor die Kommission Entscheidungen nach Art. 7, 6, 23 oder 24 Abs. 2 KVO trifft. Im Unterschied zur Verordnung Nr. 139/2004 im Fusionskontrollverfahren räumt Art. 27 Abs. 2 KVO aber nur den Parteien, also den Hauptbeteiligten, ein Recht auf Akteneinsicht ein. Art. 18 FKVO lässt ausgehend von seinem Wortlaut mit der Formulierung „zumindest die unmittelbar Betroffenen haben das Recht der Akteneinsicht" für das Fusionskontrollverfahren noch einen gewissen Spielraum für die Drittbeteiligten. Die Rechte der Drittbeteiligten, die nicht unter den Begriff der „Parteien" i.S.v. Art. 27 Abs. 1 und 2 KVO zu fassen sind,[428] beschränken sich im Kartellverfahren somit ausschließlich auf ein Anhörungsrecht nach Art. 27 Abs. 3 S. 2 KVO, sofern sie auch hier ein ausreichendes Interesse nachweisen können. Von einem solchen Interesse ist auszugehen, wenn ein wirtschaftliches oder rechtliches Interesse von dem Kartellrechtsverstoß tangiert ist oder sie vom Ergebnis des Kartellverfahrens betroffen sind.[429] Zudem besteht auch im Kartellverfahren die Möglichkeit der Kommission, nach Art. 27 Abs. 3 S. 1 KVO die Drittbeteiligten anzuhören, sofern sie dies für erforderlich hält.

Für die Anhörung ist kein bestimmter Zeitpunkt vorgesehen. Sie kann somit im Laufe des gesamten Verfahrens durchgeführt werden, sodass die Kommission nicht verpflichtet ist, hiermit bis zum Abschluss ihrer Ermittlungen zu warten.[430] Will sie hingegen neue Beweismittel verwerten, zu denen die

---

427 *Heidenhain*, EuZW 1991, 590, 592; *Bast*, RIW 1992, 742, 745; *Körber*, in: Immenga/Mestmäcker, Wettbewerbsrecht, Band 1, Art. 4 FKVO Rn. 55, Art. 18 Rn. 56; *Mülbert*, ZIP 1995, 699, 711.

428 *Nowak*, DVBl. 2004, 272, 275.

429 *Weiß*, in: Loewenheim/Meessen/Riesenkampff/Kersting/Meyer-Lindemann, Kartellrecht, Art. 27 KVO Rn. 33.

430 EuGH, Urteil v. 14.07.1972, Rs. C-51/69, *„Bayer/Kommission"*, Rn. 11, Slg. 1972, 745; *Kellerbauer*, in: Schröter/Jakob/Klotz/Mederer, Europäisches Wettbewerbsrecht, Art. 27 KVO Rn. 4; *de Bronett*, Kommentar zur VO 1/2003, Art. 27 Rn. 6.

Parteien und Dritten noch keine Stellung nehmen konnten, müssen diese dazu gehört werden.[431]

Von besonderer Bedeutung für die Anhörungsrechte Dritter ist Art. 27 Abs. 4 KVO. Will die Kommission eine für die betroffenen Unternehmen positive Entscheidung nach Art. 9 oder Art. 10 KVO treffen, veröffentlicht sie eine Zusammenfassung des Falles sowie den wesentlichen Inhalt der Verpflichtungszusagen oder der geplanten Vorgehensweise und setzt eine Frist von mindestens einem Monat, innerhalb der interessierte Dritte ihre Bemerkungen abgeben können, Art. 27 Abs. 4 S. 1, 2 KVO. Interessierte Dritte im Sinne dieser Vorschrift müssen kein ausreichendes Interesse darlegen, sodass jeder, der eine Stellungnahme abgibt, unter die Vorschrift zu fassen ist.[432] Denn Zweck der Vorschrift ist insbesondere, dass die Kommission von relevanten Tatsachen und Vorgänge erfährt, die ihr bei ihrer bisherigen Bewertung entgangen sind.[433]

Eine Sonderstellung unter den Drittbeteiligten nimmt der Beschwerdeführer ein. Dieser kann nach Art. 7 Abs. 2 KVO i.V.m. Art. 5 Abs. 1 Verordnung (EG) Nr. 773/2004[434] nur dann eine zulässige Beschwerde einreichen, wenn er ein berechtigtes Interesse nachweisen kann. Er erhält nach Art. 6 Abs. 1 Verordnung Nr. 773/2004 eine nicht vertrauliche Fassung der Beschwerdepunkte in den Fällen, in denen die Mitteilung der Beschwerdepunkte durch seine Beschwerde veranlasst war. Zudem wird ihm nach Art. 6 S. 2 Verordnung Nr. 773/2004 eine Frist zur Stellungnahme gesetzt. Zwar folgt daraus, dass er grundsätzlich kein Recht auf eine mündliche Anhörung hat, hingegen kann er eine solche nach Art. 6 Abs. 2 Verordnung Nr. 773/2004 beim Anhörungsbeauftragten beantragen, wenn eine mündliche Anhörung der Parteien stattfinden soll. Ein solcher Antrag hat in der Praxis in der Regel auch Erfolg.[435] Auch sonstigen Dritten, die zwar ein berechtigtes Interesse nachweisen können, aber keine Beschwerde eingereicht haben, wird im Rahmen der Aus-

---

431 EuGH, Urteil v. 31.03.1993, verb. Rs. C-89/85 u. a., *„Ahlström u. a./Kommission"*, Rn. 138, Slg. 1993, I-1307; *de Bronett*, Kommentar zur VO 1/2003, Art. 27 Rn. 6.

432 *Weiß*, in: Loewenheim/Meessen/Riesenkampff/Kersting/Meyer-Lindemann, Kartellrecht, Art. 27 KVO Rn. 35.

433 *Weiß*, in: Loewenheim/Meessen/Riesenkampff/Kersting/Meyer-Lindemann, Kartellrecht, Art. 27 KVO Rn. 35.

434 Verordnung (EG) Nr. 773/2004 der Kommission v. 07.04.2004 über die Durchführung von Verfahren auf der Grundlage der Artikel 81 und 82 EG-Vertrag durch die Kommission, ABl. v. 27.04.2004, L 123/18.

435 *Kellerbauer*, in: Schröter/Jakob/Klotz/Mederer, Europäisches Wettbewerbsrecht, Art. 27 KVO Rn. 33.

übung ihres Anhörungsrechtes aus Art. 27 Abs. 3 S. 2 KVO i.V.m. Art. 13 Abs. 1 Verordnung Nr. 773/2004 die Möglichkeit eröffnet, nach schriftlicher Beantragung an einer mündlichen Anhörung teilzunehmen, Art. 13 Abs. 2 Verordnung Nr. 773/2004.

Zudem haben die Unionsgerichte entschieden, dass den Beschwerdeführern aufgrund ihres Rechtes auf ermessensfehlerfreie Bescheidung auch ein gewisses Maß an Verfahrensrechtsschutz zugestanden werden muss.[436] Aus diesem Grund steht ihnen bei Ablehnung einer Beschwerde ein Anspruch auf Einsicht in die Ermittlungsakte zu, der sich jedoch gem. Art. 8 S. 1 der Verordnung Nr. 773/2004 auf die Unterlagen beschränkt, die der vorläufigen Beurteilung der Kommission zugrunde liegen. Er umfasst nach S. 2 insbesondere nicht Geschäftsgeheimnisse und sonstige vertrauliche Informationen anderer Verfahrensbeteiligter. Nicht beantwortet wird jedoch weder in der KVO noch in der Verordnung Nr. 773/2004 die Frage, ob dem Beschwerdeführer nach der Mitteilung der Beschwerdepunkte auch das Recht eingeräumt wird, die darauf erfolgten Stellungnahmen der Hauptbetroffenen einzusehen.[437]

Drittbeteiligte, die keine Beschwerdeführer sind, haben zwar grundsätzlich kein Akteneinsichtsrecht, auch wenn sie wegen Darlegung eines berechtigten Interesses am Verfahren beteiligt sind.[438] Sollte eine wirksame Ausübung ihres Anhörungsrechtes aber nur durch ein Akteneinsichtsrecht möglich sein, kann ihnen ein solches durch den Anhörungsbeauftragten eingeräumt werden.[439]

c) Verfahrensrechte im Antidumping- und Antisubventionsverfahren

Auch im Antidumping- und Antisubventionsverfahren haben Dritte weitreichende Verfahrensrechte.[440] Nach Art. 10 Abs. 12 UAbs. 2 Verordnung (EU)

---

436 EuGH, Urteil v. 17.11.1987, verb. Rs. C-142/84 u. a., *„BAT und Reynolds/Kommission"*, Rn. 19 ff., Slg. 1987, 4487.

437 S. hierzu *Nowak*, in: Behrens/Braun/Nowak, Europäisches Wettbewerbsrecht im Umbruch, 23, 57; *ders.*, DVBl. 2004, 272, 277.

438 *Van der Hout/Lux*, in: Berg/Mäsch, Kartellrecht, Art. 27 Rn. 50.

439 Art. 8 Abs. 4 Beschluss des Präsidenten der Europäischen Kommission vom 13.10.2011 über Funktion und Mandat des Anhörungsbeauftragten in bestimmten Wettbewerbsverfahren, ABl. v. 20.10.2011, L 275/29; s. auch *van der Hout/Lux*, in: Berg/Mäsch, Kartellrecht, Art. 27 Rn. 50.

440 Eine übersichtliche Gegenüberstellung der Verfahrensrechte von Dritten im Antisubventionsverfahren bzw. im Beihilfeverfahren findet sich bei *Temple Lang*, The Charter and EU State Aid Procedure, S. 8 ff., Paper presented at the State Aid Modernisation Seminar of the UK State Aid Law Association.

2016/1037[441] wird, wenn sich die Kommission zur Einleitung eines Antisubventionsverfahrens entscheidet, in der Bekanntmachung über die Einleitung des Verfahrens eine Frist für interessierte Parteien zur Abgabe von Stellungnahmen gesetzt. Zudem können diese Parteien nach Art. 11 Abs. 5 Verordnung (EU) 2016/1037 einen Antrag auf mündliche Anhörung stellen. Weiterhin wird bestimmten Drittbeteiligten die Möglichkeit eröffnet, auf Antrag Einsicht in nichtvertrauliche Dokumente zu erhalten, Art. 11 Abs. 7 UAbs. 1 Verordnung (EU) 2016/1037. Identische Regelungen zu den Rechten Dritter finden sich auch für das Antidumpingverfahren in der Verordnung (EU) Nr. 2016/1036.[442]

2. Soft-law: Bekanntmachungen und Kodizes

Unterhalb der Schwelle des Sekundärrechtes existieren im europäischen Wettbewerbsrecht im Speziellen, aber auch im Europarecht im Allgemeinen hinsichtlich der Ausgestaltung von Verfahren zahlreiche Empfehlungen und Kodizes für gute Verwaltungspraxis. Sie bieten Anhaltspunkte für die Auslegung von Verfahrensrechten aus dem Primär- und Sekundärrecht und somit auch von Art. 41 GrCh, was insbesondere für den vom Europäischen Bürgerbeauftragten ausgearbeiteten „Europäischen Kodex für gute Verwaltungspraxis“ aus dem Jahr 2001 zutrifft.[443] Dieser wurde im Jahr 2005 im Hinblick auf die Gewährleistung einer guten Verwaltung in Art. 41 GrCh überarbeitet.[444]

Soweit die genannten Kodizes nicht bereits Eingang in rechtlich verbindliche Regelwerke gefunden haben, können die in ihnen enthaltenen Vorschriften, soweit sie subjektive Rechte des Einzelnen begründen, im Wege der Verwaltungsselbstbindung relevant werden.[445] Zudem haben sich die Verwaltungsorgane der

441 Verordnung (EU) 2016/1037 des Europäischen Parlaments und des Rates v. 08.06.2016 über den Schutz gegen subventionierte Einfuhren aus nicht zur Europäischen Union gehörenden Ländern, ABl. v. 30.06.2016, L 176/55.

442 Verordnung (EU) Nr. 2016/1036 des Europäischen Parlaments und des Rates vom 8. Juni 2016 über den Schutz gegen gedumpte Einfuhren aus nicht zur Europäischen Union gehörenden Ländern, ABl. v. 30.06.2016, L 176/21, ABl. v. 22.12.2009, L 343/51. Vgl. hier Art. 5 Abs. 10, Art. 6 Abs. 5 sowie Art. 6 Abs. 7.

443 *Jarass*, GrCh, Art. 41 Rn. 8; *Bergmann*, in: *ders.*, Handlexikon der Europäischen Union, „Kodex für gute Verwaltungspraxis“; der Kodex ist abrufbar unter http://www.ombudsman.europa.eu/de/resources/code.faces#/page/1(letzter Zugriff: 17.08.2016); s. näher zum Entstehen des Kodex *Seitz*, EuZW 2015, 273, 274 f.

444 *Voet van Vormizeele*, in: Schwarze, EU-Kommentar, Art. 41 GrCh Rn. 4.

445 S. zur Außenwirkung der Kodizes, die dem Musterentwurf des Bürgerbeauftragten folgen *Soria*, EuR 2001, 682, 698 f.; vgl. auch zur Selbstbindung der Kommission im Beihilfeverfahren unten Kap. 4.III.3.

EU im Rahmen einer Selbstverpflichtung zur Befolgung der im Kodex aufgeführten Verhaltensregeln verpflichtet.[446] In diesem Zusammenhang hervorzuheben ist auch der „Kodex für gute Verwaltungspraxis“[447], den die Kommission im Jahr 2000 als Teil ihrer Geschäftsordnung erlassen hatte und der für die Frage der Selbstbindung der Verwaltung ebenfalls von Bedeutung ist.[448]

Im europäischen Wettbewerbsrecht existieren ebenfalls zahlreiche – unverbindliche – Verhaltenskodizes. Im Beihilfeverfahren ist es der Verhaltenskodex für die Durchführung von Beihilfeverfahren,[449] auf dessen Inhalt und Bedeutung bereits oben eingegangen wurde. Im Kartellverfahren hat die Kommission im Jahr 2011 ein sog. „Best-practice-Maßnahmenpaket“ erlassen. Darin enthalten war die Bekanntmachung über bewährte Vorgehensweisen bei Kartelluntersuchungen[450], ein Arbeitspapier „Bewährte Vorgehensweisen für die Übermittlung wirtschaftlichen Beweismaterials“[451] sowie der Beschluss des Kommissionspräsidenten zur Funktion des Anhörungsbeauftragten im Kartellverfahren[452].

Relevant ist auch die Bekanntmachung der Kommission über die Behandlung von Beschwerden durch die Kommission.[453] Diese unverbindlichen Bekanntmachungen und Beschlüsse sollen zwar die bestehenden Rechte und Pflichten nicht erweitern oder ändern.[454] An einigen Stellen beinhalten sie aber – in der Regel zugunsten der Beteiligten – großzügige Regelungen zur Konkretisierung der Rechte in den betreffenden Verordnungen bzw. aus dem Primärrecht. So ist bspw.

---

446 *Bergmann*, in: *ders.*, Handlexikon der Europäischen Union, „Kodex für gute Verwaltungspraxis“.

447 Kodex für gute Verwaltungspraxis, ABl. v. 20.10.2000, L 267/13.

448 *Jarass*, GrCh, Art. 41 Rn. 8.

449 Verhaltenskodex für die Durchführung von Beihilfeverfahren, ABl. v. 16.06.2009, C 136/13.

450 Bekanntmachung der Kommission über bewährte Vorgehensweisen in Verfahren nach Artikel 101 und 102 des AEUV, ABl. v. 20.10.2011, C 308/6.

451 Arbeitspapier „Bewährte Vorgehensweisen für die Übermittlung wirtschaftlichen Beweismaterials“, in englischer Sprache abrufbar unter http://ec.europa.eu/competition/antitrust/legislation/best_practices_submission_en.pdf (letzter Zugriff: 07.09.2016).

452 Beschluss des Präsidenten der Europäischen Kommission vom 13.10.2011 über Funktion und Mandat des Anhörungsbeauftragten in bestimmten Wettbewerbsverfahren, ABl. v. 20.10.2011, L 275/29.

453 Bekanntmachung der Kommission über die Behandlung von Beschwerden durch die Kommission gemäß Art. 81 und 82 EG-Vertrag, ABl. v. 27.04.2004, C 101/65.

454 S. insbes. Ziff. 7 der Bekanntmachung der Kommission über bewährte Vorgehensweisen in Verfahren nach Artikel 101 und 102 des AEUV, ABl. v. 20.10.2011, C 308/6.

vorgesehen, dass die Frist der Beschwerdeführer und Drittbeteiligten zur Abgabe einer Stellungnahme auf deren Antrag hin verlängert werden und bei Ablehnung des Antrages durch die Kommission eine Entscheidung des Anhörungsbeauftragten beantragt werden kann.[455]

Für das Fusionskontrollverfahren hat die Generaldirektion Wettbewerb ebenfalls Leitlinien über die bewährte Praxis im Fusionskontrollverfahren erlassen.[456] Auch diese sollen die bestehenden Rechte nicht erweitern oder abändern,[457] sondern konkretisieren an verschiedenen Stellen die Rechte der Beteiligten, insbesondere den Anspruch auf rechtliches Gehör.[458] Dritte können bspw. gemeinsam mit den betroffenen Unternehmen zu „triangular-meetings" eingeladen werden, in denen sich die Kommission die verschiedenen Positionen anhört.[459]

3. Fazit

Die Ausführungen zeigen deutlich auf, dass Verfahrensrechte, insbesondere der Anspruch auf rechtliches Gehör, ein bedeutender Grundsatz des Unionsrechtes sind und sich, zunächst unabhängig von Art. 41 GrCh, unmittelbar aus dem Primärrecht ableiten lassen. Dies gilt zunächst unbestritten für diejenigen, die unmittelbar Adressat einer belastenden Verwaltungsentscheidung sind, also die Hauptbetroffenen eines Verwaltungsverfahrens. Aber auch andere Beteiligte sind im europäischen Wettbewerbsrecht von den Entscheidungen der Kommission betroffen. Dass deren Rechte unter Umständen nach dem Grad ihrer Betroffenheit gewissen Abstufungen unterliegen, ist vor dem Hintergrund kollidierender Unionsinteressen wie dem Effektivitätsgrundsatz nicht nur geboten, sondern auch notwendig. Dies betrifft jedoch nicht die Frage, ob solche

---

455 Ziff. 104 f. der Bekanntmachung der Kommission über bewährte Vorgehensweisen in Verfahren nach Artikel 101 und 102 des AEUV, ABl. v. 20.10.2011, C 308/6 i.V.m. Art. 9 Abs. 2 des Beschlusses des Präsidenten der Europäischen Kommission vom 13.10.2011 über Funktion und Mandat des Anhörungsbeauftragten in bestimmten Wettbewerbsverfahren, ABl. v. 20.10.2011, L 275/29.

456 Best Practices on the conduct of EC merger control proceedings v. 20.01.2004, abrufbar unter http://ec.europa.eu/competition/mergers/legislation/proceedings.pdf (letzter Zugriff: 29.08.2016).

457 Best Practices on the conduct of EC merger control proceedings v. 20.01.2004 Ziff. 4.

458 *Ablasser-Neuhuber*, in: Loewenheim/Meessen/Riesenkampff/Kersting/Meyer-Lindemann, Kartellrecht, Art. 18 FKVO Rn. 1.

459 Best Practices on the conduct of EC merger control proceedings v. 20.01.2004 Ziff. 38. Demnach sind diese Treffen freiwillig und sollen insbesondere auch nicht die förmliche mündliche Anhörung ersetzen.

Verfahrensrechte eingeräumt werden dürfen, sondern wie diese konkret auszugestalten sind.

Die Beantwortung der ersten Frage liegt nicht in der Kompetenz der Kommission, sondern wird eindeutig durch das Unionsrecht vorgenommen. Lediglich die Frage der konkreten Ausgestaltung der Rechte kann und muss letztlich durch die Verwaltung beantwortet werden. Diese deutliche Trennung haben die Unionsgerichte im Bereich des europäischen Wettbewerbsrechtes aber nur partiell vollzogen. Auf der einen Seite ist im Fusionskontroll- und Kartellverfahren, trotz zahlreicher Parallelen zum Verfahrensrecht der Drittbeteiligten im Beihilfeverfahren, insgesamt eine Stärkung der Position der Drittbeteiligten zu erkennen. Dies wird z. B. im, wenn auch begrenzten, verfahrensakzessorischen Akteneinsichtsrecht der Beschwerdeführer deutlich.[460] Ein solches wird den Beschwerdeführern im europäischen Beihilfeverfahren bislang völlig versagt.[461] Nicht zu unterschätzen ist im Rahmen des Kartellverfahrens aber auch die Möglichkeit der Beschwerdeführer und sonstigen Drittbeteiligten, über die schriftliche Stellungnahme hinaus eine mündliche Anhörung zu beantragen. Eine solche bietet nicht selten die Möglichkeit, die Kommission im Rahmen eines mündlichen Diskurses von den eigenen Argumenten und Bedenken zu überzeugen.

Insbesondere in der Fusionskontrolle reichen die Rechte der Drittbeteiligten aber deutlich weiter als die derjenigen im Beihilfeverfahren. Die Unterschiede treten in Bezug auf das Anhörungsrecht im Vorprüfungsverfahren deutlich hervor. Denn obwohl die Interessenslagen der Wettbewerber bei Positiventscheidungen der Kommission im Vorprüfungsverfahren des Fusionskontrollverfahrens und des Beihilfekontrollverfahrens durchaus vergleichbar sind, wird den Wettbewerbern im letzteren ein Anhörungsrecht versagt, im ersteren aber zugesprochen. Dabei erinnern die zahlreichen Argumente aus der fusionsverfahrensrechtlichen Literatur, mit denen das Anhörungsrecht hergeleitet wird, wie die Tatsache des hohen Anteils von verfahrensabschließenden Entscheidungen im Vorprüfungsverfahren und der damit einhergehendes Gefahr des Leerlaufs von Anhörungsrechten Drittbeteiligter[462] sowie der negativen Auswirkungen einer – aus Sicht der Drittbeteiligten zur Wahrung ihrer Rechte notwendigen – Klageerhebung auf die Rechtssicherheit[463] recht deutlich an die bislang unerhörten Argumente

---

460 So auch *Nowak*, in: Behrens/Braun/Nowak, Europäisches Wettbewerbsrecht im Umbruch, 23, 57.

461 S. oben Kap. 1.II.3.b).cc).(6).

462 *Körber*, in: Immenga/Mestmäcker, Wettbewerbsrecht, Band 1, Art. 18 FKVO Rn. 56; *Lange*, in: FS Boujong, 885, 898.

463 *Karl*, in: Veelken/Karl/Richter, Die Europäische Fusionskontrolle, S. 66.

der Befürworter in der beihilferechtlichen Literatur.[464] Vor dem Hintergrund, dass als Hauptargument für das fehlende Anhörungsrecht der Wettbewerber im Vorprüfungsverfahren des Beihilfeverfahrens gebetsmühlenartig die kurze Entscheidungsfrist und der damit verbundene Effektivitätsgrundsatz ins Felde geführt werden, drängt sich durchaus die Frage auf, ob diese Aspekte im Fusionskontrollverfahren dann einen untergeordneten Platz einnehmen.[465]

Insgesamt ist somit festzustellen, dass in den genannten Bereichen des europäischen Wettbewerbsrechtes Dritte deutlich umfangreicher in das laufende Verwaltungsverfahren eingebunden werden, als dies im Beihilfeverfahren der Fall ist.[466] Bei der Ausgestaltung von Verfahrensrechten hinkt die Rechtsprechung in diesem Bereich deutlich hinterher.[467] Hier überlässt sie der Kommission derzeit nicht nur die Frage des „Wie", sondern auch des „Ob" in Bezug auf die Gewährung und Ausgestaltung von Verfahrensrechten der Drittbeteiligten.[468] Aus diesem Grund haben auch die Unionsgerichte bislang jedwede Erweiterung dieser – abschließend – kodifizierten Verfahrensrechte durch aus dem Primärrecht abzuleitende ungeschriebene Verfahrensrechte abgelehnt.[469] Diese, bereits oben ausführlich dargestellte Rechtsprechung[470] kann deshalb in der Weise interpretiert werden, dass nach Ansicht der Unionsgerichte die Verfahrensrechte der Drittbeteiligten, abgesehen von den Regelungen in Art. 108 Abs. 2 S. 1 AEUV, gerade nicht im Primärrecht eine Stütze finden.[471] Ob eine solche Sichtweise mit der Grundrechte-

464 S. hierzu ausf. Kap. 4.III.2.b).cc).(2).

465 Dies verneinend *Bartosch*, RIW 2007, 401, 407.

466 So auch *Nowak*, in: Birnstiel/Bungenberg/Heinrich, Europäisches Beihilfenrecht, Kap. 2 Rn. 679. Für das Antisubventionsverfahren s. *Temple Lang*, The Charter and EU State Aid Procedure, S. 8 ff., Paper presented at the State Aid Modernisation Seminar of the UK State Aid Law Association.

467 So auch im Vergleich zum übrigen Verfahrensrecht im europäischen Wirtschaftsrecht insgesamt *Nehl*, Europäisches Verwaltungsverfahren und Gemeinschaftsverfassung, S. 321.

468 So in Bezug auf die Gewährung verfahrensakzessorischer Akteneinsichtsrechte *Nowak*, in: Behrens/Braun/Nowak, Europäisches Wettbewerbsrecht im Umbruch, 23, 70 f.

469 S. bspw. EuG, Urteil v. 09.12.2014, Rs. T-140/13, *„Netherlands Maritime Technology Association/Kommission"*, Rn. 60; EuG, Urteil v. 14.12.2000, Rs. T-613/97, *„Ufex u. a./ Kommission"*, Rn. 85 f, 89., Slg. 2000, II-4055.

470 S. oben Kap. 1.II.3.

471 Auch *Nehl*, EStAL 2006, 57, 61 interpretiert so die bisherige Rechtsprechung. Das Urteil des Gerichtes in der Rechtssache *„Netherlands Maritime Technology Association"*, auf welches bereits hingewiesen wurde, bestätigt diese Interpretation. Hier lehnte es

charta und insbesondere mit Art. 41 GrCh vereinbar ist, wird im weiteren Verlauf dieser Arbeit näher untersucht.

Durch die verschiedenen unverbindlichen Leitlinien und Kodizes in den einzelnen Bereichen des Wettbewerbsrechtes wird eine Konkretisierung und Ausgestaltung der verschiedenen Verfahrensrechte flexibel fortgeschrieben. Sie sind deshalb, wie im weiteren Verlauf noch zu sehen sein wird, innerhalb bestimmter Grenzen ein geeignetes Mittel, um neuen Anforderungen an Verfahrensrechte zu begegnen.

---

das Gericht ab, aus der Grundrechtecharta Auswirkungen auf die Verfahrensrechte der Drittbeteiligten abzuleiten, s. EuG, Urteil v. 09.12.2014, Rs. T-140/13, „*Netherlands Maritime Technology Association/Kommission*", Rn. 60.

Kapitel 4: Anspruch der Drittbeteiligten auf erweiterte Verfahrensrechte

I. Primärrechtliche Grundlage von Verfahrensrechten: Das „Recht auf gute Verwaltung“

Wie bereits ausgeführt wurde, haben die Unionsgerichte die Verfahrensrechte aus übergeordneten primärrechtlichen Grundsätzen, insbesondere aus dem „Grundsatz der ordnungsgemäßen Verwaltung“[472] und seinen einzelnen Ausprägungen wie dem „Recht auf ein faires Verfahren“[473] entwickelt.[474] Die Anerkennung dieser rechtsstaatlichen Ausprägungen wurde durch die Unionsgerichte bereits vor deren Anerkennung von Unionsgrundrechten vollzogen.[475] Auf Grundlage dieser Rechtsprechung wurde in der mit dem Vertrag von Lissabon in Kraft getretenen „Charta der Europäischen Grundrechte“ das Recht auf gute Verwaltung in Art. 41 GrCh ausdrücklich kodifiziert. Die Charta-Erläuterung nimmt dabei Bezug auf zahlreiche Entscheidungen der Unionsgerichte, insbesondere auf die Entscheidung des Gerichtshofes in der Rechtssache „Burban“[476], in der dieser das Recht auf ordnungsgemäße Verwaltung ausdrücklich als allgemeinen Rechtsgrundsatz des Primärrechtes angesehen hatte.[477] Was genau der Gerichtshof darunter versteht, wurde in weiteren Entscheidungen konkretisiert, indem aus diesem Grundsatz verschiedene Verfahrensrechte abgeleitet wurden. So hatte das Gericht bereits im Jahr 2002 im Hinblick auf die in Nizza am 07.12.2000 proklamierte Grundrechtecharta aus Art. 41 GrCh abgeleitet, dass aus dem Recht auf gute Verwaltung ein Anspruch auf eine sorgfältige und unparteiische Behandlung einer Beschwerde resultiere.[478] Im Fall „Alrosa“ nahm es erstmals ausdrücklich Bezug auf das Recht auf Anhörung

---

472 EuGH, Urteil v. 31.03.1992, Rs. C-255/90, „*Burban/Europäisches Parlament*“, Rn. 7, Slg. 1992, I-2253.

473 EuGH, Urteil v. 02.05.2006, Rs. C-341/04, „*Eurofood*“, Rn. 65, Slg. 2006, I-3813.

474 S. hierzu näher mwN *Grzeszick*, EuR 2006, 161, 165; *Jarass*, in: FS Schenke, 849, 851.

475 *Grzeszick*, EuR 2006, 161, 165.

476 EuGH, Urteil v. 31.03.1992, Rs. C-255/90, „*Burban/Europäisches Parlament*“, Slg. 1992, I-2253.

477 Charta-Erläuterung, ABl. 2007 C 303/28; s. auch *Jarass*, in: FS Schenke, 849, 850.

478 EuG, Urteil v. 30.01.2002, Rs. T-54/99, „*max.mobil/Kommission*“, Rn. 48, Slg. 2002, II-313; s. hierzu auch *Suerbaum*, EuR 2003, 390, 401 f.

nach Art. 41 Abs. 2 lit. a) GrCh.[479] Auch der Gerichtshof beruft sich in neueren Entscheidungen ausdrücklich unter Verweis auf seine Rechtsprechung zu den allgemeinen Rechtsgrundsätzen auf Art. 41 GrCh.[480] Somit basieren auch die einzelnen Rechte in Art. 41 Abs. 1 und 2 GrCh ausgehend von der Charta-Erläuterung in weiten Teilen auf Urteilen der Unionsgerichte.[481]

Bei den Beratungen zur Erarbeitung der Grundrechtecharta war es insbesondere der Verdienst des Europäischen Bürgerbeauftragten, dass das „Recht auf gute Verwaltung" in die Charta aufgenommen wurde.[482] Umstritten war während der Verhandlungen neben der Frage der Berechtigten und Verpflichteten die Frage, ob Art. 41 Abs. 2 GrCh abschließende Rechte aufzählen oder der Wortlaut offen gefasst werden sollte.[483] Indem das Wort „insbesondere" aufgenommen wurde, konnten sich die Vertreter der letzteren Ansicht durchsetzen.

Art. 41 GrCh nennt in Abs. 1 einige übergeordnete Verfahrensprinzipien, nämlich das Recht, dass Angelegenheiten einer Person von den Organen, Einrichtungen und sonstigen Stellen der Union unparteiisch, gerecht und innerhalb einer angemessenen Frist behandelt werden. Abs. 2 nennt Teilrechte dieser Prinzipien, sodass beide Absätze aufgrund ihrer Gesetzessystematik als einheitliches Grundrecht anzusehen sind.[484] Intensiv diskutiert wird in der Literatur, ob das „Recht auf gute Verwaltung" als eigenständiges subjektives Recht des Einzelnen zu qualifizieren ist, da es lediglich in der Überschrift zu Art. 41 GrCh genannt wird.[485] Diese Frage und die damit verbundenen Konsequenzen sollen im Folgenden intensiv behandelt werden.

---

479 EuG, Urteil v. 11.07.2007, Rs. T-170/06, „*Alrosa/Kommission*", Rn. 188, Slg. 2007, II-2601; s. hierzu und zu weiteren Urteilen des Gerichtes mit Bezugnahme auf Art. 41 GrCh *Nöhmer*, Das Recht auf Anhörung im europäischen Verwaltungsverfahren, S. 16 f.

480 EuGH, Urteil v. 22.11.2012, Rs. C-277/11, „*M.M./Minister For Justice, Equality and Law Reform, Irland*", Rn. 82 ff. = NVwZ 2013, 59, 60.

481 Erläuterungen zur Charta der Grundrechte, ABl. v. 14.12.2007, C 303/28; *Jarass*, in: FS Schenke, 849, 850.

482 *Magiera*, in: Meyer, GrCh, Art. 41 Rn. 2; *Galetta/Grzeszick*, in: Stern/Sachs, GrCh, Art. 41 Rn. 7.

483 *Magiera*, in: Meyer, GrCh, Art. 41 Rn. 3; *Galetta/Grzeszick*, in: Stern/Sachs, GrCh, Art. 41 Rn. 7; CHARTE 4284/00 v. 05.05.2000, Art. 27; CHARTE 4422/00 v. 28.07.2000, Art. 39; CHARTE 4473/00 v. 11.10.2000, Art. 41; *Bernsdorff/Borowsky*, Protokolle, S. 310 ff., 315 f.

484 *Jarass*, GrCh, Art. 41 Rn. 2.

485 S. hierzu ausf. *Bullinger*, in: FS Brohm, 25, 31.

Es wird zunächst dargestellt, wo das „Recht auf eine gute Verwaltung" seinen rechtshistorischen Ursprung findet und was in anderen europäischen Ländern unter diesem Begriff verstanden wird. Sodann soll der Frage nachgegangen werden, welche Bedeutung diesem Recht überhaupt zukommt. Dies betrifft in besonderem Maße die Auslegung des Anspruches des Einzelnen auf eine „gerechte" Verwaltung. Zuletzt soll die Reichweite der Rechte aus Art. 41 Abs. 1 und 2 GrCh in sachlicher und personeller Hinsicht und die daraus folgenden Konsequenzen für die Rechtsstellung der Drittbeteiligten im Beihilfeverfahren dargestellt werden.

Wie bereits erwähnt, hat es das Gericht in einer jüngeren Entscheidung abgelehnt, aus der Grundrechtecharta unmittelbar neue Verfahrensrechte für die Drittbeteiligten abzuleiten und damit deren Verfahrensstellung zu verbessern.[486] Die Charta beabsichtige nach Ansicht des Gerichtes nicht, die Natur des Beihilfeverfahrens zu ändern oder ihnen ein – in Art. 108 AEUV nicht vorgesehenes – Mitspracherecht zu verleihen.[487] Ob diese Feststellung tragfähig ist oder überdacht werden muss, wird sich am Ende der folgenden Untersuchung zeigen.

1. Das „Recht auf gute Verwaltung" in den Rechtsordnungen der Mitgliedstaaten

Die Rechte der Grundrechtecharta sind Ausfluss der gemeinsamen Verfassungsprinzipien der Mitgliedstaaten, deren Verständnis der einzelnen Chartagrundrechte in ihren nationalen Rechtssystemen von großer Bedeutung bei der Auslegung der Chartagrundrechte ist.[488] Deshalb ist ihr Verständnis von „guter Verwaltung" für eine nähere Bestimmung des Inhalts unerlässlich. Dem deutschen Recht ist ein Grundrecht auf „gute Verwaltung" fremd.[489] Die Ursprünge des Prinzips der guten Verwaltung finden sich vielmehr im angelsächsischen Recht,[490] aber auch in den Rechtsordnungen der nordischen Mitgliedstaaten. Aufgrund der

486 EuG, Urteil v. 09.12.2014, Rs. T-140/13, „*Netherlands Maritime Technology Association/Kommission*", Rn. 60.

487 EuG, Urteil v. 09.12.2014, Rs. T-140/13, „*Netherlands Maritime Technology Association/Kommission*", Rn. 60.

488 *Classen*, Gute Verwaltung im Recht der Europäischen Union, S. 99, wobei nach seiner Ansicht nur auf die Rechtsordnung der 15 Mitgliedstaaten zurückgegriffen werden soll, die bis zum Jahr 2004 Mitglied der Union waren, da die danach beigetretenen Mitglieder mit ihrer Verfassungstradition nicht auf die Erarbeitung der Charta Einfluss genommen hätten.

489 *Bullinger*, in: FS Brohm, 25; Soria, EuR 2001, 682, 685.

490 *Lord Millett*, Public law 2002, 309, 320 f.

wissenschaftlichen Vorarbeiten von *Classen*[491], der eine ausführliche Rechtsvergleichung unter den Mitgliedstaaten vorgenommen hat, deren Ergebnisse später zusammenfassend dargestellt werden, wird sich die folgende Untersuchung auf die beiden genannten Rechtskreise beschränken.

a) „Good administration" im englischen Recht

Im englischen Recht wurde dem Stellenwert von Verfahren in seinen Ausprägungen im „fair hearing" früh eine besondere Bedeutung eingeräumt.[492] Als ein Bestandteil des „good administration" umfassen die Prinzipien des „natural justice" zwei besondere Ausprägungen: den Grundsatz, vor Erlass einer Entscheidung beide Parteien anzuhören sowie den Grundsatz, dass keine Partei Richter in eigener Sache sein darf.[493] Hingegen ist das Prinzip des „natural justice" oder des vielfach auch synonym verwendeten „acting fairly" nicht ausschließlich auf diese beiden genannten Grundsätze beschränkt. Als Ausdruck eines allgemeinen Gerechtigkeitsgedankens[494] ist es insbesondere kein starrer und strikt festgelegter Rechtsbegriff.[495] Vielmehr sind die Anforderungen an ein gerechtes, faires Verfahren nach den Umständen des Einzelfalls festzulegen, wobei stets der Grad der Betroffenheit des Einzelnen berücksichtigt werden muss.[496] Der Gerechtigkeitsgedanke ist somit ein prägender Grundsatz der „good administration" im englischen Recht.[497] Auch wenn das Prinzip des „natural justice" auf eine lange Rechtstradition im englischen Rechtssystem zurückgeht, wurde seine Anwendung zunächst nur auf gerichtliche oder gerichtsähnliche Entscheidungen begrenzt und entsprechend für Verwaltungsentscheidungen abgelehnt.[498] Erst in der Ent-

491 *Classen*, Gute Verwaltung im Recht der Europäischen Union, S. 100 ff.

492 *Parpworth*, Constitutional and Administrative Law, para 13.63 ff.

493 *Parpworth*, Constitutional and Administrative Law, para 13.45; *Riedel*, EuR-Beiheft 1995, 49, 56.

494 *Wade/Forsyth*, Administration Law, p. 417 ff.; *Lord Millett*, Public law 2002, 309, 320 f.

495 *Parpworth*, Constitutional and Administrative Law, para 13.49.

496 *Parpworth*, Constitutional and Administrative Law, para 13.49; *Riedel*, EuR-Beiheft 1995, 49, 57.

497 S. aus der dt. Literatur auch *Ruffert*, in: Calliess/Ruffert, EUV/AEUV, Art. 41 GrCh Rn. 3; *Goerlich*, DÖV 2006, 313, 318.

498 S. insb. *Franklin v. Minister of Town and Country Planning* (1948), A.C. 87; s. auch *Parpworth*, Constitutional and Administrative Law, para 13.47 mit einer Zusammenfassung der Entscheidung.

scheidung „Ridge v. Baldwin“ wurde der Grundsatz auch auf Verwaltungsentscheidungen ausgedehnt.[499]

Darüber hinaus werden dem Begriff „good administration“ aber über den Gerechtigkeitsgedanken hinaus weitere Funktionen zugesprochen. So zielt er auch darauf ab, das Verwaltungsverfahren an sich zu optimieren und im Sinne einer Dienstleistung auch „gute“ Leistungen für den Bürger zu erbringen.[500] Dabei handelt es sich grundsätzlich um verwaltungsinterne Verhaltenspflichten, die grundsätzlich keine Außenwirkung entfalten.[501]

b) „Good governance“ im nordeuropäischen Rechtskreis

Nicht außer Acht gelassen werden darf, dass das „Recht auf gute Verwaltung“ mit Verfassungsrang auch auf den Einfluss der skandinavischen Rechtstradition zurückgeht.[502] In Norwegen und Dänemark wurde der Begriff der „guten Verwaltung“ über Jahre fortentwickelt und sehr weit im Sinne einer effizienten und dienstleistungsorientierten Verwaltung verstanden.[503] Insbesondere das finnische Rechtssystem hat den Rechtsbegriff weiter ausgeformt und ihm sogar Verfassungsrang eingeräumt. So findet sich in Art. 21 Abs. 2 der finnischen Verfassung folgender Passus:

> *„Provisions concerning the publicity of proceedings, the right to be heard, the right to receive a reasoned decision and the right of appeal, as well as the other guarantees of a fair trial and good governance shall be laid down by an Act.“*[504]

Deutlich wird auch hier, dass das „Recht auf gute Verwaltung“ als Oberbegriff fungiert und, wie auch bei Art. 41 GrCh, das Recht auf Anhörung nur einen Teilbereich dieses Prinzips umfasst. Auf der anderen Seite trennt die finnische Verfassung begrifflich zwischen dem „fair trail“ und dem Prinzip des „good governance“. Art. 41 GrCh nennt hingegen nur das Recht auf eine gerechte Behandlung, nicht das Recht auf eine gute Verwaltung, welches ausschließlich Bestandteil der Überschrift ist.

---

499 *Ridge v. Baldwin* (1964), A.C. 40; s. auch *Parpworth*, Constitutional and Administrative Law, para 13.48 mit einer Zusammenfassung der Entscheidung.

500 *Bullinger*, in: FS Brohm, 25, 30.

501 *Soria*, EuR 2001, 682, 685.

502 *Kańska*, ELJ 2004, 296, 308; *Soria*, EuR 2001, 682, 686 ff.

503 *Kuusikko*, European Public Law 2001, 455, 458; s. ausf. zum Verständnis der „guten Verwaltung“ in den nordeuropäischen Staaten *Classen*, Gute Verwaltung im Recht der Europäischen Union, S. 100 ff.

504 Inoffizielle englische Übersetzung der finnischen Verfassung, abrufbar unter http://www.finlex.fi/fi/laki/kaannokset/1999/en19990731.pdf (letzter Zugriff: 17.08.2016).

Wie auch Art. 41 GrCh, beschränkt sich Art. 21 Abs. 2 der finnischen Verfassung bei der Aufzählung von Einzelrechten auf Verfahrensrechte wie das Recht auf Gehör oder Entscheidungsbegründung. Über die Formulierung solcher Verfahrensrechte hinaus werden der „guten Verwaltung“ aber auch weitergehende, dienstleistungsorientierte Aspekte zugesprochen, auch wenn bei Aufnahme der Vorschrift in die Verfassung eine genaue Definition von guter Verwaltung nicht existierte.[505] So sollen auch Serviceaspekte unter die Vorschrift gefasst werden.[506] Eine rechtlich verbindliche Konkretisierung erfuhren diese Aspekte in der Änderung des finnischen Verwaltungsverfahrensgesetzes, die zum 01.01.2014 in Kraft trat.[507] Dort finden sich insbesondere in Kapitel 2 Vorschriften, die zum einen auf eine Verbesserung der Servicefunktion und damit auch der Qualität der Verwaltung, zum anderen aber auch auf eine Verbesserung der Produktivität und Verwaltungseffizienz abzielen[508]:

> „Chapter 2 — Fundamental principles of good administration
> Section 6 — *Legal principles of administration*
> An authority shall treat the customers of the administration on an equalbasis and exercise its competence only for purposes that are acceptable under the law. The acts of the authority shall be impartial and proportionate to their objective.
> Section 7 — *Service principle and appropriateness of service*
> Service and the consideration of matters by an authority should be arranged so that the customer of the administration receives appropriate service and that the authority can perform its tasks productively.
> Section 8 — *Advice*
> (1) An authority shall provide to its customers the necessary advice, within its competence, for taking care of administrative matters; as well as respond to the questions and queries on its service. Advice shall be provided free of charge.
> (2) If the matter does not fall within the competence of an authority, it should direct the customer to the competent authority.
> Section 9 — *Requirement of proper language*
> (1) An authority shall use appropriate, clear and comprehensible language.

---

505 *Kuusikko*, European Public Law 2001, 455, 459; s. auch die ausf. Analyse bei *Classen*, Gute Verwaltung im Recht der Europäischen Union, S. 108 ff.

506 *Kuusikko*, European Public Law 2001, 455, 459.

507 Administrative Procedure Act, (434/2003), inoffizielle englische Übersetzung abrufbar unter http://www.finlex.fi/fi/laki/kaannokset/2003/en20030434.pdf (letzter Zugriff: 17.08.2016).

508 *Niemivou*, European Public Law 2004, 461, 464; *Classen*, Gute Verwaltung im Recht der Europäischen Union, S. 112 f.

(2) The right of a customer to use and receive service by an authority in his/her own language is subject to separate provisions and to the terms of international agreements binding on Finland.

Section 10 — *Inter-authority co-operation*

(1) An authority shall provide the requested assistance, within its competence and as required by the nature of the matter, to another authority for taking care of an administrative matter; it should also otherwise promote inter-authority co-operation.

(2) Executive assistance between authorities is subject to separateprovisions."

Diese Regelungen verdeutlichen die Bedeutung der Service- und Dienstleistungsaspekte, die der finnische Gesetzgeber aus dem Rechtsbegriff der „guten Verwaltung" abgeleitet hat. Begrenzt werden diese Ausprägungen der „guten Verwaltung" durch die Vorgabe, die Aufgabenerfüllung produktiv zu gestalten.[509] Serviceaspekte lassen sich aber auch im schwedischen Recht finden. So gibt es eine gesetzliche Serviceverpflichtung der Verwaltung.[510]

Die Bedeutung der finnischen Rechtsauffassung einer „guten Verwaltung" wird durch das Wirken des Finnen Jacob Söderman, dem ersten Europäischen Bürgerbeaufragten, unterlegt. Södermans Einsatz war es maßgeblich zu verdanken, dass das Recht auf gute Verwaltung in die Grundrechtecharta aufgenommen wurde.[511] Er war vor seiner Tätigkeit als europäischer Bürgerbeauftragter finnischer Ombudsmann, wodurch es ihm möglich war, seine Erfahrungen aus dieser Tätigkeit und die Entwicklungen der „guten Verwaltung" in Finnland in die Arbeit als Bürgerbeauftragter einfließen zu lassen.[512] Als Ombudsmann, dessen Kontrollfunktion nach § 109 der finnischen Verfassung[513] darauf gerichtet ist, die Gesetzmäßigkeit der Gerichte und der Verwaltung sicherzustellen und in diesem Rahmen jährlich einen Bericht an das Parlament zu verfassen, wirkte Söderman maßgeblich bei der Entwicklung einer guten Verwaltung und deren Verankerung als Grundrecht in Finnland mit.[514]

---

509 *Classen*, Gute Verwaltung im Recht der Europäischen Union, S. 112.

510 *Classen*, Gute Verwaltung im Recht der Europäischen Union, S. 107; *Kuusikko*, European Public Law 2001, 455, 462.

511 *Classen*, Gute Verwaltung im Recht der Europäischen Union, S. 100, 114 f.; *Galetta*, EuR 2007, 57.

512 *Classen*, Gute Verwaltung im Recht der Europäischen Union, S. 114; *Kuusikko*, European Public Law 2001, 455, 461.

513 Inoffizielle englische Übersetzung der finnischen Verfassung, abrufbar unter http://www.finlex.fi/fi/laki/kaannokset/1999/en19990731.pdf (letzter Zugriff: 17.08.2016).

514 *Classen*, Gute Verwaltung im Recht der Europäischen Union, S. 108 f., 115.

2. Die Bedeutung des „Rechtes auf gute Verwaltung" in der Grundrechtecharta

In der Grundrechtecharta wird das „Recht auf gute Verwaltung" ausdrücklich nur in der Überschrift genannt. Dies führt unmittelbar zu der Frage, ob es ähnlich wie eine Präambel lediglich eine begrifflich elegante Formulierung ohne inhaltliche Aussage darstellt, oder ob es darüber hinaus die Funktion übernimmt, eine inhaltliche Ausstrahlung auf die Auslegung des gesamten Normtatbestandes zu ermöglichen.[515]

a) Diskussion in der Literatur[516]

Art. 41 Abs. 1 GrCh nennt das Rechtauf eine unparteiische, gerechte Entscheidung innerhalb einer angemessenen Frist. Abs. 2 beginnt einleitend mit den Worten: „Dieses Recht umfasst insbesondere". Naheliegend wird aus der Formulierung geschlossen, dass es sich bei den Rechten in Abs. 2 um Teilrechte des Abs. 1 handelt.[517] Hält man strikt am Wortlaut der Vorschrift fest, so wird schnell deutlich, dass das Recht auf Anhörung oder Akteneinsicht in Abs. 2 weder an die Unparteilichkeit noch an die angemessene Entscheidungsfrist in Abs. 1 anknüpfen kann. Einziger Anknüpfungspunkt in Abs. 1 wäre demnach das Recht des Einzelnen auf eine gerechte Entscheidung. Legt man das Recht auf eine gerechte Entscheidung, in der englischen Übersetzung „handled fairly", nach dem britischen Verständnis aus, so wären darunter nach dem Prinzip des „natural justice" die klassischen Gerechtigkeitsaspekte zu subsumieren.[518]

In der Literatur wird das Recht auf eine gerechte Behandlung überwiegend als entwicklungsoffenes Grundrecht verstanden, weil es bislang dem Unionsrecht und der Rechtsprechung der Unionsgerichte weitestgehend fremd ist.[519]

---

515 *Bullinger*, in: FS Brohm, 25, 31.

516 S. hier auch die ausf. Zusammenstellung bei *Classen*, Gute Verwaltung im Recht der Europäischen Union, S. 406 ff.

517 *Craig*, in: Peers/Hervey/Kenner/Ward, The EU Charter of Fundamental Rights, Art. 41 nm. 41.09; *Jarass*, in: FS Schenke, 849 f.

518 So auch *Classen*, Gute Verwaltung im Recht der Europäischen Union, S. 345; zu der Verwandschaft dieser Rechtsbegriffe *Goerlich*, DÖV 2006, 313, 318.

519 *Nöhmer*, Das Recht auf Anhörung im europäischen Verwaltungsverfahren, S. 25 f.; *Grzeszick*, EuR 2006, 161, 166; *Galetta*, EuR 2007, 57, 61; *Galetta/Grzeszick*, in: Stern/Sachs, GrCh, Art. 41 Rn. 10, 54 f.; *Klatt*, in: von der Groeben/Schwarze/Hatje, Europäisches Unionsrecht, Art. 41 GrCh Rn. 3; *Frenz*, Handbuch Europarecht, Kap. IV Rn. 4548; *Voet von Vormizeele*, in: Schwarze, EU-Kommentar, Art. 41 GrCh Rn. 6; s. zur Rechtsprechung *Classen*, Gute Verwaltung im Recht der Europäischen Union,

Auch die Urteile, die in der Charta-Erläuterung aufgeführt sind, thematisieren kein Recht auf eine gerechte Behandlung.[520] Dabei wird jedoch auf die Gefahren hingewiesen, dass ein zu weites Verständnis dieses Grundrechtes, insbesondere die Mitumfassung materieller Gerechtigkeit, zu viele andere Grundrechte mit aufnehmen und diese somit inhaltlich überflüssig machen würde, sodass eine restriktive Auslegung gefordert wird.[521] Umfasst werden sollen demnach nur formelle Rechte innerhalb eines Verwaltungsverfahrens.[522]

Als Orientierungshilfe für die Auslegung dieses für das Unionsrecht neuen Rechtsbegriffes wird zum einen vorgeschlagen, auf die Beschwerdepraxis des Europäischen Bürgerbeauftragten zurückzugreifen, der bei der Behandlung von Beschwerden immer wieder auf die Fairness eines Verwaltungsverfahrens Bezug genommen hat.[523] Ein solcher Rückgriff würde die Ansicht bestätigen, dass mit „gerecht" inhaltlich das verstanden werden sollte, was im englischen Rechtsraum mit „acting fairly" beschrieben wird.[524] Zum anderen finden sich Stimmen, die zur Bestimmung der „gerechten" Behandlung auf den ebenfalls vom Bürgerbeauftragten verfassten „Musterkodex für gute Verwaltungspraxis"[525] Bezug nehmen wollen.[526] Es wird hingegen darauf hingewiesen, dass die im Musterkodex for-

---

S. 343 ff. *Temple Lang* leitet aus dem Recht auf eine unparteiische und gerechte Entscheidung sieben Rechte für Drittbeteiligte bzw. Pflichten für die EU-Kommission ab, auf die später noch näher eingegangen werden wird, s. *Temple Lang*, The Charter and EU State Aid Procedure, S. 17 ff., Paper presented at the State Aid Modernisation Seminar of the UK State Aid Law Association.

520 *Galetta*, EuR 2007, 57, 61; *Lais*, ZEuS 2002, 447, 462.

521 *Klatt*, in: von der Groeben/Schwarze/Hatje, Europäisches Unionsrecht, Art. 41 GrCh Rn. 11.

522 *Klatt*, in: von der Groeben/Schwarze/Hatje, Europäisches Unionsrecht, Art. 41 GrCh Rn. 11, 16; s. auch *Jarass*, in: FS Schenke, 849, 850 f., 855; *ders.*, GrCh, Art. 41 Rn. 14; *Schröder*, in: FS Stern II, 933, 936; *Bullinger*, in: FS Brohm, 25, 28 f.

523 *Grzeszick*, EuR 2006, 161, 176.

524 So auch *Grzeszick*, EuR 2006, 161, 176; *Classen*, Gute Verwaltung im Recht der Europäischen Union, S. 345; *Frenz*, Handbuch Europarecht, Band IV Rn. 4549.

525 Der Europäische Kodex für gute Verwaltungspraxis, abrufbar unter http://www.ombudsman.europa.eu/de/resources/code.faces#/page/1 (letzter Zugriff: 17.08.2016).

526 *Grzeszick*, EuR 2006, 161, 176 ff.; *Stelkens*, in: Stelkens/Bonk/Sachs, VwVfG, Europäisches Verwaltungsrecht, Europäisierung des Verwaltungsrechts und Internationales Verwaltungsrecht, Rn. 118; *Jarass*, in: FS Schenke, 849, 852; *ders.*, GrCh, Art. 41 Rn. 8; *Klatt*, in: von der Groeben/Schwarze/Hatje, Europäisches Unionsrecht, Art. 41 GrCh Rn. 3; *Frenz*, Handbuch Europarecht, Band IV Rn. 4526.

mulierten Vorgaben sowie etwaige konkretisierende Vorschriften nur insoweit einklagbare subjektive Rechte des Einzelnen begründen können, soweit diese Außenwirkung gegenüber dem Bürger entfalten.[527]

Darüber hinaus wird nicht einheitlich beurteilt, ob dem „Recht auf gute Verwaltung“ eine weitergehende Funktion zugesprochen werden muss. Zum Teil wird vertreten, dass Art. 41 GrCh über die ausdrücklich genannten Rechte in Abs. 1 und 2 hinaus ein Recht auf eine dienstleistungs- und qualitätsorientierte Verwaltung beinhaltet.[528] *Bullinger* versteht das Recht auf gute Verwaltung als Recht des Bürgers, durch eine gute, die Gesetze effektiv umsetzende Verwaltung sein demokratisches Mitbestimmungsrecht zur Geltung bringen zu können.[529] In diesem Sinne versteht auch er gute Verwaltung als effektive Verwaltung, die im Sinne der Bürger, aber auch der Allgemeinheit gute Leistungen erbringe.[530] Andere weisen darauf hin, dass Art. 41 GrCh auch ein objektiver Gewährleistungsgehalt zukomme, der Auswirkung auf die Auslegung des Unionsrechtes haben soll.[531] *Knemeyer* geht zwar davon aus, dass gute Verwaltung mehr bedeuten müsse als die in Art. 41 GrCh ausdrücklich normierten Verfahrensrechte, findet aber in Art. 41 GrCh dafür keinen rechtlichen Ansatz und sieht die Zukunft dieser Standards in der Weiterentwicklung behördeninterner Kodizes.[532]

Zudem wird kritisiert, dass gerade die Aspekte der Verfahrenseffizienz und Verfahrensökonomie, aber insbesondere auch Aussagen über die Berücksichtigung der Bürgerinteressen, also die soeben genannten Aspekte, gerade nicht ausdrücklich in Art. 41 GrCh aufgenommen wurden.[533]

---

527 *Grzeszick*, EuR 2006, 161, 178.

528 *Goerlich*, DÖV 2006, 318 ff.; in diese Richtung auch *Schröder*, in: FS Stern II, 933, 934, der das Grundrecht als Triebfeder bei der Erreichung einer gut funktionierenden Verwaltung ansieht.

529 *Bullinger*, in: FS Brohm, 25, 32; dem zustimmend *Bourquain*, DVBl. 2008, 1224, 1227.

530 *Bullinger*, in: FS Brohm, 25, 30 f; so auch *Voet von Vormizeele*, in: Schwarze, EU-Kommentar, Art. 41 GrCh Rn. 6; dem zustimmend *Bourquain*, DVBl. 2008, 1224, 1227, der hingegen die derzeit mangelnde Konkretisierung des Rechtes in Bezug auf diese Einzelausprägungen kritisiert.

531 *Stelkens*, in: Stelkens/Bonk/Sachs, VwVfG, Europäisches Verwaltungsrecht, Europäisierung des Verwaltungsrechts und Internationales Verwaltungsrecht, Rn. 107; *Schröder*, in: FS Stern II, 933, 934 f.

532 *Knemeyer*, in: FS Schenke, 933, 940 ff.

533 *Kańska*, ELJ 2004, 296, 323 ff.

b) Stellungnahme

Zunächst ist darin zuzustimmen, dass sich das Recht auf eine gerechte Entscheidung auf verfahrensrechtliche Aspekte beschränkt. Dafür spricht schon die Gesetzessystematik, da alle weiteren Rechte in Abs. 1 und 2 ebenfalls prozessuale Rechte darstellen. Der Vorschlag, zur Auslegung des Rechtsbegriffes auf den Musterkodex für gute Verwaltungspraxis zurückzugreifen, ist hingegen deshalb interessant, weil derselbe Vorgaben und Vorschriften enthält, die über das gerade genannte klassische Verständnis der „gerechten" Behandlung hinausgehen. Einige Vorgaben des Kodex zielen vielmehr auf eine Optimierung der Verwaltungsabläufe, aber auch auf die Ausgestaltung einer bürgernahen, dienstleistungsorientierten Verwaltung ab, wie bspw. Art. 12 des Kodex, der mit der Überschrift „Höflichkeit" versehen ist und folgenden Wortlaut hat:

> „*1. Der Beamte legt in den Beziehungen zur Öffentlichkeit ein dienstleistungsorientiertes, korrektes, höfliches und zugängliches Verhalten an den Tag. Bei der Beantwortung von Schriftverkehr, Telefongesprächen und E-Mails bemüht sich der Beamte, so hilfsbereit wie möglich zu sein, und beantwortet an ihn gerichtete Fragen so vollständig und genau wie möglich.*
> *2. Ist der Beamte nicht für die betreffende Angelegenheit verantwortlich, verweist er den Bürger an den zuständigen Beamten.*
> *3. Tritt ein Fehler auf, der die Rechte oder Interessen einer Einzelperson beeinträchtigt, entschuldigt sich der Beamte dafür und bemüht sich, die durch seinen Fehler verursachten negativen Auswirkungen auf zweckmäßigste Weise zu korrigieren, und unterrichtet den Bürger über etwaige Berufungsmöglichkeiten gemäß Artikel 19 des Kodex.*"

Will man aber den Begriff des „gerechten Verfahrens" auf prozessuale subjektive Rechte des Einzelnen beschränken, wäre es verfehlt, die soeben genannten Aspekte unter dieses Recht zu fassen. Der Musterkodex für gute Verwaltungspraxis taugt demnach nur als Auslegungshilfe, soweit er prozessuale Rechte definiert. Anknüpfungspunkt für eine Verwaltungsoptimierung im oben genannten Sinne kann deshalb nur der Begriff der „guten Verwaltung" im weiteren Sinne liefern, wie er in der Überschrift des Art. 41 GrCh zu finden ist. Dabei ist durchaus die Frage berechtigt, ob man diesem Recht einen solchen Gehalt zumessen kann, tauchen doch die dienstleistungsorientierten und bürgerfreundlichen Aspekte nicht im Wortlaut des Art. 41 GrCh auf. Diese Tatsache kann aber nicht darüber hinwegtäuschen, dass auch in einigen Mitgliedstaaten die Rechtswirkung des Begriffs der „guten Verwaltung", zumindest auf einfachgesetzlicher Ebene, über die Gewährleistung eines „fairen Verfahrens" hinausgeht.[534]

---

534 Vgl. ausf. *Classen*, Gute Verwaltung im Recht der Europäischen Union, S. 177 ff.; vgl. auch Kap. 4.I.1.

Dieses weitere Verständnis guter Verwaltung entspricht dem, was das englische Recht dem Begriff der „good administration“ über die Gewährung eines „fairen Verfahrens“ hinaus zuerkennt.[535] Diese Ansätze aus dem angelsächsischen Rechtskreis sind Ausdruck eines modernen, neuen Verständnisses von Verwaltung, das neben dem Aspekt der Ökonomisierung mit dem Ziel der Effizienzsteigerung zum anderen auch den Bürger praktisch als Kunden statt als lästigen Bittsteller in den Blick nimmt.[536]

Für diese Sichtweise sprechen neben der englischen Auffassung von „good administration“ auch die Regelungen in der finnischen Verfassung, die im dortigen Verwaltungsverfahrensgesetz konkretisiert wurden und rechtsvergleichend bei der Bestimmung des Gehaltes von Art. 41 GrCh herangezogen werden können. Die finnische Verfassung trennt in Art. 21 Abs. 2 begrifflich zwischen „fair trail“ und „good governance“ und geht somit ebenfalls davon aus, dass unter „good governance“ bzw. „good administration“ etwas anderes zu verstehen ist als die bloße Gewährleistung eines fairen Verwaltungsverfahrens. Diese Auffassung wird zudem durch die ausführlichen Konkretisierungen von guter Verwaltung im finnischen Verwaltungsverfahrensrecht untermauert, welches, wie oben bereits dargestellt, auch zahlreiche Vorgaben für eine dienstleistungsorientierte und bürgernahe Verwaltung beinhaltet.

An dieser Stelle wird aber das generelle Problem der Begriffsvielfalt, insbesondere im internationalen Vergleich deutlich.[537] Teilweise werden die Begriffe „good governance“ und „good administration“ synonym verwendet[538], teilweise wird „good administration“ als ein Unterfall von „good governance“[539] angesehen. Die genaue begriffliche Einordnung kann insoweit offenbleiben, als es nur von Bedeutung ist, welche inhaltliche Reichweite Art. 41 GrCh zukommt.

Die Literaturmeinungen, die dem „Recht auf gute Verwaltung“ über den Normwortlaut hinaus eine weitergehende Funktion im Sinne der Gewährleistung einer dienstleistungsorientierten und bürgerfreundlichen Verwaltung zuerkennen wollen, liefern jedoch fast ausnahmslos keinen rechtlichen Anknüpfungspunkt für ihre Ansicht. Insbesondere *Bullinger* hingegen leitet seine Auffassung aus der

---

535 Vgl. Kap. 4.I.1.a).

536 *Bull/Mehde*, Allgemeines Verwaltungsrecht mit Verwaltungslehre, Rn. 1229.

537 S. hierzu *Bauer*, Das Recht auf eine gute Verwaltung im Europäischen Gemeinschaftsrecht, S. 21 ff.

538 Für den europäischen Rechtsraum *Goerlich*, DÖV 2006, 313, 315.

539 *Cuculoska*, Iustinianus Primus Law Review 2014, No. 9, Vol. 5, S. 1, 3 f.; *Classen*, Gute Verwaltung im Recht der Europäischen Union, S. 109.

Systematik der Grundrechtecharta her. Da Art. 41 GrCh nicht im Kapitel 1 „Würde des Menschen", sondern in Kapitel 5 „Bürgerrechte" zu finden sei, stehe bei diesem Grundrecht nicht Abwehrcharakter in Gestalt seiner Schutzbedürftigkeit gegenüber der Verwaltung im Vordergrund.[540] Die systematische Stellung verleite vielmehr zu der Auslegung, dass dem Bürger ein Recht darauf eingeräumt werden solle, dass die Gesetze ihm gegenüber durch die Verwaltung „gut" ausgeführt werden.[541] Als Ausfluss der demokratischen Mitbestimmung sei der Anspruch auf eine „gute" und somit wirksame Verwaltung ein Mittel, um mit der Geltendmachung eigener Interessen gleichsam auch diese Verwaltungsoptimierung durchsetzen zu können.[542]

Die von *Bullinger* aus der Systematik hergeleiteten Thesen können nur teilweise überzeugen. Zunächst lässt die Stellung des Art. 41 GrCh durchaus darauf schließen, dass mit der „guten Verwaltung" nicht nur reine Abwehrrechte gegenüber der Verwaltung verbunden sein sollen. Gegen diese Auslegung spricht hingegen der Wortlaut des Art. 41 Abs. 1 und 2 GrCh, der ausschließlich prozessuale Verfahrensrechte enthält und somit eindeutig einen Abwehrcharakter aufweist. In gewisser Weise lässt sich also ein Widerspruch zwischen systematischer Stellung und Gesetzeswortlaut feststellen, der eine eindeutige Aussage zur inhaltlichen Reichweite kaum möglich macht. Die unterschiedlichen Ansätze in den europäischen Mitgliedstaaten tragen ebenfalls nicht zu einer eindeutigen Klärung bei. Auch die Rechtsprechungsverweise in der Charta-Erläuterung, die nach Art. 6 Abs. 1 UAbs. 3 EUV i.V.m. Art. 52 Abs. 7 GrCh bei der Auslegung der Chartarechte gebührend berücksichtigt werden müssen, geben keinen Anhaltspunkt für eine weitergehende Auslegung von Art. 41 GrCh.

Aus diesem Grund ist es nicht gerechtfertigt, aus dem Recht auf eine gute Verwaltung subjektive Rechte des Einzelnen herzuleiten, die über das in Abs. 1 und Abs. 2 kodifizierte Maß hinausgehen. So wünschenswert es auch wäre, die Aspekte der Bürgernähe, Dienstleistungsorientierung und Verwaltungseffizienz in den Bereich subjektiver Rechtsgestaltung zu rücken, so wenig findet sich hierfür ein rechtlicher Ansatz in Art. 41 GrCh. Hingegen wäre es ebenso verfehlt, das Recht und seine Bedeutung in den europäischen Mitgliedstaaten völlig zu ignorieren. Auch wenn sich in der Charta-Erläuterung wie bereits festgestellt wenig Erhellendes in Bezug auf die Auslegung der guten Verwaltung finden lässt, so muss auch dem Unionsgesetzgeber bewusst gewesen sein, dass ein „Recht auf

540 *Bullinger*, in: FS Brohm, 25, 32.
541 *Bullinger*, in: FS Brohm, 25, 32; zustimmend *Bourquain*, DVBl. 2008, 1224, 1227.
542 *Bullinger*, in: FS Brohm, 25, 32.

gute Verwaltung" Assoziationen[543] und Entwicklungen in Gang setzen wird, die über das bisherige, rein auf die Sicherung eines „fairen" Verwaltungsverfahren abzielende Maß hinaus gehen. Ansonsten hätte die Überschrift auch „Recht auf ein faires Verfahren" oder schlicht „Verfahrensrechte" lauten können.

Das führt zu der Erkenntnis, dass das „Recht auf eine gute Verwaltung" in der Überschrift zumindest Einfluss auf die Auslegung der Rechte in Abs. 1 und 2 und auf das gesamte europäische Verfahrensrecht nehmen soll.[544] Im engeren Sinne umfasst es die normierten Rechte in Art. 41 GrCh, die in den Abs. 1 und 2 subjektive Verfahrensrechte des Einzelnen begründen. Im weiteren Sinne geht es aber darüber hinaus, indem es als Zielbestimmung eine Verwaltungsoptimierung und Verwaltungsmodernisierung in Aussicht stellen will.[545] Das Prinzip der guten Verwaltung stellt sich somit als Generalklausel dar, die nicht erschöpfend in Art. 41 GrCh konkretisiert wird, sondern deren Inhalt in Zukunft noch von der Rechtsprechung zu entwickeln ist.[546] Inhaltlich entspricht es den Zielvorstellungen, die die Kommission seit vielen Jahren mit ihrem Konzept des „Good Governance" verfolgt, dessen Ziele in dem Weißbuch „Europäisches Regieren – Ein Weißbuch"[547] festgehalten wurden.[548] Ziel von „Good Governance" ist demnach insbesondere Offenheit, Partizipation der Bürgerinnen und Bürger bei der Entscheidungsfindung, die konkrete Festlegung von Zuständigkeiten zur Bestimmung der Verantwortlichkeiten und die Kohärenz des politischen Handelns.[549]

Geht man somit davon aus, dass es sich bei dem Recht auf eine „gute Verwaltung" im weiteren Sinne um eine zunächst abstrakte Zielbestimmung in Bezug auf eine bürgernahe und moderne Verwaltung handelt, aus der unmittelbar keine subjektiven Rechte erwachsen, so wird es in Zukunft doch zu einem Paradigmen-

---

543 Zu den bei den Bürgern entstehenden Assoziationen auch *Classen*, Gute Verwaltung im Recht der Europäischen Union, S. 25.

544 So auch *Stelkens*, in: Stelkens/Bonk/Sachs, VwVfG, Europäisches Verwaltungsrecht, Europäisierung des Verwaltungsrechts und Internationales Verwaltungsrecht, Rn. 107; i.E. auch *Bullinger*, in: FS Brohm, 25, 31.

545 So i.E. auch *Goerlich*, DÖV 2006, 313, 318.

546 *Bullinger*, in: FS Brohm, 25, 31.

547 Mitteilung der Kommission v. 25.07.2001 „Europäisches Regieren – Ein Weissbuch", KOM (2001) 428 endg., ABl. v. 12.10.2001, C 287/1; in deutscher Fassung abrufbar unter http://eur-lex.europa.eu/legal-content/DE/TXT/PDF/?uri=CELEX:52001DC0428&from=DE (letzter Zugriff: 17.08.2016).

548 S. zum Ganzen ausf. *Goerlich*, DÖV 2006, 313, 316.

549 S. Zusammenfassung des Weissbuchs auf http://eur-lex.europa.eu/legal-content/DE/TXT/HTML/?uri=URISERV:l10109&from=DE (letzter Zugriff: 17.08.2016); vgl. auch *Goerlich*, DÖV 2006, 313, 316.

wechsel bei der Ausgestaltung von Verfahren hinsichtlich der Einbindung der Bürgerinnen und Bürger kommen. Gute Verwaltung wird sich auf europäischer Ebene nicht mehr nur danach messen lassen dürfen, ob innerhalb des Verfahrens das Mindestmaß an Verfahrensrechten gewährleistet und eine materiell rechtmäßige Entscheidung getroffen wurde. Gute Verwaltung als Ausdruck einer modernen und bürgernahen Verwaltungskultur setzt zukünftig voraus, dass der Einzelne innerhalb eines transparenten Verfahrens mit seinen Anliegen und Bedürfnissen ernst genommen wird und die Verwaltung ihm nicht innerhalb eines Subordinationsverhältnisses, sondern als Dienstleister begegnet.[550] Dies wiederum führt dazu, dass sich die Bürgerinnen und Bürger vielmehr mittelbar bei der Ausgestaltung ihrer Verfahrensrechte auf ihr „Recht auf gute Verwaltung“ berufen können. Denn für die Erreichung der genannten Zielvorgabe ist es unabdingbar, die Verfahrenspositionen der Bürgerinnen und Bürger zu stärken und nach der Zielvorgabe auszurichten und zu optimieren. Insbesondere Einschränkungen von Verfahrensrechten werden in dem Sinne erschwert, dass die Zielbestimmung den Verfahrensrechten im Rahmen der Verhältnismäßigkeitsprüfung noch mehr Gewicht verleihen wird.

Will man hingegen über das derzeitige soft law in Gestalt von unverbindlichen Kodizes hinaus Service- und Dienstleistungsgesichtspunkte als subjektive Rechte des Einzelnen rechtlich verbindlich garantieren, ist analog der finnischen Rechtssetzungspraxis eine Konkretisierung innerhalb des einfachen Sekundärrechtes notwendig. Eine Chance hierfür bietet sich für den Unionsgesetzgeber im Rahmen der Überlegungen, ein einheitliches europäisches Verwaltungsverfahrensgesetz auf den Weg zu bringen.[551] Auch der Wunsch des Europäischen Parlaments, den „Europäischen Kodex für gute Verwaltungspraxis“ in eine Verordnung aufzunehmen,[552] wäre aufgrund der in diesem Kodex zur Geltung kommenden Servicegesichtspunkte[553] ein erster Schritt in diese Richtung.

550 *Bull/Mehde*, Allgemeines Verwaltungsrecht mit Verwaltungslehre, Rn. 1229.

551 Am 15.01.2013 verabschiedete das Europäische Parlament eine Entschließung, in der es Empfehlungen für ein einheitliches europäisches Verfahrensrecht an die Kommission richtete, 2012/2024 (INL); s. hierzu *Seitz*, EuZW 2015, 273 sowie *Philipp*, EuZW 2013, 124.

552 Entschließung des Europäischen Parlaments zu dem Sonderbericht des Europäischen Bürgerbeauftragten an das Europäische Parlament im Anschluss an die Initiativuntersuchung betreffend das Vorhandensein und die öffentliche Zugänglichkeit eines Kodexes für gute Verwaltungspraxis in den verschiedenen Gemeinschaftsinstitutionen und -organen (C5-0438/2000–2000/2212(COS)), ABl. v. 21.03.2002, C 72E/331.

553 Vgl. Art. 12 des Musterkodex für gute Verwaltungspraxis.

3. Persönlicher Schutzbereich

Auf das Grundrecht auf gute Verwaltung im engeren Sinne kann sich nach Art. 41 Abs. 1 GrCh jede Person berufen, wenn „ihre Angelegenheiten" betroffen sind. Dies gilt auch für juristische Personen des Privatrechtes.[554] Voraussetzung hierfür ist ein spezifischer Bezug der Angelegenheit zum betreffenden Grundrechtsträger, was insbesondere dann der Fall ist, wenn er Adressat der abschließenden Entscheidung ist.[555] Dritte hingegen werden auch umfasst, wenn die betreffende Angelegenheit sie „*in der Sache* berührt".[556] Letztlich wird durch dieses Merkmal zwar ein Popularanspruch ausgeschlossen, aber nur ein geringer Grad der Betroffenheit verlangt.[557] Als Indiz soll insbesondere die Einbeziehung Dritter in das Verwaltungsverfahren dienen.[558] Im Gegensatz zu Art. 41 Abs. 2 lit. a) ist auch nicht Voraussetzung, dass es sich um eine nachteilige Maßnahme handelt.[559]

Fraglich ist an dieser Stelle, inwieweit auch die Drittbeteiligten im Beihilfeverfahren vom Schutzbereich dieses Grundrechtes umfasst sind. Jedenfalls handelt es sich für den Beihilfeempfänger bei Entscheidungen im Beihilfeverfahren um Angelegenheiten, die ihn in der Sache direkt betreffen. Aber auch das Interesse der Konkurrenten am Ausgang des Verfahrens weist einen spezifischen Bezug zur Beihilfeentscheidung auf. Dies gilt sowohl für die Positiventscheidungen im Vorprüfungsverfahren, die eine abschließende Beihilfeentscheidung darstellen, als auch für die Entscheidungen im förmlichen Prüfverfahren. Besonders für den Beschwerdeführer dürfte dies angesichts seiner Einbeziehung in das Verwaltungsverfahren gelten, ist doch seine Beschwerde der Anlass für die Einleitung des Verfahrens. Dies trifft zwar für den Konkurrenten, der keine Beschwerde einlegt, nicht zu. Letztlich wird man aber auch ihm nicht absprechen können, dass er ein Interesse am Ausgang des Verfahrens hat. Die Voraussetzungen können an dieser Stelle nicht enger sein als die, die für die „individuelle Betroffenheit" der Konkurrenten im gerichtlichen Verfahren verlangt werden. Hier hat der Gerichtshof, wie bereits dargelegt, entschieden, dass die Klagebe-

---

554 S. hierzu ausf. *Lais*, ZEuS 2002, 447, 460 mit Verweis auf die Rechtsprechung der Unionsgerichte zur Grundrechtsträgerschaft juristischer Personen, insb. EuGH, Urteil v. 11.07.1989, Rs. C-265/87, „*Schräder/Hauptzollamt Gronau*", Rn. 15, Slg. 1989, 2263 sowie *Schwarze*, EuZW 2001, 517, 519.

555 *Jarass*, GrCh, Art. 41 Rn. 12; *ders.*, in: FS Schenke, 849, 854.

556 *Jarass*, GrCh, Art. 41 Rn. 12; *ders.*, in: FS Schenke, 849, 854; vgl. auch *Galetta/Grzeszick*, in: Stern/Sachs, GrCh, Art. 41 Rn. 31.

557 *Ruffert*, in: Calliess/Ruffert, EUV/AEUV, Art. 41 GrCh Rn. 7.

558 *Frenz*, Handbuch Europarecht, Rn. 4531; *Jarass*, GrCh, Art. 41 Rn. 12.

559 *Jarass*, in: FS Schenke, 849, 854.

fugnis der Konkurrenten gegen verfahrensabschließende Entscheidungen im Vorprüfungsverfahren notwendig ist, um deren Verfahrensrechte zur Geltung zu bringen.

4. Einzelne Rechte (Art. 41 Abs. 2 GrCh)

Wie dargelegt, sind die in Art. 41 Abs. 2 GrCh aufgeführten Teilrechte Konkretisierungen des in Abs. 1 genannten Rechtes auf eine gerechte Behandlung. Im Folgenden soll näher auf die, für die Verfahrensrechte der Drittbeteiligten relevanten, Teilrechte des Abs. 2, nämlich das Recht, vor einer belastenden Entscheidung gehört zu werden, Art. 41 Abs. 2 lit. a), sowie das Recht auf Akteneinsicht, Art. 41 Abs. 2 lit. b), eingegangen werden.

a) Das Recht auf Anhörung, Art. 41 Abs. 2 lit. a) GrCh

aa) Sachlicher und personeller Schutzbereich

Art. 41 Abs. 2 lit. a) GrCh sichert jeder Person das Recht zu, vor einer für sie nachteiligen individuellen Maßnahme gehört zu werden. Ausgehend von der Charta-Erläuterung, die für Art. 41 GrCh in weitem Umfang auf die bisherige Rechtsprechung des Gerichtshofes verweist[560], wird in der Literatur zur Auslegung dieses Chartagrundrechtes ebenfalls auf die bisherige Rechtsprechung des Gerichtshofes verwiesen.[561] Demnach soll das Grundrecht gewährleisten, dass sich der Einzelne zu allen rechtlichen und tatsächlichen Gesichtspunkten äußern kann, bevor eine ihn beschwerende Entscheidung ergeht.[562] Eine Beschwer liegt dann vor, wenn Nachteile jedweder Art, ob ökonomisch, rechtlich oder rein faktisch, zu erwarten sind.[563] Dies umfasst nicht nur Maßnahmen der Eingriffsverwaltung, sondern auch Entscheidungen der Verwaltung, die eine beantragte Vergünstigung ablehnen.[564] Zudem muss der Nachteil für denjenigen, der sich auf

---

560 Erläuterungen zur Charta der Grundrechte, ABl. v. 14.12.2007, C 303/17.

561 *Jarass*, in: FS Schenke, 849, 850.

562 EuG, Rs. T-450/93, „*Listreal/Kommission*“, Rn. 42, Slg. 1994, II-1177; *Lais*, ZEuS 2002, 447, 464; *Jarass*, GrCh, Art. 41 Rn. 21a.

563 *Ruffert*, in: Calliess/Ruffert, EUV/AEUV, Art. 41 GrCh Rn. 14; *Klatt*, in: von der Groeben/Schwarze/Hatje, Europäisches Unionsrecht, Art. 41 GrCh Rn. 13.

564 EuGH, Urteil v. 21.11.1991, Rs. C-269/90, „*Technische Universität München/Hauptzollamt München-Mitte*“, Rn. 14, Slg. 1991, I-5469; ausf. hierzu *Nehl*, Europäisches Verwaltungsverfahren und Gemeinschaftsverfassung, S. 281 ff.; s. auch *Huck*, EuZW 2016, 132, 133 f.; *Classen*, in: Grabitz/Hilf/Nettesheim, Recht der EU, Art. 197 AEUV Rn. 34; *Sydow*, Verwaltungskooperation in der Europäischen Union, S. 269 f.

die Vorschrift beruft, auch spürbar sein.[565] Individuell ist die Maßnahme, wenn sie an einen oder mehrere Personen adressiert ist, was generelle Regelungen vom Anwendungsbereich des Grundrechtes ausschließt.[566]

Weiterhin müssen dem Betroffenen vor der Anhörung durch die Behörde sowohl die relevanten Tatsachen mitgeteilt werden, die diese ihrer Entscheidung zugrunde legen möchte,[567] als auch die Maßnahmen, die sie aufgrund dieser Tatsachen gedenkt zu ergreifen.[568] Zuletzt umfasst das Anhörungsrecht auch den Anspruch auf Berücksichtigung der Eingaben durch die Behörde im Rahmen ihrer abschließenden Entscheidung.[569] Dies setzt zwar voraus, dass sich die Behörde sorgfältig mit den Eingaben auseinandersetzt[570] und nicht nur passiv die Informationen zur Kenntnis nimmt,[571] was sie hingegen nicht verpflichtet, in ihrer Entscheidungsbegründung auf alle von den Beteiligten vorgebrachten rechtlichen und tatsächlichen Gesichtspunkte einzugehen.[572] Durch seinen Vortrag kann der Beteiligte erreichen, dass auf der einen Seite etwaige Fehler von der Verwaltung erkannt und bereinigt werden, auf der anderen Seite aber auch seine persönliche Situation bei der Entscheidungsfindung der Behörde stärker Berücksichtigung findet.[573]

Bedeutsam ist aber die Frage, wer sich überhaupt auf das Recht berufen kann. Die Rechtsprechung zu den allgemeinen Rechtsgrundsätzen war hier in der Vergangenheit nicht eindeutig. Der Gerichtshof verlangte in der Entscheidung

---

565 *Jarass*, in: FS Schenke, 849, 858; *ders.*, GrCh, Art. 41 Rn. 21a.

566 *Jarass*, in: FS Schenke, 849, 858; *Nöhmer*, Das Recht auf Anhörung im europäischen Verwaltungsverfahren, S. 55.

567 EuGH, Urteil v. 21.09.2000, Rs. C-462/98, „*Mediocurso/Kommission*“, Rn. 43, Slg. 2000, I-7183; s. zum Recht auf Information als Teilaspekt des Rechtes auf Gehör *Pfeffer*, Das Recht auf eine gute Verwaltung, S. 146.

568 EuGH, Urteil v. 23.10.1974, Rs. C-17/74, „*Transocean Marine Paint/Kommission*“, Rn. 15, Slg. 1974, 1063; vgl. zum Ganzen auch *Jarass*, GrCh, Art. 41 Rn. 22; *Lais*, ZEuS 2002, 447, 464 f.

569 EuGH, Urteil v. 10.07.2001, Rs. C-315/99 P, „*Ismeri Europa Srl/Rechnungshof*“, Rn. 31 f., Slg. 2001, I-5281; vgl. auch *Jarass*, GrCh, Art. 41 Rn. 22.

570 EuGH, Urteil v. 21.11.1991, Rs. C269/90, „*Technische Universität München/Hauptzollamt München-Mitte*“, Rn. 14, Slg. 1991, I-5469 = NVwZ 1992, 358, 359; EuGH, Urteil v. 22.11.2012, Rs. C-277/11, „*M.M./Minister For Justice, Equality and Law Reform, Irland*“, Rn. 88 = NVwZ 2013, 59, 60 f.

571 *Huck*, EuZW 2016, 132, 134.

572 EuGH, Urteil v. 29.10.1980, Rs. C-209/78, „*Van Landewyk/Kommission*“, Rn. 66, Slg. 1980, 3125.

573 *Huck*, EuZW 2016, 132, 133.

„Al-Jubail Fertilizer“ in Bezugnahme auf die allgemeinen Rechtsgrundsätze für ein Recht zur Anhörung eine individuelle und unmittelbare Betroffenheit des Einzelnen.[574] In der Entscheidung „Lisrestal“ ließ das Gericht es hingegen genügen, dass „jeder Person, der gegenüber eine beschwerende Entscheidung ergehen kann“, ein Recht auf Anhörung zuzuerkennen sei.[575] Der Entscheidung lag die Frage zugrunde, ob der Empfänger eines Zuschusses aus dem europäischen Sozialfond (ESF) individuell und unmittelbar von der Entscheidung der Kommission betroffen ist, die an den betreffenden Mitgliedstaat adressiert war und die Rückzahlung des Zuschusses vorsah. Dies bejahte das Gericht, da die klagenden Unternehmen unmittelbar von der Entscheidung der Kommission wirtschaftlich betroffen seien und sprach diesen ein Anhörungsrecht zu.[576]

Die Beteiligtenkonstellation in der Rechtssache „Listreal“ sowie die wirtschaftliche Betroffenheit der beteiligten Unternehmen ist durchaus mit der Situation der Drittbeteiligten im Beihilfeverfahren vergleichbar. Aus der Entscheidung wurde abgeleitet, dass in solchen „kooperativen“ Beziehungen, in denen eine Kommissionsentscheidung nur an die Mitgliedstaaten, aber nicht an die wirtschaftlich betroffenen Unternehmen adressiert ist, auch letztere sich auf ein Recht auf Anhörung berufen können.[577] Eine unmittelbare und individuelle Betroffenheit könne folglich auch bei Fehlen einer direkten Rechts- und Verfahrensbeziehung zwischen der Kommission und den betreffenden Unternehmen gegeben sein.[578]

In der wettbewerbsrechtlichen Entscheidung „Kali-Salze“[579] hat der Gerichtshof hervorgehoben, dass der allgemeine Rechtsgrundsatz des Anhörungsrechtes auch für Dritte gelte, die durch die Entscheidung in ihren rechtlich geschützten Interessen betroffen sind.[580]

Im Beihilfeverfahren haben die Unionsgerichte bezüglich Drittbeteiligter aber immer wieder darauf hingewiesen, dass diesen kein Anspruch auf rechtliches Gehör zustehe und sich ihr Anspruch darauf beschränke, im Verfahren unter

574 EuGH, Urteil v. 27.06.1991, Rs. C-49/88, *„Al-Jubail Fertilizer/Rat“*, Rn. 15, Slg. 1991, I-3187; s. auch *Lais*, Zeus 2002, 447, 464.

575 EuG, Rs. T-450/93, *„Listreal/Kommission“*, Rn. 42, Slg. 1994, II-1177.

576 EuG, Rs. T-450/93, *„Listreal/Kommission“*, Rn. 43 ff., Slg. 1994, II-1177.

577 *Pfeffer*, Das Recht auf eine gute Verwaltung, S. 143.

578 *Pfeffer*, Das Recht auf eine gute Verwaltung, S. 143; *Nehl*, Europäisches Verwaltungsverfahren und Gemeinschaftsverfassung, S. 288 f.

579 EuGH, Urteil v. 31.03.1998, verb. Rs. C-68/94 u.a., *„Frankreich u.a./Kommission“*, Slg. 1998, I-1375.

580 EuGH, Urteil v. 31.03.1998, verb. Rs. C-68/94 u.a., *„Frankreich u.a./Kommission“*, Rn. 174 f., Slg. 1998, I-1375.

Berücksichtigung des Einzelfalls angemessen beteiligt zu werden.[581] Die grundsätzliche Verortung Dritter in den Schutzbereich des aus dem primärrechtlichen allgemeinen Rechtsgrundsätzen abgeleiteten Anhörungsrechtes war und ist deshalb mehr als fraglich.[582] In der Literatur wurde deshalb teilweise geschlussfolgert, dass abgesehen von der primärrechtlichen Verortung von Anhörungsrechten Dritter diese nur auf Grundlage sekundärrechtlicher Vorschriften Anhörungsrechte herleiten können.[583]

Ausgehend davon können sich zunächst die Adressaten auf das Recht aus Art. 41 Abs. 2 lit. a) GrCh berufen, da diese stets von der sie belastenden Entscheidung beschwert und somit auch unmittelbar und individuell betroffen sind.[584] Es stellt sich nun aber die Frage, ob und wenn ja unter welchen Voraussetzungen auch Dritte in den Schutzbereich des Art. 41 Abs. 2 lit. a) GrCh einzubeziehen sind.

Grzeszick sieht in der Kodifizierung der einzelnen Verfahrensrechte die Gefahr, dass eine zu sehr am Wortlaut orientierte Auslegung der Vorschriften des Art. 41 GrCh hinsichtlich des persönlichen Anwendungsbereiches ein weniger an Schutz gewährleisten würde, als es bislang durch die Anwendung der allgemeinen Rechtsgrundsätze der Fall sei.[585] Um dies unter Verweis auf das Ziel der Chartarechte, bisherige Rechtspositionen nicht einzuschränken, zu verhindern, sei nach seiner Ansicht ein Gleichlauf des persönlichen Anwendungsbereiches der Chartarechte und der Rechtsprechung zu den allgemeinen Rechtsgrundsätzen notwendig.[586]

Dieser Ansatz ist jedoch weder von der Herleitung noch vom Ergebnis her unbedingt zwingend. Zunächst will nicht einleuchten, warum der Wortlaut der einzelnen Vorschriften in Art. 41 GrCh zum Anlass genommen werden sollte, aus den allgemeinen Rechtsgrundsätzen abgeleitete Verfahrensrechtspositionen

581 EuG, Urteil v. 06.03.2003, verb. Rs. T-228/99 u. a., „*WestLB u. a./Kommission*“, Rn. 125, Slg. 2003, II-435; s. hierzu auch ausf. *Nowak*, in: Behrens/Braun/Nowak, Europäisches Wettbewerbsrecht im Umbruch, 23, 44 f.

582 S. zu dieser Frage *Nowak*, in: Behrens/Braun/Nowak, Europäisches Wettbewerbsrecht im Umbruch, 23, 45.

583 *Kamann*, in: Nowak/Cremer, Individualrechtsschutz in der EG und der WTO, S. 161, 165 f.; *Lenaerts/Vanhamme*, CMLRev 1997, 531, 539; s. hierzu näher *Nowak*, in: Behrens/Braun/Nowak, Europäisches Wettbewerbsrecht im Umbruch, 23, 45 mwN.

584 *Galetta/Grzeszick*, in: Stern/Sachs, GrCh, Art. 41 Rn. 64; *Pfeffer*, Das Recht auf eine gute Verwaltung, S. 143; *Lais*, ZEuS 2002, 447, 464; *Huck*, EuZW 2016, 132, 133.

585 *Grzeszick*, EuR 2006, 161, 170 ff.

586 *Grzeszick*, EuR 2006, 161, 171 f.

Dritter einzuschränken. Zugegebenermaßen verleitet der Wortlaut der deutschen Übersetzung des Art. 41 Abs. 2 lit. a) GrCh („bevor ihr gegenüber eine für sie nachteilige individuelle Maßnahme getroffen wird“) auf den ersten Blick zu einer adressatenbezogenen Auslegung des Rechtes. Deutliche Unterschiede treten hier aber in Bezug auf die englische Fassung zutage. Sie spricht von „the right of every person to be heard, before any individual measure which would affect him or her adversely is taken“. Mit der Formulierung „which would affect him or her“ wird letztlich nur eine Betroffenheit des Einzelnen verlangt. Im Gegensatz dazu findet sich in der englischen Übersetzung zu Art. 263 Abs. 4 AEUV die Formulierung „against an act addressed to that person or which is of direct and individual concern to them“. Die erste Variante des Art. 263 Abs. 4 AEUV, die sich nur auf Adressaten bezieht, ist eindeutig nicht mit Art. 41 Abs. 2 lit. a) AEUV homogen, hingegen aber Var. 2, die statt des Verbes „affect“ das Synonym „concern“ verwendet. Sowohl nach dem Wortlaut als auch aus der Systematik der englischen Übersetzung ist eine adressatenbezogene Auslegung des Art. 41 Abs. 2 lit. a) GrCh nicht herzuleiten, sondern ausschließlich eine Betroffenheit des Einzelnen zu verlangen.

Weniger eindeutig, aber im Ergebnis ähnlich, verhält es sich mit der französischen Fassung. Diese spricht von „le droit de toute personne d’être entendue avant qu’une mesure individuelle qui l’affecterait défavorablement ne soit prise à son encontre“. Der Begriff „à l’encontre de qn.“ ließe sich zwar durchaus mit „gegen jemanden“ übersetzen. Auf der anderen Seite wäre auch eine Übersetzung mit „jemanden gegenüber“ möglich. Die erste Variante würde für eine adressatenbezogene Auslegung sprechen, wohingegen die zweite eine Übersetzung des Normwortlautes nahelegt, die wiederum lediglich eine Betroffenheit des Einzelnen verlangt („bevor eine individuelle Maßnahme getroffen wird, die ihr gegenüber nachteilige Auswirkungen hat“). Auch hier hilft ein systematischer Vergleich zu der Formulierung in Art. 263 Abs. 4 AEUV weiter. Das Gesetz spricht hier von „les actes dont elle est le destinataire ou qui la concernent directement et individuellement“. Eine eindeutige adressatenbezogene Formulierung, wie sie in dieser Vorschrift zum Ausdruck kommt, wird auch in der französischen Fassung in Art. 41 Abs. 2 lit. a) GrCh vermieden. Parallelen finden sich sprachlich vielmehr zwischen der nichtadressatenbezogenen Regelung des Art. 263 Abs. 4 Var. 2 AEUV („concernent“) und dem Wortlaut des Art. 41 Abs. 2 lit. a) GrCh („affecterait“). So verhält es sich auch in der spanischen Fassung der beiden Regelungen (Art. 263 Abs. 4 AEUV: „que la afecten directa e individualmente y contra los actos“; Art. 41 Abs. 2 lit. a) AEUV: „en contra suya una medida individual que la afecte desfavorablemente“).

Ausgehend davon verwundert es nicht, dass nach Ansicht der englischsprachigen Literatur das Anhörungsrecht in Art. 41 Abs. 2 lit. a) GrCh von seinem persönlichen Anwendungsbereich im Vergleich zu den Voraussetzungen, unter denen eine Individualnichtigkeitsklage zulässig ist, aber auch im Vergleich zu den restriktiveren Voraussetzungen, die die Unionsgerichte für das Recht auf Anhörung aus den allgemeinen Rechtsgrundsätzen abgeleitet haben, als relativ weit formuliert angesehen wird.[587]

bb) Zwischenfazit und Stellungnahme

Stellt man dies vorweg, so muss auch die deutsche Fassung des Art. 41 Abs. 2 lit. a) GrCh als nicht adressatenbezogene Regelung verstanden und ausgelegt werden, sodass der Schutzbereich auch für Nichtadressaten eröffnet ist.[588] Der Schutz von Nichtadressaten wird letztlich auch durch die Charta-Erläuterung gestützt, die hinsichtlich des Anspruches auf rechtliches Gehör auf die Entscheidung „Lirestal", nicht jedoch auf die in der Formulierung engere Entscheidung „Al-Jubail Fertilizer" des Gerichtshofes verweist.[589] Zieht man zudem das Urteil in der Rechtssache „Kali-Salze"[590], das das Urteil in der Rechtssache „Lirestal" in Bezug auf Nichtadressaten und somit Dritte konkretisiert,[591] als Auslegungshilfe gemäß Art. 6 Abs. 1 UAbs. 3 EUV i.V.m. Art. 52 Abs. 7 GrCh hinzu, wird dieser Standpunkt untermauert.

Auch wenn somit das Merkmal „individuelle Maßnahme" nicht dazu führt, dass sich ausschließlich Adressaten auf das Recht berufen können, wird man doch eine individuelle Betroffenheit derjenigen Dritten verlangen müssen, die

---

587 *Kańska*, ELJ 2004, 296, 317; zur Frage, inwieweit das Merkmal „unmittelbare und individuelle Betroffenheit" in Art. 263 Abs. 4 Var. 2 AEUV zur Bestimmung der individuell nachteiligen Entscheidung nach Art. 41 Abs. 2 lit. a) GrCh herangezogen werden kann, ausf. *Classen*, Gute Verwaltung im Recht der Europäischen Union, S. 276 ff.

588 So i.E. auch *Jarass*, GrCh, Art. 41 Rn. 21; *ders.*, in: FS Schenke, 849, 858; *Klatt*, in: von der Groeben/Schwarze/Hatje, Europäisches Unionsrecht, Art. 41 GrCh Rn. 13; *Nöhmer*, Das Recht auf Anhörung im europäischen Verwaltungsverfahren, S. 37 f.; *Pfeffer*, Das Recht auf eine gute Verwaltung, S. 143, *Nehl*, Europäisches Verwaltungsverfahren und Gemeinschaftsverfassung, S. 288 f.; *Lais*, ZEuS 2002, 447, 464; *Galetta/Grzeszick*, in: Stern/Sachs, GrCh, Art. 41 Rn. 64.

589 Erläuterungen zur Charta der Grundrechte, ABl. v. 14.12.2007, C 303/28.

590 EuGH, Urteil v. 31.03.1998, verb. Rs. C-68/94 u.a., *„Frankreich u.a./Kommission"*, Rn. 174 f., Slg. 1998, I-1375.

591 Vgl. *Schwarze*, Europäisches Verwaltungsrecht, LXXXII.

sich auf das Recht berufen.[592] Voraussetzung für die Eröffnung des persönlichen Schutzbereiches für Nichtadressaten ist deshalb, dass die in Rede stehenden Vorschriften auch dem Schutz individueller Interessen Dritter dienen, was insbesondere auch bei einer reinen wirtschaftlichen Betroffenheit bejaht werden kann.[593]

Für die Drittbeteiligten im europäischen Beihilfeverfahren bedeutet dies, dass sich die Konkurrenten auf das Recht auf Anhörung berufen können, wenn eine für sie nachteilige Maßnahme getroffen wird. Das trifft auch auf die Positiventscheidungen im Vorprüfungsverfahren zu, weil diese das Verfahren zum Nachteil der Konkurrenten abschließen. Ob und in welcher Weise dieses Recht verfassungsgemäß eingeschränkt werden kann, ist hingegen keine Frage des Schutzbereiches, sondern der Rechtfertigung eines dahin gehenden Grundrechtseingriffes. Die Beihilfeempfänger fallen hingegen nicht in den Schutzbereich der Vorschrift. Im Falle einer Positiventscheidung in der Vorprüfungsphase fehlt es bereits an einer Beschwer. Sollte die Kommission sich hingegen entscheiden, das förmliche Prüfverfahren einzuleiten, wird ihr Recht auf Anhörung bereits durch Art. 108 Abs. 2 AEUV gewährleistet.

cc) Grenzen

Das Recht auf Anhörung gilt nicht grenzenlos und kann eingeschränkt oder sogar gänzlich versagt werden. Insbesondere die Erhaltung einer „leistungsfähigen Verwaltung" kann Einschränkungen rechtfertigen, was die Versagung der Anhörung bspw. bei unaufschiebbaren Akten der Verwaltung oder bei praktischer Unmöglichkeit, z. B. bei Unerreichbarkeit der anzuhörenden Partei, zulässt.[594] Bei Gefahr im Verzug wird ebenfalls dafür plädiert, Einschränkungen zuzulassen, die sich jedoch auf Ausnahmekonstellationen beschränken sollen.[595] Auch sonstige

592 So auch *Classen*, Gute Verwaltung im Recht der Europäischen Union, S. 274 f; *Pfeffer*, Das Recht auf eine gute Verwaltung, S. 142 f.

593 *Classen*, Gute Verwaltung im Recht der Europäischen Union, S. 274 f.

594 GA Warner, Schlussantrag v. 14.02.1979 in der Rs. C-113/77, „*NTN Toyo Bearing Company/Rat*", Slg. 1979, 1185, 1262, der sich jedoch für eine restriktive Anwendung dieser Ausnahmen ausspricht; *Gassner*, DVBl. 1995, 16, 19; *Galetta/Grzeszick*, in: Stern/Sachs, GrCh, Art. 41 Rn. 70; *Pfeffer*, Das Recht auf eine gute Verwaltung, S. 149 f.

595 GA Warner, Schlussantrag v. 14.02.1979 in der Rs. C-113/77, „*NTN Toyo Bearing Company/Rat*", Slg. 1979, 1185, 1262; *Gassner*, DVBl. 1995, 16, 19; *Pfeffer*, Das Recht auf eine gute Verwaltung, S. 149 f.; *Nöhmer*, Das Recht auf Anhörung im europäischen Verwaltungsverfahren, S. 57.

zwingende öffentliche Interessen können unter Umständen eine Einschränkung des Anhörungsrechtes rechtfertigen.[596]

b) Das Recht auf Akteneinsicht, Art. 41 Abs. 2 lit. b) GrCh

Art. 41 Abs. 2 lit. b) GrCh regelt das Recht des Einzelnen auf Zugang zu den ihn betreffenden Akten. Der Anspruch wird hingegen begrenzt durch das berechtigte Interesse der Vertraulichkeit und des Berufs- und Geschäftsgeheimnisses. Auch das Akteneinsichtsrecht wurde von den Unionsgerichten als Teil der Verteidigungsrechte und akzessorisch zum Anhörungsrecht aus den primärrechtlichen Rechtsgrundsätzen abgeleitet.[597] Es soll dem Betroffenen ermöglichen, seinen Anspruch auf rechtliches Gehör effektiv wahrnehmen zu können.[598] Auch wenn es mit dem Recht auf Anhörung eng verbunden ist, handelt es sich bei dem Recht auf Akteneinsicht um ein eigenständiges Grundrecht.[599]

Der Begriff der Akte wird weit verstanden und soll alle Unterlagen ohne Rücksicht auf die Form des Datenträgers erfassen.[600] Zudem gewährleistet die Vorschrift kein vollumfängliches Akteneinsichtsrecht, sondern beschränkt sich auf die Akten, die für den Grundrechtsträger von Bedeutung sind.[601] Auch bei diesem Grundrecht stellt sich somit die Frage, wer vom Schutzbereich umfasst ist. Das akzessorische Akteneinsichtsrecht wurde von den Unionsgerichten bislang den Adressaten einer Kommissionsentscheidung zugesprochen.[602] Hinsichtlich Nichtadressaten lehnten die Unionsgerichte bislang ein Akteneinsichtsrecht ab. Dies galt nicht nur für sonstige Dritte, sondern im Bereich des Beihilferechtes auch für die Beihilfeempfänger und Konkurrenten.[603]

---

596 *Klatt*, in: von der Groeben/Schwarze/Hatje, Europäisches Unionsrecht, Art. 41 GrCh Rn. 13.

597 EuGH, Urteil v. 07.01.2004, Rs. C-204/00 u. a., „*Aalborg Portland u. a./Kommission*", Rn. 68 ff., Slg. 2004, I-123 mwN; *Magiera*, in: Meyer, GrCh, Art. 41 Rn. 13 mwN.

598 EuGH, Urteil v. 02.10.2003, Rs. C-199/99 P, „*Corus/Kommission*", Rn. 126, Slg. 2003, I-11177; vgl. *Nöhmer*, Das Recht auf Anhörung im europäischen Verwaltungsverfahren, S. 52.

599 *Nöhmer*, Das Recht auf Anhörung im europäischen Verwaltungsverfahren, S. 52 f.; *Classen*, Gute Verwaltung im Recht der Europäischen Union, S. 303; *Pfeffer*, Das Recht auf eine gute Verwaltung, S. 151.

600 *Magiera*, in: Meyer, GrCh, Art. 41 Rn. 14.

601 *Galetta/Grzeszick*, in: Stern/Sachs, GrCh, Art. 41 Rn. 72.

602 EuGH, Urteil v. 06.04.1994, Rs. C-310/93 P, „*BPB Industries/Kommission*", Rn. 21, Slg. 1995, I-865; vgl. dazu auch *Galetta/Grzeszick*, in: Stern/Sachs, GrCh, Art. 41 Rn. 74 mwN aus der Rechtsprechung.

603 S. hierzu bereits oben Kap. 1.II.3.b).cc).(6).

Zunächst muss die entsprechende Akte den Grundrechtsträger betreffen, was hingegen nicht bedeutet, dass es sich primär um die Akte des Grundrechtsträgers handelt; vielmehr sind auch Akten, die einen primären Bezug zu einem Dritten aufweisen, Akten, die den Grundrechtsträger „betreffen", soweit auch seine Angelegenheiten tangiert sind.[604] Bei der Bestimmung, wann eine Angelegenheit eine solche des Grundrechtsträgers ist, kann auf die dementsprechende Auslegung zu Art. 41 Abs. 1 GrCh Bezug genommen werden. Demnach wird man dies annehmen können, wenn die Angelegenheit einen spezifischen Bezug zum Grundrechtsträger aufweist, was bei Nichtadressaten dann der Fall ist, wenn sie ihn sachlich betreffen und somit seine Interessen tangieren.[605] Eingegriffen wird in das Grundrecht, wenn die Akteneinsicht vollumfänglich oder teilweise versagt wird.[606]

Überträgt man diese Erwägungen auf die Drittbeteiligten im Beihilfeverfahren, so kann sowohl für die Konkurrenten bzw. Beschwerdeführer als auch für die Beihilfeempfänger ein solcher sachlicher Bezug bejaht werden. Dies betrifft dabei nicht nur das förmliche, sondern auch das Vorprüfungsverfahren. Beide sind unter den Schutzbereich des Grundrechtes zu fassen. Beiden wurde bislang in allen Verfahrensstadien des Beihilfeverfahrens ein Akteneinsichtsrecht versagt. Ob diese Rechtsprechung im Einklang mit Art. 41 Abs. 2 lit. b) GrCh steht, wird noch näher zu diskutieren sein. Denn wie bereits aus dem Wortlaut des Grundrechtes hervorgeht, ist eine Einschränkung durchaus zulässig.

c) Zwischenfazit

Der weit formulierte Schutzbereich der Teilrechte in Art. 41 Abs. 2 GrCh eröffnet insbesondere für das europäische Beihilfeverfahren die Gelegenheit, die bisherige Rechtsprechung zu den allgemeinen Rechtsgrundsätzen und zu den Verfahrensrechten Drittbeteiligter einer kritischen Würdigung zu unterziehen. In deren Rahmen ist von entscheidender Bedeutung, welche Auswirkungen die Kodifizierung des „Rechtes auf gute Verwaltung" bzw. seiner Teilrechte im Gefüge primärrechtlicher Gewährleistung von Verfahrensgarantien nach sich zieht. Die Beantwortung dieser Frage hat Relevanz im Rahmen der Einschränkung der genannten Grundrechte und der Bedeutung der bislang von den Unionsgerichten vorgebrachten Argumente für die Aberkennung bestimmter Verfahrensrechte der Drittbeteiligten im Beihilfeverfahren.

---

604 *Jarass*, GrCh, Art. 41 Rn. 24.
605 *Jarass*, GrCh, Art. 41 Rn. 12, 24.
606 *Jarass*, GrCh, Art. 41 Rn. 25.

II. Bedeutung der Kodifizierung

Im Folgenden soll die Bedeutung der Kodifizierung des Rechtes auf gute Verwaltung und seiner Teilrechte näher beleuchtet werden. Dabei wird zunächst der Frage nachgegangen, wie sich die Rechte aus der Grundrechtecharta in das Normgefüge des Primärrechtes, insbesondere im Verhältnis zu den ungeschriebenen, von der Rechtsprechung entwickelten allgemeinen Rechtsgrundsätzen einordnen. Von Bedeutung ist hier, ob die Rechte aus der Grundrechtecharta im Konfliktfall den Rechten aus den allgemeinen Rechtsgrundsätzen vorgehen. Sodann wird die Auswirkung der Kodifizierung auf die Verfahrensrechte der Drittbeteiligten im Beihilfeverfahren in den Blick genommen.

1. Einordnung der Grundrechtecharta in die Normenhierarchie des Unionsrechtes

Das Verhältnis der primärrechtlichen Rechtsquellen wird in Art. 6 EUV geregelt. Zunächst stellt Art. 6 Abs. 1 EUV klar, dass sich die Union zu den Rechten, Freiheiten und Grundsätzen, die in der Grundrechtecharta ihren Niederschlag gefunden haben, bekennt; zudem wird die Gleichrangigkeit der Charta mit den Verträgen festgeschrieben. Die nicht kodifizierten allgemeinen Rechtsgrundsätze sind über Art. 6 Abs. 3 EUV Teil des Unionsrechtes. Dadurch kommt es zu einem Nebeneinander der verschiedenen Primärrechtsquellen, was auch im Verfassungskonvent Gegenstand kontroverser Diskussionen war.[607] Letztlich war ausschlaggebendes Argument für die Beibehaltung dieser Doppelstruktur, dass der Grundrechtekatalog nicht als abschließend verstanden und den Gerichten somit die Möglichkeit eröffnet werden soll, weitere Rechte einzuführen, die aus der gesellschaftlichen Entwicklung resultieren.[608]

a) Diskussion in der Literatur

In der Literatur wurde die Beibehaltung des Art. 6 Abs. 3 EUV (Art. 6 Abs. 2 EUV a. F.) überwiegend kritisiert.[609] Kern der Kritik ist nicht nur die Überflüssig-

---

607 *Kingreen*, in: Calliess/Ruffert, EUV/AEUV, Art. 6 EUV Rn. 15 f.; zum Inhalt der Beratungen s. auch *Ludwig*, EuR 2011, 715, 724 ff.

608 CONV 528/03 v. 06.02.2003, S. 13; s. hierzu kritisch *Kingreen*, in: Calliess/Ruffert, EUV/AEUV, Art. 6 EUV Rn. 16 f.

609 *Kingreen*, in: Calliess/Ruffert, EUV/AEUV, Art. 6 Rn. 15 ff.; *Schulte-Herbrüggen*, ZEuS 2009, 343, 356 ff.; für eine Nichtbeibehaltung der Vorschrift bereits zum Entwurf des Verfassungsvertrages (VVE) *Schmitz*, EuR 2004, 691, 697 f.; *Pietsch*, ZRP 2003, 1, 4; *Schröder*, JZ 2002, 849, 853; *Calliess*, EuZW 2001, 261, 268; a.A. *Schor-*

keit der richterrechtlichen Entwicklung von Grundrechten aufgrund der umfassenden Rechtswirkungen der Charta,[610] sondern auch die dadurch entstandene Unsicherheit, welche Primärrechtsquelle im Konfliktfall vorrangig sein soll.[611] Zunächst werden vier Argumente für den Vorrang der Grundrechtecharta ins Feld geführt.

Für einen solchen Vorrang spreche zunächst die Systematik des Art. 6 EUV. Denn die Grundrechtecharta werde als Rechtsquelle vor den weiteren Rechtsquellen des Unionsrechtes aufgeführt.[612] Weiterhin spreche auch die stärkere Legitimation der Grundrechtecharta für deren Vorrang.[613] Aufgrund der Tatsache, dass sie von einem Konvent aus verschiedenen Vertretern der Mitgliedstaaten, der Kommission und des Parlamentes erarbeitet wurde, habe sie eine stärkere Legitimationskraft als die Urteile des Gerichtshofes zu den allgemeinen Rechtsgrundsätzen, die hinsichtlich ihrer Herleitung oftmals im vagen blieben.[614] Weiterhin wird auch auf den Zweck der Charta verwiesen, Transparenz und Rechtssicherheit für die Bürgerinnen und Bürger zu schaffen.[615] Würde man den Unionsgerichten die Möglichkeit eröffnen, von den Grundrechten in der Charta abzuweichen, würden diese beiden Ziele konterkariert werden.[616] Zuletzt wird auf den rechtsstaatlichen Grundsatz rekurriert, dass das geschriebene Recht stets Vorrang gegenüber dem ungeschriebenen Recht hat.[617]

---

kopf, in: Grabitz/Hilf/Nettesheim, Das Recht der Europäischen Union, Art. 6 EUV Rn. 52 f. *Schwarze*, in: FS Fischer, 487, 508 f. sieht die ungeschriebenen Rechtsgrundsätze als notwendigen Motor für die Entwicklung des geschriebenen Verwaltungsrechtes.

610 *Schröder*, JZ 2002, 849, 853; *Calliess*, EuZW 2001, 261, 268.

611 *Schulte-Herbrüggen*, ZEuS 2009, 343, 353; *Stein*, EuZ 2008, 37, 43.

612 *Schmitz*, EuR 2004, 691, 698; *Schulte-Herbrüggen*, ZEuS 2009, 343, 354; a.A. *Kizil*, JA 2011, 277, 280, für den die Positionierung reine Symbolik ohne rechtliche Auswirkungen darstellt.

613 *Schulte-Herbrüggen*, ZEuS 2009, 343, 354 f.

614 *Schulte-Herbrüggen*, ZEuS 2009, 343, 354 f.

615 *Ludwig*, EuR 2001, 715, 726 ff. mit Verweis auf die Präambel der GrCh und auf die Schlussfolgerungen Nr. 44 des Vorsitzes des Europäischen Rates von Köln v. 03./04.06.1999, 150/1/99 REV 1 CAB, S. 18; zur Transparenzfunktion der GrCh s. auch *Schwarze*, EuZW 2001, 517, 522 sowie *Pache*, EuR 2001, 475, 477 f.; kritisch hierzu aber *Stein*, EuZ 2008, 37, 38, der darauf hinweist, dass dem Unionsbürger seine durchsetzbaren Grundrechte bereits hinlänglich bekannt gewesen seien.

616 *Ludwig*, EuR 2001, 715, 727.

617 *Schulte-Herbrüggen*, ZEuS 2009, 343, 356; *Kingreen*, in: Calliess/Ruffert, EUV/AEUV, Art. 6 EUV Rn. 17; *Nöhmer*, Das Recht auf Anhörung im europäischen Verwaltungsverfahren, S. 77.

Aufgrund dessen sei im Konfliktfall trotz des Art. 6 Abs. 3 EUV die Grundrechtecharta vorrangig.[618]

Dieser Argumentationslinie werden zentrale Schwachstellen entgegengehalten. Die erste findet sich in der Erklärung Nr. 1 zum Vertrag von Lissabon, in der es heißt: „Die Charta der Grundrechte der Europäischen Union, die rechtsverbindlich ist, bekräftigt die Grundrechte, die durch die Europäische Konvention zum Schutz der Menschenrechte und Grundfreiheiten garantiert werden und die sich aus den gemeinsamen Verfassungsüberlieferungen der Mitgliedstaaten ergeben." Eine Charta, die Grundrechte nur bekräftige, würde gerade keine neuen Maßstäbe setzen, sondern die Entwicklung der Grundrechte auf Basis der Verfassungsüberlieferungen der Mitgliedstaaten weiterhin der Rechtsprechung überlassen.[619] *Stein* sieht diese Formulierung deshalb als Einfallstor für die Rechtsprechung, die Chartagrundrechte zu ignorieren.[620]

Des Weiteren wird auf die Regelung in Art. 6 Abs. 1 UAbs. 3 EUV hingewiesen, der regelt, dass die Bestimmungen in der Grundrechtecharta „unter gebührender Berücksichtigung der in der Charta angeführten Erläuterungen, in denen die Quellen dieser Bestimmungen angegeben sind", ausgelegt werden. Da die Chartaerläuterung größtenteils auf die Rechtsprechung der Unionsgerichte verweist, kann die Vorschrift auch so gedeutet werden, dass die Herleitung bzw. Neuerschaffung von Grundrechten nach wie vor in den Händen der Gerichte liegt und der geschriebenen Charta nur die Funktion zukommt, diese Rechte aus Gründen der Transparenz zu kodifizieren.[621] *Terhechte* sieht in der Tatsache, dass die Charta nicht, wie ursprünglich geplant, in die Verträge aufgenommen wurde, sondern lediglich in Art. 6 Abs. 1 EUV auf sie verwiesen wird, zudem eine Schwächung ihrer Bedeutung für den Grundrechtsschutz.[622]

Kizil tritt dem Argument des Vorranges des geschriebenen Rechtes vor dem ungeschriebenen Recht mit dem Argument entgegen, dass die Rechtsprechung des Gerichtshofes zu den Unionsgrundrechten Rechtssicherheit und Rechtsklarheit erzeugt habe und der effektive Grundrechtsschutz gefährdet werden würde, wenn man den ungeschriebenen Unionsgrundrechten nur noch eine untergeordnete Bedeutung zuweisen würde.[623]

---

618 *Schulte-Herbrüggen*, ZEuS 2009, 343, 354 ff.; *Kingreen*, in: Calliess/Ruffert, EUV/AEUV, Art. 6 EUV Rn. 17; *Schmitz*, EuR 2004, 691, 697 f.

619 *Schulte-Herbrüggen*, ZEuS 2009, 343, 358 f.

620 *Stein*, EuZ 2008, 37, 41.

621 *Schulte-Herbrüggen*, ZEuS 2009, 343, 359.

622 *Terhechte*, Konstitutionalisierung und Normativität der europäischen Grundrechte, 66.

623 *Kizil*, JA 2011, 277, 280.

Um diese Bedenken zumindest einzudämmen, wird vorgeschlagen, Art. 6 Abs. 3 EUV restriktiv auszulegen, um dem abschließenden Charakter der Charta Wirkung zu verleihen.[624] *Schmitz* schlägt vor, Art. 6 Abs. 3 EUV derart auszulegen, „dass er lediglich solche Grundrechte subsidiär als Ergänzung zur Charta zulässt, die weder in einem Spannungsverhältnis zu den Charta-Rechten, noch zu den Charta-Schranken, noch zu den Charta-Verboten oder sonstigen verfassungspolitischen Entscheidungen stehen.“[625] Der noch restriktivere Ansatz von *Kingreen* will Art. 6 Abs. 3 EUV sogar nur entnehmen, dass die bisherige Rechtsprechung der Unionsgerichte auf der einen Seite als wesentliche Grundlage für die Auslegung der Chartagrundrechte herangezogen wird, die Charta auf der anderen Seite aber auch nicht den bis dato erreichten richterrechtlichen Grundrechtsschutz in Frage stellen soll.[626] *Huck* sieht die ungeschriebenen Rechtsgrundsätze und die Rechte aus der Grundrechtecharta als gleichrangig an, wendet aber die teils konkreteren Rechte aus der Grundrechtecharta ausgehend vom Grundsatz des „lex specialis“ vorrangig an.[627]

b) Stellungnahme

Bislang wurden die ungeschriebenen allgemeinen Rechtsgrundsätze, die der Gerichtshof aus den Verfassungsüberlieferungen der Mitgliedstaaten entwickelte, gerade als notwendig angesehen, um etwaige Lücken im Unionsrecht zu schließen.[628] Schließt der Unionsgesetzgeber diese Lücken, wie beispielsweise durch die Kodifikation der europäischen Grundrechte in der Grundrechtecharta, entfällt diese Funktion.[629] Es wäre nicht unproblematisch, würde man Art. 6 Abs. 3 EUV derart interpretieren, dass dem Gerichtshof weiterhin die Möglichkeit eröffnet wird, ohne Beachtung der Charta weitere Grundrechte zu „erfinden“. Denn eine Rechtsgemeinschaft, in der dem demokratisch legitimierten geschriebenen Recht nur noch die Funktion zukommt, von der Rechtsprechung ohne rechtliche Herleitung für gegeben erachtende Grundrechte in transparenter Form festzuschreiben, und der Grundsatz des Vorranges des Gesetzes seine Bedeutung

---

624 *Kingreen*, in: Calliess/Ruffert, EUV/AEUV, Art. 6 Rn. 17 f.; *Schmitz*, EuR 2004, 691, 698.
625 *Schmitz*, EuR 2004, 691, 698.
626 *Kingreen*, in: Calliess/Ruffert, EUV/AEUV, Art. 6 Rn. 18.
627 *Huck*, EuZW 2016, 132, 133.
628 *von Arnauld*, EuR 2003, 191, 207, 210.
629 *von Arnauld*, EuR 2003, 191, 210; *Stein*, EuZ, 37, 39 f. weist darauf hin, dass durch die Grundrechtecharta gerade der frühere Rechtszustand, der keinerlei Bindung der Unionsgerichte an konkrete Grundrechtsnormen vorsah, korrigiert werden sollte.

verliert, entfernt sich von gefestigten rechtsstaatlichen Grundsätzen. Zudem kann die mit der Charta erwünschte Transparenz und Rechtssicherheit in der Tat nur dann erreicht werden, wenn es den Unionsgerichten verwehrt bleibt, von diesen Grundrechten ohne Weiteres abzuweichen.

Der rechtsstaatliche Grundsatz des Vorranges des geschriebenen Rechtes spricht deshalb für einen Vorrang der Grundrechtecharta gegenüber den allgemeinen Rechtsgrundsätzen. Die Bedenken von *Kizil* können nicht überzeugen. Den ungeschriebenen Rechtsgrundsätzen kommt nach wie vor eine hohe Bedeutung zu, wie gleich noch näher ausgeführt werden wird. Transparenz und Rechtssicherheit schafft aufgrund der nicht immer einheitlichen Rechtsprechung aber erst ein kodifizierter Grundrechtskatalog. Zudem bleibt *Kizil* die Antwort auf die Frage schuldig, welcher Grundrechtsquelle im Konfliktfall Vorrang einzuräumen ist.

Dies voraus geschickt, lässt sich dieses Ergebnis auch trotz der weiteren genannten Schwachstellen bzw. Kritikpunkte herleiten. Denn Art. 6 Abs. 3 EUV steht einer dahin gehenden restriktiven Auslegung offen. Dabei ist jedoch dem Ansatz von *Kingreen* nicht zu folgen. Er würde letztlich die Regelung in Art. 6 Abs. 1 UAbs. 3 EUV entbehrlich machen, was nicht Absicht des Gesetzgebers gewesen sein kann. Der Konvent beabsichtigte, mit der Beibehaltung von Art. 6 Abs. 3 EUV (bzw. Art. 6 Abs. 2 EUV a. F.) Raum für die Entwicklung von Grundrechten zu lassen und damit auf gesellschaftliche Entwicklungen zu reagieren, aber auch den Einfluss von Rechten aus der EMRK einfließen lassen zu können.[630] Nimmt man dies ernst, bedeutet dies zunächst, dass die Grundrechte in der Charta als abschließend in Bezug auf den Zeitpunkt ihres Inkrafttretens angesehen werden müssen. Die Charta beinhaltet alle Grundrechte, die zu diesem Zeitpunkt zu den Verfassungsüberlieferungen der Mitgliedstaaten gezählt haben und entzieht dem Gerichtshof die Aufgabe, aber auch die Kompetenz, diese Rechte selbst herzuleiten. Im Konfliktfall gehen die Rechte der Charta deshalb der bisherigen Rechtsprechung der Unionsgerichte zu den allgemeinen Rechtsgrundsätzen vor. Dem kann weder Art. 6 Abs. 1 UAbs. 3 EUV in Verbindung mit der Erklärung Nr. 1 zum Vertrag von Lissabon, noch die von *Terhechte* eingeworfene Schwächung der Chartagrundrechte durch ihre Verortung außerhalb der Verträge entgegengehalten werden. Die Erklärung Nr. 1 zum Vertrag von Lissabon sagt vielmehr nichts anderes aus, als dass durch die Charta nun der vorläufig endgültige Stand der Grundrechte, wie er aus den Verfassungstraditionen der Mitgliedstaaten abzuleiten ist, festgeschrieben wird. Die Vorgabe, dass nach Art. 6 Abs. 1 UAbs. 3

630 CONV 528/03 v. 06.02.2003, S. 13.

EUV bei der Auslegung der Chartagrundrechte auf die Chartaerläuterung Rückgriff genommen werden muss, ändert an diesem Ergebnis nichts.

In der Tat wird in der Erläuterung zur Charta zwar überwiegend auf Urteile der Unionsgerichte verwiesen. Dies führt aber keineswegs zu einer Anerkennung von deren grundrechtsschöpferischen Rechtssetzungskompetenz, ganz im Gegenteil. Der Verweis soll dem Rechtsanwender vielmehr vor Augen führen, in welchen Bereichen die Unionsgerichte bereits bei ihrer Suche nach den aus den Verfassungsüberlieferungen der Mitgliedstaaten abzuleitenden Grundrechten erfolgreich gewesen sind. In dieser Reichweite macht sich der Unionsgesetzgeber die die betreffenden Grundrechte konkretisierenden und ausfüllenden Urteile der Unionsgerichte zu eigen. Dies wird schon daran deutlich, dass die Charta in vielen Bereichen Grundrechte vorsieht, für die auch in der Chartaerläuterung keine entsprechenden Urteile aufgeführt sind. Dies trifft insbesondere für Art. 41 GrCh zu, der, wie bereits oben dargestellt, nicht nur ein bislang unbekanntes Recht auf eine gerechte Behandlung, sondern auch weitere neue Grundrechtsimpulse für das europäische Verwaltungsverfahren mit sich bringt, die in Zukunft zu weiteren rechtlichen Konkretisierungen führen werden.[631]

Diese Erkenntnis kann auch nicht dadurch getrübt werden, dass die Grundrechtecharta nicht in die Verträge mit aufgenommen wurde. So begrüßenswert dies in Hinblick auf die einheitliche Verortung von Primärrecht innerhalb eines Vertragswerkes gewesen wäre, so übertrieben wäre es, an die Nichtrealisierung weitreichende rechtliche Konsequenzen zu knüpfen.[632]

Was hingegen die Rechte betrifft, die nicht in der Grundrechtecharta geregelt wurden, gilt eine differenzierende Betrachtungsweise. Solange die Mitgliedstaaten keine Veranlassung sehen, die Grundrechtecharta zu ändern, ist es den Unionsgerichten verwehrt, mit Verweis auf etwaige Änderungen der Verfassungsprinzipien der Mitgliedstaaten Rechte aus der Charta zu ignorieren oder abzuändern. Etwas anderes gilt aber für Grundrechte, die erst in Zukunft aufgrund möglicher gesellschaftlicher Entwicklungen in den Mitgliedstaaten auf europäischer Ebene entstehen.[633] Wie auch in Deutschland üblich, muss der Grundrechtsschutz auf neue, beispielsweise technische Entwicklungen reagieren und entstandene Lücken schließen. Populäre Beispiele hierfür sind in Deutschland das „Recht auf informationelle Selbstbestimmung" sowie das „Grundrecht auf Gewährleistung der Ver-

---

631 So auch *Terhechte*, in: *ders.*, Verwaltungsrecht der Europäischen Union, § 1 Rn. 31; vgl. hierzu Kap. 4.I.2.

632 So deshalb zu Recht auf einen diesbezüglichen „Schönheitsfehler" verweisend *Kühling*, in: von Bogdandy/Bast, Europäisches Verfassungsrecht, S. 657.

633 So wohl auch *Ludwig*, EuR 2011, 715, 733.

traulichkeit und Integrität informationstechnischer Systeme". Beide Grundrechte wurden vom Bundesverfassungsgericht entwickelt, um den Grundrechtsschutz der Bürgerinnen und Bürger auch in den Zeiten zunehmender Digitalisierung zu gewährleisten.[634] Entscheidend war hierbei jedoch, dass das Bundesverfassungsgericht diese Grundrechte aus dem Grundgesetz, konkret aus Art. 1 Abs. 1 GG (Menschenwürde) i.V.m. Art. 2 Abs. 1 GG (freie Entfaltung der Persönlichkeit) abgeleitet hatte. Es stellte sich also nicht über das geschriebene Recht, sondern leitete aus ihm neue, nicht ausdrücklich normierte Rechte ab.

Aufgrund des rechtsstaatlich gebotenen Vorranges des geschriebenen Rechtes muss Art. 6 Abs. 3 EUV auch dahin gehend einschränkend ausgelegt werden. Beabsichtigt der Gerichtshof, aus den Verfassungsüberlieferungen der Mitgliedstaaten neue Grundrechte abzuleiten, müssen diese zumindest dem Grunde nach aus der Grundrechtecharta ableitbar sein. Dabei genügt es, wenn zumindest der Schutzrahmen in der Charta angelegt ist. Aufgrund der Erfahrungen aus der Vergangenheit dürfte außer Frage stehen, dass die Kreativität des Gerichtshofes nicht an dieser Hürde scheitern wird. Für zukünftig zu entwickelnde Rechte im Bereich des Verwaltungsverfahrens bietet das neue „Recht auf eine gerechte Behandlung" den Unionsgerichten in diese Richtung genügend Freiraum.

Größere praktische Bedeutung kommt den ungeschriebenen Rechtsgrundsätzen aber insbesondere beim indirekten Vollzug des EU-Rechtes zu, da Art. 41 GrCh bei nationalen Verwaltungsverfahren der Mitgliedstaaten keine Anwendung findet.[635]

2. Auswirkungen auf die Verfahrensrechte Drittbeteiligter im Beihilfeverfahren

Ist die Frage beantwortet, dass den Rechten aus der Grundrechtecharta Vorrang gegenüber den allgemeinen Rechtsgrundsätzen eingeräumt werden muss, ist noch keine Aussage über die Bedeutung dieser Feststellung für die Verfahrensrechte der Drittbeteiligten im Beihilfeverfahren getroffen. Geklärt wurde hingegen bereits, dass der persönliche Schutzbereich des Art. 41 Abs. 1, Abs. 2 GrCh zunächst weit zu fassen ist und deshalb auch Nichtadressaten mit umfasst. Dies eröffnet auch den Schutzbereich für Konkurrenten und Beihilfeempfänger im Beihilfeverfahren. Der Gerichtshof hatte es bislang abgelehnt, den Drittbeteiligten im Beihilfeverfahren die gleichen Verfahrensrechte zuzusprechen, die den Verfahrensbeteiligten

---

634 Auf diese Grundrechtsfortbildung weist auch *Ludwig*, EuR 2011, 715, 733 „als Vorbild für eine die Gewaltenteilung respektierende aber effektive Rechtsprechung" hin.

635 EuGH, Urteil v. 17.07.2014, verb. Rs. C-141/12 u. a., „*Y.S./Minister voor Immigratie*", Rn. 67; s. hierzu auch *Huck*, EuZW 2016, 132, 133 sowie *Gundel*, EuR 2015, 80, 86, 90.

zustehen.[636] Demnach fielen die Drittbeteiligten nicht in den Schutzbereich der Verfahrensrechte, die der Gerichtshof aus den allgemeinen Rechtsgrundsätzen abgeleitet hat. Aufgrund des Vorranges der Grundrechtecharta gegenüber den allgemeinen Rechtsgrundsätzen ist dies nicht mehr haltbar.

Der weite Schutzbereich des Art. 41 GrCh stellt sich aber nur dann als wirkungsvoll dar, wenn er nicht nur die Unionsgerichte anhält, ihre Rechtsprechung zu den allgemeinen Rechtsgrundsätzen an Art. 41 GrCh neu zu justieren und ggf. zu revidieren, sondern auch den Unionsgesetzgeber veranlasst, über eine Revision der sekundärrechtlichen Verfahrensverordnungen nachzudenken. Bedenklich erscheint deshalb, dass es das Gericht in einer jüngeren Entscheidung ohne eingehendere Begründung ablehnte, aus der Grundrechtecharta weitere Verfahrensrechte Drittbeteiligter abzuleiten.[637]

Indem die genannten Verfahrensrechte nun ausdrücklich Bestandteil einer geschriebenen Verfassung geworden sind, wird ihre Bedeutung im Gefüge des europäischen Rechtssystems auf eine neue Stufe gehoben.[638] Zuzugeben ist, dass diese Feststellung für weite Teile des Europarechtes zunächst keine Veränderungen mit sich bringt, soweit die in Art. 41 GrCh kodifizierten Verfahrensrechte von den Unionsgerichten für Verfahrensbeteiligte schon umfassend anerkannt wurden.[639] Und auch Drittbeteiligte im europäischen Wettbewerbsrecht konnten sich auf Verfahrensrechte in den vergangenen Jahren, wie dargelegt, immer öfters berufen. Deshalb hat Art. 41 GrCh vielleicht sogar für das Verfahrensrecht des europäischen Beihilfeverfahrens die größte Bedeutung, soweit hier die Verfahrensrechte der Drittbeteiligten im Vergleich zu den übrigen Bereichen des europäischen Wettbewerbsrechtes hinterherhinken.[640]

---

636 Vgl. Kap. 1.II.2.c); aufgrund der restriktiven Rechtsprechung zu den Verfahrensrechten der Drittbeteiligten in Bezug auf von Art. 41 GrCh neu zu erwartende Impulse skeptisch *Soltész*, in: Müller-Graff, Europäisches Wirtschaftsordnungsrecht, Band 4, § 15 Rn 83.

637 EuG, Urteil v. 09.12.2014, Rs. T-140/13, *„Netherlands Maritime Technology Association/Kommission"*, Rn. 60. Diese Frage war nicht Gegenstand des Rechtsmittelverfahrens vor dem Gerichtshof, s. hierzu EuGH, Urteil v. 14.04.2016, Rs. C-100/15 P, *„Netherlands Maritime Technology Association/Kommission"*.

638 So auch *Classen*, Gute Verwaltung im Recht der Europäischen Union, S. 434.

639 So weist auch *Ludwig*, EuR 2011, 715, 718 allgemein darauf hin, dass die GrCh auf der einen Seite in weiten Teilen die durch die Unionsgerichte geschaffenen Grundrechte kodifiziert, aber auf der anderen Seite auch in anderen Bereichen deutlich über den bisherigen Grundrechtsstandard hinausgeht; s. für Art. 41 GrCh auch *Greszick*, EuR 2006, 161, 165 sowie *Schwarze*, in: FS Fischer, 487, 504.

640 S. zur Bedeutung von Art. 41 GrCh für die Rechte der Drittbeteiligten im europäischen Beihilfeverfahren die Ausblicke von Generalanwalt Mengozzi in der Rs.

Die Unionsgerichte dürfen den Ritterschlag, den die Verfahrensrechte durch Art. 41 GrCh erhalten haben, auch oder gerade im europäischen Beihilfeverfahren nicht ignorieren. Der Wille des Unionsgesetzgebers, Anhörungs- und Akteneinsichtsrechte als Kernrechte eines „Rechtes auf gute Verwaltung" für einen weit gefassten Kreis an Grundrechtsträgern festzuschreiben, muss dabei auch im Rahmen der Einschränkung der genannten Grundrechte seine Berücksichtigung finden. Dies folgt nicht zuletzt aus dem Prinzip der Kohärenz in Art. 7 AEUV, welches verlangt, dass die Organe der Union ihre Maßnahmen aufeinander abstimmen, um inhaltliche Widersprüche zu verhindern.[641] Inwieweit dieses Prinzip Auswirkungen auf die Einschränkung der Verfahrensrechte der Drittbeteiligten hat, wird später noch ausführlicher dargestellt werden.

Fest steht somit, dass Art. 41 GrCh durch seinen weiten Schutzbereich und seine neuen, materiellen Impulse der Diskussion über die Ausweitung der Verfahrensrechte der Drittbeteiligten im Beihilfeverfahren Auftrieb verleiht. Im Folgenden wird darauf aufbauend untersucht, ob die Aberkennung bestimmter Verfahrensrechte der Drittbeteiligten sowohl im Vorprüfungsverfahren als auch im förmlichen Prüfverfahren mit Art. 41 GrCh vereinbar ist. Bedeutsam wird hier die Frage der rechtmäßigen Einschränkung der in Art. 41 GrCh genannten Rechte sein. Denn auch wenn der Schutzbereich des Art. 41 GrCh weit gefasst ist, bedeutet dies noch nicht, dass ein kompletter Ausschluss gewisser Verfahrensrechte für Drittbeteiligte per se unverhältnismäßig und deshalb primärrechtswidrig ist.

Temple Lang leitet aus dem Recht auf gute Verwaltung aus Art. 41 GrCh und hier konkret aus dem Recht jedes Einzelnen auf unparteiische und gerechte Behandlung seiner Angelegenheiten folgende sieben Rechte der Drittbeteiligten bzw. Pflichten der Kommission ab:[642]

1. Die Pflicht der Kommission, beide Seiten innerhalb einer Beihilfestreitigkeit (darunter versteht er den Beihilfeempfänger auf der einen und dessen Konkurrenten auf der anderen Seite) gleichzubehandeln, was ausschließen soll, der

C-290/07 P, „*Kommission/Scott*", Schlussanträge v. 23.02.2010, Rn. 52 ff. sowie auch *von Bonin/Kadar*, EStAl 2011, 105, 110; *Gambaro/Mazzocchi*, CMLRev 2016, 385, 411. *Nehl* hat bereits vor Inkrafttreten der GrCh festgestellt, dass der „Prozeß der Aufwertung gemeinschaftsrechtlicher Verfahrensgarantien, insbesondere des Anhörungsrechts", im Beihilfeverfahren an der Verfahrensstellung der Drittbeteiligten vorbei gegangen und damit schwer vereinbar sei, s. *Nehl*, Europäisches Verwaltungsverfahren und Gemeinschaftsverfassung, S. 353.

641 *Ruffert*, in: Calliess/Ruffert, EUV/AEUV, Art. 7 AEUV Rn. 3.

642 *Temple Lang*, The Charter and EU State Aid Procedure, S. 17 ff., Paper presented at the State Aid Modernisation Seminar of the UK State Aid Law Association.

einen Seite Informationen zukommen zu lassen, deren Zugang der anderen Seite verweigert werde.

2. Die Pflicht der Kommission, alle relevanten Tatsachen gründlich zu untersuchen, um eine korrekte Entscheidung treffen zu können.
3. Die Pflicht der Kommission, allen interessierten Parteien Gelegenheit zu geben, ihren Standpunkt darzulegen und zu diesem Zweck den interessierten Parteien alle Informationen und Beweisstücke zugänglich zu machen, die sie zur Erstellung ihrer Stellungnahme benötigen.
4. Die Pflicht der Kommission, Drittbeteiligte in gleichgelagerten Fällen auch gleichzubehandeln, was es ausschließt, Unternehmen in dem einen Fall alle relevanten Informationen zugänglich zu machen und in anderen Fällen Unternehmen nur wenig oder gar keine Informationen weiterzuleiten.
5. Die Pflicht der Kommission, Interessenskonflikte – insbesondere zwischen dem beihilfegewährenden Mitgliedstaat und dem potentiellen Beihilfeempfänger – zu erkennen und diese möglichst zu verhindern. Dies schließe mit ein, dass sich die Kommission nicht alleine auf Informationen des Mitgliedstaates verlassen dürfe, wenn sie einen solchen Interessenskonflikt erkenne.
6. Die Pflicht der Kommission, eine Entscheidung innerhalb einer angemessenen Frist zu treffen.
7. Die Pflicht der Kommission, Parteien, die wegen der Zahlung unrechtmäßiger Beihilfen Schadensersatzansprüche gegen den beihilfegewährenden Mitgliedstaat geltend machen wollen, Beweisstücke zugänglich zu machen.

Da, wie oben dargestellt, das Recht auf eine „gerechte“ Entscheidung ein bislang unbekanntes und deshalb neues Grundrecht ist, fällt es schwer, so weitreichende Pflichten bzw. Rechte unmittelbar aus diesem Grundrecht herzuleiten. Viele der von *Temple Lang* aus Art. 41 GrCh abgeleiteten Rechte können jedoch auch aus den Einzelrechten aus Art. 41 Abs. 2 GrCh abgeleitet werden. Die folgende Untersuchung wird sich deshalb auf drei Aspekte beschränken: zum einen soll die Frage nach einem Anspruch von Konkurrenten auf Anhörung im Vorprüfungsverfahren näher betrachtet werden. Dabei wird auf die – auch von *Temple Lang* angesprochene – Kommissionspraxis einzugehen sein, in manchen Fällen Beihilfeempfänger und Unternehmen anzuhören und ihnen Informationen zugänglich zu machen, in gleich gelagerten Fällen solche Beteiligungen hingegen nicht zuzulassen. Zum anderen wird die derzeitige Ausgestaltung des Rechtes auf Stellungnahme der Drittbeteiligten im förmlichen Prüfverfahren anhand der Regelung von Art. 41 GrCh, insbesondere auch die Behandlung verspäteter Stellungnahmen, bewertet. Zuletzt wird die Versagung eines Akteneinsichtsrechtes für Drittbeteiligte in beiden möglichen Verfahrensstadien an Art. 41 Abs. 2 lit. b) GrCh gemessen.

III. Anspruch der Konkurrenten auf Anhörung im Vorprüfungsverfahren

Sind die primärrechtlichen Fragen nun insoweit geklärt, als sich auch Drittbeteiligte auf die Rechte aus Art. 41 GrCh berufen können, folgt daraus noch nicht unmittelbar eine Erweiterung der Verfahrensrechte derselben. Denn es muss ferner untersucht werden, ob und wenn ja inwieweit die Rechte aus Art. 41 GrCh eingeschränkt werden können. Dies soll zunächst in Bezug auf ein mögliches Recht der Konkurrenten auf Anhörung im Vorprüfungsverfahren betrachtet werden.

1. Anwendbarkeit von Art. 41 Abs. 2 lit. a) GrCh auf das Vorprüfungsverfahren

Wie oben bereits dargelegt, können sich die Drittbeteiligten im europäischen Beihilfeverfahren auf die Rechte in Art. 41 Abs. 1 und 2 GrCh und insbesondere auf das Recht auf Anhörung und Akteneinsicht berufen. Auch die Konkurrenten haben somit ein Recht darauf, vor einer für sie nachteiligen Entscheidung der Kommission angehört zu werden. Ein solches Anhörungsrecht ist im Vorprüfungsverfahren für diese jedoch weder ausdrücklich in der VVO vorgesehen, noch wurde es von der Rechtsprechung anerkannt.[643] Damit darin ein Eingriff in die Rechte aus Art. 41 Abs. 1, Abs. 2 lit. a) GrCh gesehen werden kann, der ggf. gerechtfertigt sein könnte, stellt sich zuvor die Frage, ob die Verfahrensgrundrechte überhaupt auf das Vorprüfungsverfahren Anwendung finden. Wie bereits ausgeführt, muss die entsprechende Entscheidung der Verwaltung nachteilige Auswirkungen auf die individuelle Rechtsstellung des Betroffenen haben. Das Vorprüfungsverfahren kann mit einer verfahrensabschließenden Entscheidung nach Art. 4 Abs. 2 und 3 VVO beendet werden, ohne dass sich ein förmliches Prüfverfahren anschließt. Diese Entscheidung kann im Anschluss nur noch gerichtlich überprüft werden. Aus diesem Grund besteht kein Anlass, das Vorprüfungsverfahren hinsichtlich der Anwendbarkeit der Verfahrensgrundrechte und das förmliche Prüfverfahren unterschiedlich zu behandeln. Indem ein Anhörungsrecht der Wettbewerber dort nicht vorgesehen ist, liegt ein Eingriff in Art. 41 Abs. 1, Abs. 2 lit a) GrCh vor.

---

643 EuGH, Urteil v. 02.04.1998, Rs. C-367/95 P, „*Kommission/Sytraval*“, Rn. 58 f., Slg. 1998, I-1719; vgl. auch Kap. 1.II.3.b).cc).(1).

2. Rechtmäßige Einschränkung des Grundrechtsschutzes der Konkurrenten in Bezug auf ein Anhörungsrecht im Vorprüfungsverfahren

Wie auch in den nationalen Verfassungen, gelten die europäischen Grundrechte nicht schrankenlos. Sie sind entweder speziellen Grundrechtsschranken unterworfen, oder unterliegen den allgemeinen Rechtfertigungsregelungen des Art. 52 Abs. 1 GrCh. Das Grundrecht aus Art. 41 Abs. 2 lit. a) GrCh enthält keine speziellen Schranken, sodass nur eine Anwendung von Art. 52 Abs. 1 GrCh in Frage kommt.[644] Demnach sind Einschränkungen von Chartarechtengerechtfertigt, wenn diese gesetzlich vorgesehen sind und der Verhältnismäßigkeitsgrundsatz beachtet wird.

a) Gesetzesvorbehalt nach Art. 52 Abs. 1 GrCh?

Die allgemeine Schrankenregelung des Art. 52 Abs. 1 GrCh sieht zunächst ausdrücklich einen Gesetzesvorbehalt vor. Es drängt sich somit die Frage auf, ob und wenn ja inwieweit die Einschränkung von Verfahrensrechten einer gesetzlichen Grundlage bedarf. Hierbei sind zwei Aspekte zu berücksichtigen. Zum einen handelt es sich bei den Grundrechten in Art. 41 GrCh um Leistungsgrundrechte, auf die der Grundsatz des Gesetzesvorbehaltes im Gegensatz zu Abwehrgrundrechten nur rudimentär Anwendung findet.[645] Zum anderen ist hervorzuheben, dass es nicht um die Einschränkung einer materiellen Rechtsposition, sondern um die Einschränkung von Verfahrensrechten geht.

Ob dieser letztgenannte Aspekt, insbesondere vor dem Hintergrund der enormen Bedeutung des Beihilfeverfahrens und seines Eigenwertes für die Drittbeteiligten, eine Abweichung vom Gesetzeswortlaut rechtfertigt, ist zumindest fraglich und muss wohl im Ergebnis verneint werden. Zwar ist zuzugeben, dass die Ausgestaltung von Verfahrensrechten bis zu deren primärrechtlicher Kodifizierung in Art. 41 GrCh durch Heranziehung der allgemeinen Rechtsgrundsätze den Unionsgerichten oblag. Durch deren Kodifikation in der Grundrechtecharta ist es nun aber Aufgabe des Unionsgesetzgebers, die Verfahrensrechte und deren

---

644 *Jarass*, GrCh, Art. 41 Rn. 20; *Folz*, in: Vedder/Heintschel von Heinegg, Handkommentar zum Europäischen Unionsrecht, Art. 41 GrCh Rn. 9; auch der EuGH hatte bereits vor Inkrafttreten des Vertrages von Lissabon unter Beachtung des Verhältnismäßigkeitsprinzips Einschränkungen des „Rechtes auf gute Verwaltung“ mit seinen einzelnen Ausprägungen zugelassen, s. EuGH, Urteil v. 15.06.2006, Rs. C-28/05, *„Dokter u. a./ Minister van Landbouw, Natuur en Voedselkwaliteit“*, Rn. 75, Slg. 2006, I-5431.

645 S. hierzu *Jarass*, GrCh, Art. 41 Rn. 20, Art. 52 Rn. 52 f.

Einschränkungen gesetzlich zu regeln. Zudem nimmt die Grundrechtecharta keine Abstufungen zwischen materiellen und formellen Grundrechten vor. Für alle Grundrechte gilt deshalb zunächst hinsichtlich ihrer Einschränkbarkeit in Ermangelung spezieller Schrankenvorbehalte die allgemeine Schrankenregelung des Art. 52 Abs. 1 GrCh und dementsprechend auch ein Gesetzesvorbehalt. Dies bedeutet aber nicht, dass es den Unionsgerichten völlig verwehrt wird, nach wie vor vorhandene Defizite bzw. Lücken durch Richterrecht zu schließen, um rechtsstaatlichen Grundsätzen zu genügen.[646]

Schwieriger zu beantworten ist die Frage, ob der Gesetzesvorbehalt des Art. 52 Abs. 1 GrCh überhaupt im Bereich der grundrechtlichen Leistungsfunktionen Anwendung findet.[647] Dagegen spricht zunächst, dass bei Leistungsgrundrechten ein möglicher Eingriff gerade in einem Unterlassen der eigentlich grundrechtlich vorgesehenen Leistung zu sehen ist; das Unterlassen der grundrechtlich gebotenen Handlung gesetzlich vorzusehen, wirkt deshalb stark gekünstelt.[648] Aus diesem Grund wird teilweise die Anwendung des Gesetzesvorbehaltes bei der Einschränkung von Art. 41 Abs. 2 lit. a) GrCh abgelehnt.[649]

Auf der anderen Seite wird aber zutreffend darauf hingewiesen, dass manche Leistungsgrundrechte eine besondere Nähe zur Abwehrfunktion aufweisen, sodass bei diesen Rechten die Anwendung des Gesetzesvorbehaltes vertretbar erscheint.[650] Dies gilt im besonderen Maße auch für die Rechte in Art. 41 Abs. 2 GrCh, die in einem engen Zusammenhang mit klassischen Eingriffskonstellationen stehen.[651] Deutlich wird dieser Zusammenhang auch in Art. 41 Abs. 2 lit. a) GrCh, der das Anhörungsrecht vor jeder nachteiligen Maßnahme garantiert. Da die Abwehrfunktion des Art. 41 Abs. 2 lit. a) GrCh deshalb deutlich hervorsticht, findet der Gesetzesvorbehalt des Art. 52 Abs. 1 GrCh bei der Einschränkung dieses Grundrechtes Anwendung.[652]

---

646 S. hierzu, insbesondere zum diesbezüglichen Spielraum der Unionsgerichte Kap. 4.II.1.

647 S. hierzu *Jarass*, GrCh, Art. 41 Rn. 20, Art. 52 Rn. 52 f.; *ders.*, in: FS Schenke, S. 849, 857.

648 *Jarass*, GrCh, Art. 52 Rn. 52; *ders.*, in: FS Schenke, 849, 857.

649 *Nöhmer*, Das Recht auf Anhörung im europäischen Verwaltungsverfahren, S. 56, die allerdings den in Art. 52 Abs. 1 GrCh zum Ausdruck kommenden Grundsatz der Verhältnismäßigkeit bei Einschränkungen des Rechtes auf Anhörung anwenden will.

650 *Jarass*, GrCh, Art. 52 Rn. 53.

651 *Jarass*, GrCh, Art. 52 Rn. 53, nennt in diesem Zusammenhang das Recht auf eine Begründung nach Art. 41 Abs. 2 GrCh als Beispiel.

652 So auch *Bauer*, Das Recht auf eine gute Verwaltung im Europäischen Gemeinschaftsrecht, S. 143; wohl auch *Jarass*, GrCh, Art. 52 Rn. 53; a.A. *Nöhmer*, Das Recht auf Anhörung im europäischen Verwaltungsverfahren, S. 56.

Nach wie vor ungewiss ist hingegen die Frage, welche Anforderungen an den Gesetzesvorbehalt auf europäischer Ebene zu stellen sind. Geklärt scheint zumindest, dass ein formelles Gesetz nicht notwendig ist.[653] Verordnungen genügen somit in jedem Fall dem Gesetzesvorbehalt.[654] Für den Bereich des Beihilfeverfahrens stellt die Verfahrensverordnung eine solche gesetzliche Grundlage dar. Ob diese die Verfahrensrechte der Wettbewerber im Vorprüfungsverfahren rechtmäßig einschränkt, wird im Folgenden untersucht.

b) Verhältnismäßigkeit des Eingriffes

Neben einem Gesetzesvorbehalt und dem hier zu vernachlässigenden Erfordernis der Wahrung des Wesensgehaltes des betreffenden Grundrechtes (Art. 51 Abs. 1 S. 1 GrCh) verlangt Art. 51 Abs. 1. S. 2 GrCh, dass die Grundsätze der Verhältnismäßigkeit eingehalten und somit „Einschränkungen nur vorgenommen werden, wenn sie erforderlich sind und den von der Union anerkannten dem Gemeinwohl dienenden Zielsetzungen oder den Erfordernissen des Schutzes der Rechte und Freiheiten anderer tatsächlich entsprechen." Neben der Geeignetheit des Grundrechtseingriffes zur Erreichung des vom Gesetzgeber verfolgten Zieles muss der Eingriff somit auch erforderlich und angemessen sein.[655]

aa) Legitimes Ziel

Ausdrücklich verlangt Art. 52 Abs. 1 S. 2 GrCh ein legitimes Ziel für die Einschränkung der Grundrechte. Der Grund dafür, dass für Wettbewerber in der Vorprüfungsphase kein Anhörungsrecht vorgesehen ist, dürfte insbesondere darin liegen, dass die Kommission daran interessiert ist, über offensichtlich mit dem Gemeinsamen Markt vereinbare oder nicht als solche zu qualifizierende Beihilfen zeitnah zu entscheiden, um schnell Rechtsklarheit für die Betroffenen zu schaffen. Im Nachgang an die Entscheidung des Gerichtshofes in der Rechtssache „Lorenz"[656], die Grundlage für die Zwei-Monatsfrist für die Vorprüfungsphase in Art. 4 Abs. 5 VVO ist, hat dieser betont, dass Sinn und Zweck dieser kurzen

---

653 *Krämer*, in: Stern/Sachs, GrCh, Art. 52 Rn. 35; *Jarass*, GrCh, Art. 52 Rn. 27.

654 EuGH, Urteil v. 09.11.2010, verb. Rs. C-92/09 u. a., *„Schecke u. a./Hessen"*, Rn. 66, Slg. 2010, I-11063; *Jarass*, GrCh, Art. 52 Rn. 27.

655 *Kingreen*, JuS 2000, 857, 863; der Gerichtshof legt überwiegend einen Schwerpunkt bei der Frage der Geeignetheit der Maßnahme und nimmt eine Prüfung der Erforderlichkeit oder Angemessenheit nur selten vor, s. *Stein*, EuZ 2008, 37, 40; *ders.* EuZW 1998, 261, 262; zur Verhältnismäßigkeitsprüfung des Gerichtshofes s. auch ausf. *Kischel*, EuR 2000, 380 ff.

656 EuGH, Urteil v. 11.12.1973, Rs. C-120/73, *„Lorenz/Deutschland"*, Slg. 1973, 1471.

Frist die Erreichung von Rechtssicherheit ist.[657] Er hat damit für die Vorprüfungsphase ein Beschleunigungsgebot aufgestellt.[658] Dieses bezweckt gerade, eine zeitnahe Entscheidung zu treffen, um wichtige, für den jeweiligen Mitgliedstaat und den Beihilfeempfänger womöglich dringende Beihilfezahlungen ermöglichen zu können.[659] Die Ausgestaltung eines effizienten Verwaltungsverfahrens mit angemessener Verfahrensdauer ist nicht zuletzt auch Ausdruck des Rechtsstaatsprinzips, da Rechtssicherheit nur dann eintreten kann, wenn innerhalb eines zumutbaren Zeitraumes eine Entscheidung der Exekutive getroffen wird.[660] Da eine Anhörung der Wettbewerber hingegen das Verfahren verzögern würde, liegt ein legitimes Ziel für die Einschränkung des Grundrechtes auf Anhörung vor.

bb) Erforderlichkeit

Zudem muss die Einschränkung der Verfahrensrechte auch erforderlich sein. Dies ist dann der Fall, wenn von mehreren zur Auswahl stehenden Maßnahmen die am wenigsten belastende gewählt wird.[661] Es ist nicht erkennbar, dass das Vorprüfungsverfahren im gleichen Zeitraum abgeschlossen werden kann, wenn den Konkurrenten in dieser Phase ein Anhörungsrecht zuerkannt wird. Die Versagung dieses Rechtes ist deshalb auch erforderlich, um das Ziel zu erreichen.

cc) Angemessenheit (Verhältnismäßigkeit i.e.S.)

Zudem muss die Einschränkung des betreffenden Grundrechtes auch „in angemessenem Verhältnis zu den angestrebten Zielen stehen."[662] Hierbei sind im Rahmen der Abwägung insbesondere die Schwere des Eingriffes, die Dringlichkeit der Gründe, die den Eingriff rechtfertigen sollen, die Interessen der Betroffenen, die Bedeutung der betroffenen Rechtsgüter und die jeweilige Wahrscheinlichkeit ihrer Beeinträchtigung miteinander abzuwägen.[663] Geraten mehrere grundrecht-

657 EuGH, Urteil v. 15.02.2001, Rs. C-99/98, „*Österreich/Kommission*", Rn. 73, Slg. 2001, I-1101.

658 *Lübbig*, Anm. zu EuGH, Urteil v. 15.02.2001, Rs. C-99/98, „*Österreich/Kommission*", Slg. 2001, I-1101, EuZW 2001, 179.

659 EuGH, Urteil v. 15.02.2001, Rs. C-99/98, „*Österreich/Kommission*", Rn. 73, Slg. 2001, I-1101.

660 *Haibach*, NVwZ 1998, 456, 459.

661 EuGH, Urteil v. 11.07.1989, Rs. C-265/87, „*Schräder/Hauptzollamt Gronau*", Rn. 21, Slg. 1989, 2263.

662 EuGH, Urteil v. 11.07.1989, Rs. C-265/87, „*Schräder/Hauptzollamt Gronau*", Rn. 21, Slg. 1989, 2263.

663 *V. Danwitz*, in: Tettinger/Stern, GrCh, Art. 52 Rn. 42; *ders.*, EWS 2003, 393, 400.

lich geschützte Rechtspositionen dabei in Konflikt, müssen diese miteinander in Einklang gebracht werden, um ein angemessenes Gleichgewicht zwischen ihnen herzustellen.[664]

Ob dieser Ausgleich durch die geltenden Regelungen in der VVO hergestellt wurde, kann nur anhand einer Abwägung der einzelnen Argumente und Interessen festgestellt werden.

(1) Argumente für die Versagung eines Anhörungsrechtes im Vorprüfungsverfahren

a. Effektivität des Vorprüfungsverfahrens

Das wohl gewichtigste Argument, das gegen ein Anhörungsrecht der Konkurrenten in der Vorprüfungsphase spricht, ist die dadurch automatisch entstehende zeitliche Verzögerung des Vorprüfungsverfahrens.[665] Das Vorprüfungsverfahren ist konzeptionell darauf angelegt, schnell eine Entscheidung zu treffen, damit bei offensichtlich rechtmäßigen Beihilfen keine großen zeitlichen Verzögerungen bei der Auszahlung und somit auch keine Investitionshindernisse entstehen.[666] Solche Verzögerungen sind insbesondere in Fällen problematisch, in denen die Auszahlung der Beihilfe zeitnah durchgeführt werden muss. Damit das Vorprüfungsverfahren den ihm zugewiesenen Zweck erfüllen könne und nicht weiter verzögert werde, sei es nicht angebracht, die Konkurrenten ausgiebig zu beteiligen.[667] Eine Verfahrensverzögerung führe vielmehr zu einer Rechtsunsicherheit sowie zu wirtschaftlichen Risiken für Beihilfeempfänger und Wettbewerber.[668]

b. Ausreichender verfahrensrechtlicher und gerichtlicher Rechtsschutz

Zudem könnte man sich auf den Standpunkt stellen, dass die Verfahrensrechte der Konkurrenten dadurch ausreichend gewährleistet werden, dass die Kommission bei Zweifeln bzgl. der Vereinbarkeit der Beihilfe mit dem Gemeinsamen Markt verpflichtet ist, das förmliche Prüfverfahren – welches Anhörungsrechte für die Drittbeteiligten vorsieht – einzuleiten und die Kon-

---

664 EuGH, Urteil v. 06.09.2012, Rs. C-544/10, *„Deutsches Weintor/Land Rheinland-Pfalz“*, Rn. 47 = EuZW 2012, 828; *Borowsky*, in: Meyer, GrCh, Art. 52 Rn. 22b.

665 *Sinnaeve*, EuZW 1995, 172, 175; *dies.*, EuZW 1998, 268, 273; *Kruse*, NVwZ 1999, 1049, 1055; *Schütterle*, EuZW 1994, 265; *ders.*, EuZW 1995, 391, 395.

666 *Sinnaeve*, EuZW 1995, 172, 175; *Kruse*, NVwZ 1999, 1049, 1055.

667 *Sinnaeve*, EuZW 1995, 172, 175; *Nöhmer*, Das Recht auf Anhörung im europäischen Verwaltungsverfahren, S. 210.

668 *Nöhmer*, Das Recht auf Anhörung im europäischen Verwaltungsverfahren, S. 210.

kurrenten gegen die verfahrensabschließende Entscheidung der Kommission im Vorprüfungsverfahren Nichtigkeitsklage erheben können.[669] Wie bereits oben ausgeführt, können Konkurrenten von Beihilfeempfängern bei einer Positiventscheidung im Vorprüfungsverfahren mittlerweile unter vereinfachten Bedingungen gegen die Entscheidung der Kommission Klage erheben.[670] Durch die Erhebung der Nichtigkeitsklage könne die Durchsetzung der Verteidigungsrechte, die den Beteiligten im förmlichen Prüfverfahren zustehen würden, gewährleistet werden.[671]

Außerdem wird auf die individualschützende Funktion des Sorgfalts- und Untersuchungsgrundsatzes rekurriert.[672] Die strengen Anforderungen, die die Unionsgerichte insbesondere an die Begründung der Entscheidung der Kommission stellten, das förmliche Prüfverfahren nicht einzuleiten, führten zum einen dazu, dass die Kommission sich in der Vorprüfungsphase ausführlich mit den Argumenten der Konkurrenten bzw. Beschwerdeführer auseinandersetzen müsse und zum anderen öfters gezwungen sei, das förmliche Prüfverfahren einzuleiten, in dem die Beteiligten durch das Recht zur Stellungnahme aktiv beteiligt würden.[673] Die vorhandenen Rechtsschutzdefizite der Drittbeteiligten könnten dadurch kompensiert werden.[674]

Weiterhin wird im Rahmen der Rechtsschutzmöglichkeiten auch auf das Beschwerderecht der Konkurrenten nach Art. 24 Abs. 2 VVO hingewiesen. Wie bereits ausgeführt, ist die Kommission verpflichtet, einer Beschwerde nachzugehen. Das Beschwerderecht eröffne den Wettbewerbern hinreichende Gelegenheit, frühzeitig auf etwaige Verstöße gegen die beihilferechtlichen Vorschriften aufmerksam zu machen und dadurch gestaltend in das Verfahren einzugreifen, sodass ihre Interessen dadurch ausreichend geschützt seien.[675]

---

669 Schlussantrag von Generalanwalt Lenz v. 27.05.1997, Rn. 90 in der Rs. C-367/95 P, *„Kommission/Sytraval“*, Slg. 1998, I-1719.

670 Vgl. Kap. 2.II.3.

671 EuGH, Urteil v. 02.04.1998, Rs. C-367/95 P, *„Kommission/Sytraval“*, Rn. 39 ff., Slg. 1998, I-1719.

672 Instruktiv unter Berücksichtigung der Urteile in der Rechtssache *„Sytraval“* *Nehl*, Europäisches Verwaltungsverfahren und Gemeinschaftsverfassung, S. 353 ff., 385.

673 *Nehl*, Europäisches Verwaltungsverfahren und Gemeinschaftsverfassung, S. 358 f.

674 *Nehl*, Europäisches Verwaltungsverfahren und Gemeinschaftsverfassung, S. 385, der i.E. aber festhält, dass die Begründungspflicht, die mit der Sorgfalts- und Untersuchungspflicht korrespondiert, die Beteiligungsdefizite der Drittbeteiligten im Vorprüfunsgverfahren nicht „kompensieren“ kann, S. 401.

675 *Nöhmer*, Das Recht auf Anhörung im europäischen Verwaltungsverfahren, S. 211 f.

c. Schutz der Souveränität der Mitgliedstaaten

Des Weiteren soll durch die Versagung von Beteiligungsrechten die Souveränität der Mitgliedstaaten geschützt werden.[676] Diese entscheiden, wann eine Beihilfe gewährt werden soll und sind dementsprechend direkter Adressat der Kommissionsentscheidung. Die Souveränität könnte beeinträchtigt werden, wenn die Kommission direkt in Verhandlungen mit den betreffenden Unternehmen eintritt und die Position der Mitgliedstaaten dadurch unter Umständen geschwächt werden würde.

(2) Argumente für ein Anhörungsrecht im Vorprüfungsverfahren

Auf der anderen Seite sprechen im Rahmen der Abwägung auch zahlreiche Argumente für ein Anhörungsrecht von Konkurrenten im Vorprüfungsverfahren.

a. Effektivität: Insbesondere Vergleich mit dem Fusionskontroll- und Kartellverfahren

Dem Argument des Effektivitätsverlustes bei Ausbau der Verfahrensrechte in Form eines Anhörungsrechtes kann zunächst der Vergleich mit den Regelungen im Fusionskontroll-, Kartell- und Antisubventions- bzw. Antidumpingverfahren entgegengehalten werden. Wie bereits dargelegt, haben die Drittbeteiligten und somit auch die Konkurrenten innerhalb dieser Bereiche des europäischen Wettbewerbsrechtes deutlich weitergehende Verfahrensrechte als diejenigen im Beihilfeverfahren.[677] Insbesondere im Bereich des Fusionsrechtes sind schnelle Entscheidungen der Kommission von ebenfalls größter Bedeutung.[678] Trotz dieser weitergehenden Verfahrensrechte hat insbesondere das Fusionskontrollverfahren aber nicht merklich an Schnelligkeit eingebüßt.[679] Die unterschiedliche Behandlung der Konkurrenten in den Bereichen des europäischen Wettbewerbsrechtes

---

676 *Koenig*, BRZ 2011, 74, 75.

677 Zur „systemwidrigen" Ungleichbehandlung der Drittbeteiligten im Beihilfeverfahren im Vergleich zu den sonstigen Verfahren im europäischen Wirtschaftsrecht *Nehl*, Europäisches Verwaltungsverfahren und Gemeinschaftsverfassung, S. 310. Auf die deutlich weitergehenden Verfahrensrechte Drittbeteiligter im Antisubventionsverfahren weisen ausf. *Laprévote*, EStAL 2014, 426, 436 f. sowie *Temple Lang*, The Charter and EU State Aid Procedure, S. 8 ff., Paper presented at the State Aid Modernisation Seminar of the UK State Aid Law Association, hin. Vgl. hierzu auch oben Kap. 3.III.1.c).

678 *Bartosch*, RIW 2007, 401, 407.

679 *Bartosch*, RIW 2007, 401, 407, 409; *ders.*, EStAL 2007, 474, 481.

führt zu einem strukturellen Widerspruch,[680] der auch vor dem Hintergrund des europäischen Kohärenzgebotes[681] in der Sache schwerlich zu rechtfertigen ist.

Zudem stellt sich die Frage, ob eine weitergehende Beteiligung der Konkurrenten im Vorprüfungsverfahren in Form eines Anhörungsrechtes nicht sogar geeignet sein kann, das Verfahren zu beschleunigen.[682] Denn gerade die kurzen Fristen und der Entscheidungsdruck der Kommission in den Vorprüfungsverfahren im europäischen Wettbewerbsrecht bedingen, dass sie sich in kürzester Zeit möglichst umfassend über den betreffenden Sachverhalt informieren muss. Insbesondere die Informationen der Konkurrenten sind hier von entscheidender Bedeutung, da diese oftmals über Informationen verfügen, von denen die Kommission keine Kenntnis hat.[683] Aus diesem Grund wäre es in der Sache verfehlt, die Auswirkungen eines Anhörungsrechtes von Konkurrenten im Vorprüfungsverfahren nur auf die mögliche zeitliche Verzögerung zu reduzieren; vielmehr sollte auch die Möglichkeit in Betracht gezogen werden, dass eine praktikable Einführung eines solchen Anhörungsrechtes aufgrund einer daraus resultierenden Arbeitserleichterung der Kommission auch den Effekt einer Effizienzsteigerung erzielen könnte.[684]

b. Interessen des Mitgliedstaates und Beihilfeempfängers vs. Interessen der Konkurrenten

Das Ziel, eine schnelle Entscheidung im Vorprüfungsverfahren zu treffen, ist kein Selbstzweck. Wie dargelegt, soll diese im Interesse der Mitgliedstaaten, letztlich aber auch selbstverständlich im Interesse der Beihilfeempfänger, so schnell wie möglich die Auszahlung offensichtlich rechtmäßiger Beihilfen sicherstellen. Dabei

---

680 S. hierzu in Bezug auf das Verfahrensrecht der Art. 85 und 86 EGV (jetzt Art. 105 und 106 AEUV) *Martín-Ehlers*, EWS 1998, 245, 247.

681 S. hierzu näher Kap. 4.III.2.b).cc).(3).

682 *Wagner*, Die Stellung des Wettbewerbers im Beihilfenaufsichtsverfahren der Europäischen Gemeinschaft, S. 244.

683 *Wagner*, Die Stellung des Wettbewerbers im Beihilfenaufsichtsverfahren der Europäischen Gemeinschaft, S. 244; *Körber*, Die Konkurrentenklage im Fusionskontrollrecht der USA, Deutschlands und der Europäischen Union, S. 92 in Bezug auf das Vorprüfungsverfahren in der Fusionskontrolle; *Koenig/Kühling/Ritter*, EG-Beihilfenrecht, Rn. 377.

684 *Wagner*, Die Stellung des Wettbewerbers im Beihilfenaufsichtsverfahren der Europäischen Gemeinschaft, S. 244; *Körber*, Die Konkurrentenklage im Fusionskontrollrecht der USA, Deutschlands und der Europäischen Union, S. 92 in Bezug auf das Vorprüfungsverfahren in der Fusionskontrolle; s. hierzu auch *Immenga*, Die europäische Fusionskontrolle im wettbewerbspolitischen Kräftefeld, S. 40.

darf aber nicht verkannt werden, dass sich der Beihilfeempfänger durch deren Auszahlung zulasten seiner Konkurrenten einen Wettbewerbsvorteil verschafft. In Fällen, in denen zu Unrecht eine Beihilfe im Vorprüfungsverfahren als mit dem Gemeinsamen Markt vereinbar angesehen wurde, wird deutlich, dass das Interesse der Konkurrenten an der Nichtgewährung der Beihilfe genauso schwer wiegen kann wie das Interesse des Empfängers an einer raschen Auszahlung.[685] Gerade weil die Auszahlung der Beihilfe zum einen automatisch Wettbewerbsvorteile für ihren Empfänger bedeutet, Positiventscheidungen der Kommission im Vorprüfungsverfahren aber zum anderen auch nicht immer einer gerichtlichen Kontrolle standhalten, darf das Vorprüfungsverfahren nicht alleinig von seinem Zweck darauf ausgerichtet sein, die Interessen der Mitgliedstaaten und Empfänger zu wahren, sondern muss auch die Interessen der Konkurrenten an einer Nichtgewährung in den Blick nehmen.[686]

c. Verfahrensrechtlicher und gerichtlicher Rechtsschutz als unzureichende Kompensation

Zudem stellt der derzeitige gerichtliche Rechtsschutz der Konkurrenten gegen Positiventscheidungen in der Vorprüfungsphase, wie oben dargelegt, keine ausreichende Kompensation für das fehlende Anhörungsrecht im Vorprüfungsverfahren dar. Auch wenn die Unionsgerichte in neueren Entscheidungen die Anforderungen an die Einhaltung des Sorgfalts- und Untersuchungsgrundsatzes sowie die Begründung der Beihilfeentscheidung verschärft haben, ist das gerichtliche Verfahren aufgrund des Beurteilungsspielraumes, der der Kommission durch die Unionsgerichte eingeräumt wird, nicht geeignet, die Rechtsschutzdefizite im Vorprüfungsverfahren zu kompensieren.[687] Gerade dieser weite Beurteilungsspielraum muss Auswirkungen auf die Verfahrensposition der Beteiligten haben und mit der Gewährung von Verfahrensrechten einhergehen.[688] Dies betrifft in besonderem Maße das Recht auf rechtliches Gehör als wichtigstes Verfahrensrecht der Beteiligten.[689] Zum anderen wurde bereits dargestellt, dass die Erfordernisse

685 *Martín-Ehlers*, EWS 1998, 245, 247.

686 Vgl. *Martín-Ehlers*, EWS 1998, 245, 247.

687 S. hierzu Kap. 2.IV.2.; zweifelnd in Bezug auf die kompensatorische Wirkung des Erfordernisses einer ordnungsgemäßen Begründung auch *Nowak*, in: Behrens/Braun/Nowak, Europäisches Wettbewerbsrecht im Umbruch, 23, 49. Kritisch zur Praxis der Gerichte, die Verfahrensdefizite durch großzügige Anfechtungsmöglichkeiten kompensieren zu wollen auch *Kahl*, DVBl. 2012, 602, 604.

688 *Nowak*, DVBl. 2000, 20, 21; *Galetta* EuR 2007, 57, 67; *Grzeszick*, EuR 2006, 161, 165.

689 *Schwarze*, DVBl. 2010, 1325, 1331.

an die Sorgfalts- und Untersuchungspflicht und die Begründungspflicht ins Leere laufen, soweit die Gerichte – wie bisher – die Informationen als Maßstab heranziehen, die der Kommission am Ende der Vorprüfungsphase, in der die Drittbeteiligten gerade mangels Anhörungsrecht keine neuen Aspekte mit einbringen konnten, zur Verfügung standen.[690]

Der Verweis auf das angeblich für die Wahrung des subjektiven Rechtsschutzes ausreichende gerichtliche Verfahren geht aber auch an der realen Wirklichkeit vorbei. Es ist hier zwischen zwei Arten von Konkurrenten zu unterscheiden, nämlich zwischen denjenigen, die die finanziellen Mittel für einen – meist langjährigen – Rechtsstreit durch die Instanzen der europäischen Gerichtsbarkeit aufwenden und denjenigen, die ein solches finanzielles und/oder zeitliches Opfer nicht erbringen können bzw. wollen. Erstere erreichen mit ihrer Klage, dass das gesamte Verfahren weiter in die Länge gezogen wird und eine Rechtssicherheit nicht erreicht werden kann.[691] Indem den Konkurrenten, soweit ihm die finanziellen Mittel zur Verfügung stehen, nur der Klageweg übrig bleibt, um seinen Standpunkt erstmals geltend machen zu können, wird das ursprüngliche Ziel, durch den Ausschluss von Beteiligungsrechten Drittbeteiligter im Vorprüfungsverfahren eine schnelle Entscheidung zu treffen, letztlich ins Gegenteil verkehrt.[692]

Für die zweite Gruppe von Konkurrenten endet aus finanziellen und/oder zeitlichen Gründen mit Abschluss des Vorprüfungsverfahrens auch die Gelegenheit, subjektiven Rechtsschutz zu erlangen. Nicht selten fehlt es den Konkurrenten nicht nur an den finanziellen Mitteln für einen langwierigen Rechtsstreit, sondern auch in Anbetracht des oftmals ungewissen Ausganges an den zeitlichen Ressourcen. Zudem hat die Gewährung einer Beihilfe für manche Konkurrenten derart nachteilige Auswirkungen, dass selbst die Aussicht auf einen erfolgreichen Rechtsstreit, bei dem es erst viele Jahre später zu einer rechtskräftigen Entscheidung kommt, für den betreffenden Konkurrenten nicht mehr attraktiv erscheint. Der Wettbewerbsvorteil, den sich der Beihilfeempfänger durch die Auszahlung der Beihilfe verschafft hat, kann auch bei Aufhebung der Kommissionsentscheidung durch die Unionsgerichte nicht mehr vollständig kompensiert werden.[693] Die kompensatorische Funktion des gerichtlichen Verfahrens in Hinblick auf die Verfahrensdefizite im Vorprüfungsverfahren tritt damit aus rein

690 *Nehl*, Europäisches Verwaltungsverfahren und Gemeinschaftsverfassung, S. 357 ff.

691 Für das Fusionskontrollverfahren *Karl*, in: Veelken/Karl/Richter, Die Europäische Fusionskontrolle, S. 66.

692 Für das Fusionskontrollverfahren *Karl*, in: Veelken/Karl/Richter, Die Europäische Fusionskontrolle, S. 66 sowie *Lange*, in: FS Boujong, 885, 899.

693 *Martín-Ehlers*, EWS 1998, 245, 247.

praktischen Gründen nicht ein. Dies legt zugleich die Schwäche dieses Kompensationsansatzes offen.[694] In einem Rechtssystem, das gerichtlichen Rechtsschutz – notwendigerweise – auch von finanzieller Leistungsfähigkeit abhängig macht, darf subjektiver Rechtsschutz nicht ausschließlich im gerichtlichen Verfahren gewährleistet werden. Aus rechtsstaatlichen Gründen ist ein Mindestmaß an Rechtsschutz bereits im Verfahren zu gewährleisten, um auch der genannten zweiten Fallgruppe eine Einflussnahme auf eine für sie womöglich nachteilige Entscheidung der Verwaltung zu garantieren. Gerichtlicher Rechtsschutz alleine kann die Versagung von rechtlichem Gehör im Verfahren nicht rechtfertigen.[695]

d. Fehlender Suspensivrechtsschutz

Bei der Rechtsschutzfunktion des gerichtlichen Verfahrens darf aus Sicht der Konkurrenten auch nicht verkannt werden, dass das Unionsrecht keinen Suspensivrechtsschutz der Konkurrenten gegen die Beihilfeentscheidungen der Kommission vorsieht. Die Klage gegen eine Positiventscheidung im Vorprüfungsverfahren hat gemäß Art. 278 S. 1 AEUV keine aufschiebende Wirkung, sodass die Mitgliedstaaten nicht daran gehindert werden, die Beihilfe an den entsprechenden Empfänger auszuzahlen. Durch das gerichtliche Verfahren kann der Konkurrent nicht mehr erreichen, dass eine – zumindest vorläufige, aber womöglich irreversible – Wettbewerbsverzerrung eintritt. Auch dieses Rechtsschutzdefizit ist ein Argument dafür, eine Kompensation durch eine Stärkung der Verfahrensposition und der Einführung eines Anhörungsrechtes im Vorprüfungsverfahren vorzunehmen.[696]

e. Rechtsschutzfunktion des Beschwerderechtes

Des Weiteren ist fraglich, inwieweit das Beschwerderecht der Konkurrenten ein probates Mittel darstellt, um Einfluss auf das Verfahren zu nehmen. Hinsichtlich seiner Rechtsschutzfunktion leidet es nämlich an zwei entscheidenden Defiziten.

Zum einen hat der Beschwerdeführer nur bei der Einlegung seiner Beschwerde die Möglichkeit, seine Sichtweise und Beschwerdepunkte der Kommission vorzutragen. Im Anschluss bleibt ihm jede weitere Einflussnahme in Form einer erneuten Stellungnahme oder Anhörung im Vorprüfungsverfahren verwehrt. Der

---

694 Kritisch ggü. der pauschalen Annahme einer Kompensationsfunktion von Verwaltungsverfahren bzw. des gerichtlichen Verfahrens bei Fehler im jeweiligen Verfahren mit Hinweis auf die unterschiedlichen Funktionen *Voßkuhle*, Das Kompensationsprinzip, S. 44 f.

695 So i.E. auch *Klingbeil*, Das Beihilfeverfahren nach Art. 93 EG-Vertrag, S. 100.

696 Zur Notwendigkeit der Kompensation eines fehlenden Suspensivrechtsschutzes durch den Ausbau von Verfahrensrechten *Koenig*, BRZ 2011, 74, 76.

Beschwerdeführer hat also nur einen Schuss frei. Entscheidend ist, auf Grundlage welcher Informationen er diesen Schuss abfeuert.

Bei dieser Frage wird das andere Defizit deutlich. Denn die Konkurrenten stehen vor dem praktischen Problem, dass sie nur selten Kenntnis von der Einleitung eines Vorprüfungsverfahrens erlangen. Dies liegt daran, dass es – trotz bereits jahrelanger Forderung – nach wie vor an einem einheitlichen Notifizierungsregisters fehlt, aus dem die Konkurrenten von einem neuen Beihilfeverfahren Kenntnis erlangen könnten.[697] Folglich müssen sie sich bei der Erstellung ihrer Beschwerde auf Informationen stützen, die sie aus anderen Quellen, bspw. aus der Presse, entnehmen konnten. Es liegt auf der Hand, dass solche Quellen i. d. R. unvollständig sind und deshalb nur wenig verwertbare Informationen für die Beschwerdeführer beinhalten. Dies erschwert die Begründung einer Beschwerde deutlich. Zudem besteht die Gefahr, dass die Konkurrenten und damit potentiellen Beschwerdeführer von der Notifizierung der Beihilfe und der Einleitung eines Vorprüfungsverfahrens überhaupt nichts erfahren.

Das Beschwerderecht erweist sich aus diesen Gründen im gesamten Rechtsschutzgefüge der Konkurrenten als zahnloser Tiger, solange ihnen nicht ein Anhörungsrecht zur Seite gestellt und die Beschwerdeführer Kenntnis von der Einleitung eines Vorprüfungsverfahrens, bspw. durch ein Notifizierungsregister, erhalten.[698]

f. Schwäche des Souveränitätsgedankens

Der Gedanke des Souveränitätsschutzes der Mitgliedstaaten im Beihilfeverfahren ist zudem nicht überzeugend. Dies zunächst deshalb, weil die Mitgliedstaaten durch ihren Beitritt zur Europäischen Union gerade Teile dieser Souveränität an diese abgetreten haben und der vollsouveräne Einzelstaat aus völkerrechtlicher Sicht in einem Staatenverbund wie der Europäischen Union nicht mehr existiert.[699] Zum anderen ist es wenig überzeugend, auf der einen Seite der Kommission im Rahmen der neuesten Beihilfeverfahrensreform Ermittlungsbefugnisse gegenüber den Drittbeteiligten zuzugestehen, bei der Frage der Rechtsstellung der Drittbeteiligten gegenüber der Kommission sodann

---

697 *Lessenich*, in: Schröter/Jakob/Klotz/Mederer, Europäisches Wettbewerbsrecht, Art. 108 AEUV Rn. 95; *Nehl*, Europäisches Verwaltungsverfahren und Gemeinschaftsverfassung, S. 355.

698 *Wagner*, Die Stellung des Wettbewerbers im Beihilfenaufsichtsverfahren der Europäischen Gemeinschaft, S. 243.

699 S. bereits EuGH, Urteil v. 05.02.1963, Rs. C-26/62, „*Van Gend en Loos/Niederlande*“, Slg. 1963, 3 = NJW 1963, 974, 976; *Kaufmann*, JZ 1999, 814, 820 f.

aber auf die Souveränität der Mitgliedstaaten zu verweisen. Denn de facto wurde die Bilateralität des Beihilfeverfahrens durch die neuen Ermittlungsbefugnisse, die ihr durch die Änderung der VVO zugesprochen worden sind, deutlich aufgeweicht.[700] Zwar hatte der Rat im Rahmen der Verhandlungen zur Änderungsverordnung das Ziel verfolgt, die Souveränität der Mitgliedstaaten weiter zu wahren und deshalb nur widerwillig und erst nach Änderungen im ursprünglichen Verordnungsentwurf diesen neuen Ermittlungsbefugnissen zugestimmt.[701] Nach dieser Reform kann das Argument der Souveränität aber nicht mehr glaubhaft ins Feld geführt werden. Denn die Mitgliedstaaten verhalten sich widersprüchlich, wenn sie auf der einen Seite das völkerrechtliche Argument der Staatensouveränität vorbringen, auf der anderen Seite der Kommission aber Spielraum für direkte Ermittlungsgespräche mit den Drittbeteiligten überlassen.

g. Bedeutung des Vorprüfungsverfahrens

Zuletzt kann auch nochmals auf die Bedeutung des Vorprüfungsverfahrens hingewiesen werden. Denn in den vergangenen Jahren hat sich nicht nur die Zahl der Beihilfen erhöht, die durch Gruppenfreistellungsverordnungen von der Notifizierungspflicht ausgenommen wurden. Mittlerweile ist es vielmehr auch die Regel, dass die Beihilfeverfahren bereits mit einer verfahrensabschließenden Entscheidung im Vorprüfungsverfahren erledigt werden.[702] Ein förmliches Prüfverfahren wird also in den meisten Fällen überhaupt nicht eingeleitet. Dadurch können die Drittbeteiligten immer seltener Einfluss auf das Beihilfeverfahren nehmen, da ihnen ihr Recht auf Stellungnahme bislang nur im förmlichen Prüfverfahren zusteht. Die Notwendigkeit einer Beteiligung in der Vorprüfungsphase wird durch diese Entwicklung weiter verstärkt. Denn wenn die Kommission immer seltener Beihilfen kritisch gegenübersteht und diese folglich immer öfter ausgezahlt werden dürfen, muss es zumindest den Konkurrenten der Beihilfeempfänger ermöglicht werden, im Verfahren ihre Bedenken und Argumente vorbringen zu können, sind sie es doch, die durch die Auszahlung der Beihilfe an den Beihilfeempfänger Wettbewerbsnachteile erlangen.

---

700 Zu der zu erwartenden Schwächung des Einflusses der Mitgliedstaaten auf das Beihilfeverfahren aufgrund der neuen Ermittlungsbefugnisse der Kommission s. *Plappert*, EuZW 2014, 216, 218 f.

701 *Plappert*, EuZW 2014, 216, 217.

702 *Soltész*, in: Johlen/Oerder, MAH Verwaltungsrecht, § 25 Rn. 33.

(3) Ergebnis

Die Quantität der Argumente, die gegen die Versagung eines Anhörungsrechtes der Konkurrenten im Vorprüfungsverfahren sprechen, darf im Rahmen der Abwägung nicht über das nicht unbedeutende Kriterium der Verfahrenseffizienz hinwegtäuschen. Ein Verfahren, das Beteiligten die Möglichkeit eröffnet, durch den strategischen Einsatz von Verfahrensrechten dasselbe lahm zu legen und deutlich in die Länge zu ziehen, kann nicht rechtsstaatlichen Grundsätzen genügen. Der Sinn und Zweck des Vorprüfungsverfahrens, innerhalb der zweimonatigen Frist eine rasche Entscheidung zu treffen, darf nicht völlig dadurch konterkariert werden, dass auch in Fällen, in denen eine Positiventscheidung offensichtlich rechtmäßig wäre, das Verfahren durch den missbräuchlichen Einsatz von Verfahrensrechten in die Länge gezogen wird. Denn dass die Einholung weiterer Stellungnahmen von Drittbeteiligten in der Vorprüfungsphase eine Mehrarbeit für die Kommission mit sich bringt und somit auch geeignet ist, das Verfahren in die Länge zu ziehen, steht außer Frage.

Hier scheint *Klingbeil* hingegen anderer Auffassung zu sein, wenn er feststellt, dass die Berücksichtigung weiterer Stellungnahmen von Beschwerdeführern im Vorprüfungsverfahren keinen nennenswerten Mehraufwand für die Kommission bedeuten würde, weil dieser sowohl die Beschwerdeführer als auch die weiteren Beteiligten durch ihre Eingaben bekannt seien.[703] Zuzustimmen ist ihm, dass, sollte man ein Stellungnahmerecht in der Vorprüfungsphase nur auf die Beschwerdeführer erstrecken, die Kommission keinen Aufwand darauf verwenden müsste, diese Stellungnahmen einzuholen. Insbesondere bliebe es ihr erspart, einen Aufruf im Amtsblatt zu veröffentlichen und alle potentiellen Drittbetroffenen zur Abgabesolcher Stellungnahmen aufzufordern.[704] Trotzdem darf nicht außer Acht gelassen werden, dass auch die Berücksichtigung der Stellungnahmen von Beschwerdeführern einen nicht zu unterschätzenden Mehraufwand für die Kommission bedeutet. Dies nicht nur wegen ihres Umfanges, sondern weil es auch durchaus möglich ist, dass innerhalb eines Beihilfeverfahrens mehrere Konkurrenten Beschwerde einreichen. Eine sorgfältige Auswertung und Berücksichtigung dieser Eingaben kann deshalb nicht ohne weiteres innerhalb weniger Tage durchgeführt werden. Es besteht somit durchaus die Gefahr, dass durch die Gewährung eines Anhörungsrechtes im Vorprüfungsverfahren die Funktion dieses auf schnelle Entscheidung angelegten Verfahrens ausgehebelt wird, wenn nicht entsprechende Vorkehrungen getroffen werden.

703 *Klingbeil*, Das Beihilfeverfahren nach Art. 93 EG-Vertrag, S. 100.

704 Dies sieht auch *Klingbeil*, Das Beihilfeverfahren nach Art. 93 EG-Vertrag, S. 100.

Ein populäres Beispiel für den „Missbrauch“ von Verfahrenspositionen im Europarecht existierte für das gerichtliche Verfahren lange Zeit in Form der sog. „Torpedo-Klagen“.[705] Die alte Fassung der EuGVO eröffnete Klagegegnern die Möglichkeit, durch die Einlegung einer negativen Feststellungsklage bei den Gerichten eines Staates mit sehr langer Verfahrensdauer – in der Regel Italien oder Spanien – , das gerichtliche Verfahren über Jahre in die Länge zu ziehen.[706] Übertragen auf das Vorprüfungsverfahren darf eine Einbindung der Konkurrenten nicht dazu führen, dass sein Zweck nicht erfüllt werden kann, über offensichtlich mit dem Binnenmarkt vereinbare Beihilfen oder über Maßnahmen, die offensichtlich keine Beihilfe darstellen, zeitnah zu entscheiden. Vor diesem Hintergrund muss nochmals der Zweck der Grundrechtecharta in Bezug auf die Gewährleistung subjektiver Rechte in Erinnerung gerufen werden. Grundsätzlich ist es nicht Anspruch einer Verfassung, konkrete Rechtspositionen, sondern einen Mindeststandard zu garantieren, auf dessen Grundlage der Sekundärrechtsgesetzgeber und die Exekutive konkrete subjektive Rechtspositionen gestalten. Diesen Mindeststandard schreibt Art. 41 Abs. 1 GrCh durch das Recht auf gute Verwaltung fest.

Art. 41 Abs. 2 GrCh geht mit seinen konkreten Rechten aber darüber hinaus. Er verdeutlicht damit die Bedeutung dieser Verfahrenspositionen für das rechtsstaatliche Verfahren. Dies schließt einen gewissen Gestaltungsspielraum bei der Beachtung dieser Rechte aber nicht aus. Sollte ein Verfahren, wie beim Beihilfeverfahren der Fall, zweigliedrig aufgebaut sein, verlangt Art. 41 Abs. 2 lit. a) nicht, dass ein Beteiligter in jedem Verfahrensabschnitt angehört wird. Vielmehr ist nur sicherzustellen, dass der Beteiligte zu irgendeinem Zeitpunkt im Verfahren die Möglichkeit erhält, seine Position einzubringen.[707] Dies ist bei den Konkurrenten im Vorprüfungsverfahren aber gerade nicht der Fall. Da Art. 41 Abs. 2 lit. a) GrCh eine konkrete Rechtsposition zuspricht, ist eine Einschränkung zwar möglich, muss aber auch den hohen Stellenwert des Anhörungsrechtes beachten.

Dabei muss auch das unionale Kohärenzprinzip in Art. 7 AEUV berücksichtigt werden.[708] Es besagt, dass das Handeln der Unionsorgane in Bezug auf ihre unterschiedlichen Maßnahmen inhaltlich abgestimmt und in sich wider-

---

705 S. hierzu *Pitz*, GRUR Int 2001, 32.

706 S. nun zu den Neuregelungen in der Brüssel-1a-Verordnung *Alio*, NJW 2014, 2395, 2398 f.

707 *Klingbeil*, Das Beihilfeverfahren nach Art. 93 EG-Vertrag, S. 149.

708 Ausf. zum Kohärenzprinzip *Streckert*, Verwaltungsinterner Unionsrechtsschutz, S. 59 ff.

spruchsfrei sein muss.[709] Auch die Politiken der Rechtssetzungsorgane sollen soweit miteinander abgestimmt werden, dass sie sich in einen „sinnbildenden Zusammenhang“[710] und sich damit in das Gesamtsystem einfügen.[711] Soweit nun die Union mit Art. 41 GrCh zum Ausdruck bringt, welche hohe Bedeutung sie den Verfahrensrechten zumisst und mit dem Recht auf gute Verwaltung und insbesondere mit dem Anspruch auf eine gerechte Verwaltung zudem Raum für die Entwicklung weiterer Verfahrensrechte lässt, muss sie sich an diesem politischen Ziel auch bei der Ausgestaltung des Sekundärrechtes messen lassen.

Das bedeutet freilich nicht, dass sie sich durch die Kodifizierung der Grundrechte in der Charta selbst auferlegt hat, diesen uneingeschränkte Geltung zu verschaffen. Vielmehr steht ihr selbstredend wie bereits dargestellt auch die Möglichkeit offen, gewisse Grundrechte in bestimmten Situationen völlig zu versagen. Da den Verfahrensrechten aber nicht nur in der Charta überragende Bedeutung für die Rechtsstaatlichkeit der Union zugesprochen werden, sondern auch die Unionsgerichte auf deren besondere Aufgabe hinweisen, ist die Erhebung der Verfahrensrechte in einen kodifizierten Grundrechtskatalog bei der Einschränkung dieser Rechte zu berücksichtigen. Nur so kann dem Kohärenzprinzip entsprochen werden. Es besteht damit eine Wechselwirkung zwischen der hohen Bedeutung der Verfahrensrechte aus Art. 41 GrCh auf der einen und der Frage der Einschränkbarkeit dieses Grundrechtes auf der anderen Seite.[712]

Daraus folgt aber nicht zwangsläufig, dass den Konkurrenten im Vorprüfungsverfahren ausnahmslos ein Anhörungsrecht zugesprochen werden muss. Der Verhältnismäßigkeitsgrundsatz verlangt vielmehr einen sachgerechten Ausgleich zwischen den verschiedenen Grundrechtspositionen unter Berücksichtigung der Intensität des Grundrechtseingriffes auf der einen, und dem mit ihm verfolgten Ziel auf der anderen Seite.[713]

Auf Seiten der Konkurrenten wiegt schwer, dass ihnen ohne Ausnahme in der Vorprüfungsphase ein Recht auf Anhörung aberkannt wird. Auf der anderen Seite ist insbesondere dieVerfahrenseffizienz ein rechtsstaatlicher Grundsatz, der beim

---

709 *Obwexer*, in: von der Groeben/Schwarze/Hatje, Europäisches Unionsrecht, Art. 7 AEUV Rn. 8; *Schorkopf*, in: Grabitz/Hilf/Nettesheim, Art. 7 AEUV Rn. 11; *Streinz*, EUV/AEUV, Art. 7 AEUV Rn. 4.

710 *Schorkopf*, in: Grabitz/Hilf/Nettesheim, Art. 7 AEUV Rn. 11.

711 *Streinz*, EUV/AEUV, Art. 7 AEUV Rn. 4.

712 S. zur Wechselwirkungslehre im deutschen Verfassungsrecht BVerfG, NJW 1958, 257, 258 („*Lüth*“); vgl. ausf. *Grabenwarter*, in: Maunz/Dürig, GG, Art. 5 Rn. 139 ff.

713 EuGH, Urteil v. 12.06.2003, Rs. C-122/00, „*Schmidberger/Österreich*“, Rn. 81, Slg. 2003, I-5659; *Jarass*, GrCh, Art. 41 Rn. 40 f.

Ausgleich der Interessenspositionen berücksichtigt werden muss. Bei der Abwägung ist es eine verfassungsrechtliche Notwendigkeit, eine Abstufung zwischen den verschiedenen Beteiligungsformen vorzunehmen und direkte Verfahrensbeteiligte und Drittbeteiligte unterschiedlich zu behandeln.[714] Bei letzteren ist es unumgänglich, auf Kosten ihrer Verfahrensrechte das Prinzip der Verfahrenseffizienz stärker in den Mittelpunkt zu rücken. Dies bedeutet aber nicht, dass im Rahmen der Abwägung keine rechtliche Ausgestaltung möglich ist, die auch die Interessen der Konkurrenten an einer Beteiligung im Vorprüfungsverfahren garantiert. Insbesondere Ausnahmeregelungen sind geeignet, die Auswirkungen des Grundrechtseingriffes für den Grundrechtsträger abzumildern.[715] Solche Ausnahmen sind derzeit jedoch nicht vorgesehen.

Im Rahmen der Abwägung muss auch der Aspekt Berücksichtigung finden, ob das gesamte Rechtsschutzsystem für die Konkurrenten geeignet ist, die genannten Defizite im Verwaltungsverfahren auszugleichen. Wie dargestellt, kann das gerichtliche Verfahren aber in keinster Weise die fehlenden Beteiligungsrechte im Verwaltungsverfahren kompensieren. Zudem muss auch die Intensität der Beeinträchtigung in die Abwägung mit einfließen. So kann nach zutreffender Ansicht von einer Anhörung gänzlich abgesehen werden, wenn die zu treffende Maßnahme nur unwesentliche Auswirkungen auf den betreffenden Personenkreis hat.[716] Dies kann hier jedoch nicht angenommen werden. Wie bereits dargestellt, hat eine verfahrensabschließende Entscheidung im Vorprüfungsverfahren gravierende Auswirkungen auf die wirtschaftliche Position des Konkurrenten, da der Beihilfeempfänger durch die Gewährung der Beihilfe einen Wettbewerbsvorteil erlangt. Zudem muss berücksichtigt werden, dass die meisten Beihilfeverfahren bereits im Vorprüfungsverfahren abgeschlossen werden, sodass den Konkurrenten nur in den seltensten Fällen überhaupt eine Einflussnahme auf das Beihilfeverfahren eröffnet wird.

Ausschlaggebend dürfte zuletzt aber auch die Zielvorgabe des Art. 41 GrCh sein, eine gute Verwaltung herzustellen. Wie bereits oben dargestellt, wird mit

---

714 Eine solche Abwägung lassen die Unionsgerichte hingegen in ihrer bisherigen Rechtsprechung nicht erkennen, wenn sie ein Recht auf Anhörung von Drittbeteiligten kategorisch mit Verweis auf ihren Status als Informationsquellen der Kommission ablehnen, s. nur EuG, Urteil v. 14.12.2000, Rs. T-613/97, „*Ufex u. a./Kommission*“, Rn. 89, Slg. 2000, II-4055.

715 EuGH, Urteil v. 29.02.1996, verb. Rs. C-296/93 u. a., „*Frankreich u. a./Kommission*“, Rn. 44, Slg. 1996, I-795; *Jarass*, GrCh, Art. 41 Rn. 41.

716 EuGH, Urteil v. 28.05.1980, verb. Rs. C-33/79 u. a., „*Kuhner/Kommission*“, Rn. 25, Slg. 1980, 1677; *Gassner*, DVBl. 1995, 16, 19; *Galetta/Grzeszick*, in: Stern/Sachs, GrCh, Art. 41 Rn. 70.

dem Recht auf gute Verwaltung die Position der Bürger im Verwaltungsverfahren gestärkt. Auf dem Weg zu einer bürgernahen und dienstleistungsorientierten Verwaltung müssen die Bedürfnisse der Bürger mehr in den Blick genommen werden als bisher; Effizienzgesichtspunkte können und müssen diese Aspekte zwar begrenzen, sie dürfen sie aber nicht überlagern.

Nach alledem ist festzuhalten, dass die ausnahmslose Versagung eines Anhörungsrechtes der Konkurrenten im Vorprüfungsverfahren nicht den Mindeststandard garantiert, den Art. 41 Abs. 2 lit. a) GrCh verlangt. Die pauschale Versagung eines solchen Anhörungsrechtes lässt keinen Raum für Einzelfallbetrachtungen und somit Einzelfallgerechtigkeit zu. Die VVO sowie die Kommissionspraxis und die derzeitige Rechtsprechung zur Rolle der Drittbeteiligten und deren Qualifizierung als Informationsquellen der Kommission sind somit nicht mit der Grundrechtecharta und somit auch nicht mit dem Primärrecht vereinbar. Durch die Behandlung als Informationsquellen werden zudem die subjektiven Interessen der Drittbeteiligten völlig ausgeblendet.[717]

3. Anwendung des Grundsatzes der Selbstbindung im Beihilfeverfahren

Neben dem Anspruch der Konkurrenten auf Anhörung in der Vorprüfungsphase aus Art. 41 Abs. 2 lit. a) GrCh könnte zudem die bisherige Kommissionspraxis einen solchen Anspruch der Konkurrenten begründen.

Dass den Konkurrenten der Beihilfeempfänger derzeit weder von der Rechtsprechung noch aus der VVO ein Anhörungsrecht im Vorprüfungsverfahren zugesprochen wird, ändert nichts an der Tatsache, dass die Kommission in manchen Fällen von sich aus Drittbeteiligte in dieser Verfahrensphase anhört. Da sie diese aber lediglich als ihre Informationsquellen ansieht, ist eine stringente Praxis nicht erkennbar. Vielmehr entscheidet sie im Einzelfall, ob ihr Informationsbedarf durch eine Anhörung bedient werden kann oder nicht. Das Gericht hat dazu in der Rechtssache „Prayon-Rupel“[718] folgendes ausgeführt: „Nach dem Zweck des Artikels 93 Absatz 3 EG-Vertrag und ihrer Pflicht der ordnungsmäßigen Ver-

717 Auch *Nöhmer* fordert eine stärkere Betrachtung der subjektiven Rechte der Drittbeteiligten, vornehmlich in der förmlichen Prüfphase, und verweist auf diesbzgl. Tendenzen in der Rechtsprechung, insb. auf die Rechtssache *„Le Levant 001“* (s. oben Kap. 1.II.3.c).dd)), vgl. *Nöhmer*, Das Recht auf Anhörung im europäischen Verwaltungsverfahren, S. 218 ff.

718 EuG, Urteil v. 15.03.2001, Rs. T-73/98, *„Prayon-Rupel/Kommission“*, Slg. 2001, II-867 = EuZW 2001, 503.

waltung kann die Kommission insbesondere einen Dialog mit dem anmeldenden Staat oder Dritten führen, um die sich etwaig ergebenden Schwierigkeiten im Verlauf des Vorverfahrens zu überwinden."[719]

Die unterschiedliche Behandlung der verfahrensrechtlichen Aspekte wirft aufgrund des weiten Ermessensspielraumes der Kommission im Rahmen ihrer Beihilfeentscheidung die Frage auf, inwieweit ein solches Vorgehen mit dem allgemeinen Gleichbehandlungsgrundsatz vereinbar ist.[720] Diesen hat der Gerichtshof aus den Diskriminierungsverboten der Verträge abgeleitet.[721] Er untersagt es der Kommission, vergleichbare Sachverhalte unterschiedlich zu behandeln bzw. ungleiche Sachverhalte gleich zu behandeln.[722] Eine solche Gleich- bzw. Ungleichbehandlung kann jedoch objektiv gerechtfertigt sein.[723]

Aus dem Gleichheitsgrundsatz wird von der Rechtsprechung zudem der Grundsatz der Selbstbindung der Verwaltung abgeleitet.[724] Dieser wurde zunächst im Bereich des europäischen Dienstrechtes entwickelt und dann auch auf die einzelnen Bereiche des europäischen Wettbewerbsrechtes und somit auch auf das Beihilferecht übertragen.[725] Zwar beschäftigten sich diese Entscheidungen zum Beihilferecht bislang nur mit der Frage, inwieweit sich im Rahmen der materiellen Entscheidung der Kommission ihr Ermessensspielraum durch eine Selbstbindung beschränkt. Dies schließt eine Übertragung des Selbstbindungsgrundsatzes auf die Gestaltung

---

719 EuG, Urteil v. 15.03.2001, Rs. T-73/98, „*Prayon-Rupel/Kommission*", Rn. 45, Slg. 2001, II-867 = EuZW 2001, 503.

720 S. hierzu allgemein in Fällen unterschiedlicher Behandlung von verfahrensrechtlichen Aspekten *Soltész*, EuZW 2015, 277, 279 ff.

721 EuGH, Urteil v. 25.10.1978, Rs. C-103/77 u. a., „*RoyalScholten-Honig Ltd. u. a./Intervention Board for Agricultural Produce u. a.*", Rn. 25/27, Slg. 1978, 2037; EuGH, Urteil v. 16.09.2004, Rs. C-465/01, „*Kommission/Österreich*", Rn. 25, Slg. 2004, I-8291; vgl. auch *v. Danwitz*, Europäisches Verwaltungsrecht, S. 353 f.

722 EuGH, Urteil v. 07.07.1993, Rs. C-217/91, „*Spanien/Kommission*", Rn. 37, Slg. 1993, I-3923; EuGH, Urteil v. 22.06.2006, Rs. C-182/03 u. a., „*Belgien u. a./Kommission*", Rn. 170, Slg. 2006, I-5479.

723 EuGH, Urteil v. 07.07.1993, Rs. C-217/91, „*Spanien/Kommission*", Rn. 37, Slg. 1993, I-3923; EuGH, Urteil v. 22.06.2006, Rs. C-182/03 u. a., „*Belgien u. a./Kommission*", Rn. 170, Slg. 2006, I-5479.

724 EuG, Urteil v. 17.12.1991, Rs. T-7/89, „*Hercules Chemicals/Kommission*", Rn. 53 f, Slg. 1991, II-1711.

725 S. hierzu ausf. *v. Danwitz*, Europäisches Verwaltungsrecht, S. 354 f. mit zahlreichen Rechtsprechungsnachweisen. Für das Beihilferecht s. EuGH, Urteil v. 05.10.2000, Rs. C-288/96, „*Deutschland/Kommission*", Rn. 62, Slg. 2000, I-8237; EuGH, Urteil v. 07.03.2002, Rs. C-310/99, „*Italien/Kommission*", Rn. 52, Slg. 2002, I-2289.

des Verfahrens und eine Anwendung auf Verfahrensrechte jedoch nicht aus.[726] Denn wie bereits ausgeführt wurde, besteht gerade im europäischen Beihilferecht eine enge Verknüpfung zwischen der Gewährung von Verfahrensrechten und der materiellen Entscheidung, weil letztere aufgrund des Beurteilungsspielraumes der Kommission nur eingeschränkt überprüfbar ist und das Verfahren und die Einflussnahme auf dasselbe für die Beteiligten deshalb eine gewichtige Rolle spielen.

a) Voraussetzungen des Selbstbindungsgrundsatzes

aa) Vergleichbarer Sachverhalt

Der Grundsatz der Selbstbindung der Verwaltung setzt zunächst vergleichbare Sachverhalte voraus. Auf deren Grundlage muss eine einheitliche Verwaltungspraxis zur Behandlung dieser vergleichbaren Sachverhalte existieren.[727] Dies hat jedoch nur für Kommissionsentscheidungen Relevanz, bei denen dieser ein Ermessens- bzw. Beurteilungsspielraum zugestanden wird, da eine Selbstbindung nur bei einem eigenen Entscheidungsspielraum möglich ist.[728] Denn sähe bereits das Gesetz eine gebundene Entscheidung der Kommission vor, ist sie bereits durch die gesetzliche Vorgabe gebunden, was eine Selbstbindung denknotwendig ausschließt. Ein Beurteilungsspielraum steht der Kommission bei der Beihilfeentscheidung, wie bereits ausführlich dargelegt, zu. Dabei findet der Selbstbindungsgrundsatz grundsätzlich auch auf die verfahrensrechtlichen Aspekte Anwendung, wie das Gericht in der Rechtssache „Hercules Chemicals" in Bezug auf das Akteneinsichtsrecht der Konkurrenten im Kartellverfahren verdeutlicht hat.[729] Das aus dem Selbstbindungsgrundsatz abgeleitete Akteneinsichtsrecht der Beschwerdeführer im Kartellverfahren hatte das Gericht in der genannten daraus hergeleitet, dass sich die Kommission selbst in ihrem „Zwölften Bericht über die Wettbewerbspolitik" allgemeine Verhaltensregeln auferlegt hatte,[730] die aufgrund ihrer allgemeinen Formulierung, welche nach ihrem Wortlaut schon wenig Spielraum für eine Einzelfallbetrachtung ließ, auch zu einem allgemeinen Anspruch auf Akteneinsicht führten. Da es sich dabei

---

726 *Grzeszick*, EuR 2006, 161, 178.

727 EuGH, Urteil v. 24.03.1993, Rs. C-313/90, „*CIRFS u. a./Kommission*", Rn. 34 ff., Slg. 1993, I-1125; *v. Danwitz*, Europäisches Verwaltungsrecht, S. 355 mwN.

728 *Pampel*, Rechtsnatur und Rechtswirkungen horizontaler und vertikaler Leitlinien im reformierten europäischen Wettbewerbsrecht, S. 57.

729 EuG, Urteil v. 17.12.1991, Rs. T-7/89, „*Hercules Chemicals/Kommission*", Rn. 53 f., Slg. 1991, II-1711.

730 EuG, Urteil v. 17.12.1991, Rs. T-7/89, „*Hercules Chemicals/Kommission*", Rn. 53 f., Slg. 1991, II-1711.

um eine Entscheidung im europäischen Wettbewerbsrecht handelte und sie sich auch nicht auf spezifische Eigenheiten des Kartellverfahrens gründete, kann sie auch auf das Beihilferecht übertragen werden.[731]

Ein vergleichbarer Sachverhalt ist bereits darin zu sehen, dass es in den hier zu betrachtenden Fallkonstellationen um Vorprüfungsverfahren innerhalb eines Beihilfeverfahrens geht, in denen Konkurrenten grundsätzlich nicht beteiligt werden, weil ihnen keine Verfahrensrechte zugestanden werden.

bb) Unterschiedliche Behandlung iR einer rechtmäßigen Verwaltungspraxis

Zudem muss es im Rahmen einer rechtmäßigen Verwaltungspraxis zu einer unterschiedlichen Behandlung der vergleichbaren Sachverhalte kommen.[732] In der Vergangenheit oblag es bislang der Kommission zu entscheiden, in welchen Fällen sie die Konkurrenten in welchem Maße im Vorprüfungsverfahren beteiligt, diesen die Stellungnahmen und Informationen der Mitgliedstaaten zugänglich macht und ihnen Gelegenheit zur Stellungnahme einräumt.[733]

cc) Kein sachgerechter Grund für die Ungleichbehandlung

Zudem dürfte die Ungleichbehandlung nicht durch einen sachlichen Grund objektiv gerechtfertigt sein.[734] Dies ist insbesondere bei atypischen Fallkonstellationen der Fall, bei denen die Kommission folglich von ihrer bisherigen Praxis abweichen kann.[735]

---

731 So auch für eine umgekehrte Konstellation, in der Erwägungen aus einer beihilferechtlichen Entscheidung auf weitere Bereiche des Wirtschaftsrechtes übertragen werden *Pampel*, Rechtsnatur und Rechtswirkungen horizontaler und vertikaler Leitlinien im reformierten europäischen Wettbewerbsrecht, S. 56 mit Verweis auf EuG, Urteil v. 30.04.1998, Rs. T-214/95, „*Het Vlaamse Gewest/Kommission*", Rn. 89, Slg. 1998, II-717.

732 EuG, Urteil v. 05.11.1997, Rs. T-149/95, „*Ducros/Kommission*", Rn. 61, Slg. 1997, II-2031; *v. Danwitz*, Europäisches Verwaltungsrecht, S. 355 mwN.

733 *Schloh/Hoenike*, EuZW 1997, 398, 399 mit Verweis auf diesbezügliche Äußerungen der Kommission in der Rechtssache „Sytraval", vgl. EuG, Urteil v. 28.09.1995, Rs. T-95/94, „*Sytraval/Kommission*", Rn. 79, Slg. 1995, II-2651; s. auch Schlussantrag von Generalanwalt Lenz v. 27.05.1997 in der Rechtsmittelinstanz, Rs. C-367/95 P, „*Kommission/Sytraval*", Rn. 86, Slg. 1998, I-1719; *Rosenfeld*, in: Schulte/Kloos, Handbuch Öffentliches Wirtschaftsrecht, § 3 Rn. 91.

734 EuGH, Urteil v. 07.07.1993, Rs. C-217/91, „*Spanien/Kommission*", Rn. 37, Slg. 1993, I-3923; EuGH, Urteil v. 28.06.2005, verb. Rs. C-189/02 P u. a., „*Dansk Rørindustri u. a./Kommission*", Rn. 209, Slg. 2005, I-5425.

735 *V. Danwitz*, Europäisches Verwaltungsrecht, S. 355 f.

Eine Anhörung von Konkurrenten und sonstigen Dritten im Vorprüfungsverfahren wurde bislang damit gerechtfertigt, dass die Kommission bei gewissen Sachverhalten, in denen sie noch Informationsdefizite hatte, diese Wissenslücken schließen konnte.[736] Sieht man die Konkurrenten aus dem Blickwinkel der Kommission als bloße Informationsquellen, so wäre die Ungleichbehandlung der Konkurrenten in den jeweiligen Vorprüfungsverfahren wohl gerechtfertigt. Die Rechtfertigung wäre dann darin zu sehen, dass die Kommission durch die Anhörung der Konkurrenten in den betreffenden Fällen womöglich ihre Informationsdefizite beseitigen kann.

Diese Sichtweise verkennt aber das subjektive Interesse der Konkurrenten an einer Anhörung. Dieses kann nicht isoliert von dem Informationsinteresse der Kommission betrachtet werden, weil das Anhörungsrecht, wie ausgeführt, ein Grundrecht ist, auf das sich auch Drittbeteiligte im Grundsatz berufen können.[737] Im Rahmen der objektiven Rechtfertigung darf nicht nur die Perspektive der Konkurrenten, auf der anderen Seite aber auch nicht nur die der Kommission ausschlaggebend sein. Durch Art. 41 GrCh ist die Sichtweise, dass es sich bei den Konkurrenten lediglich um Informationsquellen der Kommission handelt, nicht mehr mit dem Primärrecht vereinbar, weil sie deren subjektives Interesse, am Verfahren beteiligt zu werden, ignoriert. Daraus folgt, dass im Rahmen der Rechtfertigung der genannten Ungleichbehandlungen nicht mehr – oder zumindest nicht mehr ausschließlich – auf diese Argumentation zurückgegriffen werden darf. Auch wenn die Kommission bislang nur eine Anhörung mit der Intension durchführte, an Informationen zu gelangen, darf nicht verkannt werden, dass dadurch mittelbar den betreffenden Konkurrenten die Möglichkeit eingeräumt wurde, ihre subjektiven Verfahrensrechte geltend zu machen und aktiv in das Verfahren einzugreifen. Aus Sicht der Konkurrenten wurde ihnen ein Vorteil gegenüber den Konkurrenten in anderen Beihilfeverfahren eingeräumt. War bislang dieser subjektive Rechtsschutzaspekt im Verfahren nur ein Rechtsreflex des dominierenden Ziels der Informationsgewinnung, haben sich die Vorzeichen mit Art. 41 GrCh nun umgekehrt: Die Verfahrensrechte als subjektive Rechte der Konkurrenten stehen nun im Vordergrund und sind die ausschlaggebenden Bewertungsaspekte im Rahmen der Prüfung der objektiven Rechtfertigung. Aus diesem Grund ist eine Ungleichbehandlung der Konkurrenten in diesen Fällen nicht alleine mit der Beseitigung etwaiger Informationsdefizite zu rechtfertigen.

---

736 EuG, Urteil v. 15.03.2001, Rs. T-73/98, „*Prayon-Rupel/Kommission*", Rn. 45, Slg. 2001, II-867 = EuZW 2001, 503.

737 S. oben Kap. 4.I.4.a).

b) *Ergebnis*

Der durch die Regelungen der Grundrechtecharta veränderte primärrechtliche Rahmen hat unmittelbare Auswirkungen auf eine Selbstbindung der Kommission und einen daraus abzuleitenden Anspruch der Konkurrenten auf Anhörung im Vorprüfungsverfahren. Daraus kann aber kein genereller Anspruch von Konkurrenten abgeleitet werden, bei jedem Vorprüfungsverfahren angehört zu werden. Der Kommission ist es hingegen verwehrt, einen solchen Anspruch alleine mit dem Argument abzulehnen, dass sie völlig frei in der Frage ihrer Informationsgewinnung sei. Diese rein auf die Stellung der Drittbeteiligten als Informationsquellen abzielende Kommissionspraxis ist nicht mit Art. 41 GrCh vereinbar.

Es bleibt der Kommission hingegen unbenommen, ihre Praxis zu ändern.[738] Dies hätte dann womöglich zur Folge, dass sie zukünftig von der freiwilligen Anhörung von Konkurrenten absieht und der Anspruch aufgrund der Selbstbindung somit entfällt. Dieser alleine garantiert den Konkurrenten im Vorprüfungsverfahren daher keinen rechtlich gesicherten Anspruch auf Anhörung. Ein solcher ergibt sich, wie oben dargestellt, ausschließlich aus Art. 41 Abs. 2 lit. a) GrCh.

4. Lösungen im nationalen Verfahrensrecht

Wie das Anhörungsrecht der Konkurrenten im Vorprüfungsverfahren garantiert und in sachgerechten Ausgleich mit den gegenläufigen Interessen gebracht werden kann, soll im Folgenden betrachtet werden. Zunächst wird untersucht, inwieweit das Recht auf Anhörung der Konkurrenten durch entsprechende Anwendung nationaler Vorschriften effektiv und sinnvoll garantiert werden kann. Stellvertretend soll dies für das deutsche Recht erörtert werden.

a) *Vereinbarkeit einer solchen Gewährung mit dem Unionsrecht*

Zu Beginn wird zu der Frage Stellung genommen, ob dem nationalen Recht überhaupt eine solche Kompensationsfunktion zugesprochen werden kann.[739] Dies wäre dann ausgeschlossen, wenn das Unionsrecht den Anspruch erheben würde, abschließend über die Verfahrensstellung der Drittbeteiligten im europäischen Beihilfeverfahren zu entscheiden. Dies würde es den Mitgliedstaaten verwehren, von sich aus Beihilfeempfänger und Konkurrenten in das laufende Verfahren einzubeziehen. Kern der Problematik ist die Reichweite der Ausstrahlungswirkung des

---

738 *V. Danwitz*, Europäisches Verwaltungsrecht, S. 356 mit zahlreichen Rechtsprechungsnachweisen.

739 S. hierzu *Koenig*, BRZ 2011, 74, 75.

Unionsrechtes auf Bereiche des nationalen Rechtes, für die die Union keine originäre Zuständigkeit besitzt. Ausgangspunkt der Überlegungen ist die Frage, ob eine Beteiligung der Drittbeteiligten im Beihilfeverfahren durch nationale Regelungen dem Zweck der europäischen Regelungen zuwiderlaufen würde. Wie bereits ausgeführt, soll durch die derzeitige Versagung von Beteiligungsrechten auf der einen Seite die Effektivität des Verfahrens sichergestellt werden. Auf der anderen Seite sind die beschränkten Beteiligungsrechte aber auch Ausdruck der Souveränität der Mitgliedstaaten.[740] Beide Beweggründe treffen aber keine Aussage über die innerstaatlichen Pflichten der Mitgliedstaaten gegenüber den Beihilfeempfängern und Konkurrenten.[741] Die Wahrung der Souveränität der Mitgliedstaaten setzt lediglich voraus, dass nur diese gegenüber der Kommission als Verfahrensbeteiligte auftreten, was durch eine innerstaatliche Beteiligung der Betroffenen nicht negiert wird.[742] Gleichzeitig wird auch die Effektivität des Beihilfeverfahrens nicht beeinträchtigt, da die innerstaatliche Einbindung der Drittbeteiligten – wenn überhaupt – lediglich Einfluss auf die Stellungnahmen und Äußerungen des betreffenden Mitgliedstaates gegenüber der Kommission haben würde. Insgesamt kann somit festgehalten werden, dass nationale Vorschriften, die den Drittbeteiligten gewisse Rechte gegenüber ihren Mitgliedstaaten im Rahmen eines laufenden Beihilfeverfahrens gewähren, nicht gegen das Unionsrecht verstoßen würden.[743]

Im Folgenden werden die derzeitig vorhandenen gesetzlichen Beteiligungsrechte im deutschen Verwaltungsverfahren auf ihre mögliche Rolle im Beihilfeverfahren analysiert. Zuletzt wird darauf eingegangen, ob die Informationsfreiheitsgesetze als ausreichende nationale Rechtsgrundlage für die Beteiligung Drittbeteiligter, insbesondere als Kompensation für das derzeit noch nicht kodifizierte Akteneinsichtsrecht im Beihilfeverfahren, dienen können.

b) Beteiligungsrechte im Verwaltungsverfahrensgesetz

aa) Anwendung von § 28 VwVfG

Eine direkte Beteiligungsmöglichkeit innerhalb des Verfahrens würden die §§ 28, 29 VwVfG eröffnen, soweit sie im Rahmen des Beihilfeverfahrens auf nationaler Ebene Anwendung finden würden. Nach § 28 Abs. 1 VwVfG ist jedem vor Erlass eines Verwaltungsaktes, der in seine Rechte eingreift, Gelegenheit zur Stellungnahme einzuräumen.

740 *Koenig*, BRZ 2011, 74, 75.
741 *Koenig*, BRZ 2011, 74, 75.
742 *Koenig*, BRZ 2011, 74, 75.
743 So auch *Koenig*, BRZ 2011, 74, 75.

Ein solcher setzt nach der Definition in § 35 VwVfG eine nach außen wirkende Entscheidung einer Behörde mit Regelungsgehalt in einem Einzelfall voraus. Daran mangelt es bereits in der vorliegenden Konstellation. Stellungnahmen und die Beantwortung von Antwortersuchen, die ein Mitgliedstaat im Laufe eines Beihilfeverfahrens der Kommission zuleitet, sind lediglich als verwaltungsinterne Vorbereitungsmaßnahme zu werten, da sie die Kommission zur Vorbereitung für ihre endgültige Beihilfeentscheidung heranzieht.[744] Es fehlt somit das Merkmal der Regelungswirkung.[745]

bb) Anwendung von § 28 VwVfG analog

Innerhalb der Verwaltungsrechtsprechung und der Literatur ist weitestgehend anerkannt, dass die Vorschrift des § 28 VwVfG unter bestimmten Voraussetzungen auch außerhalb seines unmittelbaren Anwendungsbereiches Anwendung findet.[746] Voraussetzung dafür ist aber, dass die betreffende Maßnahme vergleichbar mit einem Verwaltungsakt geeignet ist, unmittelbar in den Rechtskreis des Betroffenen einzugreifen.[747] Bei reinen vorbereitenden Maßnahmen[748] oder Informationshandeln der Behörden[749] ist von einem solchen Eingriff aber gerade nicht auszugehen.

Es stellt sich nun in diesem Zusammenhang zum einen die Frage, wie die Stellungnahmen und Beantwortungen der Auskunftsersuchen der Kommission durch die Mitgliedstaaten rechtlich zu qualifizieren sind. Die endgültige Entscheidung über die Rechtmäßigkeit einer Beihilfe trifft die Kommission, nicht der Mitgliedstaat. Auf der anderen Seite ist fraglich, ob im europäischen Verwaltungsverbund[750] nationale Beteiligungsvorschriften vor dem Hintergrund

---

744 OVG Berlin-Brandenburg, Beschluss v. 17.10.2011, AZ OVG 10 S 22.11, Rn. 26.

745 OVG Berlin-Brandenburg, Beschluss v. 17.10.2011, AZ OVG 10 S 22.11, Rn. 26.

746 OVG Thüringen, Beschluss v. 05.12.1996, Az. 2 EO 426/95, Rn. 30; OVG Münster, NVwZ 1993, 399; *Kopp/Ramsauer*, VwVfG, § 28 Rn. 4a; *Kallerhoff*, in: Stelkens/Bonk/Sachs, VwVfG, § 28 Rn. 25; *Herrmann*, in: Bader/Ronellenfitsch, Beck'scher Online-Kommentar VwVfG, § 28 Rn. 5.

747 OVG Berlin-Brandenburg, Beschluss v. 17.10.2011, AZ OVG 10 S 22.11, Rn. 28; *Kallerhoff*, in: Stelkens/Bonk/Sachs, VwVfG, § 28 Rn. 25.

748 OVG Rheinland-Pfalz, Urteil v. 13.08.1997, Az. 8 A 10391/96, Rn. 20; VGH Baden-Württemberg, Urteil v. 28.10.2004, Az. 10 S 475/04, Rn. 28.

749 VGH Kassel, Beschluss v. 24.01.2003, Az. 11 TG 1982/02, Rn. 7 f. = NVwZ 2003, 1000; Bayerischer VGH, Beschluss v. 14.02.2003, Az. 5 CE 02.3212, Rn. 33 f. = NVwZ 2003, 998.

750 S. zu diesem Begriff ausf. *Stelkens*, in: Stelkens/Bonk/Sachs, VwVfG, Europäisches Verwaltungsrecht, Europäisierung des Verwaltungsrechts und Internationales Ver-

europäischer Beteiligungsdefizite in der vorliegenden Konstellation in ein neues Licht gerückt werden müssen.

(1) Entscheidung des OVG Berlin-Brandenburg

Mit den hier aufgeworfenen Fragen musste sich das Oberverwaltungsgericht Berlin-Brandenburg im Jahr 2011 auseinandersetzen.[751] Im Rahmen eines Beihilfeverfahrens hatte die Kommission die Bundesrepublik Deutschland um Auskunft zu dem betreffenden Sachverhalt ersucht. Die Beihilfeempfängerin beantragte daraufhin Akteneinsichtsrecht und die Gewährung von Beteiligtenrechten, insbesondere eine Anhörung und die Abgabe einer Stellungnahme sowie Einsicht in ein Wertermittlungsgutachten.[752] Dies lehnte die Bundesrepublik Deutschland ab. Auch ein Widerspruch hatte keinen Erfolg. Nachdem die mutmaßliche Beihilfeempfängerin Klage beim Verwaltungsgericht eingelegt hatte, beantragte sie die Durchsetzung der genannten Rechte im einstweiligen Rechtsschutzverfahren. Als Hauptargument trug sie vor, dass das Unionsrecht ihr keine hinreichenden Beteiligungsrechte gewähren würde und dieses Defizit somit im nationalen Verfahren durch Gewährung der genannten Rechte kompensiert werden müsse, bevor die Kommission eine Entscheidung über die Eröffnung des förmlichen Prüfverfahrens treffe.[753]

Das OVG folgte dieser Argumentation in seiner Entscheidung nicht und lehnte den Antrag ab. Da die Beantwortung des Auskunftsersuchens durch die Bundesrepublik Deutschland ausschließlich dem Zweck diene, das Informationsinteresse der Kommission zu befriedigen, sei ein Eingriff in eine Rechtsposition der Antragstellerin nicht gegeben, sodass eine analoge Anwendung des § 28 VwVfG ausscheide.[754] Zwar seien die Beteiligungsrechte der Drittbeteiligten im europäischen Beihilfeverfahren sehr restriktiv ausgestaltet.[755] Daraus folge aber nicht, dass in einem gestuften Verwaltungsverfahren im Rahmen des europäischen Verwaltungsverbundes entsprechende Beteiligungsrechte auf nationaler Ebene gewährleistet werden müssten.[756] Denn der Trennungsgrundsatz verlange auch

waltungsrecht, Rn. 191 ff.; *Sydow*, Die Verwaltung 34 (2001), 517, 520 ff.; *von Arnauld*, in: Terhechte, Verwaltungsrecht der Europäischen Union, § 2 Rn. 13.

751 OVG Berlin-Brandenburg, Beschluss v. 17.10.2011, AZ OVG 10 S 22.11.

752 OVG Berlin-Brandenburg, Beschluss v. 17.10.2011, AZ OVG 10 S 22.11, Rn. 9.

753 OVG Berlin-Brandenburg, Beschluss v. 17.10.2011, AZ OVG 10 S 22.11, Rn. 10.

754 OVG Berlin-Brandenburg, Beschluss v. 17.10.2011, AZ OVG 10 S 22.11, Rn. 29.

755 OVG Berlin-Brandenburg, Beschluss v. 17.10.2011, AZ OVG 10 S 22.11, Rn. 31 ff.

756 OVG Berlin-Brandenburg, Beschluss v. 17.10.2011, AZ OVG 10 S 22.11, Rn. 36.

im Verwaltungsverbund eine klare Abgrenzung der Verantwortungssphären.[757] Verantwortlich für die Gewährung von Beteiligungsrechten sei aber gerade die Ebene, deren Behörde die in Rede stehende Maßnahme erlassen habe bzw. erlassen wolle.[758] Auch unter grundrechtlichen Gesichtspunkten sei die Gewährung eines Anhörungsrechtes nicht notwendig.[759]

(2) Stellungnahme

Das OVG setzte sich in seiner Entscheidung sehr ausführlich mit der derzeitigen Rechtsprechung der Unionsgerichte zu den Beteiligungsrechten auf europäischer Ebene und die Konsequenzen des europäischen Verwaltungsverbundes für die Kompensierung etwaiger Defizite durch nationales Verfahrensrecht auseinander.[760] Dabei sollten die juristischen und die rechtspolitischen Fragen, die sich in diesem Kontext stellen, zunächst getrennt betrachtet werden.

Aus rechtlichen Gründen muss den Ausführungen des OVG im Grundsatz zugestimmt werden. Die Abgabe von Stellungnahmen bzw. die Beantwortung von Auskunftsersuchen greifen nicht unmittelbar in die Rechtssphäre der Drittbeteiligten ein und können somit auch die entsprechende Anwendung von § 28 VwVfG nicht rechtfertigen. Den Eingaben mangelt es aber nicht nur an einer Regelungswirkung, sondern auch an einer Außenwirkung. Eine solche liegt nur vor, wenn die Maßnahme von ihrem objektiven Sinngehalt darauf abzielt, Auswirkungen auf die Rechtsstellung der Bürger und somit außerhalb der Verwaltung zu erzielen.[761] Dies ist hier, auch unter Berücksichtigung der Konsequenzen des europäischen Verwaltungsverbundes, abzulehnen. Selbst wenn man die Regeln des abgestuften Verwaltungsverfahrens anwendet, nachdem Mitwirkungsakte einer Behörde innerhalb eines durch eine andere Behörde federführenden Verwaltungsverfahrens

---

757 OVG Berlin-Brandenburg, Beschluss v. 17.10.2011, AZ OVG 10 S 22.11, Rn. 37.

758 OVG Berlin-Brandenburg, Beschluss v. 17.10.2011, AZ OVG 10 S 22.11, Rn. 37 unter Verweis auf *v. Danwitz*, Europäisches Verwaltungsrecht, S. 639.

759 OVG Berlin-Brandenburg, Beschluss v. 17.10.2011, AZ OVG 10 S 22.11, Rn. 39.

760 Zwar handelte es sich bei dem vom OVG zu entscheidenden einstweiligen Rechtsschutzersuchen bei der Antragstellerin um einen Beihilfeempfänger, der durch nationale Verfahrensbeteiligung die Einleitung des förmlichen Prüfverfahrens verhindern wollte. Bedenkt man, dass seine Beteiligung jedoch spätestens im förmlichen Prüfverfahren durch die Möglichkeit der Abgabe einer Stellungnahme ermöglicht wird, den Konkurrenten aber in den Konstellationen, in denen das Beihilfeverfahren bereits in der Vorprüfungsphase erledigt wird, überhaupt keine Beteiligungsrechte zustehen, ist für letztere eine mögliche Beteiligung auf nationaler Ebene von noch größerem Interesse.

761 *Kopp/Ramsauer*, VwVfG, § 35 Rn. 124.

in bestimmten Ausnahmen als Verwaltungsakt zu werten sind,[762] ergibt sich hier nichts anderes. Die Frage der VA-Qualität einer solchen Mitwirkungshandlung ist nach dem materiellen Recht zu beurteilen, wobei Indizien wie die selbstständige Prüfung des Sachverhaltes durch die mitwirkende Behörde und die interne Bindung der federführenden Behörde herangezogen werden können.[763] Entscheidend ist jedoch insbesondere, ob die mitwirkende Behörde nach den einschlägigen Rechtsvorschriften unmittelbar nach außen handeln darf.[764]

Zunächst fehlt es hier an einer diesbezüglichen internen Bindungswirkung für die Kommission. Die Mitgliedstaaten können durch ihre Stellungnahmen keine verbindlichen Feststellungen gegenüber der Kommission treffen. Ihren Eingaben kommen ausschließlich die Funktionen zu, einerseits ihrem Recht auf Anhörung nachzukommen, andererseits aber der Kommission Informationen an die Hand zu reichen, damit diese ihre abschließende Entscheidung treffen kann. Gleichzeitig sehen die einschlägigen Vorschriften auch nicht vor, dass der Mitgliedstaat durch die Abgabe seiner Stellungnahme selbstständig nach außen handelt, da seine Eingaben auch nicht den Drittbeteiligten bekannt gegeben werden. Das OVG hat deshalb zu Recht die Abgabe der Stellungnahmen und Beantwortungen der Auskunftsersuchen als reine verwaltungsinterne Maßnahmen qualifiziert.[765]

Von den rechtlichen Aspekten abgesehen ist aber auch fraglich, ob man mit einem nationalen Anhörungsrecht den Hebel an der richtigen Stelle anlegt. *Koenig* plädiert dafür, solche innerstaatlichen Beteiligungsrechte zu schaffen, um die bereits oben ausgeführten Rechtsschutzdefizite im Beihilfeverfahren, insbesondere in Bezug auf das nur ineffektiv ausgeübte Recht zur Stellungnahme im förmlichen Prüfverfahren aufgrund des fehlenden Akteneinsichtsrechtes, zu beseitigen.[766] Bejaht man dies jedoch, müssten in klarer Abkehr vom Trennungsgrundsatz Rechtsverstöße auf europäischer Ebene auf der nationalen Ebene kompensiert und somit beseitigt werden. Da die Union für ihre Rechtsakte selbst verantwortlich und auch dem Einzelnen der Rechtsweg gegen solche Akte europäischer Organe eröffnet ist, gibt es aber weder eine dahin gehende Rechtspflicht der Mitgliedstaaten, noch eine sachliche Notwendigkeit. Denn ein solches Vorgehen hätte nicht zu unterschätzende negative Auswirkungen auf den subjektiven Rechtsschutz der Drittbeteiligten in den verschiedenen Mitgliedstaaten der Union. Gerade der Trennungsgrundsatz soll

762 S. hierzu ausf. *Stelkens*, in: Stelkens/Bonk/Sachs, VwVfG, § 35 Rn. 169 ff.

763 *Stelkens*, in: Stelkens/Bonk/Sachs, VwVfG, § 35 Rn. 170.

764 BVerwGE 34, 65, 68; *Kopp/Ramsauer*, VwVfG, § 35 Rn. 131; *Stelkens*, in: Stelkens/Bonk/Sachs, VwVfG, § 35 Rn. 170.

765 OVG Berlin-Brandenburg, Beschluss v. 17.10.2011, AZ OVG 10 S 22.11, Rn. 38.

766 *Koenig*, EWS 2011, Heft 10, Erste Seite.

nämlich sicherstellen, dass Maßnahmen, für die die Organe der Union zuständig sind, auch von ihnen rechtlich zu verantworten sind.[767] Rechtsverstöße auf dieser Ebene sind somit auch im europäischen Verfahren und in Bezug auf alle Beteiligten aus den verschiedenen Mitgliedstaaten der Union zu beseitigen. Ein Auseinanderfallen von rechtlicher Verantwortung und der Beseitigung bzw. Kompensation von Rechtsverstößen durch deren Verlagerung auf die nationalen Rechtsordnungen führt nicht nur zu problematischen Konflikten im Hinblick auf die Heilungsfunktion nationaler Regelungen, sondern auch zu einer völlig unterschiedlichen Behandlung der betreffenden Drittbeteiligten in den verschiedenen Mitgliedstaaten und somit zu einer Enteuropäisierung des europäischen Beihilfeverfahrens. Es wäre ein unerfreulicher Zustand, wenn innerhalb eines Beihilfeverfahrens der deutsche Konkurrent auf nationaler Ebene angehört, einem spanischen Konkurrenten eine solche Beteiligung aber beispielsweise nach nationalen Vorschriften versagt wird. Sicherlich könnte den Mitgliedstaaten eine solche Beteiligung weder verboten werden, noch wäre sie generell im Interesse der Drittbeteiligten unerwünscht. Darüber hinaus ist aber neben der unsachgerechten Verortung solcher Rechte auf nationaler Ebene fraglich, inwieweit eine solche nationale Beteiligung überhaupt geeignet sein kann, die Stellungnahmen der Konkurrenten in die Entscheidung der Kommission einfließen zu lassen. Denn das OVG hat in seiner Entscheidung zutreffend darauf hingewiesen, dass insbesondere bei der Beantwortung von Auskunftsersuchen durch die Mitgliedstaaten die Gewährung rechtlichen Gehörs nicht für alle von der Kommission als relevant erachteten Gesichtspunkte gewährt werden kann.[768] Das Auskunftsersuchen der Kommission beschränkt sich womöglich nur auf bestimmte, für die Entscheidung relevante Aspekte. Eine nationale Anhörung kann somit nie denselben Effekt erzielen als eine Anhörung der Konkurrenten durch die Kommission.

Letztlich wäre demnach die Verortung eines Anhörungsrechtes der Konkurrenten in den nationalen Verfahrensgesetzen während der Vorprüfungsphase zwar rechtlich zulässig, aber aus den genannten Gründen in der Sache wenig hilfreich und deshalb im Ergebnis abzulehnen.

5. Lösungen im Unionsrecht: Änderung der VVO

Es stellt sich somit die Frage, wie das Recht auf Anhörung der Konkurrenten im Rahmen einer praktischen Konkordanz im Unionsrecht ausgestaltet werden kann. Bevor konkrete Möglichkeiten diskutiert werden, sollen zunächst die bisherigen

767 *Ohler*, in: Terhechte, Verwaltungsrecht der Europäischen Union, § 9 Rn. 9.
768 OVG Berlin-Brandenburg, Beschluss v. 17.10.2011, AZ OVG 10 S 22.11, Rn. 38.

Vorschläge aus Literatur und Wirtschaft kurz darstellt und einer kritischen Würdigung unterzogen werden. Sodann werden eigene Ansätze dargelegt, wie ein Anhörungsrecht der Konkurrenten im Vorprüfungsverfahren grundrechtskonform geregelt werden könnte.

a) Vorschläge aus Literatur und Wirtschaft

aa) Konkrete Forderungen aus den vergangenen Jahren

Hinsichtlich der Verfahrensrechte von Konkurrenten im Vorprüfungsverfahren hatten sich bereits vor Erlass der VVO zahlreiche private Verbände und wirtschaftliche Organisationen an die Kommission gewandt und konkrete Vorschläge unterbreitet.[769] Sie fanden jedoch letztlich nur in Bezug auf die Ausgestaltung eines Beschwerderechtes bei der Kommission Anklang. Die damaligen Vorschläge waren erkennbar auf eine deutliche Stärkung der Verfahrensposition der Drittbeteiligten gerichtet und Ausfluss der wettbewerberfreundlichen Ausrichtung dieser Verbände.[770] Am weitesten gingen wohl die Vorschläge der Association Européenne des Avocats (AEA), die einen eigenen Entwurf für eine Verfahrensordnung vorgelegt hatte.[771] In Bezug auf die Rolle der Konkurrenten bzw. Beschwerdeführer forderte diese ein Akteneinsichtrecht der Beteiligten[772] sowie die Pflicht der Kommission, unter gewissen Umständen die Anmeldung einer Beihilfe im Amtsblatt zu veröffentlichen.[773] Eine solche Veröffentlichung von angemeldeten Beihilfen in einem öffentlichen Register hatten auch andere Verbände wie die europäische Arbeitgebervereinigung UNICE[774] sowie die britische Industrievereinigung CBI vor Erlass der VVO gefordert, die darüber hinaus auch die Kommission verpflichten wollte, die Einleitung eines

---

769 Ausf. hierzu *Wagner*, Die Stellung des Wettbewerbers im Beihilfenaufsichtsverfahren der Europäischen Gemeinschaft, S. 218 ff.

770 *Wagner*, Die Stellung des Wettbewerbers im Beihilfenaufsichtsverfahren der Europäischen Gemeinschaft, S. 240.

771 In der englischen Fassung veröffentlicht in EuZW 1996, 688 ff.; s hierzu auch *Müller-Ibold*, EuZW 1996, 677 ff.

772 Art. 34 Abs. 5 des Entwurfes, EuZW 1996, 688, 693.

773 Art. 12 Abs. 2, 17 Abs. 2 des Entwurfes, EuZW 1996, 688, 690 f.; s. hierzu auch *Wagner*, Die Stellung des Wettbewerbers im Beihilfenaufsichtsverfahren der Europäischen Gemeinschaft, S. 219.

774 Union of Industrial an Employers' Confederations of Europe (UNICE), Reform of State Aid control – UNICE proposal fort he Reform of EU State Aid Control, Brüssel September 1995, S. 19, zitiert in: *Wagner*, Die Stellung des Wettbewerbers im Beihilfenaufsichtsverfahren der Europäischen Gemeinschaft, S. 225.

Vorprüfungsverfahrens im Amtsblatt anzukündigen und zudem dort Zwischenberichte zu veröffentlichen.[775]

Auch in der Literatur wird die Veröffentlichung der Anmeldung von staatlichen Beihilfen befürwortet.[776] Zwar hatte die Kommission im Jahr 2000 angekündigt, „die Grundlagen für ein Register und einen Anzeiger für staatliche Beihilfen“ zu schaffen.[777] Die in Teilen der Literatur damit verbundene Erwartung, dass die Kommission in diesem Zusammenhang auch ein Register für angemeldete Beihilfen einrichtet,[778] hat sich aber nicht erfüllt. Vielmehr beschränkt sich die im Internet öffentliche Falldatenbank[779] auf die Beihilfeentscheidungen der Kommission und umfasst gerade nicht die einzelnen Anmeldungen der Beihilfen durch die Mitgliedstaaten und Informationen über noch nicht abgeschlossene Verfahren.[780]

Im Übrigen lassen sich die damaligen Vorschläge der privaten Verbände bezüglich der Stellung der Konkurrenten bzw. Beschwerdeführer im Beihilfeverfahren so zusammenfassen, dass diese als formelle Verfahrensbeteiligte qualifiziert und damit über den Fortgang der Beschwerde informiert und am Ende des Verfahrens zu einer erneuten Stellungnahme aufgefordert werden sollten.[781]

Ähnliche Forderungen wurden in den letzten Jahren auch aus der Literatur erneuert. So wurden hier ebenfalls die Einführung eines Notifizierungsregisters

---

775 Confederation of British Industry (CBI), Controlling State Aids, London 1994, Punkte 4 und 5, zitiert in: *Wagner*, Die Stellung des Wettbewerbers im Beihilfenaufsichtsverfahren der Europäischen Gemeinschaft, S. 230.

776 *Bartosch*, RIW 2007, 401, 407 f.; s. auch bereits *Sinnaeve*, EuZW 1995, 172, 176.

777 Achter Bericht über staatliche Beihilfen in der Europäischen Union, KOM (2000) 205 endg., S. 67, Punkt 98.

778 *Wagner*, Die Stellung des Wettbewerbers im Beihilfenaufsichtsverfahren der Europäischen Gemeinschaft, S. 241.

779 Abrufbar unter http://ec.europa.eu/competition/elojade/isef/index.cfm?clear=1&policy_area_id=3 (letzter Zugriff: 18.08.2016).

780 S. hierzu den ausdrücklichen Hinweis auf der Homepage der EU-Kommission unter http://ec.europa.eu/competition/state_aid/register/(letzter Zugriff: 18.08.2016). Ausnahme sind vereinfachte Verfahren, bei denen eine Zusammenfassung der Notifizierung auf der Homepage veröffentlicht wird. Diese sind abrufbar unter http://ec.europa.eu/competition/elojade/isef/dsp_simple_notif.cfm (letzter Zugriff: 06.09.2016).

781 Art. 20 Abs. 3 des Entwurfes der AEA; eine Zusammenfassung der Vorschläge der Association Européenne des Avocats (AEA) und weiterer privater Verbände wie der Union of Industrial an Employers' Confederations of Europe (UNICE), der Confederation of British Industry (CBI) und des Bundesverbandes der Deutschen Industrie (BDI) findet sich bei *Wagner*, Die Stellung des Wettbewerbers im Beihilfenaufsichtsverfahren der Europäischen Gemeinschaft, S. 217 ff.

und die Möglichkeit potentieller Beschwerdeführer gefordert, frühzeitig im Vorprüfungsverfahren ihre Argumente vorbringen zu können.[782] Zudem wurde ein Akteneinsichtsrecht für den Beschwerdeführer befürwortet.[783]

bb) Stellungnahme

Vor dem Hintergrund dessen, was Art. 41 GrCh an Verfahrensrechten für die Konkurrenten im Vorprüfungsverfahren verlangt, gehen die Forderungen der privaten Verbände über das primärrechtlich notwendige Maß hinaus. Insbesondere die Qualifizierung der Konkurrenten als Verfahrensbeteiligte mit allen daraus resultierenden Rechten, wozu auch ein vollumfängliches Anhörungsrecht zu zählen ist, mag womöglich rechtspolitisch sinnvoll sein, würde aber im gesamten System des Beihilfeverfahrens systematische Widersprüche erzeugen.[784] Wohl auch aus diesen Gründen hat das Gericht diesen Weg in seiner Entscheidung in der Rechtssache „Sytraval" nicht eingeschlagen. Es stellte lediglich fest, dass unter gewissen Umständen die Kommission verpflichtet sei, die Konkurrenten bzw. Beschwerdeführer im Vorprüfungsverfahren anzuhören.[785] In diese Richtung weisen auch die Äußerungen des Generalanwaltes Mengozzi in der Rechtssache „Scott".[786] In seinem Schlussantrag führte er aus, „dass der Grundsatz der ordnungsgemäßen Verwaltung im Bereich der staatlichen Beihilfen zwar nicht verlangt, dass der Beihilfeempfänger den formalen Status einer Partei im Verfahren zur Kontrolle von

---

782 *Bartosch*, RIW 2007, 401, 407 f.; *Wagner*, Die Stellung des Wettbewerbers im Beihilfenaufsichtsverfahren der Europäischen Gemeinschaft, S. 86 ff., 240 f.; für ein Anhörungsrecht im Vorprüfungsverfahren wohl auch *Temple Lang*, The Charter and EU State Aid Procedure, S. 23, Paper presented at the State Aid Modernisation Seminar of the UK State Aid Law Association.

783 *Bartosch*, RIW 2007, 401, 408; für die Beihilfeempfänger *Gambaro/Mazzocchi*, CMLRev 2016, 385, 412; *Laprévote*, EStAL 2014, 426, 439 fordert, dass die Kommission alle erhaltenen geschriebenen Eingaben sowie jede von ihr mit weiteren Parteien geführte Kommunikation öffentlich zugänglich machen sollte, mit Ausnahme vertraulicher Informationen; einen solchen umfassenden Dokumentenzugang für alle interessierten Parteien fordert auch *Temple Lang*, The Charter and EU State Aid Procedure, S. 23, Paper presented at the State Aid Modernisation Seminar of the UK State Aid Law Association.

784 Vgl. hierzu Schlussantrag Generalanwalt Lenz v. 17.05.1997 in der Rs. C-367/95 P, *„Kommission/Sytraval"*, Rn. 91, Slg. 1998, I-1719 mit Verweis auf die Stellungnahme der französischen Regierung.

785 EuG, Urteil v. 28.09.1995, Rs. T-95/94, *„Sytraval/Kommission"*, Rn. 78, Slg. 1995, II-2651.

786 Vgl. Kap. 1.II.3.c).ee).(4).

Beihilfen erhält, dass er die Kommission aber doch daran hindert, ein Vorbringen des Empfängers strikt und ausnahmslos zurückzuweisen, wenn es ihr nach Ablauf der den Beteiligten zur Stellungnahme gesetzten Frist übermittelt wird."[787] Auch er plädiert somit ausgehend vom Grundsatz der ordnungsgemäßen Verwaltung für eine Verbesserung der Verfahrensstellung der Drittbeteiligten, ohne ihnen aber den formellen Status des Verfahrensbeteiligten zuzuerkennen.[788]

b) Grundrechtskonforme Neuausrichtung des Beihilfeverfahrens

Ausgehend von diesen rechtlichen Rahmenbedingungen soll im Folgenden dargestellt werden, wie ein Recht auf Anhörung der Konkurrenten im Vorprüfungsverfahren zukünftig konkret gestaltet werden kann.

aa) Subjektiver Anknüpfungspunkt

Ausgangspunkt einer Neugestaltung ist dabei die Frage, ob an die Position der Konkurrenten bzw. potentieller Beschwerdeführer oder an die des Beschwerdeführers angeknüpft werden sollte. Dies wiederum ist abhängig davon, auf welche Informationen Konkurrenten eine mögliche Beschwerde stützen können.

Werden im förmlichen Prüfverfahren alle Beteiligten, also auch die Drittbeteiligten, nach Art. 6 Abs. 1 VVO zur Stellungnahme innerhalb einer bestimmten Frist aufgefordert, so würde es im Vorprüfungsverfahren vor dem Hintergrund des Sinn und Zweckes dieses Verfahrens einen nicht zu rechtfertigenden Aufwand bedeuten, allen potentiellen Konkurrenten, die womöglich gar nicht vor hatten, gegen die entsprechende Beihilfe vorzugehen, ein Recht zur Stellungnahme zuzugestehen.[789] Es ist deshalb ausreichend, nur denjenigen Konkurrenten im Vorprüfungsverfahren Verfahrensrechte einzuräumen, die auch ein Interesse daran haben, die Auszahlung der Beihilfe zu verhindern. Dies sind in der Regel die Beschwerdeführer, weil sie

---

787 EuGH, Urteil v. 02.09.2010, Rs. C-290/07 P, „*Kommission/Scott*", Schlussanträge v. 23.02.2010, Rn. 63.

788 Zur Diskussion, ob den Drittbeteiligten im förmlichen Prüfverfahren die Stellung als Verfahrensbeteiligte zugesprochen werden sollte bzw. muss, s. unten Kap. 4.IV.3.

789 So wohl auch *Wagner*, Die Stellung des Wettbewerbers im Beihilfenaufsichtsverfahren der Europäischen Gemeinschaft, S. 242 f. in Bezug auf den Vorschlag der UNICE, dass die Kommission sogar von sich auf potentielle Konkurrenten zugehen und diese zur Stellungnahme auffordern sollte; kritisch hierzu auch *Nöhmer*, Das Recht auf Anhörung im europäischen Verwaltungsverfahren, S. 213 sowie *Klingbeil*, Das Beihilfeverfahren nach Art. 93 EG-Vertrag, S. 100, der darauf hinweist, dass eine dafür notwendige Veröffentlichung im Amtsblatt gesetzlich ausdrücklich nur für das förmliche Prüfverfahren vorgesehen ist.

durch die Einlegung der Beschwerde gerade dieses Interesse manifestieren. Notwendig für eine effektive Ausübung des Beschwerderechtes ist aber, dass die potentiellen Beschwerdeführer sowohl von der Notifizierung einer Beihilfe als auch von der Einleitung eines Vorprüfungsverfahrens durch die Kommission Kenntnis erhalten. Die Einrichtung eines dahin gehenden Registers, welches bereits die privaten Verbände im Vorfeld des Erlasses der VVO gefordert hatten, scheint damit nicht nur sachgerecht, sondern unumgänglich.[790] Es wäre auch ein weiterer Schritt zu mehr Transparenz, zu der sich die Kommission mehr und mehr verpflichtet fühlt.

Durch die Einrichtung eines Notifizierungsregisters erhalten die Konkurrenten zumindest Kenntnis über die wesentlichen Rahmendaten, wie Art und Höhe der Beihilfe und den Namen des Beihilfeempfängers. Auf Grundlage dieser Informationen können sie entscheiden, ob sie Beschwerde einreichen wollen. Ist dies der Fall, können sie auf Grundlage dieser ersten Informationen eine Beschwerde einreichen. Eine solche kann jedoch ein Anhörungsrecht nicht ersetzen. Denn im Gegensatz zum Recht auf Stellungnahme im förmlichen Prüfverfahren, bei dessen Wahrnehmung die Drittbeteiligten auf den im Amtsblatt veröffentlichten Eröffnungsbeschluss zurückgreifen können, der die wesentliche Sach- und Rechtslage bereits zusammenfasst, können die Beschwerdeführer im Vorprüfungsverfahren dem Notifizierungsregister zunächst nur die Rahmendaten des Beihilfeverfahrens entnehmen. Weitergehende Informationen, die ihnen eine detaillierte Stellungnahme zu den relevanten Aspekten des Beihilfeverfahrens ermöglichen, können sie erst am Ende des Vorprüfungsverfahrens erhalten, wenn die Kommission ihre Voruntersuchung beendet und damit auch die Sach- und Rechtslage weitere Konturen erhalten hat.

Fraglich ist aber, ob die alleinige Beschränkung eines Anhörungsrechtes im Vorprüfungsverfahren auf die Beschwerdeführer wirklich opportun ist. *Klingbeil* schlägt vor, ein Anhörungsrecht sonstiger Dritter, die sich erst während des Vorprüfungsverfahrens an die Kommission wenden, davon abhängig zu machen, ob diese auch Beteiligte in der förmlichen Prüfphase sind.[791] Da sich das Vorprüfungsverfahren als Vorverfahren zum förmlichen Prüfverfahren darstelle, sei ein Gleichlauf der betreffenden Personenkreise sinnvoll.[792]

---

790 So auch *Wagner*, Die Stellung des Wettbewerbers im Beihilfenaufsichtsverfahren der Europäischen Gemeinschaft, S. 242; auch *Galetta/Grzeszick*, in: Stern/Sachs, GrCh, Art. 41 Rn. 66 weisen darauf hin, dass die wichtigste Voraussetzung bei der Wahrnehmung eines Rechtes auf Anhörung die Information über die Eröffnung des jeweiligen Verfahrens darstellt; s. auch *Lais*, ZEuS 2002, 447, 464 f.

791 *Klingbeil*, Das Beihilfeverfahren nach Art. 93 EG-Vertrag, S. 100.

792 *Klingbeil*, Das Beihilfeverfahren nach Art. 93 EG-Vertrag, S. 100.

Klingbeil ist zuzugeben, dass eine ausschließliche Beschränkung des Anhörungsrechtes auf die Beschwerdeführer in der Praxis nicht ganz unproblematisch ist. Denn ein Wettlauf der potentiellen Beschwerdeführer hinsichtlich des Zeitpunktes der Beschwerdeeinreichung wäre dann nicht völlig ausgeschlossen. Die Gewährung eines Anhörungsrechtes kann aber nicht davon abhängig gemacht werden, welcher potentielle Beschwerdeführer zuerst seine Beschwerde einreicht und dadurch das Beschwerdeverfahren durch die Kommission in Gang setzt. Auch die weiteren Beschwerdeführer, deren „spätere" Beschwerdeeinreichung zwar nicht mehr kausal für das durch die Kommission in Gang gesetzte Beschwerdeverfahren ist, aber deren Interesse mit dem des Beschwerdeführers gleichläuft, müssen die gleichen Rechte wie der Beschwerdeführer in Anspruch nehmen können.[793] Trotzdem besteht genau hier die Gefahr, dass die soeben erwähnte, aus Effektivitätsgründen notwendige Beschränkung des Kreises der Anhörungsberechtigten ausgehebelt werden könnte. Deshalb müssen einschränkend gewisse Voraussetzungen bestimmt werden.

Sinnvoll erscheint hier zum einen, nur solchen Konkurrenten ein Anhörungsrecht zuzugestehen, die sich im Laufe eines Beschwerdeverfahrens ausdrücklich in gleicher Sache mit einer Beschwerde an die Kommission wenden. Diese Voraussetzung ist kein Ausdruck eines übertriebenen Formalismus, sondern hat den Vorteil, dass durch die mit der neuen Reform der VVO einhergehende Formalisierung des Beschwerdeverfahrens für die Kommission leichter und dadurch auch schneller überprüfbar ist, auf welche Punkte sich die Beschwerde genau konzentriert und inwieweit diese Punkte mit dem laufenden Beschwerdeverfahren deckungsgleich sind.

Zum anderen sollte eine zeitliche Grenze festgeschrieben werden, bis zu der weiteren Beschwerdeführern ein Anhörungsrecht zugesprochen werden kann. Diese Einschränkung scheint dann vertretbar, wenn zugleich die Einrichtung eines öffentlichen Notifizierungsregisters umgesetzt und damit jedem potentiellen Beschwerdeführer die gleichen zeitlichen Ausgangsvoraussetzungen für die Einlegung einer Beschwerde zur Verfügung stehen. Um in diesen Fällen die Einhaltung der Frist überprüfen zu können, sollte die Kommission ebenfalls die Einleitung eines Beschwerdeverfahrens im Notifizierungsregister veröffentlichen. Durch diese genannten Restriktionen wird zum einen dem Interesse der sonstigen Dritten, zum anderen aber auch dem Unionsinteresse an einer effektiven und schnellen Entscheidungsfindung in der Vorprüfungsphase entsprochen und ein sachgerechter Ausgleich erreicht.

---

793 So auch *Wagner*, Die Stellung des Wettbewerbers im Beihilfenaufsichtsverfahren der Europäischen Gemeinschaft, S. 86, die ebenfalls davon ausgeht, dass eine Beschwerde noch eingelegt werden kann, wenn sich die Kommission bereits mit der Angelegenheit befasst.

bb) Konkrete Ausgestaltung eines Anhörungsrechtes

Knüpft man das Anhörungsrecht in der Vorprüfungsphase an den Status des Beschwerdeführers, stellt sich die Frage, wie ein solches konkret ausgestaltet werden sollte. *Wagner* plädiert in Anlehnung an die Forderungen der AES und UNICE dafür, die Beschwerdeführer als Verfahrensbeteiligte zu qualifizieren, diese über den Stand des Verfahrens auf dem Laufenden zu halten und ihnen am Ende des Vorprüfungsverfahrens ein erneutes Recht zur Stellungnahme zuzugestehen.[794]

Zu der Forderung, die Beschwerdeführer als Verfahrensbeteiligte zu qualifizieren, wurde bereits oben Stellung genommen. Aber auch die uneingeschränkte Einräumung eines Stellungnahmerechtes am Ende der Vorprüfungsphase vor Erlass einer endgültigen Entscheidung durch die Kommission dürfte über das, was Art. 41 Abs. 2 lit. a) GrCh an Mindestvoraussetzungen verlangt, hinausgehen. Wie bereits dargelegt, verlangt Art. 41 Abs. 2 lit. a)GrCh lediglich, dass den Betroffenen zu irgendeinem Zeitpunkt des Verfahrens die Möglichkeit eingeräumt werden muss, ihre Ansicht der Kommission darzulegen. Sollte die Kommission während des Vorprüfungsverfahrens, welches auf Beschwerde eines Konkurrenten eingeleitet wird, bei der Beurteilung der Konformität der Beihilfe mit dem Gemeinsamen Markt auf ernste Schwierigkeiten stoßen, so ist sie verpflichtet, das förmliche Prüfverfahren einzuleiten. In diesem Fall gibt sie zu Beginn des förmlichen Prüfverfahrens ohnehin allen Beteiligten, also auch den Konkurrenten bzw. Beschwerdeführern, die Möglichkeit, eine Stellungnahme einzureichen. Eine vorherige explizite Anhörung der Beschwerdeführer im Vorprüfungsverfahren wäre somit zur Gewährleistung seiner Rechtsposition aus Art. 41 Abs. 2 lit. a) GrCh nicht zwingend geboten.

Folglich ist dem Beschwerdeführer zunächst nur dann ein Recht zur Stellungnahme im Vorprüfungsverfahren einzuräumen, wenn die Kommission am Ende der Vorprüfungsphase beabsichtigt, eine verfahrensabschließende Entscheidung zu treffen.[795] In diesen Fällen muss das Recht zur Stellungnahme, dass den Drittbeteiligten und damit auch den Beschwerdeführern zu Beginn des förmlichen Prüfverfahrens zustehen würde, vorgezogen und somit am Ende des Vorprüfungsverfahrens gewährleistet werden.

Zwar birgt eine solche Regelung die Gefahr in sich, dass die Kommission sich nicht mehr von ihrer geplanten Entscheidung nach Art. 4 Abs. 2 bzw. Abs. 3 VVO abbringen lässt, wenn die Stellungnahme erst zu diesem Zeitpunkt eingeht. Dem

---

794 *Wagner*, Die Stellung des Wettbewerbers im Beihilfenaufsichtsverfahren der Europäischen Gemeinschaft, S. 243.

795 So wohl auch *Klingbeil*, Das Beihilfeverfahren nach Art. 93 EG-Vertrag, S. 99 f.

kann jedoch entgegengehalten werden, dass dieses Risiko jedem Verwaltungsverfahren immanent ist und sich desto mehr erhöht, als der Meinungsbildungsprozess der Behörde schon fortgeschritten ist. Deutlich wird dies beispielsweise auch bei den derzeitigen Voraussetzungen zur Einleitung des förmlichen Prüfverfahrens. Da weder Beihilfeempfänger noch Beschwerdeführer im Vorprüfungsverfahren angehört werden, kann die Kommission bereits in diesem Verfahrensstadium zu dem Ergebnis kommen, dass eine Beihilfe nicht mit dem Gemeinsamen Markt vereinbar ist. Da sie in der Vorprüfungsphase aber nur abschließende Positiv- und keine Negativentscheidungen treffen kann, muss sie in diesem Fall nach Art. 4 Abs. 4 VVO i.V.m. Art. 108 Abs. 2 AEUV das förmliche Prüfverfahren einleiten. Erst zu Beginn dieses Verfahrens werden die Drittbeteiligten angehört. Ob deren Stellungnahmen geeignet sind, den bereits fortgeschrittenen Meinungsbildungsprozess der Kommission in eine für sie positive Richtung umzulenken, hängt dann von ihren Argumenten und deren Überzeugungskraft ab.

Ein Stellungnahmerecht der Beschwerdeführer vor Erlass einer verfahrensabschließenden Entscheidung würde auch zu einem erhöhten Begründungsaufwand der Kommission führen, weil sie sich, sollte sie wirklich eine Positiventscheidung erlassen, auch mit den Argumenten, die die Beschwerdeführer in ihrer Stellungnahme vorgebracht haben, auseinandersetzen muss. Dies fördert die Selbstkontrolle und bietet ggf. bei Außerachtlassung relevanter Aspekte weitere Angriffspunkte in einem späteren gerichtlichen Verfahren.

Weiterhin stellt sich die Frage, ob ein solches Anhörungsrecht nur in den Fällen gewährt werden muss, in denen die Kommission im Laufe des Vorprüfungsverfahrens auf Informationen oder Erkenntnisse gestoßen ist, die der Beschwerdeführer nicht in seiner Beschwerde berücksichtigt hatte.[796] Wie bereits dargestellt, sichert Art. 41 GrCh nicht das Recht zu, in einem Verfahren zu einem Sachverhalt erneut gehört, sondern nur im Laufe des Verfahrens zu den relevanten Aspekten des Falles angehört zu werden. Aus diesem Grund haben die Beschwerdeführer auch nicht das Recht, zu den bereits von ihnen in der Beschwerde angeführten Tatsachen erneut Stellung zu nehmen. Aufgrund des deutlichen Informationsdefizits der Beschwerdeführer ist es aber zunächst äußerst unwahrscheinlich, dass diese zum einen bereits in ihrer Beschwerde auf alle relevanten Aspekte eingehen und zum anderen die Kommission während des Vorprüfungsverfahrens keine darüber hinausgehenden neuen Tatsachen und Erkenntnisse ermittelt. Zudem

796 In diese Richtung wohl das Gericht in der Rs. T-95/94, *„Sytraval/Kommission“*, Rn. 78, Slg. 1995, II-2651; s. hierzu auch *Wagner*, Die Stellung des Wettbewerbers im Beihilfenaufsichtsverfahren der Europäischen Gemeinschaft, S. 56.

ist es durchaus möglich, dass Tatsachen, die die Beschwerdeführer in ihrer Beschwerde als unstrittig angesehen und deshalb nicht näher ausgeführt haben, von der Kommission angezweifelt werden. Auch hier muss es den Beschwerdeführern möglich sein, Stellung zu nehmen. Insgesamt wäre es wohl wenig praktikabel und würde auch einen deutlichen Arbeitsaufwand bedeuten, müsste die Kommission dezidiert herausfiltern, zu welchen Punkten ihrer Untersuchung der Beschwerdeführer vor Erlass der von ihr angestrebten Positiventscheidung Stellung nehmen darf und zu welchen nicht. Deshalb sollte den Beschwerdeführern aus Gründen der Verfahrenseffizienz ein uneingeschränktes Recht auf Stellungnahme am Ende der Vorprüfungsphase zugestanden werden. Es entsteht dadurch auch kein Wertungswiderspruch zur Anhörung im förmlichen Prüfverfahren. Diese wird zwar zu Beginn und nicht am Ende des Hauptprüfungsverfahrens durch Abgabe der Stellungnahmen durchgeführt. Hingegen wird den Beteiligten bereits durch die Eröffnungsentscheidung die wesentliche Sach- und Rechtslage mitgeteilt, sodass sie ihre Stellungnahme auf einer gesicherten Tatsachengrundlage erstellen können. Die wesentliche Sach- und Rechtslage ist der Kommission selbst aber erst am Ende ihrer Voruntersuchung und folglich am Ende des Vorprüfungsverfahrens bekannt.

Wie bereits oben ausgeführt, ist die Qualifizierung des Beschwerdeführers als Verfahrensbeteiligter und seine fortlaufende Informierung über den Verfahrensstand nicht verfassungsrechtlich geboten. Damit er sein Recht auf Anhörung aber überhaupt effektiv wahrnehmen kann, muss der Beschwerdeführer, wenn ihm vor Erlass einer Positiventscheidung ein Recht zur Stellungnahme eingeräumt werden sollte, über den aktuellen Verfahrensstand informiert werden.[797] Um etwaige Verzögerungen des Vorprüfungsverfahrens zu vermeiden und eine möglichst zeitnahe Entscheidung zu gewährleisten, sollte zudem die Frist zur Abgabe der Stellungnahme relativ kurz gefasst werden.[798] Gleiche Voraussetzungen müssen selbstverständlich für die sonstigen Konkurrenten gelten, die sich im Laufe des Vorprüfungsverfahrens mit einer Beschwerde an die Kommission wenden.

---

797 Diese Intention verfolgt letztlich auch *Wagner*, Die Stellung des Wettbewerbers im Beihilfenaufsichtsverfahren der Europäischen Gemeinschaft, S. 243 mit ihrer Forderung, den Beschwerdeführer über den Fortlauf des gesamten Verfahrens auf dem Laufenden zu halten; s. zu dem Informationserfordernis allgemein als Teilaspekt des Grundsatzes des rechtlichen Gehörs auch *Galetta/Grzeszick*, in: Stern/Sachs, GrCh, Art. 41 Rn. 66 sowie *Lais*, ZEuS 2002, 447, 465.

798 So auch *Wagner*, Die Stellung des Wettbewerbers im Beihilfenaufsichtsverfahren der Europäischen Gemeinschaft, S. 244.

Hinsichtlich der Art und Weise der Anhörung ist zunächst zu beachten, dass eine solche rechtlich nicht weiter gehen kann als die Anhörung in der förmlichen Prüfphase. Denn der Gerichtshof hat in seiner Entscheidung in der Rechtssache „Sytraval" zu Recht darauf hingewiesen, dass ansonsten nicht zu überbrückende Systemwidersprüche zwischen den beiden Verfahrensstadien entstehen würden.[799] Um ausgehend von Art. 41 Abs. 2 lit. a) GrCh das Mindestmaß an rechtlichem Gehörzu garantieren, ist insbesondere eine mündliche Anhörung nicht geboten.[800]

cc) Aufnahme von Ausnahmefällen

Diskutabel erscheint weiterhin die Frage, ob ein ausnahmsloses Recht zur Stellungnahme der Beschwerdeführer vor verfahrensabschließenden Entscheidungen im Vorprüfungsverfahren dem Effektivitätsprinzip und dem Charakter des Vorprüfungsverfahrens ausreichend Rechnung trägt. Selbst wenn man die Frist für die Stellungnahme recht kurz bemessen sollte, mag es doch Fälle geben, in denen eine rasche Entscheidung der Kommission – insbesondere bei offensichtlich mit dem Gemeinsamen Markt vereinbaren Beihilfen – für die betreffenden Mitgliedstaaten und die Beihilfeempfänger von enormer Bedeutung ist und über die weitere Existenz der betroffenen Unternehmen entscheiden kann. Dass in solchen Fällen nur Tage entscheidend sein können, wurde eindrucksvoll bei den beantragten bzw. gewährten Beihilfen des Landes Rheinland-Pfalz für die Nürburgring GmbH deutlich. Nachdem die Nürburgring GmbH im Jahr 2012 in große finanzielle Schieflage geriet, beantragte das Land Rheinland-Pfalz bei der Kommission Ende Mai 2012 eine Rettungsbeihilfe von 13 Mio. Euro sowie die Stundung von Zinsen für ein Darlehen, welches die landeseigene Investitions- und Strukturbank der Nürburgring GmbH gewährt hatte.[801] Nachdem die Kommission der Landesregierung zu verstehen gegeben hatte, innerhalb der 2-Monatsfrist, aber erst Ende Juli 2012 über die Beihilfe zu entscheiden, beschloss das Kabinett am 18.07.2012, die Insolvenz der Nürburgring GmbH zu beantragen.[802]

---

799 EuGH, Urteil v. 02.04.1998, Rs. C-367/95 P, „*Kommission/Sytraval*", Rn. 59 Slg. 1998, I-1719.

800 *Klingbeil*, Das Beihilfeverfahren nach Art. 93 EG-Vertrag, S. 100 f.

801 SWR Landesschau aktuell v. 16.04.2015, abrufbar unter http://www.swr.de/landesschau-aktuell/rp/nuerburgring-chronologie-verkauf-prozess/-/id=1682/did=10053396/nid=1682/18l16bp/index.html (letzter Zugriff: 08.09.2016).

802 Spiegel Online v. 18.07.2012, abrufbar unter http://www.spiegel.de/wirtschaft/soziales/nuerburgring-ist-pleite-a-845048.html (letzter Zugriff: 08.09.2016).

Um diesen besonderen Situationen, in denen eine schnelle Entscheidung der Kommission Vorrang vor dem Beteiligungsinteresse der Beschwerdeführer eingeräumt werden muss, gerecht zu werden, sollten dementsprechende Ausnahmeregelungen vorgesehen werden, wobei die Regelung des § 28 VwVfG des deutschen Verwaltungsverfahrensgesetzes wegen seiner Ausdifferenziertheit als Blaupause herangezogen werden kann.[803] § 28 Abs. 1 VwVfG sieht ein generelles Anhörungsgebot der Verwaltung vor dem Erlass von belastenden Verwaltungsakten vor. In Abs. 2 werden sodann einige Ausnahmen genannt, in denen von einer Anhörung abgesehen werden kann. Nach Abs. 3 kann zuletzt von einer Anhörung bei einem zwingenden öffentlichen Interesse abgesehen werden. Zu beachten ist bei der Gestaltung von Ausnahmefällen jedoch die auch von den Unionsgerichten hervorgehobene besondere Bedeutung des Anhörungsrechtes in den Fällen, in denen einem Unionsorgan – wie hier der Kommission – ein weiter Ermessensspielraum zukommt.[804]

Eine gesetzliche Neuregelung der Anhörungsrechte der Beschwerdeführer könnte somit wie folgt aussehen:

(1) Beabsichtigt die Kommission, nach Abschluss des Vorprüfungsverfahrens eine Entscheidung nach Art. 4 Abs. 2 oder Abs. 3 zu treffen, so hat sie dem Beschwerdeführer vorab Gelegenheit zur Stellungnahme innerhalb einer von ihr festzusetzenden Frist einzuräumen. Die Frist beträgt höchstens 14 Tage. Zur effektiven Ausübung des Stellungnahmerechtes hat die Kommission den Beschwerdeführer über den Stand des Verfahrens umfassend zu informieren. Dieses Recht steht auch jedem zu, der sich innerhalb von zwei Wochen nach Einleitung des Beschwerdeverfahrens in Bezug auf den Beschwerdegegenstand mit einer Beschwerde an die Kommission wendet.

(2) Ist aufgrund eines überwiegenden Interesses der Union oder des betreffenden Mitgliedstaates eine zeitnahe Entscheidung der Kommission geboten, so kann diese in begründeten Ausnahmefällen, insbesondere in Fällen, in denen offensichtlich keine Beihilfe vorliegt oder eine solche offensichtlich mit dem Gemeinsamen Markt vereinbar ist, von einer Anhörung absehen.

Da ein solches Anhörungsrecht die Stellung der Drittbeteiligten im Vorprüfungsverfahren deutlich verändern würde, muss ein solches Recht, auch aus Gründen der Gesetzessystematik, in der VVO verankert werden und kann des-

803 So auch *Martín-Ehlers*, EWS 1998, 245, 247.

804 EuGH, Urteil v. 21.11.1991, Rs. C-269/90, *„Hauptzollamt München/Technische Universität München"*, Rn. 14, Slg. 1991, I-5469.

halb nicht durch eine Ergänzung des Verhaltenskodexes eingeführt werden. Eine Änderung des Art. 108 Abs. 3 AEUV erscheint hingegen nicht notwendig, weil sich die Pflicht zur Anhörung der Beschwerdeführer im Vorprüfungsverfahren bereits aus dem Primärrecht, nämlich aus Art. 41 Abs. 2 lit. a) GrCh, ergibt.

c) Gewährleistung des Anhörungsrechtes durch Einführung eines Widerspruchsverfahrens?

aa) Grundsätzliche Überlegungen

(1) Widerspruchsverfahren im EU-Eigenverwaltungsrecht und mitgliedstaatlichen Verfahrensrecht

Zwar wäre eine Versagung des Rechtes auf Anhörung der Beschwerdeführer in Fällen eines zwingenden öffentlichen Interesses verfassungsgemäß und somit gerechtfertigt. Aufgrund der besonderen Bedeutung dieses Rechtes, gerade im europäischen Beihilfeverfahren, muss auch in diesen Ausnahmekonstellationen administrativer Rechtsschutz gewährleistet werden. Dies deshalb, weil das gerichtliche Verfahren wie bereits ausgeführt nicht geeignet ist, die Einwirkungsmöglichkeiten, die ein Verwaltungsverfahren den Beteiligten eröffnet, nur ansatzweise zu kompensieren.[805] Es muss deshalb eine Regelung gefunden werden, die ihnen auch in den Fällen, in denen von einer Anhörung abgesehen wird, administrativen Rechtsschutz gewährt.

Dass die Europäische Union schon seit längerer Zeit das Ziel eines einheitlichen europäischen Verfahrensrechtes verfolgt, wurde bereits angesprochen und soll später noch einmal thematisiert werden.[806] Aufgrund dieses Vorhabens sollten aber auch Änderungen in den bereichsspezifischen Verfahrensordnungen so ausgestaltet werden, dass sie einer möglichen weiteren (Teil-)Harmonisierung der derzeit noch verstreuten, bereichsspezifischen Verfahrenrechte nicht im Wege stehen. Es sollte deshalb auf bereits bestehende Verfahrensregime zurückgegriffen werden. Es wäre daran zu denken, dem Beschwerdeführer die Gelegenheit zur Einleitung eines Widerspruchsverfahrens zu eröffnen.[807] Ein

805 Vgl. Kap. 2.IV.2.,3. sowie Kap. 4.III.2.b).cc).(2).c.

806 Entschließung des Europäischen Parlaments v. 15.01.2013 mit Empfehlungen an die Kommission zu einem Verwaltungsverfahrensrecht der Europäischen Union (2012/2024(INI)), P7_TA(2013)0004; dazu *Guckelberger*, NVwZ 2013, 601.

807 Für die generelle Einrichtung von Widerspruchskammern bei der EU-Kommission, vor denen Widerspruch gegen Entscheidungen der EU-Kommission eingelegt werden kann *Streckert*, Verwaltungsinterner Unionsrechtsschutz, S. 126 ff.

solches ist bereits in vielen mitgliedstaatlichen Verwaltungsverfahrensrechten, aber auch in einigen Teilbereichen des Unionsrechtes vorgesehen.[808]

Im deutschen Verwaltungsverfahren ist die Durchführung eines Widerspruchsverfahrens zunächst als zwingende Voraussetzung für eine Klageerhebung in bestimmten Bereichen des besonderen Verwaltungsrechtes vorgesehen. Dies betrifft insbesondere gemäß § 54 Abs. 2 BeamtStG, § 126 Abs. 2 BBG alle beamtenrechtlichen Streitigkeiten. Im Übrigen sieht § 68 Abs. 1, 2 VwGO die Durchführung eines Vorverfahrens vor Erhebung einer Anfechtungs- und Verpflichtungsklage vor. Ein Widerspruchsverfahren ist aber nach § 68 Abs. 1 S. 2 Alt. 1 VwGO insbesondere dann nicht durchzuführen, wenn ein Gesetz dies vorsieht. In Betracht kommen sowohl Bundes- als auch Landesgesetze. Zahlreiche Bundesländer haben hier weitreichende Ausnahmen gesetzlich vorgesehen, manche sogar das Vorverfahren gänzlich abgeschafft.

Das französische Verwaltungsverfahren kennt hingegen keine Widerspruchsverfahren wie das deutsche Verwaltungsrecht.[809] Dies mag darin liegen, dass die subjektive Rechtsschutzfunktion, von der sich das deutsche Verwaltungsverfahrensrecht leiten lässt, dem französischen Recht weitestgehend fremd erscheint,[810] weil es von seinem Ansatz her auf die Gesetzmäßigkeit der Verwaltung ausgerichtet ist und die Verwaltungsgerichtsbarkeit somit lediglich die Funktion erfüllen soll, eine objektive Kontrolle der Verwaltungsentscheidung vorzunehmen.[811] Das italienische Verwaltungsrecht sieht hingegen ein fakultatives und nicht wie das deutsche ein zwingendes Widerspruchsverfahren vor Klageerhebung vor.[812]

Im Bereich des EU-Eigenverwaltungsrechtes ist derzeit der wohl aktuellste Bereich neuer Verfahrensrechtsgestaltung im europäischen Bankenaufsichtsrecht zu

---

808 Zu den verschiedenen verwaltungsinternen Rechtsschutzmodellen im europäischen Agenturwesen s. ausf. *Streckert*, Verwaltungsinterner Unionsrechtsschutz, S. 44 ff.

809 *V. Danwitz*, Europäisches Verwaltungsrecht, S. 60; s. auch *Woehrling*, NVwZ 1998, 462, 465.

810 Auch wenn die Berücksichtigung subjektiver Interessen langsam Anklang findet, sind Verfahrensfehler seltener beachtlich als im deutschen Verwaltungsrecht, s. *Pietzcker*, in: FS Maurer, 695, 699.

811 *Woehrling*, NVwZ 1998, 462, 463; die Leistungsfähigkeit der Verwaltung steht im französischen Verwaltungsrecht somit im Fokus, s. *Schwarze*, DVBl. 1996, 881. *Bullinger*, EuR-Beiheft 1995, 35, 40 weist hingegen darauf hin, dass auch die französischen Gerichte immer öfter auch die Sachverhaltsfeststellung einer Kontrolle unterziehen.

812 *V. Danwitz*, Europäisches Verwaltungsrecht, S. 75.

finden. Die SSM-VO[813], die SRM-VO[814] und die EBA-VO[815] sehen ein umfassendes Aufsichtssystem vor, welches detaillierte Vorschriften zum Verfahren beinhaltet. Gegen Entscheidungen der Europäischen Bankenaufsichtsbehörde kann nach Art. 60 EBA-VO Beschwerde vor einem Beschwerdeausschuss erhoben werden, die nach Art. 60 Abs. 3 EBA-VO keine aufschiebende Wirkung hat. Im Rahmen des Europäischen Abwicklungsmechanismus kann gegen die Entscheidungen des nach Art. 42 SRM-VO gegründeten Ausschusses ebenfalls Beschwerde eingelegt werden, Art. 85 Abs. 3 SRM-VO. Auch diese Beschwerde hat nach Art. 85 Abs. 6 SRM-VO keine aufschiebende Wirkung. Bei Entscheidungen der Europäischen Zentralbank (EZB) in Zusammenhang mit der Bankenaufsicht nach der SSM-VO ist die Überprüfung durch einen administrativen Überprüfungsausschuss nach Art. 24 Abs. 5 SSM-VO möglich. Der Überprüfungsantrag hat zwar ebenfalls keine aufschiebende Wirkung, was sich aus Art. 24 Abs. 8 S. 1 SSM-VO ergibt, hingegen kann der EZB-Rat auf Vorschlag des Überprüfungsausschusses den sofortigen Vollzug der angefochtenen Maßnahme aussetzen, wenn nach seiner Ansicht die Umstände dies erfordern, Art. 24 Abs. 8 S. 2 SSM-VO. Hält der Überprüfungsausschuss den Antrag für zulässig, gibt er eine Stellungnahme ab und überweist den Fall zur Ausarbeitung eines neuen Beschlussentwurfes an das Aufsichtsgremium, Art. 24 Abs. 7 S. 1 u. 2 SSM-VO. Der neue Beschlussentwurf ist hingegen für die EZB nicht bindend, sondern der EZB-Rat kann der Beschlussempfehlung innerhalb von 10 Tagen widersprechen, Art. 24 Abs. 7 S. 4 SSM-VO.

Im europäischen Recht existieren darüber hinaus in vereinzelten Verordnungen bereits Beschwerdeverfahren, wie z.B. in der REACH-VO[816], die die

---

813 Verordnung (EU) Nr. 1024/2013 des Rates v. 15.10.2013 zur Übertragung besonderer Aufgaben im Zusammenhang mit der Aufsicht über Kreditinstitute auf die Europäische Zentralbank, ABl. v. 29.10.2013, L 287/63.

814 Verordnung (EU) Nr. 806/2014 des Europäischen Parlaments und des Rates v. 15.07.2014 zur Festlegung einheitlicher Vorschriften und eines einheitlichen Verfahrens für die Abwicklung von Kreditinstituten und bestimmten Wertpapierfirmen im Rahmen eines einheitlichen Abwicklungsmechanismus und eines einheitlichen Abwicklungsfonds sowie zur Änderung der Verordnung (EU) Nr. 1093/2010, ABl. v. 30.07.2014, L 225/1.

815 Verordnung (EU) Nr. 1093/2010 des Europäischen Parlaments und des Rates v. 24.11.2010 zur Errichtung einer Europäischen Aufsichtsbehörde (Europäische Bankenaufsichtsbehörde), zur Änderung des Beschlusses Nr. 716/2009/EG und zur Aufhebung des Beschlusses 2009/78/EG der Kommission, ABl. v. 15.12.2010, L 331/12.

816 Verordnung (EG) Nr. 1907/2006 des Europäischen Parlaments und des Rates v. 18.12.2006 zur Registrierung, Bewertung, Zulassung und Beschränkung chemischer Stoffe (REACH), zur Schaffung einer Europäischen Chemikalienagentur,

Überwachung chemischer Stoffe zum Gegenstand hat. Hier sieht Art. 91 Abs. 1 REACH-VO bei bestimmten Agenturentscheidungen die Durchführung eines Widerspruchsverfahrens vor.[817] Der Widerspruch hat nach Art. 91 Abs. 2 REACH-VO aufschiebende Wirkung und ist nach Art. 94 Abs. 1 REACH-VO obligatorisch für die Erhebung einer Klage.

Einige Verordnungen sehen auf der anderen Seite keine für eine Klageerhebung zwingenden, sondern lediglich fakultative Widerspruchsverfahren vor. In der bankenaufsichtsrechtlichen Literatur ist strittig, ob die Beschwerde nach Art. 58 EBA-VO bzw. nach Art. 85 SRM-VO fakultativ oder zwingend für eine spätere Klageerhebung ist. Der Wortlaut des Art. 61 Abs. 1 und 2 EBA-VO sowie des Art. 86 Abs. 1 und 2 SRM-VO lassen beide Auslegungen zu. Die überwiegende Auffassung geht von einem obligatorischen Beschwerdeverfahren aus.[818] Dafür spricht auch der systematische Vergleich zum Verfahren vor dem administrativen Überprüfungsausschuss nach Art. 24 SSM-VO. Da sich die Beschwerde hier gegen die Entscheidung eines EU-Organes, der EZB, richtet, ist ihre Erhebung und die Durchführung des Verfahrens vor dem Prüfungsausschuss gemäß Art. 24 Abs. 11 SSM-VO keine Voraussetzung für eine Klageerhebung, da Art. 263 Abs. 5 AEUV nicht anwendbar ist.[819]

Im europäischen Wettbewerbsrecht sind in den einschlägigen Verfahrensordnungen bis dato keine Widerspruchs- bzw. Beschwerdeverfahren gegen Entscheidungen der Kommission vorgesehen.[820] Insbesondere die Beschwerde nach Art. 24 Abs. 2 VVO ist mit den soeben genannten Widerspruchs- bzw. Beschwerdeverfahren nicht vergleichbar. Sie verbürgt kein Recht, gegen eine Entscheidung der Kommission mittels eines Widerspruches bzw. einer Beschwerde vorzugehen, sondern will die Kommission überhaupt erst zu einer Entscheidung veranlassen. Erst durch diese Beschwerde soll die Kommission auf einen bestimmten Sach-

---

zur Änderung der Richtlinie 1999/45/EG und zur Aufhebung der Verordnung (EWG) Nr. 793/93 des Rates, der Verordnung (EG) Nr. 1488/94 der Kommission, der Richtlinie 76/769/EWG des Rates sowie der Richtlinien 91/155/EWG, 93/67/EWG, 93/105/EG und 2000/21/EG der Kommission, ABl. v. 29.05.2007, L 136/3.

817 S. hierzu näher *Siegel*, EuZW 2008, 141, 143 ff.

818 *Ruthig*, Aktuelle Entwicklungen der Finanzmarktaufsicht in Europa, in: Seok/Ziekow, Der Staat als Wirtschaftssubjekt und -regulierer, S. 45, 75; *ders./Storr*, Öffentliches Wirtschaftsrecht, Rn. 202 f.; *Lehmann/Manger-Nestler*, ZBB/JBB 2014, 1, 19; *Sonder*, BKR 2012, 8, 10 f.; *Bierschenk/Dechent*, EuZW 2016, 572, 573; a.A. *Gerhardus*, Konkurrentenschutz im europäischen und nationalen Bankenaufsichtsrecht, S. 131.

819 *Bierschenk/Dechent*, EuZW 2016, 572, 573 Fn. 4.

820 *Lehmann/Manger-Nestler*, ZBB/JBB 2014, 1, 19.

verhalt und die damit zusammenhängenden beihilferechtlichen Fragestellungen aufmerksam gemacht werden. Hingegen wird dem Beschwerdeführer kein Recht eingeräumt, gegen die Entscheidung der Kommission wiederum einen Widerspruch einzulegen.

Darüber hinaus ist festzustellen, dass das Unionsrecht bislang keinen verwaltungsinternen Rechtsschutz gegen Entscheidungen der EU-Kommission vorsieht.[821] *Streckert* sieht vor dem Hintergrund vorhandener verwaltungsinterner Rechtsschutzmodelle im europäischen Agenturwesen darin einen Verstoß gegen das Kohärenzprinzip.[822] Er schlägt deshalb ein Widerspruchskammermodell für die Europäische Kommission vor,[823] wobei sich der Zuschnitt der Widerspruchskammern an den Generaldirektionen und Dienststellen der Kommission orientieren soll.[824]

Losgelöst von diesem rechtspolitischen Ansatz muss aber die konkrete Ausgestaltung jeweiliger Widerspruchsverfahren weiterhin sektorspezifische Eigenheiten berücksichtigen. Die verschiedenen Bereiche des Unionsrechtes können hier durchaus in bestimmten Nuancen Abweichungen rechtfertigen, ja sogar notwendig machen. Vor diesem Hintergrund werden im Folgenden die Vor- und Nachteile der Einrichtung eines Widerspruchsverfahrens für das Beihilfeverfahrens und dessen mögliche Ausgestaltung betrachtet. Zuvor sollen jedoch die Funktionen eines Widerspruchsverfahrens als solche in den Blick genommen werden.

(2) Funktionen des Widerspruchsverfahrens

Überwiegend werden vier Zwecke aufgeführt, die das Widerspruchsverfahren erfüllen soll:

Zunächst soll es dem Bürger eine zusätzliche Rechtsschutzmöglichkeit eröffnen.[825] Indem im Widerspruchsverfahren Recht- und Zweckmäßigkeit überprüft werden[826], erhält der Bürger eine umfassende Überprüfung der Verwaltungsentscheidung, ohne ein – für ihn in der Regel deutlich teureres und auch zeitaufwendigeres – gerichtliches Verfahren durchführen zu müssen.

---

821 *Streckert*, Verwaltungsinterner Unionsrechtsschutz, S. 49 f.

822 *Streckert*, Verwaltungsinterner Unionsrechtsschutz, S. 82.

823 *Streckert*, Verwaltungsinterner Unionsrechtsschutz, S. 126 ff.

824 *Streckert*, Verwaltungsinterner Unionsrechtsschutz, S. 138.

825 BVerwGE 51, 310, 314; *Dolde/Porsch*, in: Schoch/Schneider/Bier, Vorb. § 68 Rn. 1; *W.-R. Schenke*, in: Kopp/Schenke, VwGO, Vorb § 68 Rn. 1 mwN.

826 S. hierzu ausdrücklich für das deutsche Verwaltungsverfahren § 68 Abs. 1 S. 1 VwGO.

Des Weiteren, und das ist gerade im europäischen Rechtssystem ein nicht zu unterschätzender Vorteil, sollen mit der Durchführung eines Widerspruchsverfahrens die Gerichte entlastet werden.[827] Untersuchungen in Rheinland-Pfalz haben ergeben, dass die weit überwiegende Zahl der Widersprüche bereits im Widerspruchsverfahren erledigt und so auf Klageerhebungen verzichtet wurde.[828]

Dass mit der Durchführung von Widerspruchsverfahren in der Tat eine Entlastung der Gerichte einhergeht, hängt unmittelbar mit der dritten Funktion des Widerspruchsverfahrens, der Befriedungs- und Akzeptanzfunktion[829] zusammen. Indem Bürger die Möglichkeit erhalten, in einem Widerspruchsverfahren nochmals (oder ggf. sogar erstmals, falls eine Anhörung im Verwaltungsverfahren – rechtmäßig oder rechtswidrig – bis dato nicht stattgefunden hat) ihren Standpunkt vorzutragen, sehen viele trotz Erfolglosigkeit des Widerspruchs von einer Klage ab. Dies ist sicherlich gerade im deutschen Verwaltungsrecht auf die oftmals gerichtsähnliche Ausgestaltung des Widerspruchsverfahrens zurückzuführen.[830]

Zuletzt bietet das Widerspruchsverfahren der Verwaltung die Gelegenheit, selbst die eigene Entscheidung nochmals zu überprüfen, und fördert somit die Selbstkontrolle der Verwaltung.[831] Da deutsche Verwaltungsgerichte bei ihrer Entscheidung auf eine Rechtmäßigkeitskontrolle beschränkt sind und Ermessensentscheidungen der Verwaltung nur auf Ermessensfehler überprüfen dürfen, bietet das Widerspruchsverfahren der Behörde, aber auch dem Bürger die Möglichkeit, dass auch Zweckmäßigkeitserwägungen nochmals einer Nachkontrolle unterzogen werden.

Bezieht man diese Funktionen eines Widerspruchsverfahrens auf das europäische Beihilfeverfahren, so könnte dessen Einführung verschiedene derzeitige Defizite beseitigen. In Bezug auf den subjektiven Rechtsschutz der Widerspruchsführer,

827 BVerwGE 51, 310, 314; 61, 45, 48; *Dolde/Porsch*, in: Schoch/Schneider/Bier, Vorb. § 68 Rn. 1; *W.-R. Schenke*, in: Kopp/Schenke, VwGO, Vorb. § 68 Rn. 1 mwN.

828 So sollen in Rheinland-Pfalz 95 % aller Widersprüche im Widerspruchsverfahren erledigt werden, *Härtel*, VerwArch 98 (2007), 54, 74; s. hierzu auch *Streckert*, Verwaltungsinterner Unionsrechtsschutz, S. 108 f.

829 *Rüssel*, NVwZ 2006, 523, 524 f., die dem Vorverfahren zudem noch eine Informationsfunktion zuweist; a.A. *Dolde/Porsch*, in: Schoch/Schneider/Bier, Vorb. § 68 Rn. 1.

830 So wird bspw. auch vor dem Rechtsausschuss in Rheinland-Pfalz i. d. R. eine mündliche Verhandlung durchgeführt und gleicht das Rubrum eines rheinland-pfälzischen Rechtsausschusses sehr deutlich dem Rubrum eines Verwaltungsgerichtsurteils.

831 BVerwGE 51, 310, 314; 61, 45, 48; *W.-R. Schenke*, in: Kopp/Schenke, VwGO, Vorb § 68 Rn. 1 mwN.

also in der Regel der Beschwerdeführer, würde die Einführung eines Widerspruchsverfahrens zahlreiche Vorteile mit sich bringen. Nicht nur, dass den Beschwerdeführern eine zusätzliche Rechtsschutzmöglichkeit eröffnet werden würde, die eine kostengünstigere Alternative zu einem gerichtlichen Verfahren darstellen würde. Insbesondere in den Fällen, in denen das oben angeregte Recht zur Stellungnahme der Beschwerdeführer vor Erlass einer verfahrensabschließenden Entscheidung im Vorprüfungsverfahren aufgrund einer Ausnahmekonstellation versagt wird, würde ein Widerspruchsverfahren die einzige Möglichkeit für die Beschwerdeführer eröffnen, ihr Anhörungsrecht innerhalb des Verwaltungsverfahrens zur Geltung zu bringen. Konsequenzen hätte dies aber auch für den Rechtsschutz der Betroffenen bei einem sich anschließenden gerichtlichen Verfahren. Selbst wenn die Widerspruchsbehörde den Widerspruch zurückweist bzw. keine neue Entscheidung in der Sache treffen würde, so hat sie nun die Eingaben der Widerspruchsführer bei ihrer Entscheidung zu berücksichtigen, was sich insbesondere auch aus ihrer Sorgfalts- und Untersuchungspflicht ergibt. Folglich kann in einem gerichtlichen Verfahren das bereits aufgezeigte Missverhältnis zwischen den fehlenden Anhörungsrechten der Konkurrenten im Vorprüfungsverfahren und der Rechtsprechung der Gerichte, die der Kommission zum Zeitpunkt ihrer Entscheidung zugrunde liegenden Informationen als Maßstab für die Einhaltung des Sorgfalts- und Untersuchungsgrundsatzes heranzuziehen,[832] überwunden werden.

Für die Gerichte würde die Einführung eines Widerspruchsverfahrens aller Voraussicht nach eine deutliche Entlastung bringen. Angesichts der nach wie vor hohen Zahl an anhängigen Verfahren[833] und einer langen Verfahrensdauer[834]

832 S. zu diesem Problem Kap. 2.IV.3.

833 Im Jahr 2010 waren 799 Verfahren beim Gerichtshof anhängig, 2012 886 und im Jahr 2014 787. Neu hinzu kamen im Jahr 2010 631 Rechtssachen, 2012 632 und 2014 622. Beim Gericht waren im Jahr 2010 1.300 Rechtssachen anhängig, 2012 1.237 und 2014 1.423. Neu hinzu kamen im Jahr 2010 636 Rechtssachen, 2012 617 und 2014 912, s. Jahresbericht des Europäischen Gerichtshofes für 2014, S. 62, 126, abrufbar unter http://curia.europa.eu/jcms/upload/docs/application/pdf/2015-03/de_ra14.pdf (letzter Zugriff: 29.08.2016).

834 Die durchschnittliche Verfahrensdauer der im Jahr 2014 erledigten Rechtssachen betrug beim Gericht 23,4 Monate (in 2013 waren es noch 26,9 Monate) und beim Gerichtshof bei den Klageverfahren 20 Monate (14,5 Monate bei den Rechtsmittelverfahren und bei Vorabentscheidungsverfahren 15 Monate), die durchschnittliche Verfahrensdauer in Beihilfesachen im Jahr 2014 aber 32,5 Monate, s. Jahresbericht des Europäischen Gerichtshofes für 2014, S. 5 f., 89, 134, abrufbar unter http://curia.europa.eu/jcms/upload/docs/application/pdf/2015-03/de_ra14.pdf (letzter Zugriff: 29.08.2016). Auch *Streckert* verweist auf diese nach wie vor lange Verfahrensdauer

wäre dies für die Effektivität des Rechtsschutzes im Bereich des europäischen Beihilferechtes ein nicht zu unterschätzender Vorteil. Insgesamt würde ein Widerspruchsverfahren somit positive Auswirkungen sowohl auf die Qualität des subjektiven Rechtsschutzes als auch auf die Effektivität des Rechtsschutzes im europäischen Beihilferecht haben. Einer näheren Betrachtung soll aber die konkrete Ausgestaltung eines solchen Verfahrens unterzogen werden.

Zunächst stellt sich die Frage, ob ein Widerspruchsverfahren sowohl für das Vorprüfungsverfahren als auch für Entscheidungen im förmlichen Prüfverfahren vorgesehen werden sollte. Hierbei muss berücksichtigt werden, dass ein Widerspruchsverfahren auch der Selbstkontrolle der Verwaltung dient. Das derzeitige Beihilfeverfahren ist mit dem Vorprüfungsverfahren und dem förmlichen Prüfverfahren zwar zweistufig ausgestaltet, wobei in jedem Verfahrensabschnitt eine abschließende Entscheidung getroffen werden kann. Ist die Kommission in der Vorprüfungsphase bei ihrer Prüfung des Sachverhaltes auf ernsthafte Schwierigkeiten gestoßen, so eröffnet sie das förmliche Prüfverfahren, in dem die Beteiligten angehört und eine ausführliche und detaillierte Prüfung des Sachverhaltes vorgenommen wird. Fällt die Kommission am Ende des förmlichen Prüfverfahrens eine Entscheidung, ist dieser ein zumeist langwieriger Prozess von Abwägungen und Überprüfungen voraus gegangen. Dies unterscheidet die förmliche Prüfphase gerade vom Vorprüfungsverfahren, welches in einer relativ kurzen Frist abgeschlossen wird. Vor diesem Hintergrund erscheint es wenig wahrscheinlich, dass die Kommission nach Beendigung des förmlichen Prüfverfahrens in einem Widerspruchsverfahren zu einem völlig anderen Ergebnis kommen wird. Dies auch deshalb, weil durch die Beteiligung der Drittbeteiligten in der förmlichen Prüfphase neben den Stellungnahmen der betreffenden Mitgliedstaaten auch die Argumente der Beihilfeempfänger und Konkurrenten bekannt sind und in die Entscheidung der Kommission einfließen. Diese Erwägungen können auf das Vorprüfungsverfahren aber gerade nicht übertragen werden. Hier entscheidet zum einen die Kommission innerhalb von zwei Monaten (Art. 4 Abs. 5 S. 1 VVO), also im Vergleich zum förmlichen Prüfverfahren innerhalb eines recht kurzen Zeitraumes. Zum anderen sind in diesem Verfahrensabschnitt die Beteiligungsrechte der Drittbeteiligten eingeschränkt, wenn das hier geforderte Stellungnahmerecht der Beschwerdeführer aufgrund einer Ausnahmekonstellation versagt wird.

Erkennt man den Beschwerdeführern fortan, wie hier angeregt, ein solches Recht zur Stellungnahme vor Erlass einer verfahrensabschließenden Entscheidung im

und stellt mit seinem Widerspruchskammermodell eine Entlastung der Gerichte in Aussicht, s. *Streckert*, Verwaltungsinterner Unionsrechtsschutz, S. 158 ff., 163.

Vorprüfungsverfahren zu, welches nur in bestimmten Ausnahmefällen versagt werden darf, so stellt sich die Frage, ob die Einleitung eines Widerspruchsverfahrens auf die Fälle beschränkt werden sollte, in denen das Stellungnahmerecht ausnahmsweise ausgeschlossen werden kann. Wird dem Beschwerdeführer sein Recht auf Stellungnahme aufgrund einer Ausnahmekonstellation versagt, bietet das Widerspruchsverfahren die einzige Möglichkeit, sein Anhörungsrecht im Verfahren trotzdem noch zu wahren, indem während dieses Verfahrens eine Anhörung des Beschwerdeführers stattfindet. Aber auch in den Fällen, in denen er eine Stellungnahme vor Erlass der endgültigen Kommissionsentscheidung im Vorprüfungsverfahren abgeben konnte, spricht die kurze Entscheidungsfrist der Kommission dafür, dem Beschwerdeführer den Zugang zu einem Widerspruchsverfahren zu eröffnen. Das Widerspruchsverfahren würde in diesem Fall die Funktion des förmlichen Prüfverfahrens übernehmen, da der zeitliche Druck nicht mehr im Vordergrund steht. Diesem unterliegt indes nicht nur die Kommission, die innerhalb der genannten zwei Monate entscheiden muss, sondern auch der Beschwerdeführer, da seine Stellungnahme wie oben ausgeführt innerhalb einer relativen kurzen Frist eingehen muss. Indem einem Widerspruchsverfahren dieser zeitliche Zwang genommen wird, besteht hier durchaus die Möglichkeit, dass die Kommission nach einer eingehenden Überprüfung zu einem anderen Ergebnis kommen könnte und somit auch der Zweck der behördlichen Selbstkontrolle erreicht werden kann.

(3) Suspensiveffekt

Will man den Zweck des Vorprüfungsverfahrens und das gesamte bisherige System des Beihilfeverfahrens aber nicht ad absurdum führen, kann einem Widerspruch kein Suspensiveffekt zugesprochen werden. Hätte der Widerspruch des Beschwerdeführers eine aufschiebende Wirkung, würde das Verfahren seinen ureigenen Zweck verlieren, innerhalb kurzer Frist aus Sicht der Kommission unproblematische Beihilfen zu genehmigen. Zudem würde ein systematischer Widerspruch zum gerichtlichen Verfahren entstehen, da Klagen beim Gericht i. d. R. ebenfalls keine aufschiebende Wirkung entfalten. Somit würde ein Suspensiveffekt bei Widersprüchen gegen verfahrensabschließende Entscheidungen im Vorprüfungsverfahren dessen Zweck ins Gegenteil umkehren, weil ein solches Verfahren womöglich länger dauern könnte, als ein anschließendes förmliches Prüfverfahren.[835]

---

835 Dem Vorschlag von *Streckert*, Verwaltungsinterner Unionsrechtsschutz, S. 130, generell allen bei den Widerspruchskammern eingelegten Widersprüchen einen Suspensiveffekt zuzusprechen, kann deshalb zumindest für Entscheidungen im Vorprüfungsverfahren im europäischen Wettbewerbsrecht nicht gefolgt werden.

(4) Zwingendes oder fakultatives Widerspruchsverfahren

Wird dem Widerspruch kein Suspensiveffekt zugesprochen, stellt sich zugleich die Frage, ob das Widerspruchsverfahren als zwingende Voraussetzung für eine spätere Klage oder lediglich fakultativ ausgestaltet werden sollte oder sogar muss. Ein obligatorisches Widerspruchsverfahren hätte für den Widerspruchsführer zunächst den Nachteil, dass er noch länger warten müsste, bis ein Gericht endgültige Rechtssicherheit durch ein abschließendes Urteil herbeiführt. Gerade im Bereich des Beihilferechtes, in dem die Beihilfeentscheidungen der Kommission – je nach Ausgang – gravierende wirtschaftliche Konsequenzen für den potentiellen Beihilfeempfänger bzw. dessen Konkurrenten haben können, hat für alle Beteiligte schnelle Rechtssicherheit oberste Priorität. Auf der anderen Seite könnte durch ein zwingendes Widerspruchsverfahren eine Entlastung der Gerichte in den Fällen erreicht werden, in denen der Widerspruch offensichtlich unbegründet ist. Ein langes gerichtliches Verfahren, das für alle Beteiligten Rechtsunsicherheit bedeuten würde, könnte dann vermieden werden, wenn dem Widerspruchsführer auch von Seiten der Widerspruchsbehörde die Aussichtslosigkeit seines Rechtsschutzbegehrens vor Augen geführt wird. Es kommt hierbei jedoch entscheidend auf die Frage an, ob die Widerspruchsbehörde als neue, unabhängige Instanz wahrgenommen wird oder nicht. Je mehr dies der Fall ist, desto größer ist die Wahrscheinlichkeit, dass nach einer negativen, ausführlich begründeten Entscheidung der Widerspruchsbehörde von einer Klage abgesehen werden könnte. Außerdem muss geklärt werden, inwieweit ein zwingendes Widerspruchsverfahren überhaupt mit den derzeitigen primärrechtlichen Regelungen vereinbar wäre.

(5) Rechtliche Rahmenbedingungen

Zunächst stellt sich die Frage, ob die Einrichtung eines Widerspruchsverfahrens von den derzeitigen primärrechtlichen Regelungen gedeckt wäre oder eine Vertragsänderung notwendig machen würde. Ein erster rechtlicher Anknüpfungspunkt stellt Art. 263 Abs. 5 AEUV dar. Dieser sieht vor, dass in den Rechtsakten zur Gründung von Einrichtungen und sonstigen Stellen der Union besondere Bedingungen und Einzelheiten für die Erhebung von Klagen gegen Handlungen dieser Einrichtungen und sonstigen Stellen vorgesehen werden können. Nach ihrem Wortlaut bezieht sich diese Regelung also hauptsächlich auf Beschwerden gegen Entscheidungen von Europäischen Agenturen.[836] Abweichungen bei Klagen gegen Beklagte i.S.v. Art. 263 Abs. 1 S. 1 AEUV, also auch gegen die Kommission,

836 *Dörr*, in: Grabitz/Hilf/Nettesheim, Das Recht der Europäischen Union, Art. 263 AEUV Rn. 112.

werden von der Vorschrift gerade nicht gedeckt und verlangen somit eine ausdrückliche primärrechtliche Regelung.[837] Ausgangspunkt hierfür ist die Rechtsprechung der Unionsgerichte, wonach Abweichungen von den in den Verträgen vorgesehenen Klagevoraussetzungen einer primärrechtlichen Grundlage bedürfen.[838] Abweichungen von den sonstigen Klagevoraussetzungen, insbesondere die Durchführung eines Widerspruchsverfahrens, sind aber derzeit primärrechtlich für das Beihilfeverfahren nicht vorgesehen. Ein zwingendes Widerspruchsverfahren bedürfte deshalb einer Änderung der Verträge und könnte nicht durch eine Änderung der VVO normiert werden.

Primärrechtlicher Anknüpfungspunkt für die Einführung eines fakultativen Widerspruchsverfahrens könnte hingegen Art. 109 AEUV sein. Er sieht in Alt. 1 vor, dass die Kommission zweckdienliche Durchführungsverordnungen zu den Art. 107 und Art. 108 AEUV erlassen kann und ist somit Rechtsgrundlage für die VVO. Fraglich ist in diesem Zusammenhang allerdings, was unter dem Erlass solcher Durchführungsregelungen zu verstehen ist. Letztlich können solche Vorschriften nur bestehende Spielräume, die das Primärrecht der Verwaltung einräumt, konkretisieren, jedoch primärrechtliche Vorgaben nicht erweitern oder beschränken.[839] Diese Beschränkung wird insbesondere durch einen systematischen Vergleich mit Art. 109 Alt. 2 AEUV deutlich, der festlegt, dass der Rat zudem auch Bedingungen für die Anwendung des Art. 108 Abs. 3 AEUV sowie diejenigen Arten von Beihilfe festlegen kann, die von diesem Verfahren ausgeschlossen sind. Dadurch wird dem Rat ausdrücklich eine gestalterische Aufgabe zugewiesen, die ihn zum Erlass konstitutiver Regelungen ermächtigt.[840]

Ausgehend davon ist hinsichtlich der Einführung eines fakultativen Widerspruchsverfahrens zwischen Vorprüfungs- und Hauptprüfungsphase zu unterscheiden. Art. 108 Abs. 3 AEUV betrifft das Vorprüfungsverfahren. Dessen Ausgestaltung wird durch Art. 109 Alt. 2 AEUV weitestgehend dem Rat überlassen,[841] der von dieser Kompetenz umfassend in der VVO Gebrauch gemacht hat. Dies kann auch die Einführung eines fakultativen Widerspruchsverfahrens umfassen, zumindest solange die Kommission dann auch selbst über den Widerspruch entscheidet und somit ihre eigene Ausgangsentscheidung überprüft. Ob auch andere Institutionen wie bspw. weisungsunabhängige Gremien mit der

837 *Dörr*, in: Grabitz/Hilf/Nettesheim, Das Recht der Europäischen Union, Art. 263 AEUV Rn. 115.

838 EuG, Urteil v. 08.10.2008, Rs. T-411/06, „*Sogelma/EAR*", Rn. 65, Slg. 2008, II-2771.

839 *Cremer*, in: Calliess/Ruffert, EUV/AEUV, Art. 107 AEUV Rn. 3.

840 *Cremer*, in: Calliess/Ruffert, EUV/AEUV, Art. 107 AEUV Rn. 3.

841 *Cremer*, in: Calliess/Ruffert, EUV/AEUV, Art. 107 AEUV Rn. 3.

Entscheidung über den Widerspruch betraut werden können, wird gleich näher betrachtet werden. Ein Konflikt mit der oben zitierten Rechtsprechung, die für Abweichungen von den üblichen zwingenden Klagevoraussetzungen eine primärrechtliche Grundlage verlangt, entsteht jedenfalls aufgrund der optionalen Ausrichtung dieses Verfahrens, welches den subjektiven Rechtsschutz der Betroffenen sogar erweitert und nicht verkürzt, nicht.

Schwieriger wird es hingegen, in Art. 109 Alt. 1 AEUV die Kompetenz zur Einführung eines fakultativen Widerspruchsverfahrens im förmlichen Prüfverfahren herzuleiten. Dieses Verfahren wird bereits sehr ausführlich in Art. 108 Abs. 2 AEUV geregelt. Deshalb lässt Art. 109 Alt. 1 AEUV nur weitere Konkretisierungen der Vorgaben in Art. 108 Abs. 2 AEUV zu. Die Einführung eines Widerspruchsverfahrens überschreitet diese Konkretisierungskompetenz und wäre somit vom Gesetzeswortlaut nicht mehr gedeckt. Seine Einführung könnte somit nur durch eine Änderung der Verträge erreicht werden. Wie bereits oben festgestellt, ist es derzeit aber auch in der Sache nicht notwendig, auch gegen Entscheidungen im förmlichen Prüfverfahren die Möglichkeit zur Erhebung eines Widerspruches vorzusehen.

bb) Konkrete Ausgestaltung des Widerspruchsverfahrens

Zuletzt stellt sich die rechtlich und politisch wohl sensibelste Frage, ob im Rahmen der hier vorgeschlagenen Umstrukturierungen und Veränderungen des Beihilfeverfahrens neben der Kommission auch weitere, ggf. von dieser weisungsunabhängige Einrichtungen, eingeschaltet werden können. Insbesondere im Rahmen der hier vorgeschlagenen Einführung eines Widerspruches gegen verfahrensabschließende Entscheidungen im Vorprüfungsverfahren liegt der Vorteil der Einschaltung weisungsunabhängiger Einrichtungen auf der Hand: Ähnlich wie bei Widerspruchsverfahren in einigen deutschen Bundesländern, in denen weisungsfreie Rechtsausschüsse über einen Widerspruch entscheiden,[842] könnte bei der Einschaltung von unabhängigen Gremien eine neue, unvoreingenommene objektive Überprüfung des Ausgangsbescheides gewährleistet werden. Dies würde den subjektiven Rechtsschutz des Beschwerdeführers in der Weise stärken, dass nicht die Ausgangsbehörde, sondern ein unabhängiges Gremium den Sachverhalt eigenständig bewertet. Diesem Schema folgen bspw. die Beschwerdeausschüsse in der europäischen Bankenaufsicht, die nicht nur weisungsunabhängig entscheiden, sondern auch ausschließlich aus Mitgliedern bestehen, die weder der Kommission

842 S. bspw. für Rheinland-Pfalz die Regelungen in § 7 Abs. 1 des Landesgesetzes zur Ausführung der Verwaltungsgerichtsordnung.

noch einer nationalen Bankenaufsichtsbehörde angehören.[843] Letztlich geht es hier um die Frage, inwieweit im europäischen Beihilferecht im Allgemeinen und in einem Widerspruchsverfahren im Speziellen überhaupt externe Einrichtungen oder Agenturen eingesetzt werden können.

Auch wenn Agenturen bereits in zahlreichen Politikbereichen der Europäischen Union eingesetzt sind, ist fraglich, ob ihre Einbindung im europäischen Beihilferecht überhaupt rechtlich zulässig wäre. Zunächst sollte deshalb, unabhängig von der rechtspolitischen Sinnhaftigkeit einer solchen Maßnahme, ein Blick auf den rechtlichen Rahmen bei der Delegation von Entscheidungsbefugnissen der Kommission gerichtet werden.

(1) Rechtliche Grundlagen

a. Die Urteile des Gerichtshofes in der Rechtssache „Meroni" und die „Leerverkaufsentscheidung"

Hinsichtlich der innerhalb der EU-Eigenverwaltung existierenden Agenturen ist zwischen Regulierungs- und Exekutivagenturen zu unterscheiden.[844] Exekutivagenturen kommt lediglich die Aufgabe zu, die Arbeit der Kommission zu unterstützen, wohingegen Regulierungsagenturen dauerhaft mit eigenen Sachaufgaben betraut werden und abschließende Entscheidungen treffen.[845] Da bei letzteren eine Übertragung der Entscheidungskompetenzen der Kommission stattfindet, hat der Gerichtshof bereits im Jahr 1958 in seinen „Meroni-Urteilen"[846] Leitlinien aufgestellt, in welchen Fällen eine solche Übertragung mit dem Unionsrecht vereinbar ist. Zunächst stellte der Gerichtshof fest, dass die übertragende Behörde nicht weitreichendere Befugnisse auf eine Agentur übertragen kann, als sie ihr selbst zustehen.[847] Zudem müssen die Befugnisse der Agentur klar und deutlich umgrenzt sein und von der übertragenden Behörde beaufsichtigt werden.[848] Die

---

843 S. z. B. Art. 58 Abs. 2 EBA-VO.

844 S. hierzu ausf. *Ruffert*, in: Calliess/Ruffert, EUV/AEUV, Art. 298 AEUV Rn. 3 ff.

845 *Ruffert*, in: Calliess/Ruffert, EUV/AEUV, Art. 298 AEUV Rn. 5, 9.

846 EuGH, Urteil v. 13.06.1958, Rs. C-9/56, „*Meroni/Hohe Behörde*", Slg. 1958, 11 („Meroni I"); EuGH, Urteil v. 13.06.1958, Rs. C-10/56, „*Meroni/Hohe Behörde*", Slg. 1958, 53 („Meroni II"). Ausf. zu diesen Urteilen und deren Folgerechtsprechung *Streckert*, Verwaltungsinterner Unionsrechtsschutz, S. 24 ff.

847 EuGH, Urteil v. 13.06.1958, Rs. C-9/56, „*Meroni/Hohe Behörde*", S. 40, Slg. 1958, 11 („Meroni I"); EuGH, Urteil v. 13.06.1958, Rs. C-10/56, „*Meroni/Hohe Behörde*", S. 79, Slg. 1958, 53 („Meroni II").

848 EuGH, Urteil v. 13.06.1958, Rs. C-10/56, „*Meroni/Hohe Behörde*", S. 81, Slg. 1958, 53 („Meroni II").

Übertragung von wirtschaftspolitischen Ermessensentscheidungen hingegen sei unzulässig, weil sie der betreffenden Agentur die Ausübung einer eigenen Wirtschaftspolitik ermögliche.[849] Zudem gehe mit der Übertragung einer Ermessensentscheidung auch die Verlagerung von Verantwortung einher.[850] Die Entscheidungen betrafen die Übertragung von Befugnissen der Hohen Behörde auf das Gemeinsame Büro der Schrottverbraucherund die Ausgleichskasse für eingeführten Schrott, beides private Einrichtungen.

Die in den Urteilen formulierten Voraussetzungen zur Übertragung von Befugnissen auf Agenturen trafen teilweise auf Zustimmung innerhalb der Literatur,[851] wurden aber auch vielfach kritisiert, da sie als zu eng angesehen wurden.[852] Kritisiert wurde im Rahmen der an den „Meroni-Urteilen“ angelehnten Ausgestaltung der jeweiligen Agenturbefugnisse die nicht hinreichende Berücksichtigung der Tatsache, dass die den damaligen Urteilen zugrunde gelegten Agenturen privatrechtlich organisiert waren.[853] Zudem wurde aufgrund der gestiegenen Kompetenzen der Europäischen Union und den sehr generellen Ausführungen des Gerichtshofes in den „Meroni-Urteilen“ eine Relativierung der dort aufgeführten Vorgaben und ein Ausschluss der Befugnisübertragung lediglich bei wirtschaftspolitischen Ermessensentscheidungen gefordert.[854] Verbunden waren diese Forderungen mit der Hoffnung auf dahin gehendes klarstellendes und die „Meroni-Grundsätze“ relativierendes Urteil des Gerichtshofes. Hingegen änderte die Rechtsprechung nichts an der

---

849 EuGH, Urteil v. 13.06.1958, Rs. C-10/56, „*Meroni/Hohe Behörde*“, S. 81, Slg. 1958, 53 („Meroni II“).

850 EuGH, Urteil v. 13.06.1958, Rs. C-10/56, „*Meroni/Hohe Behörde*“, S. 81, Slg. 1958, 53 („Meroni II“).

851 *Bieber/Epiney/Haag*, Die Europäische Union, 8. Aufl., § 4 Rn. 103; *Ehlermann*,EuR 1973, 193, 199 f.; *Weis*,EuR 1980, 273, 283; *Hatje*, in: Schwarze, EU-Kommentar, Art. 13 EUV Rn. 41.

852 *Kühling*, EuZW 2008, 129; *Winter*, EuR 2005, 255, 263; *Priebe*, Entscheidungsbefugnisse vertragsfremder Einrichtungen im Europäischen Gemeinschaftsrecht, S. 123; *M. Hilf*, Die Organisationsstruktur der Europäischen Gemeinschaften, S. 317 f.; *Nicolaysen*, Europarecht I, S. 210 f. bezweifelt, dass die engen Grenzen der „Meroni-Rechtsprechung“ noch aufrecht erhalten werden können; vgl. zum Streitstand ausf. *Calliess*, in: Calliess/Ruffert, EUV/AEUV, Art. 13 EUV Rn. 53 ff. sowie *Streckert*, Verwaltungsinterner Unionsrechtsschutz, S. 37 ff.

853 *Kühling*, EuZW 2008, 129; *M. Hilf*, Die Organisationsstruktur der Europäischen Gemeinschaften, S. 317 f.

854 *Kühling*, EuZW 2008, 129.

Tatsache, dass im Laufe der Jahre zahlreiche Regulierungsagenturen mit Befugnissen ausgestattet wurden.[855]

Erst in der „Leerverkaufsentscheidung“[856] der Großen Kammer nahm der Gerichtshof ausführlich zu seinen Leitlinien aus den „Meroni-Urteilen“ Stellung. Inhaltlich behandelte das Urteil die Befugnisse, die der Europäischen Wertpapier- und Marktaufsichtsbehörde (ESMA) durch die Verordnung Nr. 236/2012 übertragen worden waren. Der Gerichtshof hob in seinem Urteil hervor, dass die ESMA im Gegensatz zu den Einrichtungen, die Gegenstand der „Meroni-Urteile“ waren, eine von der Union geschaffene Einrichtung und kein privater Verband ist.[857] Zudem stellte er fest, dass im Gegensatz zur Übertragung von Befugnissen in der Rechtssache „Meroni“ die Befugnisse, die der ESMA durch Art. 28 der Verordnung 236/2012 übertragen wurden, an verschiedene Bedingungen und Voraussetzungen geknüpft sind, die alle kumulativ vorliegen müssen, bevor diese eine Entscheidung trifft.[858] Im Ergebnis erklärte der Gerichtshof die Übertragung der streitigen Befugnisse auf die ESMA mit den Kriterien, die er in den „Meroni-Urteilen“ aufgestellt hatte, für vereinbar. Auch wenn der ESMA Ermessensspielräume im Rahmen ihrer Entscheidung eröffnet werden, würden diese ausreichend durch zahlreiche Vorkehrungen in der Verordnung wie die Überprüfung aller Entscheidungen nach drei Monaten oder die Konsultation anderer Behörden begrenzt.[859]

Die „Leerverkaufsentscheidung“ wurde in der Literatur dahin gehend interpretiert, dass bei der Übertragung von Befugnissen auf EU-Einrichtungen weitere Handlungsspielräume existieren als bei der Übertragung auf private Einrichtungen.[860]

b. Stellungnahme

Eine Übertragung von Ermessensentscheidungen, die der Gerichtshof in seinen „Meroni-Urteilen“ noch abgelehnt hatte, scheint nun nach der „Leerverkaufsentscheidung“– unter engen Voraussetzungen – möglich. Zudem darf nicht außer

855 Umfassende Aufzählung bei *Ruffert*, in: Calliess/Ruffert, EUV/AEUV, Art. 298 AEUV Rn. 7.

856 EuGH, Urteil v. 22.01.2014, Rs. C-270/12, *„Vereinigtes Königreich Großbritannien und Nordirland/Europäisches Parlament“* = NJW 2014, 1359.

857 EuGH, Urteil v. 22.01.2014, Rs. C-270/12, *„Vereinigtes Königreich Großbritannien und Nordirland/Europäisches Parlament“*, Rn. 43 = NJW 2014, 1359, 1360.

858 EuGH, Urteil v. 22.01.2014, Rs. C-270/12, *„Vereinigtes Königreich Großbritannien und Nordirland/Europäisches Parlament“*, Rn. 45 ff. = NJW 2014, 1359, 1360.

859 EuGH, Urteil v. 22.01.2014, Rs. C-270/12, *„Vereinigtes Königreich Großbritannien und Nordirland/Europäisches Parlament“*, Rn. 50 = NJW 2014, 1359, 1360.

860 *Epiney*, NVwZ 2015, 704, 705.

Acht gelassen werden, dass die Errichtung von Agenturen im Politikbereich der Union durch den Vertrag von Lissabon in Art. 263 Abs. 5 AEUV selbst vorausgesetzt wird und nun somit eine rechtliche Grundlage findet.[861] Auch der Gerichtshof ging in der „Leerverkaufsentscheidung" davon aus, dass die Verträge die Übertragung von Zuständigkeiten auf Einrichtungen wie spezifische Agenturen voraussetzen, auch wenn keine explizite Regelung hierzu existiert.[862] Sieht man diese Feststellung in Zusammenhang mit den weniger restriktiven Aussagen der „Leerverkaufsentscheidung", kann festgehalten werden, dass die Übertragung von Befugnissen auf EU-Agenturen in weit umfangreicherem Maße möglich ist, als es im Anschluss an die „Meroni-Urteile" für möglich gehalten wurde.

Fraglich bleibt aber, wo die Grenze zu ziehen ist. Dem Gerichtshof standen in seiner „Leerverkaufsentscheidung" zwei Wege offen. Er konnte entweder feststellen, dass seine Leitlinien aus den „Meroni-Urteilen" nicht auf den vorliegenden Fall Anwendung finden, da es nicht um die Übertragung von Befugnissen auf private Einrichtungen, sondern auf öffentliche Einrichtungen der Union ging. Oder er hätte aufgrund dieses Unterschiedes seine Leitlinien aus den „Meroni-Urteilen" modifizieren und abändern können. Der Gerichtshof entschied sich wie oben dargestellt für den letztgenannten Weg. Er gab seine „Meroni-Rechtsprechung" in der „Leerverkaufsentscheidung" nicht auf, sondern bezog sich explizit auf diese und die dort aufgeführten Leitlinien, lockerte deren Voraussetzungen aber deutlich auf. Es stellt sich somit die Frage, was letztlich von den restriktiven Voraussetzungen aus den „Meroni-Urteilen" noch übrig bleibt. Dass Ermessensentscheidungen unter bestimmten Voraussetzungen – entgegen den Aussagen in den „Meroni-Urteilen" – auch an EU-Agenturen delegiert werden können, dürfte nun nach der „Leerverkaufsentscheidung" unstrittig sein. Auf eine Grundaussage aus seinen „Meroni-Urteilen" ging der Gerichtshof in der „Leerverkaufsentscheidung" aber nicht weiter ein, weil sie wohl auch nicht entscheidungserheblich war: Das Übertragungsverbot von Entscheidungsbefugnissen bei wirtschaftspolitischen Ermessensentscheidungen, die einen weiten Ermessensspielraum eröffnen.[863] Die Ausübung einer eigenen Wirtschaftspolitik soll Agenturen, soweit dies nicht ausdrücklich in den Verträgen vorgesehen ist, also nicht überlassen werden. Demnach ist

861 S. hierzu *Ruthig/Storr*, Öffentliches Wirtschaftsrecht, § 2 Rn. 182; *Priebe*, EuZW 2015, 268, 269 f.

862 EuGH, Urteil v. 22.01.2014, Rs. C-270/12, „*Vereinigtes Königreich Großbritannien und Nordirland/Europäisches Parlament*", Rn. 79 ff. = NJW 2014, 1359, 1361.

863 EuGH, Urteil v. 13.06.1958, Rs. C-10/56, „*Meroni/Hohe Behörde*", S. 81, Slg. 1958, 53 („Meroni II").

davon auszugehen, dass wirtschaftspolitische Ermessensentscheidungen nach wie vor nicht an Agenturen übertragen werden können.[864]

c. Konsequenzen für das Beihilferecht

Ausgehend von den genannten Rechtsrahmen für die Einrichtung von Agenturen in den verschiedenen Politikbereichen der Union erscheint deren Einbindung in das europäische Beihilfeverfahren, insbesondere aber auch in ein Widerspruchsverfahren, aus mehreren Gründen problematisch. Dies gilt sowohl für den Einsatz von Exekutiv- als auch Regulierungsagenturen.

Erstere dürften schon bereits für Maßnahmen im Beihilfeverfahren aus dem Anwendungsbereich der für die Gründung von Exekutivagenturen anwendbaren VO (EG) Nr. 58/2003[865] fallen. Nach deren Art. 3 Abs. 1 können Exekutivagenturen von der Kommission Aufgaben bei der Verwaltung von Gemeinschaftsprogrammen übertragen werden; in dem dahin gehenden Kommissionsbeschluss ist das Ende des Einsatzes der Agenturen festzulegen. Ihr Einsatz ist also gerade nur vorgesehen, um für einen gewissen Zeitraum punktuelle Unterstützungsmaßnahmen zu leisten.[866] Im Gegensatz dazu nehmen die Regulierungsagenturen dauerhaft und selbstständig bestimmte, ihnen übertragene Aufgaben wahr.[867] Im Beihilfeverfahren dürfte eine nur begrenzte Aufgabenübertragung kaum sinnvoll sein und mehr zur Verwirrung und Bürokratisierung, denn zur Entlastung der Kommission beitragen. Zudem wäre ihre Einrichtung auf Grundlage der VO (EG) Nr. 58/2003 nur bei der Durchführung von Unionsprogrammen zulässig, was die Anwendung im europäischen Beihilfeverfahren bereits in der Sache ausschließt.

Darüber hinaus dürfte auch kein praktisches Bedürfnis für deren Einrichtung bestehen. Zwar ist unbestritten, dass auf die Kommission in den vergangenen Jahren aufgrund des Anstieges der Notifizierungen ein Mehr an Arbeit zugekommen ist. Diese Arbeitsbelastung kann aber – wenn nötig – besser durch eine Einstellung weiterer Mitarbeiter kompensiert werden, als durch die Delegation bestimmter Aufgaben an eine Agentur, die nur Doppelstrukturen und Intransparenz schaffen würde.

---

864 So auch *Kühling*, EuZW 2008, 129; *Calliess*, in: Calliess/Ruffert, EUV/AEUV, Art. 13 EUV Rn. 57 sowie *Streckert*, Verwaltungsinterner Unionsrechtsschutz, S. 40.

865 Verordnung (EG) Nr. 58/2003 des Rates v. 19.12.2002 zur Festlegung des Statuts der Exekutivagenturen, die mit bestimmten Aufgaben bei der Verwaltung von Gemeinschaftsprogrammen beauftragt werden, ABl. v. 16.01.2003, L 11/1.

866 *Ruffert*, in: Calliess/Ruffert, EUV/AEUV, Art. 298 AEUV Rn. 9.

867 *Ruffert*, in: Calliess/Ruffert, EUV/AEUV, Art. 298 AEUV Rn. 9.

Hinsichtlich des Einsatzes von Regulierungsagenturen scheint es auch ausgehend von den genannten rechtlichen Vorgaben schwer vorstellbar, Befugnisse im Rahmen des Vorprüfungsverfahrens bzw. eines ihm nachgelagerten Widerspruchsverfahrens auf sie zu übertragen. Zwar sind zunächst Entscheidungen nach Art. 4 Abs. 2 VVO i.V.m. Art. 107 Abs. 1 AEUV und Art. 4 Abs. 3 VVO i.V.m. Art. 107 Abs. 2 AEUV nach dem Gesetzeswortlaut als gebundene Entscheidungen ausgestaltet, was auf den ersten Blick den Schluss zuließe, dass sie keinen Ermessensspielraum zulassen. Trotz gestiegener Anforderungen gewähren die Unionsgerichte aber auch in diesen Fällen der Kommission, wie bereits oben ausgeführt, einen weiten Beurteilungsspielraum. Zudem bleibt es der Kommission unbenommen, im Rahmen des Vorprüfungsverfahrens auch zu dem Ergebnis zu kommen, dass eine Beihilfe nach Art. 4 Abs. 3 VVO i.V.m. der Ausnahmevorschrift des Art. 107 Abs. 3 AEUV, die bereits nach ihrem Wortlaut als Ermessensvorschrift ausgestaltet ist, keinen Anlass zu Bedenken gibt, und somit eine Positiventscheidung zu erlassen.[868] Geht man von der genannten Prämisse aus, dass wirtschaftspolitische Ermessensentscheidungen nicht an Agenturen übertragen werden dürfen, so ist somit ausgeschlossen, dass eine Agentur darüber befinden soll, ob eine Beihilfe vorliegt oder eine solche als mit dem Binnenmarkt vereinbar angesehen werden kann. Aufgrund des weiten Beurteilungsspielraumes, in dessen Rahmen wirtschaftspolitische Erwägungen einfließen, würde eine Übertragung der Entscheidungsbefugnis die bereits genannte rechtliche Grenze überschreiten. Es ist zudem kaum denkbar, dass einer Agentur so detaillierte Vorgaben aufgegeben werden können, dass sie in jedem Einzelfall nach diesen Vorgaben entscheiden kann. Nach derzeitiger Gesetzeslage schließt dies eine Einschaltung von Agenturen im Beihilfeverfahren aus.

Die Einrichtung von Regulierungsagenturen im Beihilfeverfahren begegnet darüber hinaus auch rechtspolitischen Bedenken. Es gibt wohl kaum einen vergleichbaren Bereich, den die Kommission wie das Beihilferecht als Herzstück ihrer Arbeit ansieht. Das europäische Beihilfeverfahren findet seine Berechtigung in der Aufgabe der Europäischen Union als solche, die sich, als Wirtschaftsunion begonnen, der Gewährleistung eines gemeinsamen Binnenmarktes verschrieben hat. Ein solcher kann nur dann gewährleistet werden, wenn Wettbewerbsverzerrungen durch die einzelnen Mitgliedstaaten vermieden werden. Sieht man dies nun vor dem Hintergrund, dass die Union durch die Einschaltung von Agenturen insbesondere auch das Ziel zu verfolgen scheint, sich durch Aufgabendelegation mehr auf ihre politischen Kernfunktionen zu

---

868 *Bartosch*, EU-Beihilfenrecht, Art. 4 VVO Rn. 1.

konzentrieren,[869] schließt dies eine Einschaltung von Agenturen im Bereich des Beihilfeverfahrens, dessen Durchführung gerade zur Kernfunktion der Kommission zu zählen ist und welches stark von ihren wirtschaftspolitischen Entscheidungen geprägt ist, aus. Zudem darf nicht verkannt werden, dass die Einschaltung von Agenturen nicht nur die bürokratischen Strukturen in der Union weiter aufbläht, sondern auch – im Vergleich zu „in house" Lösungen – in der Regel höhere Verwaltungskosten mit sich bringt.[870]

Auch zwischen den Mitgliedstaaten wird neuerdings eine Trennung der Aufsichtsfunktion der Kommission über den Binnenmarkt auf der einen und der politischen Einflussnahme der Kommission auf die europäische Politik auf der anderen Seite diskutiert.[871] Dies ändert aber nichts an den rechtspolitischen Bedenken. Eine sachgerechte Trennung zwischen der Aufgabe der Kommission, als Aufsichtsbehörde über den Binnenmarkt und somit über die Einhaltung der Beihilferegeln zu fungieren und der oftmals im Rahmen ihres weiten Ermessens ausgeübten politischen Entscheidungskompetenz in diesem Bereich kann praktisch nicht umgesetzt werden. Beide Bereiche sind, nicht ohne Grund, so eng miteinander verknüpft, dass eine Trennung künstlich wirken und mehr Probleme als Vorteile mit sich bringen würde. Die Ausübung wirtschaftspolitischer Entscheidungsgewalt innerhalb der Beihilfeentscheidung ist systemnotwendig und deshalb unabdingbar.

Zuletzt würde aber auch die Einschaltung eines unabhängigen Gremiums, bei dem es sich um keine Agentur handelt, innerhalb des hier vorgeschlagenen Widerspruchsverfahrens rechtlichen Bedenken begegnen. Wie bereits oben ausgeführt, setzt Art. 109 Alt. 2 AEUV trotz der Gestaltungskompetenz, den er der Kommission zuspricht, rechtliche Grenzen. Er spricht nicht davon, dass das Verfahren nach Art. 108 Abs. 3 AEUV frei nach den Vorstellungen des Rates ausgestaltet werden kann, sondern nur „die Bedingungen für die Anwendung des Artikels 108 Absatz 3" festgelegt werden können. Die Ausgestaltung des Verfahrens in der VVO und die damit einhergehende Kodifikation der Verfahrensregelungen ist nämlich gleichsam Ersatz für die bisherige Rechtsfortbildung der

---

869 S. *Calliess*, in: Calliess/Ruffert, EUV/AEUV, Art. 13 EUV Rn. 32; *Kilb*, EuZW 2006, 268, 273.

870 *Kilb*, EuZW 2006, 268, 273.

871 S. hierzu die Anregungen des deutschen Bundesfinanzministers Wolfgang Schäuble, FAZ v. 29.07.2015, abrufbar unter http://www.faz.net/aktuell/wirtschaft/eurokrise/griechenland/griechenland-krise-schaeuble-will-eu-kommission-entmachten-13725683.html (letzter Zugriff: 08.09.2016).

Unionsgerichte in diesem Bereich.[872] Eine Delegation von Entscheidungsbefugnissen, die die Verträge nicht nur in Art. 108 Abs. 2 AEUV im förmlichen Prüfverfahren, sondern auch in Art. 108 Abs. 3 AEUV für das Vorprüfungsverfahren ausdrücklich der Kommission zusprechen, kann weder durch Rechtsfortbildung noch durch eine Verfahrensverordnung auf Grundlage des Art. 109 Alt. 2 AEUV umgesetzt werden, sondern ist so weitreichend, dass sie einer Änderung der Verträge gleichkäme.

Es stellt sich aber die Frage, inwieweit ein Gremium in das Widerspruchsverfahren eingebunden werden könnte, dem lediglich eine beratende Funktion zugesprochen wird. Zu denken wäre an einen administrativen Überprüfungsausschuss nach Vorbild des Art. 24 SSM-VO. Der Ausschuss könnte mit Experten außerhalb von Politik und Verwaltung besetzt werden, die der Kommission ihre Stellungnahme mit einem Entscheidungsentwurf übersenden. Die Kommission könnte dann als Widerspruchsbehörde abschließend entscheiden, ob sie diesem Entwurf folgt, oder aber eine andere Widerspruchsentscheidung erlässt, die auch die Zurückweisung des Widerspruches beinhalten kann. Da die abschließende Entscheidung hier nicht delegiert wird, gäbe es auch keinen Konflikt mit den Kriterien, die der Gerichtshof in den „Meroni-Urteilen" aufgestellt hat. Eine reine „in house" Lösung würde dementsprechend durch das unverbindliche Votum eines mit Experten besetzten Ausschusses flankiert und den Eindruck einer objektiven Entscheidungsfindung verstärken.

(2) Fazit und Lösungsvorschlag

Die Ausgestaltung eines Widerspruchsverfahrens im Vorprüfungsverfahren ist rechtlich möglich, darüber hinaus aber auch rechtspolitisch sinnvoll. Es könnte auch durch eine Änderung der VVO geregelt werden. Die Verträge lassen hingegen nicht zu, dass ein Gremium außerhalb der Kommission weisungsunabhängig über den Widerspruch abschließend entscheidet. Eine Einschaltung von Regulierungsagenturen und anderen weisungsfreien Gremien im europäischen Beihilfeverfahren ist, auch in einem Widerspruchsverfahren, somit derzeit ausgeschlossen. Die Delegation der abschließenden, bindenden Widerspruchsentscheidung an ein solches kommissionsfernes Gremium kann nur durch eine Änderung von Art. 108 Abs. 3 AEUV oder Art. 109 AEUV realisiert werden.

Die Sinnhaftigkeit eines solchen Widerspruchsverfahrens kann hingegen durchaus in Frage gestellt werden, wenn die gleichen Personen über den Widerspruch entscheiden, die auch die Ausgangsentscheidung getroffen haben. Diesem

872 *Cremer*, in: Calliess/Ruffert, EUV/AEUV, Art. 107 AEUV Rn. 3.

Problem kann zum einen dadurch begegnet werden, dass zunächst die für die Ausgangsentscheidung zuständige Abteilung und dort der zuständige Kommissionsmitarbeiter über den Widerspruch entscheidet.[873] Hilft dieser dem Widerspruch hingegen nicht ab, leitet er den Widerspruch an eine gesonderte Widerspruchsabteilung innerhalb der Kommission weiter, die nicht in das Ausgangsverfahren involviert war und unmittelbar dem Generaldirektor der „Generaldirektion für Wettbewerb" unterstellt ist. Dadurch könnte auch bei einer solchen „in house" Lösung dem Interesse des Widerspruchführers an einer unvoreingenommenen Überprüfung der Ausgangsentscheidung entsprochen werden. Verstärkt werden könnte der Eindruck einer objektiven Widerspruchsentscheidung dadurch, dass zunächst ein administrativer Überprüfungsausschuss, ähnlich wie im Bankenaufsichtsrecht in Art. 24 SSM-VO, über die Zulässigkeit des Widerspruches entscheidet und eine Empfehlung gegenüber der in der Kommission angesiedelten Widerspruchsbehörde abgibt, an die diese aber nicht gebunden ist. Dieser Überprüfungsausschuss könnte die Anhörung des Widerspruchsführers durchführen, den Sachverhalt somit weiter untersuchen und aufklären und dadurch auch die Widerspruchsbehörde innerhalb der Kommission entlasten. Dieser dürfte es hingegen als Letztentscheidungsgremium nicht verwehrt werden, den Sachverhalt ggf. weiter zu untersuchen und den Widerspruchsführer – ggf. nur zu bestimmten Aspekten – erneut anzuhören.

Zudem wurde dargestellt, dass die Verträge nur ein fakultatives Widerspruchsverfahren zulassen. Es bietet dem Widerspruchsführer somit eine wirtschaftlich günstigere Alternative zum Klageverfahren, mit der er die Entscheidung der Kommission nochmals überprüfen lassen und zudem seine Verfahrensrechte wahren und somit Einfluss auf die Verwaltungsentscheidung nehmen kann. Dies hat, wie dargestellt, auch Auswirkungen auf die Erfolgswahrscheinlichkeit eines sich anschließenden Gerichtsverfahrens, weil sich durch die Anhörung im Widerspruchsverfahren die Anforderungen an die Sorgfalts- und Untersuchungspflicht der Kommission erhöhen.

Da die abschließende Entscheidung darüber hinaus zwar nicht an einen Ausschuss delegiert werden kann, kann die Entscheidung der Widerspruchsbehörde zwar nicht die Akzeptanz erreichen wie diejenige eines unabhängigen, kommissionsfernen Gremiums. Demgegenüber erhöht sich die Wahrscheinlichkeit einer Klageerhebung, was die Entlastungsfunktion des Widerspruchsverfahrens für die Gerichte einschränkt. Durch die Zwischenschaltung eines administrativen

873 Für eine dahin gehende Abhilfemöglichkeit bei Widersprüchen gegen Entscheidungen der EU-Kommission auch *Streckert*, Verwaltungsinterner Unionsrechtsschutz, S. 130.

Überprüfungsausschusses wird der Anschein mangelnder Objektivität für den Bürger aber zumindest teilweise abgemildert. Des Weiteren wird der verwaltungsinterne Rechtsschutz weiter ausgebaut, den Widerspruchsführern womöglich ein kosten- und zeitintensives gerichtliches Verfahren erspart und der Kommission Gelegenheit zur Selbstkontrolle gegeben.

IV. Das Recht auf Anhörung der Drittbeteiligten im förmlichen Prüfverfahren

Im Folgenden wird weiter untersucht, ob die Drittbeteiligten, also die Beihilfeempfänger und deren Konkurrenten aus Art. 41 GrCh das Recht ableiten können, nicht nur zu Beginn der förmlichen Prüfphase eine Stellungnahme abzugeben, sondern darüber hinaus von der Kommission in der Weise „angehört" zu werden, dass ihnen die Möglichkeit eröffnet wird, mit dieser in einem direkten Dialog über das Beihilfeverfahren zu diskutieren. Im Anschluss wird das Problem der Behandlung verspäteter Stellungnahmen von Drittbeteiligten im förmlichen Prüfverfahren näher betrachtet.

1. Das Recht auf mündliche Anhörung der Drittbeteiligten im förmlichen Prüfverfahren

Betrachtet werden soll im Folgenden zunächst, ob Art. 41 Abs. 2 lit. a) GrCh den Beteiligten im förmlichen Prüfverfahren einen Anspruch auf eine *mündliche* Anhörung bei der Kommission vermittelt und dadurch eine streitige Erörterung des Sachverhaltes ermöglicht wird.[874] Im Anschluss wird diskutiert, ob den Drittbeteiligten das Recht zusteht, zu einem bestimmten Zeitpunkt im Verfahren sowie ggf. mehrfach während des Verfahrens Stellung zu nehmen.

Das Anhörungsrecht der Beteiligten und somit auch der Beihilfeempfänger und Konkurrenten (nicht nur der Beschwerdeführer) im förmlichen Prüfverfahren wird primärrechtlich in Art. 108 Abs. 2 AEUV und sekundärrechtlich in Art. 6 Abs. 1 S. 2 VVO geregelt. In Bezug auf die Reichweite dieses Rechtes ist Art. 108 Abs. 2 AEUV noch sehr offen formuliert, da er davon spricht, dass den Beteiligten eine Frist zur Äußerung gesetzt werden muss. Auch die englische Fassung („… after giving notice to the parties concerned to submit their comments…") lässt

874 Die Einführung einer mündlichen Anhörung sowie die Einführung eines Rechtes für die Beihilfeempfänger, Stellungnahmen der Mitgliedstaaten und anderer Drittbeteiligter zu erhalten und auf diese Stellungnahmen zu erwidern, fordern *Gambaro/ Mazzocchi*, CMLRev 2016, 385, 412.

Spielraum sowohl für eine mündliche als auch schriftliche Stellungnahme. Art. 6 Abs. 1 S. 2 VVO spricht hingegen deutlicher davon, dass die Beteiligten in der Eröffnungsentscheidung zu einer Stellungnahme aufgefordert werden. Aus dieser Formulierung wird geschlossen, dass die Beteiligten von sich aus aktiv werden müssen und ihnen keine weiteren Anhörungsrechte offen stehen.[875] Dies gilt selbst für den Beihilfeempfänger, der nach der Rechtsprechung der Unionsgerichte nicht gesondert zur Stellungnahme aufgefordert werden muss.[876] Ausgangspunkt der folgenden Überlegungen ist deshalb die Frage, ob die sekundärrechtliche Konkretisierung des Art. 108 Abs. 2 AEUV in Art. 6 Abs. 1 S. 2 VVO gegen Art. 41 Abs. 2 lit. a) GrCh verstößt.

Zu klären ist deshalb zunächst, ob eine mündliche Anhörung der Drittbeteiligten überhaupt vom Schutzbereich des Art. 41 Abs. 2 lit. a) GrCh umfasst ist. Dies wird in der Literatur wohl einhellig verneint.[877] Vielmehr umfasst das „Recht auf Anhörung" nur die Möglichkeit, der betreffenden Behörde den jeweiligen eigenen Standpunkt zum Verfahren darzulegen, garantiert aber keinen dialogischen Meinungsaustausch in Form eines Streitgespräches zwischen der EU-Behörde und dem Anzuhörenden.[878] Vom Schutzbereich umfasst ist auch nicht das Recht, zu einem bestimmten Zeitpunkt im Verfahren angehört zu werden; es muss lediglich gewährleistet werden, dass der Betroffene zu irgendeinem Zeitpunkt im Verfahren die Gelegenheit erhält, seinen Standpunkt zu den relevanten Aspekten darzulegen.[879]

Für das Beihilfeverfahren folgt daraus zunächst, dass die Drittbeteiligten im Regelfall keinen Anspruch darauf haben, im Verfahren, beispielsweise vor Abschluss des förmlichen Prüfverfahrens, erneut Stellung zu nehmen. Dies folgt auch aus dem Wortlaut des Art. 108 Abs. 2 UAbs. 1 AEUV, der lediglich davon spricht, dass die Beteiligten vor der Entscheidung der Kommission angehört werden müssen. Hingegen haben die Unionsgerichte für das Kartellverfahren entschieden, dass eine

875 *Bartosch*, EU-Beihilfenrecht, Art. 6 VVO Rn. 4.

876 EuGH, Urteil v. 24.09.2002, verb. Rs. C-74/00 u. a., *„Falck und Acciaierie di Bolzano/ Kommission"*, Rn. 83 f., Slg. 2002, I-7869.

877 *Magiera*, in: Meyer, GrCh, Art. 41 Rn. 12; *Koenig*, BRZ 2011, 74; *Fehling*, in: Terhechte, § 12 Rn. 33; *Nöhmer*, Das Recht auf Anhörung im europäischen Verwaltungsverfahren, S. 31; auch im englischen Recht umfasst das Recht auf Anhörung keine mündliche Anhörung, s. *Parpworth*, Constitutional & Administrative Law, para 13.65; *Riedel*, EuR-Beiheft 1995, 49, 57.

878 *Koenig*, BRZ 2011, 74.

879 S. für das Kartellverfahren EuGH, Urteil v. 29.10.1980, verb. Rs. C-209/78 u. a., *„Van Landewyck u. a./Kommission"*, Rn. 18, Slg. 1980, 3125.

erneute Anhörung dann notwendig wird, wenn die Kommission neue Beweismittel verwerten will, zu denen die Parteien und Dritten noch keine Stellung nehmen konnten.[880] Die dafür maßgeblichen Erwägungen sind aber dem Charakter des kontradiktorischen Verfahrens geschuldet und können auf das Beihilfeverfahren nicht unmittelbar übertragen werden.[881] Der Präsident des Gerichtes hatte deshalb zu Recht in der Rechtssache „Technische Glaswerke Ilmenau" festgestellt, dass den Beihilfeempfängern kein Recht zukomme, „sich zu allen im förmlichen Prüfverfahren aufgeworfenen potentiell wichtigen Punkten zu äußern."[882] Ansonsten würde den Beihilfeempfängern die Möglichkeit zur streitigen Erörterung des Sachverhaltes mit der Kommission eröffnet werden, die sich aber weder aus der VVO noch aus der Rechtsprechung des Gerichtshofes ableiten ließe.[883]

Hingegen hat der Präsident des Gerichtes auch darauf hingewiesen, dass unter gewissen Umständen ein Recht des Beihilfeempfängers bestehen kann, Stellungnahmen, die die Kommission ausdrücklich nach der Stellungnahme des Beihilfeempfängers von den Wettbewerbern eingefordert hat, übermittelt zu bekommen und auf diese zu antworten.[884] Nicht ganz deutlich wird, aus welcher rechtlichen Grundlage er diese Verpflichtung der Kommission ableitet. Auf der einen Seite wird im Beschluss der Wortlaut des Art. 41 Abs. 1 GrCh zitiert, auf der anderen Seite spricht der Präsident davon, dass ohne eine dahin gehende Verpflichtung der Kommission „die Gefahr einer erheblichen Verringerung der praktischen Wirksamkeit des Anspruchs eines Beihilfeempfängers auf rechtliches Gehör" bestehe.[885]

---

880 EuGH, Urteil v. 31.03.1993, verb. Rs. C-89/85 u. a., *„Ahlström u. a./Kommission"*, Rn. 138, Slg. 1993, I-1307; *de Bronett*, Kommentar zur VO 1/2003, Art. 27 Rn. 6.

881 Das Kartellverfahren ist in zwei unterschiedliche Abschnitte unterteilt: Zum einen dem Abschnitt der Voruntersuchung, und zum anderen dem kontradiktorischen Teil, der mit der Mitteilung der Beschwerdepunkte beginnt und mit einer abschließenden Entscheidung der Kommission endet, s. EuG, Urteil v. 08.07.2008, Rs. T-99/04, *„ACTreuhand AG/Kommission"*, Rn. 47, Slg. 2008, II-1501.

882 Beschluss des Präsidenten des Gerichtes v. 04.04.2002, Rs. T-198/01 R, *„Technische Glaswerke Ilmenau/Kommission"*, Rn. 84, Slg. 2002, II-2153; s. hierzu auch *Mestmäcker/Schweitzer*, Europäisches Wettbewerbsrecht, 2. A., § 45 Rn. 56.

883 Beschluss des Präsidenten des Gerichtes v. 04.04.2002, Rs. T-198/01 R, *„Technische Glaswerke Ilmenau/Kommission"*, Rn. 84, Slg. 2002, II-2153; vgl. hierzu auch *Nöhmer*, Das Recht auf Anhörung im europäischen Verwaltungsverfahren, S. 216 f.

884 Beschluss des Präsidenten des Gerichtes v. 04.04.2002, Rs. T-198/01 R, *„Technische Glaswerke Ilmenau/Kommission"*, Rn. 85, Slg. 2002, II-2153.

885 Beschluss des Präsidenten des Gerichtes v. 04.04.2002, Rs. T-198/01 R, *„Technische Glaswerke Ilmenau/Kommission"*, Rn. 85, Slg. 2002, II-2153.

Der Präsident des Gerichtshofes wies in der Rechtsmittelinstanz zunächst darauf hin, dass dieses Recht zur wiederholten Stellungnahme nicht generell, sondern nur in der speziellen Konstellation zugesprochen wurde, wenn die Kommission den Wettbewerber nach Stellungnahme des Beihilfeempfängers ausdrücklich zur Abgabe einer Stellungnahme auffordert.[886] Sodann stellte er zwar fest, dass sich eine solche Verpflichtung der Kommission weder aus der VVO, noch aus der Rechtsprechung ergebe, ließ eine Entscheidung über diese Frage aber ausdrücklich mangels Entscheidungsrelevanz offen.[887]

Es spricht vieles dafür, den Beihilfeempfängern ein solches Recht zur erneuten Stellungnahme in dieser besonderen Konstellation zuzusprechen. Interessant ist zunächst, dass der Präsident des Gerichtes ein solches Recht aus dem Anspruch auf rechtliches Gehör ableitet.[888] Dies unterstreicht die hier und in Teilen der Literatur vertretene These, dass sich auch Dritte, die nicht Adressat der Kommissionsentscheidung sind, auf dieses, in Art. 41 Abs. 2 lit. a) GrCh verbürgte Recht berufen können.[889] Hingegen ändert die Feststellung des Präsidenten des Gerichtes nichts daran, dass Art. 41 Abs. 2 lit. a) GrCh weder fordert, den Drittbeteiligten die Stellung als Verfahrensbeteiligte,[890] noch ihnen Anspruch auf streitige Erörterung mit der Kommission zuzuerkennen. Vielmehr wird der Anspruch auf rechtliches Gehör in dieser bestimmten Konstellation durch den allgemeinen Rechtsgrundsatz der „Waffengleichheit" überlagert, der sowohl im Rechtsstaatsprinzip als auch in Art. 41 GrCh eine Grundlage findet.[891] Dafür

886 Beschluss des Präsidenten des Gerichtshofes v. 18.10.2002, Rs. C-232/02 P, „*Kommission/Technische Glaswerke Ilmenau*", Rn. 74, Slg. 2002, I-8977.

887 Beschluss des Präsidenten des Gerichtshofes v. 18.10.2002, Rs. C-232/02 P, „*Kommission/Technische Glaswerke Ilmenau*", Rn. 76 f., Slg. 2002, I-8977.

888 Beschluss des Präsidenten des Gerichtes v. 04.04.2002, Rs. T-198/01 R, „*Technische Glaswerke Ilmenau/Kommission*", Rn. 85, Slg. 2002, II-2153.

889 Vgl. Kap. 4.I.4.a).

890 Die Einräumung einer solchen Verfahrensstellung mit allen daraus resultierenden Verfahrensrechten fordert für das förmliche Prüfverfahren hingegen *Nöhmer*, Das Recht auf Anhörung im europäischen Verwaltungsverfahren, S. 216 ff.

891 S. zum Grundsatz der Waffengleichheit EuG, Urteil v. 29.06.1995, Rs. T-30/91, „*Solvay/Kommission*", Rn. 83, Slg. 1995, II-1775; EuG, Urteil v. 27.09.2006, Rs. T-314/01, „*Avebe/Kommission*", Rn. 66, Slg. 2006, II-3085; *Nowak*, in: Terhechte, Verwaltungsrecht der Europäischen Union, § 14 Rn 45; der Rechtsgrundsatz ist eng mit dem Anspruch auf rechtliches Gehör verwandt, vgl. *Nowak*, in: *Terhechte*, Verwaltungsrecht der Europäischen Union, § 14 Rn 44; er könnte somit unmittelbar in Art. 41 Abs. 2 lit. a) GrCh, aber auch in Art 41 GrCh im Recht auf gerechte Verwaltung eine Grundlage finden, soweit man diesem Grundrecht die Funktion der Gewährleistung

spricht auch, dass der Präsident des Gerichtes in seinem Beschluss ausdrücklich auf den Wortlaut dieser Vorschrift abgestellt hat.[892] Zwar haben die Unionsgerichte diesen Grundsatz bislang nur bei kontradiktorischen Verfahren zur Anwendung gebracht.[893] Kontradiktorisch ist das Beihilfeverfahren hingegen nur im Verhältnis zwischen Kommission und Mitgliedstaat.[894] Dieses Beispiel zeigt aber, dass aufgrund der besonderen Betroffenheit von Wettbewerbern im Beihilfeverfahren der Grundsatz der Waffengleichheit unter gewissen Umständen auch gegenüber ihnen Anwendung finden muss, um Rechtsschutzlücken zu schließen. Anlass für eine solche Betrachtung bieten auch die Änderungen im Beihilfeverfahren durch die Verordnung Nr. 734/2013. Die Bilateralität des Beihilfeverfahrens als Verfahren zwischen Mitgliedstaat und Kommission ist insbesondere durch die mit dieser Verordnung neu geschaffenen Ermittlungsbefugnisse der Kommission gegenüber den Drittbeteiligten derart aufgeweicht worden, dass nun eine Grundlage für die Übertragung von Erwägungen für das Beihilfeverfahren geschaffen wurde, die bislang kontradiktorischen Verfahren vorbehalten waren.

Vor diesem Hintergrund verstößt weder Art. 6 Abs. 1 S. 2 VVO gegen Art 41 GrCh, noch entsteht ein primärrechtlicher Konflikt zwischen Art. 41 Abs. 2 lit. a) GrCh und Art. 108 Abs. 2 AEUV. Eine mündliche Anhörung sowie eine streitige Auseinandersetzung der Drittbeteiligten sind nicht vom Gewährleistungsgehalt dieses Grundrechtes umfasst. Zur effektiven Wahrnehmung ihres Rechtes auf Gehör ist es aber in Ausnahmefällen notwendig, durch eine primärrechtskonforme Auslegung des Art. 6 Abs. 1 S. 2 VVO den Drittbeteiligten Gelegenheit für eine weitere Stellungnahme während des Verfahrens einzuräumen.

---

eines fairen Verwaltungsverfahrens zuordnet, vgl. hierzu Kap. 4.I. Zur Frage, inwieweit Art. 41 GrCh die allgemeinen Rechtsgrundsätze und das Rechtsstaatsprinzip gewährleistet, s. ausf. *Classen*, Gute Verwaltung im Recht der Europäischen Union, S. 420 f.

892 Beschluss des Präsidenten des Gerichtes v. 04.04.2002, Rs. T-198/01 R, *„Technische Glaswerke Ilmenau/Kommission“*, Rn. 85, Slg. 2002, II-2153.

893 S. für das Kartellverfahren nach Mitteilung der Beschwerdepunkte im Verhältnis zwischen Kommission und beschuldigtem Unternehmen EuG, Urteil v. 29.06.1995, Rs. T-30/91, *„Solvay/Kommission“*, Rn. 83, Slg. 1995, II-1775; das Kartellverfahren ist hingegen kein kontradiktorisches Verfahren zwischen zwei Unternehmen, s. *Breit*, in: von der Groeben/Schwarze/Hatje, Europäisches Unionsrecht, Art. 7 KVO Rn. 48.

894 *Rusche*, in: Immenga/Mestmäcker, Wettbewerbsrecht, Band 3, Art. 108 AEUV Rn. 17.

2. Behandlung verspäteter Stellungnahmen im förmlichen Prüfverfahren

Nicht beantwortet wird damit aber die Frage, ob die Kommission stets verspätet eingehende oder ergänzende Stellungnahmen von Beteiligten schlicht ignorieren darf. Sollten diese Stellungnahmen neue Erkenntnisse liefern, die zu einer anderen Bewertung des Sachverhaltes durch die Kommission führen könnten, begegnet eine solche Praxis Bedenken in Bezug auf das Recht auf gute Verwaltung i.S.v. Art. 41 GrCh.

Ausgangspunkt der nun folgenden Überlegungen sind die Ausführungen des Generalanwaltes Mengozzi in der Rechtssache „Scott“, auf die bereits ausführlich eingegangen wurde. Dieser plädierte in seinem Schlussantrag dafür, verspätete Stellungnahmen dann zu berücksichtigen, wenn diese neuen Erkenntnisse enthalten und somit für die Bewertung des Sachverhaltes tatsächlich von Nutzen sind.[895] Einschränkend verlangte er jedoch, dass die Berücksichtigung der verspäteten Stellungnahmen zu keiner Verzögerung beim Erlass der endgültigen Entscheidung führen dürfe.[896] Abgeleitet wurde diese im Einzelfall zu beachtende Pflicht der Kommission aus dem Grundsatz der ordnungsgemäßen Verwaltung,[897] welcher nun ausdrücklich in Art. 41 GrCh kodifiziert ist.

Das Recht auf gute Verwaltung aus Art. 41 Abs. 1 GrCh vermittelt nicht nur subjektive Rechte des Einzelnen, die in weiten Teilen durch Art. 41 Abs. 2 GrCh konkretisiert werden. Es hat, wie bereits ausgeführt, auch einen objektiven Gewährleistungsgehalt, der die Funktionen des Verwaltungsverfahrens an sich in den Blick nimmt.[898] Eine gute Verwaltung muss somit auch gewährleisten, dass ein Verfahren effizient gestaltet wird, aber immer auch darauf ausgerichtet ist, die materiell „richtige“ Entscheidung zu treffen. Geht während der förmlichen Prüfphase nun eine verspätete Stellungnahme ein, so steht deren Berücksichtigung im Spannungsfeld zwischen Effizienz, materieller Gerechtigkeit und der Wahrnehmung möglicher subjektiver Rechtspositionen des Einzelnen. Die grundsätzliche Nichtberücksichtigung ergänzender Stellungnahmen ist, wie soeben ausgeführt, vor dem Hintergrund des subjektiven Rechtes auf Anhörung mit Art. 41 Abs. 2

895 EuGH v. 02.09.2010, Rs. C-290/07 P, *„Kommission/Scott“*, Schlussanträge v. 23.02. 2010, Rn. 64.

896 EuGH v. 02.09.2010, Rs. C-290/07 P, *„Kommission/Scott“*, Schlussanträge v. 23.02. 2010, Rn. 64.

897 EuGH v. 02.09.2010, Rs. C-290/07 P, *„Kommission/Scott“*, Schlussanträge v. 23.02. 2010, Rn. 63.

898 Vgl. Kap. 4.I.2.

lit. a) GrCh vereinbar, weil der Anspruch auf Anhörung durch die Abgabe einer (ersten) Stellungnahme erfüllt wurde.

Auch die Nichtberücksichtigung verspäteter Stellungnahmen ist nicht nur eindeutig mit den primärrechtlichen Vorgaben aus Art. 108 Abs. 2 AEUV vereinbar. Sie stellt zudem auch aus Gründen der Effektivität des Verfahrens und der Vermeidung von Verfahrensverzögerungen eine rechtmäßige Einschränkung von Art. 41 Abs. 2 lit. a) GrCh dar. Gehen nun nach Ablauf der Frist ergänzende oder verspätete Stellungnahmen bei der Kommission ein, deren Berücksichtigung keine Verzögerung des Verfahrens bedeuten würden und die neue Informationen für die Kommission beinhalten, wird dem Grundsatz der Erreichung materieller Gerechtigkeit und somit den Anforderungen an eine gute Verwaltung nicht ausreichend Rechnung getragen, wenn die Kommission aus rein formellen Gründen eine Berücksichtigung dieser Stellungnahmen verweigern dürfte.

Die Maßstäbe, die Generalanwalt Mengozzi für die Berücksichtigung verspäteter ergänzender Stellungnahmen aufgestellt hat, ermöglichen einen Ausgleich zwischen den genannten Grundsätzen und wahren die subjektiven Interessen der Beteiligten auf der einen und die Verfahrenseffektivität auf der anderen Seite. Eine Berücksichtigung verspäteter oder ergänzender Stellungnahmen wäre demnach dann möglich, wenn diese neue Erkenntnisse enthalten und durch die Berücksichtigung keine oder eine nur unwesentliche Verzögerung beim Erlass der endgültigen Entscheidung eintritt. Problematisch erscheint hingegen die Subsumtion dieser Vorgabe unter den derzeitigen Gesetzeswortlaut. Denkbar wäre, das Merkmal „Frist zur Äußerung" in Art. 108 Abs. 2 S. 1 AEUV bzw. „innerhalb einer Frist" in Art. 6 Abs. 1 S. 2 VVO einschränkend auszulegen. Für Art. 108 Abs. 2 S. 1 AEUV folgt dies aufgrund des primärrechtlichen Konflikts mit Art. 41 GrCh. Denn Konflikte zwischen den Grundrechten aus der Grundrechtecharta und den Regelungen in den Verträgen sind zunächst im Wege der praktischen Konkordanz zu lösen.[899] Für Art. 6 Abs. 1 S. 2 VVO folgt die primärrechtskonforme Auslegung aus dem Grundsatz des Vorranges des Primärrechtes. Die einschränkende Auslegung knüpft dabei an den Sinn und Zweck des Fristerfordernisses an. Denn dieses soll die Effektivität des Verfahrens sicherstellen, nicht jedoch verhindern, dass verspätete ergänzende Stellungnahmen, deren Berücksichtigung die Entscheidungsfindung der Kommission nicht verzögern, noch mit in die Entscheidung einbezogen werden.

Die genannten Erwägungen rechtfertigen auch eine entsprechende Pflicht der Kommission, unter gewissen Umständen verspätete oder ergänzende Stellung-

899 *Kizil*, JA 2011, 277, 279.

nahmen der Beschwerdeführer im Vorprüfungsverfahren zu berücksichtigen. Aufgrund der engen zeitlichen Vorgaben in diesem Verfahrensstadium kann dies aber nur in seltenen Ausnahmefällen erfolgen. Der Kommission muss hier ein größerer Beurteilungsspielraum bei der Frage eingeräumt werden, ob die neuen Informationen einen erneuten Erkenntnisgewinn liefern, insbesondere aber auch hinsichtlich der Angemessenheit einer weiteren Verzögerung des Verfahrens.

Um einen ersten Weg in die Rechtsquellen des Beihilferechtes zu finden, kann die Pflicht zur Berücksichtigung verspäteter oder ergänzender Stellungnahmen – als Ausfluss des Rechtes auf gute Verwaltung – und die genau umschriebenen Voraussetzungen für deren Berücksichtigung im Verhaltenskodex für die Durchführung vom Beihilfeverfahren Niederschlag finden. Denn wie dargestellt, ist diese Pflicht durch Auslegung des derzeitigen Primär- und Sekundärrechtes herzuleiten, sodass sie die bisherigen Rechte der Drittbeteiligten bzw. Pflichten der Kommission nicht erweitern. Es handelt sich vielmehr um eine jeweils konkrete Ausgestaltung der bislang verbürgten Rechte. Solche Ausgestaltungen und Konkretisierungen vorzunehmen, ist die derzeitige Funktion der Bekanntmachungen und Kodizes – gerade im europäischen Wettbewerbsrecht.[900]

3. Fazit und Stellungnahme

Die Vorschriften zur Anhörung der Drittbeteiligten im förmlichen Prüfverfahren sind mit dem Primärrecht zwar vereinbar, benötigen aber in gewissen Ausnahmefällen der Korrektur durch eine primärrechtskonforme Auslegung der sekundärrechtlichen Vorschriften. Diese Korrektur sollte aus Gründen der Rechtssicherheit und Transparenz Niederschlag im Verhaltenskodex für die Durchführung von Beihilfeverfahren finden.

Aus den genannten Ausnahmekonstellationen kann aber nicht ein primärrechtliches Erfordernis abgeleitet werden, den Drittbeteiligten im förmlichen Prüfverfahren fortan die Stellung als Verfahrensbeteiligte zuzuweisen. *Nöhmer* sieht hingegen einen Anspruch auf verfahrensrechtliche Gleichbehandlung der Drittbeteiligten mit den Mitgliedstaaten unmittelbar in Art. 108 Abs. 2 AEUV begründet, da der Wortlaut insofern nicht nach den einzelnen Beteiligten differenziere.[901] Diese Feststellung ist zwar zutreffend, greift aber letztlich zu kurz, weil die besondere Verfahrensstellung der Mitgliedstaaten gerade nicht ausschließlich

900 Vgl. Kap. 3.III.2.

901 *Nöhmer*, Das Recht auf Anhörung im europäischen Verwaltungsverfahren, S. 218. Zur Diskussion, den Drittbeteiligten bereits im Vorprüfungsverfahren die Stellung als Verfahrensbeteiligte zuzusprechen, vgl. Kap. 4.III.5.a).bb).

aus Art. 108 Abs. 2 AEUV herzuleiten ist, sondern in Art. 107 und 108 AEUV eine weitere primärrechtliche Anknüpfung findet. Zutreffend weist sie aber darauf hin, dass die Qualifizierung der Drittbeteiligten als reine Informationsquellen der Kommission rechtlich nicht tragbar ist, da sie deren Interesse an subjektivem administrativen Rechtsschutz völlig aus dem Blick nimmt.[902] Diesem Bedürfnis der Drittbeteiligten ist, wie gerade dargelegt, auch im förmlichen Prüfverfahren in bestimmten Konstellationen durch eine primärrechtskonforme Auslegung des Art. 6 Abs. 1 VVO Rechnung zu tragen. Dies schließt hingegen nicht aus, aus rechtspolitischen Gründen den Drittbeteiligten eine solche Verfahrensposition zuzugestehen, wobei auch an dieser Stelle wieder auf das Risiko einer Verfahrensverzögerung hinzuweisen ist.[903]

V. Anspruch der Drittbeteiligten auf Akteneinsicht im Vorprüfungsverfahren und im förmlichen Prüfverfahren

Zuletzt wird die Frage diskutiert, ob den Drittbeteiligten ein akzessorisches Akteneinsichtsrecht im Vorprüfungsverfahren und im förmlichen Prüfverfahren zuerkannt werden muss. Nach aktueller Gesetzeslage und Rechtsprechung steht ihnen in beiden Verfahrensabschnitten ein solches Akteneinsichtsrecht nicht zu.[904] Das gilt auch für die förmliche Prüfphase, in der die Drittbeteiligten eine Stellungnahme abgeben können.[905] Diese können sie derzeit nur auf Grundlage der – nicht umfassenden – Informationen erstellen, die die Kommission im Eröffnungsbeschluss veröffentlicht hat.[906]

Ausgehend von dieser Rechtslage sollen zunächst die rechtlichen Grundlagen des von der Rechtsprechung zuerkannten akzessorischen Akteneinsichtsrechtes der Hauptbetroffenen bzw. Entscheidungsadressaten dargestellt werden. Im Anschluss wird auf die Rechtsprechung zu den Akteneinsichtsrechten der Drittbeteiligten, insbesondere auf die Frage der Informationsrechte der Drittbeteiligten aus

---

902 *Nöhmer*, Das Recht auf Anhörung im europäischen Verwaltungsverfahren, S. 218 mit Verweis auf *Nowak*, DVBl. 2000, 20, 25.

903 Sollte dies in Betracht gezogen werden, so ist *Nöhmer* darin zuzustimmen, zumindest dem Beihilfeempfänger aufgrund seiner besonderen Betroffenheit die Verfahrensrechte eines Verfahrensbeteiligten zuzusprechen, s. *Nöhmer*, Das Recht auf Anhörung im europäischen Verwaltungsverfahren, S. 218.

904 S. hierzu ausf. *Nowak*, in: Behrens/Braun/Nowak, Europäisches Wettbewerbsrecht im Umbruch, 23, 48 f. sowie *Bartosch*, EuZW 2004, 43, 46 ff.

905 EuG v. 14.12.2000, Rs. T-613/97, „*Ufex u. a./Kommission*", Rn. 90, Slg. 2000, II-4055.

906 Zu diesem Problem ausf. *Koenig*, EWS 2011, Heft 10, Erste Seite.

der Transparenzverordnung und die entsprechende Entscheidung des Gerichtshofes in der Rechtssache „Technische Glaswerke Ilmenau" zu den Ausnahmeregelungen in der Transparenzverordnung eingegangen. Die Argumentation des Gerichtshofes wird dabei einer kritischen Würdigung unterzogen. Dem schließt sich eine Diskussion an, ob aus Art. 41 Abs. 2 lit. b) GrCh ein Akteneinsichtsrecht der Drittbeteiligten in den verschiedenen Verfahrensstadien des Beihilfeverfahrens hergeleitet werden kann. Zuletzt werden mögliche Akteneinsichtsrechte aus dem deutschen nationalen Recht dargestellt und es wird die Frage aufgeworfen, ob diese fehlende Akteneinsichtsrechte auf unionaler Ebene ausreichend kompensieren können.

1. Akteneinsichtsrecht der Haupt- und Drittbeteiligten

Aus den allgemeinen Rechtsgrundsätzen leiteten die Unionsgerichte nicht nur den Grundsatz her, dass jeder, bevor ihm gegenüber eine beschwerende Maßnahme ergeht, angehört werden muss.[907] Diesem Recht muss nach ständiger Rechtsprechung auch ein Akteneinsichtsrecht folgen, damit der Anspruch auf rechtliches Gehör auch effektiv durchgesetzt werden kann.[908] Dieses aus dem Primärrecht abgeleitete akzessorische Akteneinsichtsrecht tritt neben sekundärrechtliche Akteneinsichtsrechte, die sich in anderen Teilbereichen des europäischen Wettbewerbsrechtes finden.[909] Soweit sich hier der sachliche und persönliche Anwendungsbereich deckt, sind die sekundärrechtlichen Vorschriften rein deklaratorisch, da sie bereits vom primärrechtlichen Akteneinsichtsrecht umfasst sind.[910] Auf ein Akteneinsichtsrecht können sich somit im Beihilfeverfahren die Mitgliedstaaten als Verfahrensbeteiligte berufen.

Für Drittbeteiligte ist hingegen ein Akteneinsichtsrecht weder in der VVO vorgesehen, noch haben die Unionsgerichte es aus den allgemeinen Rechtsgrundsätzen abgeleitet.[911] Dies gilt zum einen für das Vorprüfungsverfahren, in dem

907 EuGH, Urteil v. 24.10.1996, Rs. C-32/95 P, „*Kommission/Lisrestal u.* a.", Rn. 21, Slg. 1996, I-5373; EuGH, Urteil v. 22.11.2012, Rs. C-277/11, „*M. M./Minister For Justice, Equality and Law Reform, Irland*", Rn. 87 = NVwZ 2013, 59, 60.

908 EuGH, Urteil v. 08.07.1999, Rs. C-51/92 P, „*Hercules Chemicals/Kommission*", Rn. 75 f., Slg. 1999, I-4235 mwN; EuG, Urteil v. 11.07.2007, Rs. T- 170/06, „*Alrosa Company/Kommission*", Rn. 197, Slg. 2007, II-2601.

909 S. hier z. B. Art. 18 Abs. 3 S. 3 FKVO, Art. 8 S. 1 VO Nr. 773/2004; vgl. auch Kap. 3.III.1.

910 *Nowak*, in: Terhechte, Verwaltungsrecht der Europäischen Union, § 14 Rn. 40.

911 Für eine Ableitung eines solchen, auf nicht vertrauliche Informationen beschränkten Akteneinsichtrechtes des Beschwerdeführers aus dem Grundsatz des fairen Verwaltungsverfahrens aber *Wagner*, Die Stellung des Wettbewerbers im Beihilfen-

auch, wie dargelegt, den Konkurrenten und Beschwerdeführern bislang kein Anhörungsrecht zuerkannt wird. Zum anderen gilt es aber auch für die förmliche Prüfphase, in der die Drittbeteiligten ein Recht auf Stellungnahme haben.[912] Wie bereits dargestellt, beinhalten hingegen die Verfahrensverordnungen im Kartell- und Fusionsrecht für Drittbeteiligte, insbesondere für Beschwerdeführer, wenn auch beschränkte Akteneinsichtsrechte.

2. Anspruch der Drittbeteiligten auf Akteneinsicht

a) Anspruch aus der Transparenzverordnung

aa) Die Rechtssache „Technische Glaswerke Ilmenau“

Wie bereits zu Anfang dargestellt, hatte das Gericht in der Rechtssache „Technische Glasewerke Ilmenau“[913] den Versuch unternommen, das dem Beihilfeempfänger aus der VVO verwehrte Akteneinsichtsrecht durch ein Recht auf Dokumentenzugang aus der TransparenzVO zu kompensieren. Dem allgemeinen Dokumentenzugangsanspruch aus Art. 2 TransparenzVO hatte die Kommission den Ausschlussgrund in Art. 4 Abs. 2 Spiegelstrich 3 TransparenzVO, Schutz des Zwecks von Inspektions-, Untersuchungs- und Audittätigkeiten, entgegengehalten. In ihrem ablehnenden Schreiben auf das Gesuch der Klägerin hatte sie mitgeteilt: „Nach Prüfung Ihres Antrags muss ich leider die Ablehnung der GD Wettbewerb bestätigen, da durch eine Verbreitung dieser Dokumente der Schutz des Zwecks von Inspektions- und Untersuchungstätigkeiten beeinträchtigt werden könnte. Diese Ausnahme zum Recht auf Zugang zu Dokumenten ist ausdrücklich in Artikel 4 II dritter Anstrich der Verordnung Nr. 1049/2001 vorgesehen.

Im Rahmen der laufenden Untersuchungen über die Vereinbarkeit einer staatlichen Beihilfe mit dem Gemeinsamen Markt sind eine loyale Zusammenarbeit und gegenseitiges Vertrauen zwischen der Kommission, dem Mitgliedstaat und den betreffenden Unternehmen unverzichtbar, damit sich die Parteien frei äußern können. Eine Verbreitung der Dokumente könnte diesen Dialog stören und somit die Prüfung der Beschwerde beeinträchtigen.

---

aufsichtsverfahren der Europäischen Gemeinschaft, S. 68. Kritisch zum fehlenden Akteneinsichtsrecht *Nehl*, Europäisches Verwaltungsverfahren und Gemeinschaftsverfassung, S. 257 f. sowie *Kahl*, DVBl. 2012, 602, 604.

912 EuG v. 14.12.2000, Rs. T-613/97, *„Ufex u. a./Kommission“*, Rn. 90, Slg. 2000, II-4055; vgl. auch *Bungenberg*, in: Birnstiel/Bungenberg/Heinrich, Europäisches Beihilfenrecht, Kap. 2 Rn. 25.

913 EuG v. 14.12.2006, Rs. T-237/02, *„Technische Glaswerke Ilmenau/Kommission“*, Slg. 2006, II-5131.

Darüber hinaus könnte der Zugang zu den gewünschten Dokumenten eine schwere Beeinträchtigung der geschäftlichen Interessen der Schott Glas darstellen, da in der Voranmeldung eine ausführliche Projektbeschreibung enthalten ist. Die geschäftlichen Interessen werden durch eine Ausnahme zum Recht auf Zugang zu Dokumenten in Artikel 4 II der genannten Verordnung ausdrücklich geschützt. Weiterhin wurde die Möglichkeit geprüft, die nicht den Ausnahmen unterliegenden Teile der angeforderten Dokumente freizugeben. Es hat sich jedoch ergeben, dass diese Dokumente nicht in vertrauliche und nicht vertrauliche Teile getrennt werden können. Im vorliegenden Fall besteht auch kein überwiegendes öffentliches Interesse, das eine Verbreitung der betreffenden Dokumente rechtfertigen könnte."[914]

Das Gericht folgte dieser Begründung nicht und stütze sich in seinem Urteil auf zwei zentrale Erwägungen:

Zum einen müsse die Ausnahmevorschrift für jedes einzelne Dokument geprüft und konkret dargelegt werden, ob der Zugang zu dem Dokument tatsächlich das geschützte Interesse verletzten kann, wobei eine rein hypothetische Verletzung nicht ausreiche, sondern die Gefahr der Beeinträchtigung absehbar sein müsse.[915] Hinsichtlich der Prüfung jedes Dokumentes stützte sich das Gericht auf den Wortlaut des Art. 4 Abs. 1 TransparenzVO, der von „Zugang zu einem Dokument" spricht.[916] Nur dadurch könne zudem das Unionsorgan überhaupt die rechtliche Vorgabe erfüllen zu prüfen, ob eine teilweise Freigabe des Dokumentes nach Art. 4 Abs. 6 möglich sei.[917] An einer solchen konkreten Prüfung jedes Dokumentes mangele es hingegen.

Zum anderen könne eine Ausnahme von der individuellen und konkreten Prüfung jedes einzelnen Dokumentes nur dann in Betracht kommen, wenn „auf Grund der besonderen Umstände des betreffenden Falles offenkundig ist, dass der Zugang zu verweigern oder im Gegenteil zu gewähren ist".[918] Zwar hatte die Kom-

---

914 Zitiert im Urteil des EuG v. 14.12.2006, Rs. T-237/02, *„Technische Glaswerke Ilmenau/Kommission"*, Rn. 12, Slg. 2006, II-5131.

915 EuG, Urteil v. 14.12.2006, Rs. T-237/02, *„Technische Glaswerke Ilmenau/Kommission"*, Rn. 77 f., Slg. 2006, II-5131; zustimmend *Lessenich*, in: Schröter/Jakob/Klotz/Mederer, Europäisches Wettbewerbsrecht, Art. 108 AEUV Rn. 94.

916 EuG, Urteil v. 14.12.2006, Rs. T-237/02, *„Technische Glaswerke Ilmenau/Kommission"*, Rn. 78, Slg. 2006, II-5131.

917 EuG, Urteil v. 14.12.2006, Rs. T-237/02, *„Technische Glaswerke Ilmenau/Kommission"*, Rn. 79, Slg. 2006, II-5131.

918 EuG, Urteil v. 14.12.2006, Rs. T-237/02, *„Technische Glaswerke Ilmenau/Kommission"*, Rn. 86, Slg. 2006, II-5131.

mission im Verfahren vorgetragen, dass für das laufende Beihilfeverfahren eine vertrauensvolle und loyale Zusammenarbeit zwischen Kommission, Mitgliedstaat und den betroffenen Unternehmen unabdingbar sei und gestört werde, wenn die Parteien sich in ihren Äußerungen dadurch gehemmt fühlen könnten, dass die das Verfahren betreffenden Dokumente öffentlich würden.[919] Dieses Argument lehnte das Gericht u. a. mit der Feststellung ab, dass es paradox erscheine, zum einen auf eine vertrauensvolle Zusammenarbeit mit den betreffenden Unternehmen zu verweisen, diesen zum anderen aber die relevanten Verfahrensdokumente vorenthalten zu wollen.[920]

Im Rahmen des von der Kommission angestrengten Rechtsmittelverfahrens schloss sich auch Generalanwalt Kokott der Rechtsauffassung des Gerichtes an und beantragte die Zurückweisung des Rechtsmittels. Dem von der Kommission vorgebrachten Argument hoher Arbeitsbelastung bei der Überprüfung jedes einzelnen Dokumentes trat der Generalanwalt mit dem Hinweis entgegen, dass durch Art. 42 GrCh den Unionsorganen mittlerweile weitreichende Pflichten in Bezug auf die Herausgabe von Dokumenten zugewiesen seien, die sie zu erfüllen hätten.[921] Auch das in der Rechtsmittelinstanz von der Kommission vorgebrachte Argument, dass die Stellung der Klägerin im Rahmen des Beihilfeverfahrens Auswirkungen auf die Auslegung der Ausnahmetatbestände in der TransparenzVO haben müsse, folgte der Generalanwalt nicht.[922] Die Rechte der Beteiligten des Beihilfeverfahrens und derjenigen aus der TransparenzVO seien aufgrund ihrer verschiedenen Ziele unabhängig voneinander und somit getrennt zu betrachten.[923] Denn die Akteneinsichtsrechte im Beihilfeverfahren seien als Verteidigungsrechte ausgestaltet, wohingegen die Rechte aus der TransparenzVO darauf abzielten, den Bürger über das Handeln der Verwaltung aufzuklären, damit er dieses beurteilen und kritisieren könne.[924]

---

919 EuG, Urteil v. 14.12.2006, Rs. T-237/02, „*Technische Glaswerke Ilmenau/Kommission*", Rn. 88, Slg. 2006, II-5131.

920 EuG, Urteil v. 14.12.2006, Rs. T-237/02, „*Technische Glaswerke Ilmenau/Kommission*", Rn. 92, Slg. 2006, II-5131.

921 Schlussantrag des Generalanwalts v. 08.09.2009 in der Rs. C-139/07 „*Kommission/Technische Glaswerke Ilmenau*", Rn. 64.

922 Schlussantrag des Generalanwalts v. 08.09.2009 in der Rs. C-139/07 „*Kommission/Technische Glaswerke Ilmenau*", Rn. 88 ff.

923 Schlussantrag des Generalanwalts v. 08.09.2009 in der Rs. C-139/07 „*Kommission/Technische Glaswerke Ilmenau*", Rn. 93 ff.

924 Schlussantrag des Generalanwalts v. 08.09.2009 in der Rs. C-139/07 „*Kommission/Technische Glaswerke Ilmenau*", Rn. 97.

In seiner relativ kurz gehaltenen Entscheidung lehnte der Gerichtshof diese Erwägungen hingegen ab und hob das Urteil des Gerichtes auf.[925] Die Nichtberücksichtigung der Verfahrensstellung der Drittbeteiligten im Beihilfeverfahren im Rahmen der Auslegung der Ausnahmetatbestände in der TransparenzVO befand der Gerichtshof als fehlerhaft.[926] Dazu führte er aus: „Zwar unterscheiden sich das Recht auf Einsicht in die Verwaltungsakte im Rahmen eines gemäß Art. 88 Abs. 2 EG eröffneten Kontrollverfahrens und das Recht auf Zugang zu Dokumenten aufgrund der Verordnung Nr. 1049/2001 rechtlich, doch führen sie gleichwohl in funktionaler Hinsicht zu einer vergleichbaren Situation. Denn unabhängig von der Rechtsgrundlage, auf der sie gewährt wird, ermöglicht die Akteneinsicht den Beteiligten, sämtliche bei der Kommission eingereichten Erklärungen und Dokumente zu erhalten und gegebenenfalls in ihren eigenen Erklärungen hierzu Stellung zu nehmen, was den Charakter eines solchen Verfahrens verändern kann."[927]

bb) Stellungnahme

Das Urteil des Gerichtshofes kann nicht überzeugen. Dies schon deshalb nicht, weil es mit keinem Wort auf die zahlreichen Argumente des Gerichtes und des Generalanwaltes eingeht. Generalanwalt Kokott war in seinem Schlussantrag sehr ausführlich der Frage nachgegangen, inwieweit die Rechte der Beteiligten im Beihilfeverfahren mit denen der TransparenzVO zusammenhängen. Insbesondere auf die verschiedenen Ziele der jeweiligen Rechtsregime ging der Gerichtshof jedoch mit keinem Wort ein. Seine Ausführungen zu der funktionalen Vergleichbarkeit stellt eine reine Feststellung, hingegen keine juristische Argumentation dar. Denn der Gerichtshof bleibt die Antwort auf die Frage schuldig, ob diese funktional vergleichbare Situation nicht vom Sinn und Zweck der TransparenzVO gedeckt ist. Kann es Sinn und Zweck einer TransparenzVO sein – einer Verordnung, die merklich darauf abzielt, Verfahrensabläufe für den Bürger offen zu legen und damit die Akzeptanz der Arbeit der Unionsorgane gegenüber dem Bürger zu stärken –, Dokumente von sämtlichen Verhandlungen zwischen der Kommission und Mitgliedstaaten vom Anspruchsteller fern zu halten? Gerade diese, fern der Öffentlichkeit hinter verschlossenen Türen geführten Verhandlungen sind doch

---

925 EuGH v. 29.06.2010, Rs. C-139/07, *„Kommission/Technische Glaswerke Ilmenau"*, Slg. 2010, I-5885; vgl. auch Kap. 1.II.3.c).cc).(3).

926 EuGH v. 29.06.2010, Rs. C-139/07, *„Kommission/Technische Glaswerke Ilmenau"*, Rn. 53 ff., Slg. 2010, I-5885.

927 EuGH v. 29.06.2010, Rs. C-139/07, *„Kommission/Technische Glaswerke Ilmenau"*, Rn. 59, Slg. 2010, I-5885.

der Grund, warum das Vertrauen in die staatlichen Institutionen seit Jahren sinkt und nicht nur viele Mitgliedstaaten, sondern auch die Union selbst mit neuen Transparenzvorschriften dieser Entwicklung entgegenwirken wollen.

Der Gerichtshof hat hier die Chance verpasst, seine Rechtsprechung zu den Akteneinsichtsrechten der Drittbeteiligten im Beihilfeverfahren kritisch zu würdigen. Vielmehr gewinnt man den Eindruck, dass sich der Gerichtshof von dem Grundsatz leiten ließ, dass „nicht sein kann, was nicht sein darf".[928] Seine Begründung lässt letztlich nur den Schluss zu, dass er eine Konterkarierung seiner Rechtsprechung zu den Verfahrensrechten der Drittbeteiligten durch das Gericht verhindern wollte. Dabei hätte Art. 41 GrCh, auf dessen Bedeutung auch der Generalanwalt in seinem Schlussantrag verwiesen hatte und auf den sogleich noch intensiv eingegangen wird, für seine Rechtsprechung einen neuen Impuls geben können.

b) Anspruch aus Art. 41 Abs. 2 lit. b) GrCh

Art. 41 Abs. 2 lit. b) GrCh sichert jeder Person das Recht zu, Zugang zu den sie betreffenden Akten zu erhalten. Dieser Anspruch wird durch das berechtigte Interesse der Vertraulichkeit sowie des Berufs- und Geschäftsgeheimnisses eingeschränkt. Wie bereits oben dargestellt, fallen auch die Drittbeteiligten im Beihilfeverfahren unter den Schutzbereich des Grundrechtes. Wie auch die anderen Grundrechte in Art. 41 GrCh, unterliegt das Recht auf Akteneinsicht der allgemeinen Schrankenregelung des Art. 52 Abs. 1 GrCh. Qualifizierend tritt aber hinzu, dass Art. 41 Abs. 2 lit. b) GrCh nur eingeschränkt werden darf, wenn dem Akteneinsichtsrecht das „legitime Interesse der Vertraulichkeit sowie des Berufs- oder Geschäftsgeheimnisses" entgegensteht. Ob diesder Fall ist, muss in jedem Einzelfall durch Abwägung festgestellt werden.[929] Bei Berufs- und Geschäftsgeheimnissen handelt es sich um jede Tatsache, „die im Zusammenhang mit einem Geschäftsbetrieb steht, nicht offenkundig ist und nach dem bekundeten oder sonst erkennbaren Willen des Unternehmens geheimgehalten werden soll, sofern ein berechtigtes Geheimhaltungsinteresse besteht."[930] Vertrauliche Unterlagen sind insbesondere solche, bei denen ausdrücklich um eine vertrauliche Behandlung ersucht wird.[931]

---

928 *Morgenstern*, Die unmögliche Tatsache, abrufbar unter http://gutenberg.spiegel.de/buch/christian-morgenstern-gedichte-9419/75 (letzter Zugriff: 20.01.2018).

929 EuGH, Urteil v. 07.01.2004, verb. Rs. C-204/00 P u. a., „*Aalborg Portland u. a./Kommission*", Rn. 68 ff., Slg. 2004, I-123; *Voet von Vormizeele*, in: Schwarze, EU-Kommentar, Art. 41 GrCh Rn. 9.

930 *Pfeffer*, Das Recht auf eine gute Verwaltung, S. 160; s. auch *Gassner*, DVBl. 1995, 16, 21.

931 *Pfeffer*, Das Recht auf eine gute Verwaltung, S. 161 mit Einzelfallbeispielen.

Da die Verfahrensverordnung den Drittbeteiligten kein Akteneinsichtsrecht zuspricht, wird das Grundrecht komplett versagt. Auch dieser Eingriff müsste gerechtfertigt, insbesondere verhältnismäßig sein.

aa) Legitimes Ziel

Mit der Versagung eines Akteneinsichtsrechtes wird insbesondere in Hinblick auf die Konkurrenten der Beihilfeempfänger das Ziel verfolgt, die berechtigten Interessen der Beihilfeempfänger, speziell deren Interesse an dem Schutz ihrer Geschäftsgeheimnisse, zu wahren. Mag dies in Hinblick auf die Konkurrenten nachvollziehbar und dementsprechend als legitimes Ziel anzunehmen sein, ist eine völlige Versagung eines Akteneinsichtsrechtes für die Empfänger der Beihilfe aus Gründen des Geheimnisschutzes bereits in der Sache nicht nachvollziehbar. In der förmlichen Prüfphase wird ihnen, wie allen übrigen Beteiligten, ein Recht zur Stellungnahme zugestanden. Wollen sie für dessen effektive Ausübung Einsicht in die Verfahrensakten, insbesondere in die Stellungnahmen der Mitgliedstaaten nehmen, besteht kein nachvollziehbarer Grund, ihnen diese Einsicht zu verweigern. Es können in den Akten keinerlei Informationen enthalten sein, die gegenüber den Beihilfeempfängern geheim gehalten werden müssen, vielmehr betreffen sie, wenn überhaupt, nur ihre eigenen Geschäftsgeheimnisse.

In Betracht kommt ihnen gegenüber demnach nur das Ziel, ihnen im Interesse der Vertraulichkeit ein Akteneinsichtsrecht zu versagen. Diese Schranke bezieht sich neben dem Interesse einzelner Personen auch auf die Interessen der Mitgliedstaaten und der Kommission.[932] Eine Versagung kommt insbesondere dann in Betracht, wenn Unterlagen verlangt werden, die den internen Entscheidungsprozess betreffen.[933] Die Kommission hat in der Rechtssache „Technische Glaswerke Ilmenau" explizit darauf hingewiesen, dass auch durch ein Akteneinsichtsrecht der Beihilfeempfänger das Vertrauensverhältnis zwischen den Beteiligten nachhaltig gestört und somit der Entscheidungsfindungsprozess behindert werden würde.[934] Inwieweit dieser Einwand im Ergebnis durchgreifen kann, ist eine Frage der Angemessenheit der Grundrechtseinschränkung. Ein legitimes Ziel kann aber zunächst auf dieser Grundlage angenommen werden,

---

932 *Jarass*, GrCh, Art. 41 Rn. 26.

933 EuG, Urteil v. 20.04.1999, Rs. T- 305/94, „*Maatschappij/Kommission*", Rn. 1015, Slg. 1999, II-931; *Jarass*, GrCh, Art. 41 Rn. 26.

934 S. Ausführungen der Kommission im Urteil des EuG v. 14.12.2006, Rs. T-237/02, „*Technische Glaswerke Ilmenau/Kommission*", Rn. 12, Slg. 2006, II-5131.

da durch die Versagung eines Akteneinsichtsrechtes auch kein Einblick in die Unterlagen ermöglicht wird, die den Entscheidungsfindungsprozess der Kommission betreffen.

bb) Erforderlichkeit und Angemessenheit

Die Versagung eines Akteneinsichtsrechtes müsste auch erforderlich und angemessen sein. Erforderlich ist eine Maßnahme, wenn von mehreren zur Auswahl stehenden Maßnahmen die am wenigsten belastende gewählt wird.[935] Zudem muss die Maßnahme „in angemessenem Verhältnis zu den angestrebten Zielen stehen."[936]

(1) Konkurrenten und Beschwerdeführer

In Hinblick auf die Konkurrenten steht außer Frage, dass ihnen kein umfassendes Akteneinsichtsrecht gewährt werden kann. Das Interesse der Beihilfeempfänger am Schutz ihrer Betriebsgeheimnisse muss hier Vorrang eingeräumt werden. Zu groß ist das Risiko, dass Konkurrenten die Beteiligung an einem Beihilfeverfahren nutzen, um an wirtschaftlich brisante Unterlagen der Beihilfeempfänger zu gelangen. Es stellt sich an dieser Stelle jedoch die Frage, ob die völlige Verwehrung eines Dokumentenzugangs erforderlich ist, um die Interessen der Beihilfeempfänger zu schützen.

Als milderes Mittel käme in Betracht, die Dokumente darauf zu prüfen, inwieweit sie Geschäftsgeheimnisse beinhalten und eine Fassung anzufertigen, die die berechtigten Geheimnisinteressen der Beihilfeempfänger berücksichtigt. In einem wettbewerbsrechtlichen Verfahren hatte auch das Gericht auf diese Möglichkeit hingewiesen: „Daher hätte die Kommission eine nichtvertrauliche Fassung der betreffenden Schriftstücke anfertigen oder anfertigen lassen oder, wenn dies zu schwierig gewesen wäre, ein hinreichend genaues Verzeichnis der betreffenden Schriftstücke erstellen können, um das Unternehmen in die Lage zu versetzen, in Kenntnis der Sachlage zu entscheiden, ob die angeführten Schriftstücke für seine Verteidigung von Bedeutung sein könnten".[937] Bislang hat die Kommission aber nicht erkennen lassen, dass sie diese Möglichkeiten

---

935 EuGH, Urteil v. 11.07.1989, Rs. C-265/87, *„Schräder/Hauptzollamt Gronau"*, Rn. 21, Slg. 1989, 2263.

936 EuGH, Urteil v. 11.07.1989, Rs. C-265/87, *„Schräder/Hauptzollamt Gronau"*, Rn. 21, Slg. 1989, 2263.

937 EuG, Urteil v. 20.04.1999, Rs. T- 305/94, *„Maatschappij/Kommission"*, Rn. 1017, Slg. 1999, II-931 mwN; s. zu dieser Rechtsprechung auch *Classen*, Gute Verwaltung im Recht der Europäischen Union, S. 312 ff.

im laufenden Beihilfeverfahren in Betracht gezogen oder aus bestimmten Gründen verworfen hat. Dass sie hierzu aber grundsätzlich durchaus in der Lage ist, bestätigt ihr Verhalten in der Rechtssache „Navigazione Libera del Golfo Srl“[938]. Hier hatte sie dem Konkurrenten des Beihilfeempfängers nach Art. 24 Abs. 1 S. 2 VVO eine Kopie der nicht-vertraulichen Genehmigungsentscheidung zugesendet, in der sie aber die Geschäftsgeheimnisse geschwärzt hatte. Einen Antrag auf Erhalt der vollständigen Entscheidung stützte der Konkurrent auf die TransparenzVO. Dies lehnte die Kommission mit Verweis auf den Ausschlussgrund des Art. 4 Abs. 2 Spiegelstrich 1 TransparenzVO ab, der den Schutz geschäftlicher Interessen vorsieht.[939] Dabei stütze die Kommission sich jedoch nicht, wie in der Rechtssache „Technische Glaswerke Ilmenau“, auf allgemeine Erwägungen, sondern prüfte, ob der Ausschlussgrund konkret auf die jeweiligen Dokumente anwendbar ist. Da diese individuelle Prüfung nicht zu beanstanden war, wurde die Klage des Konkurrenten durch das Gericht abgewiesen.[940]

Selbst wenn man trotzdem die Erforderlichkeit der Versagung des Akteneinsichtsrechtes für das laufende Beihilfeverfahren aus Gründen der Verfahrenseffizienz annehmen würde, stößt sie bei der Prüfung der Angemessenheit auf erhebliche Bedenken. Abzuwägen wäre das Interesse der Konkurrenten, über den Sachverhalt informiert zu werden, um ihr Recht auf Stellungnahme im förmlichen Prüfverfahren und ihr aus Art. 41 Abs. 2 lit. a) GrCh abzuleitendes Anhörungsrecht im Vorprüfungsverfahren effektiv wahrnehmen zu können, mit dem Interesse der Beihilfeempfänger auf Schutz ihrer Geschäftsgeheimnisse, welches die Kommission zu beachten hat. Insbesondere das Argument der Verfahrenseffizienz kann für sich alleine nicht rechtfertigen, den Konkurrenten ein Akteneinsichtsrecht vollkommen zu versagen.[941] Dieses haben Kommission und Rat immer wieder gegen ein Akteneinsichtsrecht der Beteiligten im Beihilfeverfahren

938 EuG, Urteil v. 24.05.2011, verb. Rs. T-109/05 u.a., „*Navigazione Libera del Golfo Srl/Kommission*“, Slg. 2011, II-2479.

939 S. zum Verfahrenshergang EuG, Urteil v. 24.05.2011, verb. Rs. T-109/05 u.a., „*Navigazione Libera del Golfo Srl/Kommission*“, Rn. 15 ff., Slg. 2011, II-2479 sowie *Soltész*, EuZW 2012, 174, 177.

940 EuG, Urteil v. 24.05.2011, verb. Rs. T-109/05 u.a., „*Navigazione Libera del Golfo Srl/Kommission*“, Rn. 130 ff., Slg. 2011, II-2479; s. zu dieser Entscheidung auch *Soltész*, EuZW 2012, 174, 177.

941 Zur Unzulänglichkeit des Argumentes, Akteneinsichtrechte aufgrund der mit ihnen verbundenen Verfahrensverzögerung zu verweigern *de Juan/Rivas*, EStAL 2010, 871, 877.

vorgebracht.[942] Eine Verwaltung muss jedoch ihre Leistungsfähigkeit auch dann aufrechterhalten können, wenn sie mit einer großen Anzahl von Akteneinsichtsbegehren konfrontiert wird.[943] Sie muss Mittel und Wege finden, subjektiven Verteidigungsrechten des Einzelnen Geltung zu verschaffen. Wie bereits erwähnt, hat die Kommission diverse Möglichkeiten, dem Effizienzgrundsatz Geltung zu verschaffen, ohne den Konkurrenten ein Akteneinsichtsrecht völlig zu versagen. So kann sie – wie bereits dargestellt – eine Liste der betreffenden Dokumente zugänglich machen, auf deren Grundlage die Konkurrenten entscheiden, welche Dokumente sie für die Wahrnehmung ihres Anhörungsrechtes benötigen. Die von ihnen verlangten Dokumente können dann insoweit zensiert werden, als es für die Wahrung der Geschäftsgeheimnisse der Beihilfeempfänger, aber womöglich auch aus Gründen der Vertraulichkeit im Interesse von Mitgliedstaaten und Kommission notwendig ist. Dass pauschal für alle Dokumente, welche Gegenstand eines Beihilfeverfahrens sind, die allgemeine Vermutung besteht, „dass durch die Verbreitung der Dokumente der Verwaltungsakte grundsätzlich der Schutz des Zwecks von Untersuchungstätigkeiten beeinträchtigt würde“[944], ist in dieser Absolutheit nicht nachvollziehbar und erkennbar darauf gerichtet, zu verhindern, den Drittbeteiligten weitere Verteidigungsrechte zuzuerkennen.

Letztlich verhindert aber auch an dieser Stelle wiederum das Recht auf gute Verwaltung und sein Teilrecht auf Akteneinsicht in Art. 41 Abs. 2 lit. b) GrCh, dass sich die Kommission bei der Versagung eines Akteneinsichtsrechtes der Konkurrenten ausschließlich auf die Verfahrenseffizienz und die Stellung der Drittbeteiligten als ihre Informationsquellen berufen kann. Im Rahmen einer Abwägung muss das berechtigte Interesse der Konkurrenten an der effektiven Wahrnehmung ihrer Verfahrensrechte ausreichend berücksichtigt werden. Dies gilt umso mehr, als das Ungleichgewicht zwischen der Position der Kommission und der der Drittbeteiligten im Beihilfeverfahren durch die neue VO Nr. 734/2013 weiter vergrößert wurde. Denn die Kommission kann nun von sich aus – unter Aufweichung der bislang ins Feld geführten Bilateralität des Beihilfeverfahrens – Informationen von den Drittbeteiligten einfordern. Dies zeigt einmal mehr, dass die Stellung, die den Drittbeteiligten im Verfahren bislang eingeräumt wurde, von der Praxis, aber auch durch den Unionsgesetzgeber überholt wurde. Verlässt die

---

942 S. hierzu *Sinnaeve*, EuZW 1998, 268, 273; *Pfeffer*, Das Recht auf eine gute Verwaltung, S. 163.

943 EuG, Urteil v. 29.06.1995, Rs. T-30/91, „*Solvay/Kommission*“, Rn. 102, Slg. 1995, II-1775; s. auch *Ruffert*, in: Calliess/Ruffert, EUV/AEUV, Art. 41 GrCh Rn. 17.

944 EuGH, Urteil v. 29.06.2010, Rs. C-139/07, „*Kommission/Technische Glaswerke Ilmenau*“, Rn. 61, Slg. 2010, I-5885.

Kommission bei der Sachverhaltsermittlung auf der einen Seite den bilateralen Weg, kann sie ihn auf der anderen Seite nicht als Argument für eine Versagung von Informationsrechten vorbringen.

Es wird an dieser Stelle nicht nur deutlich, dass die Qualifizierung der Drittbeteiligten als reine Informationsquellen, wie bereits ausgeführt, mit dem Recht auf gute Verwaltung unvereinbar ist, weil dadurch ihre subjektiven, durch Art. 41 Abs. 1, Abs. 2 lit. b) GrCh verbürgten Verfahrensrechte nicht ausreichend beachtet werden. Sondern fraglich ist daneben auch, inwieweit diese Praxis mit dem aus den allgemeinen Rechtsgrundsätzen abgeleiteten rechtsstaatlichen Grundsatz der Waffengleichheit vereinbar ist. Aus ihm folgt bei kontradiktorischen Verfahren der Grundsatz der Gleichheit des Informationsstandes, der denjenigen, gegen den sich das Verfahren richtet, das Akteneinsichtsrecht zusichert.[945] Auch wenn dieser Grundsatz bislang nur bei kontradiktorischen Verfahren angewendet wurde, wurde bereits dargestellt, dass er auch in gewissem Umfang zur Schließung von Rechtsschutzlücken im Beihilfeverfahren im Verhältnis zu den Drittbeteiligten Anwendung finden muss.[946] Nur so kann den subjektiven Rechten der Drittbeteiligten, die ihnen aus Art. 41 GrCh zustehen, zur Geltung verholfen werden.

Zuletzt stellt sich die Frage, ob ein Akteneinsichtsrecht, welches sich auf Art. 41 Abs. 2 lit. b) GrCh stützt, akzessorisch zu einem Anhörungsrecht ist, oder selbstständig geltend gemacht werden kann. Da die Norm dem Wortlaut nach nicht auf eine nachteilige Entscheidung Bezug nimmt, ließe sie auch Spielraum für ein Akteneinsichtsrecht, welches unabhängig von einem Anhörungsrecht besteht.[947] Im Beihilfeverfahren dürften hingegen die Interessen der Drittbeteiligten an einem Recht auf Anhörung und einem Recht auf Akteneinsicht gleichlaufen, sodass sich hier die Frage eines selbstständigen Akteneinsichtsrechtes nicht stellen wird.

Letztlich folgt aus alledem, dass den Konkurrenten ein eingeschränktes, die Geheimhaltungsinteressen der Beihilfeempfänger berücksichtigendes Akteneinsichtsrecht gewährt werden muss. Dies bedeutet, dass es sowohl im Vorprüfungsverfahren vor Erlass einer Positiventscheidung, im Widerspruchsverfahren sowie im Rahmen der Stellungnahme im förmlichen Prüfverfahren geltend gemacht werden kann.

---

945 EuG, Urteil v. 29.06.1995, Rs. T-30/91, „*Solvay/Kommission*", Rn. 83, Slg. 1995, II-1775; s. hierzu auch *Classen*, Gute Verwaltung im Recht der Europäischen Union, S. 310; *Pfeffer*, Das Recht auf eine gute Verwaltung, S. 157 f.; *Gornig/Trüe*, JZ 2000, 395, 405 f.

946 Vgl. Kap. 4.IV.1.

947 *Classen*, Gute Verwaltung im Recht der Europäischen Union, S. 307 Fn. 423; *Jarass*, GrCh, Art. 41 Rn. 24.

(2) Beihilfeempfänger

Die für die Konkurrenten und Beschwerdeführer angebrachten Argumente für und gegen eine Versagung eines Akteneinsichtsrechtes sind auf die Beihilfeempfänger nur bedingt übertragbar. Ihre Geschäftsgeheimnisse müssen sicherlich nicht in ihrem Interesse vor ihnen selbst geheimgehalten werden.[948] Und auch das Argument der Vertraulichkeit der Entscheidungsprozesse ist nur bedingt tauglich, Einschränkungen zu rechtfertigen, wie gleich noch näher ausgeführt wird.

Es lohnt an dieser Stelle, zunächst auf die verschiedenen Interessenslagen der Beihilfeempfänger in den jeweiligen Verfahrensabschnitten einzugehen. Im Vorprüfungsverfahren haben sie ein Interesse daran, dass die Kommission bereits in diesem Verfahrensabschnitt entweder die Beihilfequalität der Maßnahme verneint oder aber eine Positiventscheidung trifft. Um dies zu erreichen, werden sie den Notifikationsprozess intensiv begleiten und gegenüber dem Mitgliedstaat darauf achten, dass dieser seine Verfahrensposition in ihrem Interesse ausfüllt.[949] In diesem Verfahrensstadium stehen den Beihilfeempfängern bislang, mangels Akteneinsichtsrecht, allein die Informationen zur Verfügung, die ihnen von den Mitgliedstaaten übermittelt werden.[950]

Sollte die Kommission hingegen das förmliche Prüfverfahren einleiten, muss ihnen eine aktivere Rolle im Verfahren zugesprochen werden, um ihre Interessen gegenüber der Kommission vertreten zu können. Deshalb sieht Art. 108 Abs. 2 UAbs. 1 AEUV auch für sie ein Recht zur Stellungnahme vor. Da ihnen aber auch in diesem Verfahrensstadium kein Akteneinsichtsrecht zugesprochen wird, können sie wie die Konkurrenten als Informationsquelle nur auf den Eröffnungsbeschluss zurückgreifen.

Gegen ein Akteneinsichtsrecht könnte vorgebracht werden, dass ihr Interesse mit dem des beihilfegewährenden Mitgliedstaates gleichlaufe und sie deshalb ohnehin alle relevanten Informationen vom Mitgliedstaat erhalten.[951] Gegen eine solche Argumentation können aber mehrere Bedenken vorgebracht werden.

Zum einen verkennt sie in einem föderalen Staat die Rolle der handelnden Akteure. Die Notifizierung der Beihilfe und die Verhandlungen mit der Kommission

---

948 So auch *Bartosch*, EuZW 2004, 43, 47.

949 *Bartosch*, RIW 2007, 401, 406.

950 *Bartosch*, RIW 2007, 401, 406.

951 *Nehl*, Europäisches Verwaltungsverfahren und Gemeinschaftsverfassung, S. 69, 260; *Lübbig/Martín-Ehlers*, Beihilfenrecht der EU, S. 331 f., der aber auch darauf hinweist, das Konstellationen denkbar sind, in denen das Interesse von Mitgliedstaat und Beihilfenempfänger nicht gleichläuft; s. auch kritisch zu diesem Argument *Bartosch*, RIW 2007, 401, 406; *ders.*, EStAL 2007, 474, 479 f.

führt in Deutschland das Bundeswirtschaftsministerium. Beihilfen werden hingegen auch von den Ländern gewährt, die jedoch, wie bereits dargelegt, weder zur Notifizierung verpflichtet, noch berechtigt sind. Nun ist es nicht selbstverständlich, dass das Interesse des jeweiligen Bundeslandes mit dem der Bundesregierung konform geht. Gerade in Zeiten, in denen neue Parteien der pluralistischen Parteienlandschaft in Deutschland eine Renaissance zu bescheren scheinen und neue Koalitionsmodelle ausgetestet werden, wird ein solcher Interessensgleichlauf immer mehr zur Seltenheit. Folglich kann auch für Deutschland nicht stets davon ausgegangen werden, dass die Interessen des Beihilfeempfängers, mögen sie auch mit denen des betreffenden Bundeslandes gleichlaufen, auch durch einen entsprechenden Einsatz des Bundeswirtschaftsministeriums in Brüssel zu Gehör gebracht werden.[952]

Zudem ist es durchaus möglich, dass bei föderal gegliederten Staaten die mit der Kommission verhandelnde (Bundes-)Regierung nur unzureichend über die relevanten Fakten informiert ist.[953] Dies kann zur Folge haben, dass das Verfahren seitens der Regierung des betreffenden Mitgliedstaates nachlässig betrieben wird. Ein Beispiel hierfür ist der Fall „Schmitz-Gotha-Fahrwerke", bei dem die Bundesrepublik Deutschland als beihilfegewährender Mitgliedstaat Auskunftsersuchen der Kommission nur unzureichend beantwortete und dadurch das Prüfverfahren für den Beihilfeempfänger einen negativen Ausgang fand.[954] Auch das Gericht hat in der Rechtssache „Életricité de France" eingeräumt, dass der beihilfegewährende Mitgliedstaat und der Beihilfeempfänger unterschiedliche Interessen haben können.[955]

Ausgeklammert wird auch die Verfahrenspraxis der nationalen Behörden. Sie binden die Beihilfeempfänger in der Regel gerade nicht in das Verfahren mit ein.[956] Es verbliebe somit letztlich nur das Argument, dass die Kommission auch bereits in der Rechtssache „Technische Glaswerke Ilmenau" vorgebracht hat: der Schutz

---

952 Aus diesem Grund zu unkritisch einen solchen Interessensgleichlauf zwischen Mitgliedstaat und Beihilfeempfänger generell annehmend *Schütterle*, EuZW 1995, 391, 394; *Kamann*, in: Nowak/Cremer, Individualrechtsschutz in der EG und der WTO, S. 161, 164; auch *Lever*, EStAL 2013, 5, 9 sowie *Gambaro/Mazzocchi*, CMLRev 2016, 385, 410 weisen darauf hin, dass die Interessen der Mitgliedstaaten und die der Beihilfeempfänger durchaus verschieden sein können.

953 *Lever*, EStAL 2013, 5, 9.

954 EuG, Urteil v. 06.04.2006, Rs. T-17/03, „*Schmitz-Gotha Fahrzeugwerke/Kommission*", Rn. 12 ff., Slg. 2006, II-1139; s. hierzu *Bartosch*, RIW 2007, 401, 406.

955 EuG, Urteil v. 15.12.2009, Rs. T-156/04, „*Életricité de France/Kommission*", Rn. 104, Slg. 2009, II-4503. Aus diesem Umstand leitet *Laprévote*, EStAL 2014, 426, 438 das Problem her, dass die unterschiedliche „Nähe" von Drittbeteiligten zu den beihilfegewährenden Mitgliedstaaten zu einer ungleichen Behandlung von Drittbeteiligten führt.

956 *Bartosch*, RIW 2007, 401, 406.

der Vertraulichkeit der Korrespondenzen zwischen Kommission, Mitgliedstaat und den betreffenden Unternehmen. Wie bereits oben erwähnt, ein nicht nur sehr schwaches, sondern auch paradoxes Argument, wenn man bedenkt, dass es sich um die vertraulichen Geschäftsgeheimnisse der Beihilfeempfänger handelt. Der Schutz dieser Geheimnisse wird ausschließlich der Kommission und dem Mitgliedstaat überlassen, wobei die fehlende Einbindung der Beihilfeempfänger auch Fehler bei der Beurteilung der Frage provoziert, ob Unterlagen überhaupt als vertrauliche Geschäftsgeheimnisse einzustufen sind.[957] Beachtlich ist zudem die Tatsache, dass die betreffenden Mitgliedstaaten die Vertraulichkeit der Korrespondenz mit der Kommission durch ein Akteneinsichtsrecht der Beihilfeempfänger allem Anschein nach nicht gefährdet sehen. Anders ist es kaum zu erklären, dass im Rechtsmittelverfahren in der Rechtssache „Technische Glaswerke Ilmenau“ die betroffenen Mitgliedstaaten (Dänemark, Finnland und Schweden) die Technische Glaswerke Ilmenau GmbH und nicht die Kommission unterstützen.[958] Dies legt den Schluss nahe, dass es der Kommission mit diesem vorgeschobenen Argument nur darum geht, ihre eigenen Aussagen und Zwischenfazite während der laufenden Verhandlungen nicht nach außen dringen zu lassen, um eine etwaige Neubewertung nicht zu gefährden.[959]

Für ein Akteneinsichtsrecht der Beihilfeempfänger spricht zuletzt der Umstand, dass ihnen bspw. im Rahmen eines Beschwerdeverfahrens eine detaillierte Auseinandersetzung mit den Argumenten des Beschwerdeführers ermöglicht wird, was letztlich auch zu einer Erleichterung der Entscheidungsfindung der Kommission beitragen kann.[960] Ihr wird dadurch nicht nur eine Überprüfung der Beschwerdepunkte erleichtert, sondern etwaige Beschwerdeführer könnten auch davon abgehalten werden, unvollständige oder irreführende Informationen an die Kommission weiterzuleiten, wenn sie damit rechnen müssen, dass die Beihilfeempfänger diese Punkte richtigstellen werden.[961]

Zuletzt können als Argument für ein Akteneinsichtsrecht auch die wirtschaftlichen Konsequenzen einer Negativentscheidung für den Beihilfeempfänger

---

957 *Laprévote*, EStAL 2014, 426, 431.

958 *De Juan/Rivas*, EStAL 2010, 871, 877 f., die zwar davon ausgehen, dass in bestimmten Verfahren das Risiko besteht, dass Mitgliedstaaten der Kommission Informationen zukommen lassen, die aufgrund ihres vertraulichen Inhaltes nicht den übrigen Beteiligten zugänglich gemacht werden sollten, dieses Risiko aber von den Mitgliedstaaten wohl als nichts besonders akut angesehen werde.

959 *De Juan/Rivas*, EStAL 2010, 871, 878.

960 *Bartosch*, EuZW 2004, 43, 47.

961 *De Juan/Rivas*, EStAL 2010, 871, 878.

vorgebracht werden. Sollte die Beihilfe von der Kommission als nicht mit dem Gemeinsamen Markt vereinbar angesehen werden, kann dies schwerwiegende wirtschaftliche Folgen für den Beihilfeempfänger haben. Dies gilt sowohl in den Fällen, in denen die Beihilfe bereits ausgezahlt und nun mit der Kommissionsentscheidung zurückgezahlt werden muss,[962] als auch dann, wenn die notifizierte, aber nicht genehmigte Beihilfe die wirtschaftliche Zukunft des Beihilfeempfängers sichern sollte. Denn auch wenn dieser gegen die Kommissionsentscheidung klagen kann, dauert es doch viele Jahre, bis eine abschließende gerichtliche Entscheidung vorliegt und die Unsicherheit für ihn beseitigt werden kann.[963]

Letztlich kann festgestellt werden, dass die von der Kommission vorgebrachten Argumente nicht ausreichen bzw. nicht schwer genug wiegen, um den Beihilfeempfängern ein Akteneinsichtsrecht vollkommen zu versagen. Insbesondere die möglichen wirtschaftlichen Konsequenzen einer Negativentscheidung sind so gravierend, dass eine effektive Wahrnehmung des Stellungnahmerechtes für die Beihilfeempfänger unabdingbar ist. Die Regelungen in der VVO, die ihnen kein Akteneinsichtsrecht zuerkennen, schränken demnach ihr Recht aus Art. 41 Abs. 2 lit. b) GrCh in unverhältnismäßiger und somit rechtswidriger Weise ein.

cc) Fazit

Sowohl für Beihilfeempfänger als auch deren Konkurrenten stellt die Versagung eines Akteneinsichtrechtes ein Verstoß gegen Art. 41 Abs. 2 lit. b) GrCh dar.[964] Ohne ein solches Recht können sie ihre Anhörungsrechte nicht effektiv wahrnehmen. Es besteht insbesondere in Hinblick auf die Konkurrenten die Möglichkeit, vertrauliche Dokumente, die Geschäftsgeheimnisse der Beihilfeempfänger beinhalten, zu schwärzen oder ganz von der Akteneinsicht auszunehmen. Die Drittbeteiligten können ansonsten ihr Anhörungsrecht nicht auf einer ausreichenden Informationsgrundlage ausüben. Insbesondere der Eröffnungsbeschluss im förmlichen Prüfverfahren ist, wie bereits dargestellt, als Informationsquelle völlig unzureichend, um auf seiner Grundlage eine Stellungnahme abzugeben.[965]

---

962 *Temple Lang*, The Charter and EU State Aid Procedure, S. 22, Paper presented at the State Aid Modernisation Seminar of the UK State Aid Law Association.

963 *Temple Lang*, The Charter and EU State Aid Procedure, S. 22, Paper presented at the State Aid Modernisation Seminar of the UK State Aid Law Association.

964 So i.E. auch *Temple Lang*, The Charter and EU State Aid Procedure, S. 18, Paper presented at the State Aid Modernisation Seminar of the UK State Aid Law Association. Für ein Akteneinsichtsrecht der Beihilfeempfänger auch *Gambaro/Mazzocchi*, CMLRev 2016, 385, 412.

965 *Koenig*, EWS 2011, Heft 10, Erste Seite.

c) *Ansprüche aus nationalem Recht*

Fraglich ist hingegen, ob diese Informationsdefizite nicht nur durch eine Änderung der VVO, sondern ggf. auch durch nationale Akteneinsichtsrechte kompensiert werden können oder sogar müssen.

aa) Anspruch aus dem Bundesverwaltungsverfahrensgesetz

Zu denken wäre zunächst aus Sicht des deutschen Rechtes an einen Anspruch aus § 29 Abs. 1 S. 1 VwVfG. Diese Vorschrift gewährt den Beteiligten Einsicht in die das Verfahren betreffenden Akten. Die Vorschrift findet hingegen nur im Rahmen eines Verwaltungsverfahrens nach §§ 1, 2, 9 VwVfG Anwendung, was bedeutet, dass ein solches auf den Erlass eines VA oder aber auf den Abschluss eines öffentlich-rechtlichen Vertrages abzielen muss.[966] Da durch die Beantwortung von Auskunftsersuchen der Mitgliedstaaten weder ein VA erlassen noch ein öffentlich-rechtlicher Vertrag geschlossen wird, können sich Beihilfeempfänger nicht auf die Vorschrift berufen.[967]

bb) Anspruch aus dem Bundesinformationsfreiheitsgesetz

Weiterhin könnte sich ein Anspruch aus den Regelungen des Bundesinformationsfreiheitsgesetzes (IFG) ergeben.[968] Nach § 1 Abs. 1 IFG hat jede Person einen Anspruch auf Zugang zu amtlichen Informationen gegen die Behörden des Bundes. Auf diesen Anspruch können sich sowohl natürliche als auch juristische Personen des Privatrechtes berufen.[969] Der Anspruch entfällt hingegen, wenn einer der Ausschlussgründe des § 3 IFG einschlägig ist.

(1) Ausschlussgrund des § 3 Nr. 1 a IFG

Nach § 3 Nr. 1 a IFG entfällt der Anspruch auf Informationszugang, wenn das Bekanntwerden der Information nachteilige Auswirkungen auf internationale Beziehungen haben kann. Geschützt werden durch diesen Ausnahmegrund die diplomatischen Beziehungen der Bundesrepublik Deutschland zu ausländischen Staaten, aber auch zu zwischen- und überstaatlichen Organisationen wie der Euro-

---

966 *Kallerhoff*, in: Stelkens/Bonk/Sachs, VwVfG, § 29 Rn. 13.

967 OVG Berlin-Brandenburg, Beschluss v. 17.10.2011, AZ OVG 10 S 22.11, Rn. 52 f.

968 Auf diese Möglichkeit weisen allgemein *Soltész*, EuZW 2011, 541, 546 sowie *Lübbig/Martín-Ehlers*, Beihilfenrecht der EU, S. 332 hin; s. dazu auch OVG Berlin-Brandenburg, Beschluss v. 17.10.2011, AZ OVG 10 S 22.11, Rn. 54 ff. sowie in der Vorinstanz VG Berlin, Beschluss v. 01.06.2011, Az. 20 L 151.11, Rn. 15 ff.

969 *Debus*, in: Gersdorf/Paal, Informations- und Medienrecht, § 1 IFG Rn. 97.

päischen Union und den Vereinten Nationen.[970] Der Bundesregierung steht in Hinblick auf dieses Schutzgut ein weiter Beurteilungsspielraum zu, da die Verfolgung ihrer außenpolitischen Ziele und ihre dahin gehende Strategie einer gerichtlichen Kontrolle nicht zugänglich sind.[971] Auch existieren keine rechtlichen Vorgaben, wie die Bundesregierung ihre Ziele erreichen und welche Strategie sie hierfür anwenden darf.[972] Zum Merkmal der nachteiligen Auswirkungen hat das BVerwG ausgeführt:

„Nachteil ist, was den außenpolitischen Zielen und der zu ihrer Erreichung verfolgten außenpolitischen Strategie abträglich ist. Wann eine Auswirkung auf die Beziehungen zu einem ausländischen Staat ein solches Gewicht hat, dass sie in diesem Sinne als Nachteil anzusehen ist, hängt ebenfalls von der Einschätzung der Bundesregierung ab. Nur die Bundesregierung kann bestimmen, ob eine von ihr erwartete oder befürchtete Einwirkung auf die auswärtigen Beziehungen mit Blick auf die insoweit verfolgten Ziele hingenommen werden kann oder vermieden werden soll."[973]

Solange die Bundesregierung plausibel und nachvollziehbar darlegen kann, dass die Veröffentlichung der in Rede stehenden Dokumente solche nachteiligen Auswirkungen nach sich ziehen würde, bewegt sie sich im Bereich dieses gerichtlich nicht nachprüfbaren Beurteilungsspielraumes.[974] Im Hinblick auf etwaige Dokumentenzugangsansprüche von Beihilfeempfängern nach dem IFG hat sich das Bundeswirtschaftsministerium darauf berufen, dass die Aushändigung von Verfahrensdokumenten solche nachteiligen Auswirkungen auf die diplomatischen Beziehungen zur Kommission nach sich ziehen würde.[975] Ausgangspunkt scheint auch hier die Ansicht der Kommission zu sein, dass das Vertrauensverhältnis zwischen den Beteiligten durch die Aushändigung der Verfahrensdokumente gestört werden würde. Scheidet demnach ein Anspruch der Beihilfeempfänger aus, so gelten die genannten Erwägungen erst Recht für deren Konkurrenten.

(2) Ausschlussgrund des § 5 Abs. 2 IFG

In Hinblick auf Unterlagen, die Geschäftsgeheimnisse umfassen, ist der Informationszugang nach § 5 Abs. 2 IFG beschränkt. Dieser Ausschlussgrund betrifft in der Regel die Konkurrenten der Beihilfeempfänger. Die nicht von diesem Schutzzweck umfassten Dokumente bleiben hingegen von diesem Ausschlussgrund unberührt.

---

970 *Schirmer*, in: Gersdorf/Paal, Informations- und Medienrecht, § 3 IFG Rn. 49.
971 BVerwG, NVwZ 2010, 321.
972 *Schirmer*, in: Gersdorf/Paal, Informations- und Medienrecht, § 3 IFG Rn. 50.
973 BVerwG, NVwZ 2010, 321, 321 f.
974 BVerwG, NVwZ 2010, 321; VG Berlin, Beschluss v. 01.06.2011, AZ 20 L 151.11, Rn. 15.
975 VG Berlin, Beschluss v. 01.06.2011, AZ 20 L 151.11, Rn. 15.

cc) Anspruch auf Akteneinsicht nach Ermessen

Zwar haben die deutschen Gerichte entschieden, dass losgelöst von normierten Akteneinsichtsrechten die jeweilige Behörde nach pflichtgemäßem Ermessen entscheiden muss, ob eine Akte herausgegebenwerden kann.[976] Hingegen kann davon ausgegangen werden, dass das Ermessen rechtmäßig ausgeübt wurde, wenn bereits kein Anspruch nach dem Informationsfreiheitsgesetz besteht.[977]

dd) Fazit

Die derzeitigen Vorschriften im Bundesverwaltungsverfahrensgesetz erkennen den Drittbeteiligten kein Recht zu, im Vorfeld der Abgabe einer Stellungnahme oder der Beantwortung eines Auskunftsersuchens der Kommission durch die Bundesrepublik Deutschland angehört zu werden, oder Einblick in die Verfahrensakten zu nehmen. Auch Ansprüche aus dem Informationsfreiheitsgesetz sind nach derzeitiger deutscher Rechtslage ebenso wenig durchsetzbar wie ein Akteneinsichtsrecht nach Ermessen. Im Gegensatz zu einem nationalen Anhörungsrecht, welches wie bereits erläutert nicht funktionsgleich mit einem Anhörungsrecht der Drittbeteiligten auf unionaler Ebene sein würde, könnten nationale Akteneinsichtsrechte aber durchaus geeignet sein, in ihrer Wirkung und Funktion dem Schutzinteresse des Art. 41 Abs. 2 lit. b) GrCh zu entsprechen. Als unmittelbarer Verfahrensbeteiligter ist der beihilfegewährende Mitgliedstaat in der Regel im Besitz aller verfahrensrelevanten Akten. Stellt er diese dem Beihilfeempfänger zur Verfügung, ist dessen Informationsinteresse vollumfänglich befriedigt.

Trotzdem sollte ein solches Vorgehen keine Blaupause für die Stärkung der Verfahrensrechte der Drittbeteiligten sein. Wie bereits oben dargestellt, führen nationale Beteiligungsrechte, die sich bei einem von der Kommission geführten Verfahren nur auf Drittbeteiligte aus bestimmten Mitgliedstaaten beziehen, zu ungleichen Bedingungen zwischen den Drittbeteiligten aus verschiedenen Mitgliedstaaten.[978] Auch wenn es den Mitgliedstaaten nicht verwehrt ist, Dritte im Rahmen eines Beihilfeverfahrens national zu beteiligen, muss die Union gleiche Voraussetzungen für alle Drittbeteiligten schaffen. Dass dafür in diesem Fall nicht

---

976 BVerwGE 67, 300, 304 f.; OVG Koblenz, NVwZ 1992, 384; *Kopp/Ramsauer*, VwGO, § 29 Rn. 10; *Ritgen*, in: Knack/Henneke, VwVfG, § 29 Rn. 24.

977 *Ritgen*, in: Knack/Henneke, VwVfG, § 29 Rn. 27.

978 So auch *Laprévote*, EStAL 2014, 426, 431, 438, der aber auch auf die unterschiedliche Behandlung mancher Drittbeteiligter durch den selben Mitgliedstaat hinweist, die abhängig von der jeweiligen „Nähe" des Drittbeteiligten zum beihilfegewährenden Mitgliedstaat sei.

nur ein praktisches Bedürfnis besteht, sondern sie hierzu nach Art. 41 Abs. 2 lit. b) GrCh sogar rechtlich verpflichtet ist, sollte den Handlungsdruck erhöhen. Eine entsprechende Stärkung der Beteiligungsrechte auf nationaler Ebene sollte aufgrund der europaweiten Auswirkungen eines Beihilfeverfahrens und der damit einhergehenden Gefahr unterschiedlicher nationaler Beteiligungsregelungen hinter einer Änderung der VVO zurücktreten. Nur dadurch kann man einheitliche Standards für alle Drittbeteiligten schaffen und der Verantwortung der Union für das Beihilfeverfahren entsprechen. Auch die Ausnahmetatbestände im deutschen Recht, insbesondere zum Schutz der diplomatischen Beziehungen, zeigen, dass der Ball in Brüssel und nicht bei den Mitgliedstaaten liegt. Diese laufen ansonsten Gefahr, mit der Gewährung nationaler Akteneinsichtsrechte die diplomatischen Beziehungen zur Europäischen Union zu belasten.

Kapitel 5: Fazit und Ausblick

Die vorgenommene Untersuchung hat aufgezeigt, dass die derzeitigen Verfahrensrechte der Drittbeteiligten im europäischen Beihilfeverfahren, also der Beihilfeempfänger und ihrer Konkurrenten, zu restriktiv ausgestaltet und nicht mit den primärrechtlichen Vorgaben, insbesondere aus Art. 41 GrCh, vereinbar sind.

Im 1. Teil der Arbeit wurde dargelegt, dass die Rechtsprechung derzeit nicht gewillt ist, den Drittbeteiligten Verfahrensrechte zuzugestehen, die diesen nicht ausdrücklich in der VVO bzw. in den Verträgen garantiert werden. Dies betrifft insbesondere das Anhörungsrecht der Konkurrenten im Vorprüfungsverfahren und das Akteneinsichtsrecht der Drittbeteiligten. Die Verfahrensstellung der Drittbeteiligten wurde zudem durch die Verordnung Nr. 734/2013 weiter geschwächt, in der der Kommission Ermittlungsbefugnisse gegenüber den Drittbeteiligten zur Hand gereicht wurden.

Im 2. Teil wurde festgestellt, dass die Defizite an verfahrensrechtlichem Rechtsschutz der Drittbeteiligten auch nicht durch das gerichtliche Verfahren kompensiert werden können. Dies liegt maßgeblich daran, dass die Unionsgerichte der Kommission bei ihren Beihilfeentscheidungen einen weiten Spielraum belassen, den sie nur sehr eingeschränkt überprüfen.

Sodann wurde im 3. Teil untersucht, welche Funktionen das Verwaltungsverfahren erfüllen soll und dabei im Ergebnis festgehalten, dass durch die beschränkten Verfahrensrechte der Drittbeteiligten viele dieser Funktionen nur unzureichend zur Geltung kommen. Dies betrifft insbesondere die Rechtsschutz- und Befriedungsfunktion. Solange sich die Konkurrenten der Beihilfeempfänger nicht – über das reine Beschwerderecht hinaus – aktiv in das Vorprüfungsverfahren einbringen können, werden sie keine andere Möglichkeit als den Klageweg sehen, um ihre Interessen und Kritikpunkte vorzubringen.

Im 4. Teil hat sich die Arbeit mit der Frage beschäftigt, ob sich aus dem Primärrecht, insbesondere aus dem „Recht auf gute Verwaltung“ aus Art. 41 GrCh, neue rechtliche Impulse in Hinblick auf die Verfahrensrechte der Drittbeteiligten ableiten lassen. Im Ergebnis ist dies zu bejahen, wobei die konkreten Auswirkungen für die einzelnen, in dieser Untersuchung betrachteten Verfahrensrechte getrennt zusammengefasst werden müssen.

I. Das Recht auf Anhörung von Konkurrenten im Vorprüfungsverfahren

Die Diskussion um eine Anhörung der Konkurrenten im Vorprüfungsverfahren wird durch Art. 41 GrCh in zweifacher Hinsicht beeinflusst:

Zum einen ist das „Recht auf gute Verwaltung“, welches lediglich in der Überschrift des Art. 41 GrCh auftaucht, als verfassungsrechtliche Zielbestimmung ausgestaltet.[979] Es dient hingegen nicht als unmittelbar einklagbares subjektives Recht, sondern bedarf einer Konkretisierung durch den Gesetzgeber. Insbesondere hat es aber die Funktion, bei der Ausgestaltung von Verfahrensrechten auf deren Stärkung hinzuwirken. Denn in der Sache stellt es Anforderungen an das Verfahrensrecht in Hinblick auf Dienstleistungsorientiertheit und Bürgerfreundlichkeit. Dies ergibt sich aus einem Rechtsvergleich, insbesondere mit dem angelsächsischen und skandinavischen Rechtssystem.[980] Gerade im finnischen Verfahrensrecht haben diese Aspekte eine vorbildliche einfachgesetzliche Konkretisierung erfahren. Eine bürgerfreundliche und dienstleistungsorientierte Verwaltung muss die Bedürfnisse der Bürgerinnen und Bürger verstärkt in den Blick nehmen und das Prinzip der Verfahrenseffizienz nicht alleine in den Vordergrund stellen. Für das Beihilfeverfahren bedeutet dies, dass es das „Recht auf gute Verwaltung“ nicht zulässt, allein mit dem Verweis auf eine drohende Verfahrensverzögerung den Konkurrenten der Beihilfeempfänger ein Anhörungsrecht im Vorprüfungsverfahren zu versagen.

Zum anderen ist das Recht auf Anhörung in Art 41 Abs. 2 lit. a) GrCh in seinem persönlichen Schutzbereich sehr weit gefasst und umfasst somit auch Dritte, die durch eine für sie negative Entscheidung in ihren Rechten unmittelbar und individuell betroffen sind.[981] Damit geht der persönliche Schutzbereich dieses Rechtes über das hinaus, was die Unionsgerichte derzeit im Beihilfeverfahren den Konkurrenten an Verfahrensrechten zuerkennen. Daraus folgt noch nicht, dass die Einschränkung der Verfahrensrechte der Konkurrenten, wie sie derzeit sowohl in der VVO als auch durch die Rechtsprechung vorgenommen wird, nicht gerechtfertigt sein kann. Ausschlaggebend ist hier eine Abwägung der verschiedenen, kollidierenden Interessen.[982] Die Gerichte scheinen derzeit nach wie vor ein fehlendes Anhörungsrecht im Vorprüfungsverfahren damit zu rechtfertigen, dass fehlende Beteiligungsrechte im Verwaltungsverfahren durch gerichtlichen

979 Vgl. Kap. 4.I.2.

980 Vgl. Kap. 4.I.1.

981 Vgl. Kap. 4.I.4.a).

982 S. zum Anhörungsrecht im Vorprüfungsverfahren Kap. 4.III.2.b).cc).

Rechtsschutz kompensiert werden. Hingegen verhindert der von den Gerichten im Rahmen der Beihilfeentscheidung der Kommission anerkannte weite Beurteilungsspielraum eine dahin gehende vollwertige Kompensation. Rechtsschutz durch Verfahren ist unter diesen Voraussetzungen nicht zu ersetzen. Auch der Verweis auf die Pflicht der Kommission, den Sachverhalt unvoreingenommen und sorgfältig zu prüfen, kann das fehlende Anhörungsrecht nicht kompensieren. Denn nach der Rechtsprechung der Unionsgerichte sind Maßstab dieser beiden Grundsätze nur die Informationen, die der Kommission im Zeitpunkt ihrer Entscheidung zugrunde lagen. Hat eine Anhörung hingegen nicht stattgefunden, hatte die Kommission folglich auch keinerlei Kenntnis von den Bedenken und Eingaben der Konkurrenten des Beihilfeempfängers. Die Gerichte haben entschieden, dass die Kommission gerade nicht verpflichtet ist, alle potentiellen Eingaben und Beschwerdepunkte, die die Konkurrenten vorgebracht hätten, wenn sie angehört worden wären, zu berücksichtigen.

Als gewichtiges Argument für die Versagung eines Anhörungsrechtes der Konkurrenten im Vorprüfungsverfahren verbleibt einzig die längere Verfahrensdauer. Ein unbegrenztes Anhörungsrecht würde das Interesse der Kommission, aber auch der beihilfegewährenden Mitgliedstaaten und erst Recht der Beihilfeempfänger tangieren, denen allesamt daran gelegen ist, dass offensichtlich mit dem Gemeinsamen Markt vereinbare Beihilfen oder solche staatlichen Leistungen, die offensichtlich schon keine Beihilfe darstellen, ohne Verzögerung genehmigt werden können, um eine drohende wirtschaftliche Schieflage des Beihilfeempfängers, womöglich sogar eine drohende Insolvenz, abwenden zu können. Eine angemessene Verfahrensdauer ist wie auch das Prinzip der Rechtssicherheit Bestandteil des Rechtsstaatsprinzips. Letzterem muss durch eine zeitnahe Verwaltungsentscheidung Geltung verschafft werden.

Auf der anderen Seite sprechen gewichtige Gründe für die Anerkennung eines Anhörungsrechtes der Konkurrenten im Vorprüfungsverfahren. Zunächst kann auf weitere Bereiche des europäischen Wirtschaftsrechtes wie das Fusionsverfahren verwiesen werden, in dem Konkurrenten auch im Vorprüfungsverfahren ein solches Recht zugesprochen wird. Die Interessen der Konkurrenten im Fusionsverfahren sind mit denen der Konkurrenten im Beihilfeverfahren durchaus vergleichbar, und auch der Charakter des Vorprüfungsverfahrens als ein Verfahrensabschnitt, der der Kommission einen ersten Überblick über den Sachverhalt verschaffen soll, hat diese im Fusionsverfahren bislang – im Gegensatz zum Beihilfeverfahren – nicht davon abgehalten, Stellungnahmen von Drittbeteiligten entgegenzunehmen.[983]

---

983 Vgl. Kap. 3.III.1.a).

Für ein Anhörungsrecht spricht zudem der fehlende Suspensivrechtsschutz der Konkurrenten. Ist eine Beihilfe von der Kommission im Vorprüfungsverfahren genehmigt worden, verbleibt den Konkurrenten nur der Klageweg. Auch die Tatsache, dass in den allermeisten Fällen Beihilfeverfahren im Vorprüfungsverfahren erledigt werden, spricht dafür, den Konkurrenten in diesem Verfahrensabschnitt zu beteiligen, weil sie ansonsten überhaupt keine Möglichkeit haben, auf das Verfahren Einfluss zu nehmen. Für eine Stärkung der Verfahrensposition der Drittbeteiligten allgemein spricht aber nicht zuletzt auch, wie oben dargestellt, die Funktion des „Rechtes auf gute Verwaltung" im weiteren Sinne. Als verfassungsrechtliche Zielbestimmung beinhaltet es den Auftrag an Legislative, Exekutive und Judikative, die Verwaltung bürgernah und dienstleistungsorientiert auszugestalten. Dies verlangt nicht zuletzt ein besonderes Maß an Einbindung des Bürgers in das Verwaltungsverfahren.

Die aufgeführten gegenläufigen verfassungsrechtlich geschützten Interessen sind im Wege der praktischen Konkordanz in Ausgleich zu bringen.[984] Diese Untersuchung hat dabei zwei sich gegenseitig ergänzende Reformansätze aufgezeigt. Zum einen soll den Beschwerdeführern ein Anhörungsrecht für den Fall zugesprochen werden, dass die Kommission am Ende des Vorprüfungsverfahrens eine verfahrensabschließende Entscheidung treffen möchte.[985] Beabsichtigt sie, eine solche Entscheidung zu treffen, muss sie zuvor die Beschwerdeführer anhören.

Die Beschränkung dieses Rechtes in persönlicher Hinsicht auf die Beschwerdeführer ist deshalb gerechtfertigt, weil sie den Adressatenkreis in zumutbarer Weise einschränkt, sind es doch gerade die Beschwerdeführer, die durch ihre Beschwerde ihre besondere Betroffenheit manifestieren. Damit sie von ihrem Beschwerderecht überhaupt effektiv Gebrauch machen können, muss ein einheitliches, öffentliches Notifizierungsregister geschaffen werden, aus dem problemlos alle neuen Notifizierungen zu entnehmen sind. Dadurch wird es den Beschwerdeführern überhaupt erst ermöglicht, von einer Notifizierung Kenntnis zu erlangen und eine Beschwerde einzulegen.

In zeitlicher Hinsicht sollte das Recht zur Anhörung der Konkurrenten erst am Ende des Vorprüfungsverfahrens ausgeübt werden können. Erst zu diesem Zeitpunkt hat die Kommission die wesentliche Sach- und Rechtslage ermittelt. Ein Wertungswiderspruch zum förmlichen Prüfverfahren, bei dem das Recht zur Stellungnahme zu Beginn des Verfahrens wahrgenommen werden kann, entsteht deshalb nicht, weil sich die Drittbeteiligten bei der Ausübung dieses Rechtes auf

---

984 Vgl. Kap. 4.III.2.b).cc).(3).

985 Vgl. Kap. 4.III.5.b).

den Eröffnungsbeschluss stützen können, der von der Kommission im Amtsblatt veröffentlicht wird und eine Zusammenfassung der wesentlichen Sach- und Rechtslage enthält.

Die sachliche Einschränkung auf verfahrensabschließende Entscheidungen ergibt sich daraus, dass in den übrigen Fällen das förmliche Prüfverfahren eröffnet wird, in dem die Drittbeteiligten ohnehin eine Stellungnahme abgeben können. Aus Gründen der Effektivität des Vorprüfungsverfahrens sollte das Anhörungsrecht zeitlich eng begrenzt werden, sodass für die Abgabe einer Stellungnahme nicht mehr als zwei Wochen Zeit eingeräumt werden sollte. Hingegen soll bei überwiegendem Unionsinteresse der Kommission die Möglichkeit eröffnet werden, von einer Anhörung der Beschwerdeführer abzusehen.

Um in dieser letzteren Konstellation den Beschwerdeführern trotzdem eine Möglichkeit zu eröffnen, außerhalb eines gerichtlichen Verfahrens die Kommission zu einer Änderung ihrer Entscheidung zu bewegen, soll den Beschwerdeführern Gelegenheit gegeben werden, in einem Widerspruchsverfahren die Entscheidung der Kommission überprüfen zu lassen.[986] Dieses Widerspruchsverfahren ist fakultativ und somit keine Voraussetzung für eine Klageerhebung. Die obligatorische Durchführung eines solchen Verfahrens entbehrt nach geltendem Recht einer primärrechtlichen Grundlage und würde folglich eine Änderung der Verträge verlangen. Der Widerspruch darf zudem keinen Suspensiveffekt erzeugen, um den Zweck des Vorprüfungsverfahrens, innerhalb einer zweimonatigen Frist zu einer Entscheidung zu kommen, nicht ad absurdum zu führen.

Bei der konkreten Ausgestaltung dieses Widerspruchsverfahrens ist jedoch das Rad nicht neu zu erfinden. Gerade vor dem Hintergrund, dass die Union seit längerem Pläne für ein einheitliches Verwaltungsverfahrensrecht verfolgt, sollten die Verfahrensregelungen in den verschiedenen Teilbereichen des Unionsrechtes so weit wie nur möglich homogene Grundstrukturen aufweisen. Da die Letztentscheidungskompetenz für die, auch wirtschaftspolitisch beeinflusste, Beihilfeentscheidung nach den Grundsätzen, die der Gerichtshof in der Rechtssache „Meroni“ und in der „Leerverkaufsentscheidung“ aufgestellt hat, nicht an externe Ausschüsse oder Agenturen delegiert werden darf, liegt ein Vergleich mit dem im Bankenaufsichtsrecht bedeutsamen Art. 24 SSM-VO auf der Hand. Auch hier muss einem Unionsorgan, der EZB, nach überwiegender, aber nicht unumstrittener Auffassung die Letztentscheidung über die bankenaufsichtsrechtliche Maßnahme überlassen werden. Im Falle eines Widerspruches ist zunächst ein mit Experten besetzter administrativer Überprüfungsausschuss zuständig,

---

986 S. hierzu Kap. 4.III.5.c).

der, sollte er den Widerspruch als zulässig und in der Sache begründet befinden, dem EZB-Aufsichtsgremium eine Stellungnahme mit dem Ziel der Ausarbeitung eines neuen Beschlussentwurfes zuleitet. Das Aufsichtsgremium legt dem EZB-Rat daraufhin einen neuen, die Stellungnahme des Überprüfungsausschusses berücksichtigenden, Beschlussentwurf vor.

Dies vorangestellt, sollte im Beihilfeverfahren bei einem Widerspruch eines Beschwerdeführers dieser zunächst von einem mit Experten besetzten Überprüfungsausschuss angehört werden. Dort hat er Gelegenheit, seine Argumente und Kritikpunkte vorzubringen. Der Überprüfungsausschuss legt der Kommission als abschließend entscheidende Widerspruchsbehörde einen Entscheidungsentwurf vor, an den die Kommission hingegen nicht gebunden ist. Sie kann darüber hinaus den Sachverhalt weiter untersuchen und den Widerspruchsführer – ggf. nur zu einzelnen Aspekten – erneut anhören. Innerhalb der Kommission ist organisatorisch dafür Sorge zu tragen, dass zunächst die für die Ausgangsentscheidung zuständige Abteilung über den Widerspruch entscheidet. Hilft diese dem Widerspruch nicht ab, leitet sie den Widerspruch an eine gesonderte Widerspruchsabteilung innerhalb der Kommission weiter, die nicht in das Ausgangsverfahren involviert war und unmittelbar dem Generaldirektor der „Generaldirektion für Wettbewerb" untersteht.

Durch die Anhörung des Beschwerdeführers im Widerspruchsverfahren wird insbesondere erreicht, dass die Kommission sich nun, i. d. R. erstmals, ausführlich mit seinen Bedenken und Kritikpunkten auseinandersetzen und auf diese in ihrer Widerspruchsentscheidung eingehen muss, will sie nicht gegen den Grundsatz der sorgfältigen und unvoreingenommenen Untersuchung des Sachverhaltes verstoßen. Bei Verstoß gegen diese Grundsätze sind dem Beschwerdeführer auch im Falle der Zurückweisung des Widerspruches durch den Klageweg neue Chancen eröffnet.

II. Mündliche Anhörung und die Behandlung verspäteter Stellungnahmen

Einen Anspruch auf eine *mündlicheAnhörung* können Drittbeteiligte jedoch weder im Vorprüfungsverfahren, noch im Rahmen der Wahrnehmung ihres Stellungnahmerechtes in der förmlichen Prüfphase geltend machen. Dies würde über das hinausgehen, was Art. 41 GrCh als Mindestschutz voraussetzt und den Konkretisierungsspielraum des Sekundärrechtsgesetzgebers zu weit einschränken.[987]

987 Vgl. Kap. 4.IV.1.

Hingegen folgt aus dem „Recht auf gute Verwaltung", dass es der Kommission verwehrt ist, ohne weiteres eine verspätete oder ergänzende Stellungnahme zurückzuweisen.[988] Dies gilt zum einen für die Stellungnahme Drittbeteiligter im förmlichen Prüfverfahren, zum anderen aber auch entsprechend für das hier geforderte Anhörungsrecht der Beschwerdeführer in der Vorprüfungsphase. Im Rahmen einer Abwägung hat die Kommission festzustellen, ob die verspäteten Informationen für das Verfahren von Relevanz sind und ob durch ihre Berücksichtigung das Verfahren unverhältnismäßig verzögert wird. Diese Vorgabe folgt wiederum aus der Zielrichtung des Art. 41 GrCh, die subjektiven Interessen des Bürgers vermehrt in den Blick zu nehmen. Das Abwägungserfordernis ist dabei erneut Ausdruck der praktischen Konkordanz, durch die gerade dieses Interesse der Drittbeteiligten mit dem Erfordernis der Verfahrenseffizienz in Ausgleich gebracht werden muss.

Auf eine Änderung der entsprechenden Vorschrift in Art. 6 Abs. 1 S. 2 VVO kann hingegen zugunsten einer primärrechtskonformen Auslegung der Norm verzichtet werden. Anknüpfungspunkt bietet hier der Zweck der Frist, welche eine Verfahrensverzögerung verhindern soll. Wird das Verfahren durch die Berücksichtigung der verspäteten bzw. ergänzenden Stellungnahme aber nicht oder nur unwesentlich verzögert, wird dieser mit der Frist verfolgte Zweck trotzdem erreicht. Aus Gründen der Rechtssicherheit und Transparenz sollte die Berücksichtigung verspäteter bzw. ergänzender Stellungnahmen unter den genannten Voraussetzungen aber Eingang in geschriebene Rechtsquellen finden. Da es sich hierbei – wie dargestellt – um eine konkrete Ausgestaltung der schon im Primär- und Sekundärrecht vorhandenen Rechte handelt, ist eine entsprechende Kodifizierung im Verhaltenskodex für die Durchführung von Beihilfeverfahren zu empfehlen. Gerade durch die Bekanntmachungen und Kodizes kann das Recht auf gute Verwaltung in seinen konkreten Ausprägungen dadurch behutsam in das Unionsrecht hineinwirken.

III. Akteneinsichtsrecht der Drittbeteiligten

Auch die derzeitige Versagung jeglicher Akteneinsicht für die Drittbeteiligten in beiden Verfahrensstadien verstößt gegen die primärrechtlichen Vorgaben aus Art. 41 Abs. 2 lit. b) GrCh.[989] In diesem Bereich wird ebenfalls deutlich, dass die von Kommission und Rechtsprechung vorgebrachten Argumente gegen ein Akteneinsichtsrecht der Drittbeteiligten nicht durchgreifen können. Da diese von ihrem

---

988 Vgl. Kap. 4.IV.2.

989 Vgl. Kap. 4.V.2.

Recht auf Anhörung nur effektiv Gebrauch machen können, wenn Sie auf eine ausreichende Informationsgrundlage zurückgreifen können, ist die völlige Versagung jedweder Akteneinsicht ein unverhältnismäßiger Eingriff in ihre Grundrechtsposition. Das Argument der Kommission, die Geschäftsgeheimnisse der betreffenden Unternehmen schützen zu müssen, kann mit dem Einwand, die in Rede stehenden Dokumente zu selektieren und die betreffenden Passagen zu schwärzen, entkräftet werden. Auch das Interesse an einer „vertrauensvollen Zusammenarbeit" kann die Beschränkungen nicht rechtfertigen, im Gegenteil: vertrauensvolle Zusammenarbeit setzt voraus, dass jeder Beteiligte, seiner Rolle im Verfahren angemessen, über den Stand des laufenden Verfahrens informiert wird. Die derzeitige Verfahrensstellung der Drittbeteiligten ist wohl, berücksichtigt man die doch sehr schwachen und in sich oftmals nicht stimmigen Argumente der Kommission, auch ein Ausdruck eines veralteten Transparenzverständnisses, welches innerhalb des unionalen Rechtssystems nicht mehr zeitgemäß ist. Ausschlaggebend für die Gewährung eines Akteneinsichtsrechtes sind aber auch hier wiederum die oben genannten Argumente, die mit dem „Recht auf gute Verwaltung", aber auch mit dem Effekt der Kodifizierung des Akteneinsichtsrechtes in der Grundrechtecharta einhergehen.

IV. Ausblick

Die zurückliegende Untersuchung hat aufgezeigt, dass die Diskussion über die Verfahrensrechte im Unionsrecht allgemein, und im Beihilfeverfahren speziell, durch das „Recht auf gute Verwaltung" aus Art. 41 GrCh neuen Auftrieb bekommen hat. Dabei war die Diskussion über die beschränkten Verfahrensrechte der Drittbeteiligten im Beihilfeverfahren in den vergangenen Jahren auch in großer Regelmäßigkeit zum Anlass genommen worden, sich insgesamt mit der Weiterentwicklung von Verfahrensrecht auf europäischer Ebene, insbesondere vor dem Hintergrund der Gewährleistung subjektiven Rechtsschutzes, auseinanderzusetzen. Diese allgemeine, für die Weiterentwicklung europäischer Verfahrensrechte äußerst fruchtbare Diskussion, hat nun durch Art. 41 GrCh in dem Sinne neue Impulse erhalten, als mit der Kodifizierung des bereits durch Richterrecht begründeten „Rechtes auf gute Verwaltung" der Wille des Primärrechtsgesetzgebers zum Ausdruck gebracht wurde, Verfahrensrechte stärker in den Fokus zu rücken. Dies kann und muss zugleich als Gestaltungsaufgabe für den Unionsgesetzgeber selbst bei dem Erlass von Sekundärrecht verstanden werden,will er nicht gegen das unionale Kohärenzgebot verstoßen.

Soweit das „Recht auf gute Verwaltung" verlangt, dass Verfahrensrechte im Beihilfeverfahren in ihrer konkreten Ausprägung weitergehender verstanden werden müssen als derzeit von der Kommission praktiziert, ist eine entsprechende Änderung der Kommissionspraxis über den Verhaltenskodex für die Durchführung des Beihilfeverfahrens herbeizuführen. Da er als unverbindliches Regelungswerk im Gegensatz zur VVO flexibel geändert bzw. ergänzt werden kann, ist er ein geeignetes Mittel, um den neuen Anforderungen an das „Recht auf gute Verwaltung“ Geltung zu verschaffen. Soweit das „Recht auf gute Verwaltung“ hingegen neue, noch nicht kodifizierte Verfahrensrechte wie das hier untersuchte Recht der Beschwerdeführer auf Anhörung im Vorprüfungsverfahren verlangt, ist eine Ergänzung der VVO jedoch unumgänglich.

Die von Art. 41 GrCh ausgehenden Impulse müssen aber auch als Signal an die Rechtsprechung verstanden werden, nicht von ihrem progressiven Kurs bei der Ausgestaltung und Weiterentwicklung von Verfahrensrechten abzuweichen. Insbesondere das „Recht auf gerechte Verwaltung“ ist bewusst offen formuliert worden, um der Rechtsprechung bestimmte Freiheiten bei der Ausgestaltung und Konkretisierung von Verfahrensrecht zu gewähren. Von diesen Freiheiten sollten und müssen die Unionsgerichte fortan Gebrauch machen. Die Entwicklung des europäischen Verfahrensrechtes belegt, dass die wichtigen Impulse von der Rechtsprechung und nicht vom Unionsgesetzgeber ausgehen. Die bisherigen Kodifizierungen, seien es die Regelungen in Art. 41 GrCh, oder aber auch die Verfahrensordnungen in bestimmten Teilbereichen des Unionsrechtes, gehen allesamt auf die Rechtsprechung der Unionsgerichte zurück. In dieser Tradition stehen diese in der Verantwortung, die Weiterentwicklung des Verfahrensrechtes voranzutreiben. Art. 41 GrCh gibt ihnen dafür den nötigen Spielraum. Und auch die Beibehaltung der Regelung in Art. 6 Abs. 3 EUV zeigt auf, dass die Rechtsprechung der Gerichte zu den allgemeinen Rechtsgrundsätzen nach wie vor ein wichtiger Teil des Primärrechtes bleiben soll, wenngleich der Vorrang des geschriebenen Rechtes Grenzen für das Richterrecht aufzeigt.

Für die hier geforderten Verfahrensrechte bedeutet dies jedoch nicht, dass die Rechtsprechung den Drittbeteiligten im europäischen Beihilfeverfahren die Stellung als Verfahrensbeteiligte zuerkennen muss. Deren Qualifizierung als reine Informationsquellen der Behörde wird den Rechten, die ihnen aus der Grundrechtecharta verliehen wurden, jedoch nicht mehr gerecht. Da die Kommission und der Unionsgesetzgeber sich derzeit wohl nicht in der Lage sehen, die genannten verfassungsrechtlich bedingten Schritte zu gehen,[990] sollte der Gerichtshof

990 *Temple Lang* weist hier zu Recht darauf hin, dass das alleinige Gesetzesinitiativrecht der Kommission gerade bei für aus deren Sicht negativen Gesetzesänderungen Probleme nach sich zieht, weil solche Gesetzesänderungen nur selten zustande kommen, s. *Temple Lang*, The Charter and EU State Aid Procedure, S. 23, Paper presented at the State Aid Modernisation Seminar of the UK State Aid Law Association.

seine bisherige Rechtsprechung aufgeben und die entsprechenden, hier vorgeschlagenen Rechtsänderungen vollziehen und damit auf eine Änderung der VVO hinwirken, um Rechtsklarheit zu schaffen. Anknüpfungspunkt könnte die bereits begründete Rechtsprechung der Unionsgerichte sein, dass die Beteiligten unter Berücksichtigung der Umstände des Einzelfalls angemessen am Verfahren beteiligt werden müssen. Bislang haben die Gerichte aus dieser Vorgabe weder ein Anhörungsrecht in der Vorprüfungsphase noch Akteneinsichtsrechte der Drittbeteiligten abgeleitet. Die Auswirkungen von Art. 41 GrCh könnten zum Anlass genommen werden, dies zu überdenken.

Zuletzt bleibt zu hoffen, dass der Unionsgesetzgeber das geplante einheitliche europäische Verwaltungsverfahrensrecht zum Anlass nimmt, auch die Rechte Drittbeteiligter stärker zu harmonisieren. Eine solche Harmonisierung sollte auch deren Verfahrensposition weiter stärken, wenngleich auch ein europäisches Verwaltungsverfahrensrecht ausreichend Spielraum für sektorspezifische Sonderreglungen lassen muss, um eine sachwidrige Behandlung von bestimmten Sachverhalten zu verhindern.[991] Das neue Verwaltungsverfahrensrecht bietet aber ausreichend Gelegenheit, die verschiedenen Verfahrensrechte auf ihre Kompatibilität mit den Vorgaben aus Art. 41 GrCh zu überprüfen und etwaige primärrechtlich bedingte Korrekturen vorzunehmen.[992] Durch die Akzentuierung von Verfahrensrechten in Art. 41 GrCh wurde den Unionsorganen auferlegt, die Ausgestaltung von Rechtsschutz im Verwaltungsverfahren in jeglichen Rechtsbereichen der Union auf den Prüfstand zu stellen. Diese bewusste Entscheidung des Primärrechtsgesetzgebers dürfen weder die Unionsgerichte, noch der Sekundärrechtsgesetzgeber ignorieren.

991 *Guckelberger*, NVwZ 2013, 601, 605.

992 Zu den Vor- und Nachteilen eines europäischen Verwaltungsverfahrensrechtes *Guckelberger*, NVwZ 2013, 601. Zurückhaltend hinsichtlich seiner Realisierung *Kahl*, DVBl. 2012, 602, 608.

Literaturverzeichnis

Alio, Tarec: Die Neufassung der Brüssel I-Verordnung, *NJW* 2014, S. 2395–2400.

Arnauld, Andreas von: Normenhierarchien innerhalb des primären Gemeinschaftsrechts. Gedanken im Prozess der Konstitutionalisierung Europas., EuR 2003, S. 191–216.

Bader, Johann/Ronellenfitsch, Michael (Hg.): Beck'scher Online-Kommentar VwVfG mit VwVG und VwZG, 37. Edition, München 2017.

Bartosch, Andreas: Beihilfenrechtliches Verfahren und gerichtlicher Rechtsschutz, ZIP 2000, S. 601–609.

Bartosch, Andreas: 5 Jahre Verfahrensverordnung in Beihilfesachen, eine Zwischenbilanz, EuZW 2004, S. 43–49.

Bartosch, Andreas: Die Verfahrensordnung in Beihilfesachen – Notwendigkeit und Chancen einer Generalüberholung, RIW 2007, S. 401–410.

Bartosch, Andreas: The Procedural Regulation in State Aid Matters, EStAL 2007, S. 474–483.

Bartosch, Andreas: EU-Beihilfenrecht. Art. 106–109 AEUV, De-minimis-Verordnung, DAWI-Paket, Allgemeinde Gruppenfreistellungsverordnung sowie Verfahrensverordnung, Kommentar, 2. Aufl., München 2016.

Bast, Joachim: Der Grundsatz des rechtlichen Gehörs im Gemeinschaftsrecht, RIW 1992, S. 742–747.

Bauer, Ralf: Das Recht auf eine gute Verwaltung im europäischen Gemeinschaftsrecht. Inhalt, Anwendungsbereich und Einschränkungsvoraussetzungen des Grundrechts auf eine gute Verwaltung in Artikel 41 der Charta der Grundrechte der Europäischen Union, Frankfurt am Main, New York 2002.

Becker, Thomas: Die Beihilfenkontrolle unter dem Einfluss der Verfahrensverordnung Nr. 659/1999/EG, EWS 2007, S. 255–262.

Berg, Werner/Mäsch, Gerald (Hg.): Deutsches und Europäisches Kartellrecht, 2. Aufl., Köln 2015.

Bergmann, Jan (Hg.): Handlexikon der Europäischen Union, 5. Aufl., Baden-Baden 2015.

Bernsdorff, Norbert/Borowsky, Martin: Die Charta der Grundrechte der Europäischen Union. Handreichungen und Sitzungsprotokolle, Baden-Baden 2002.

Bieber, Roland/Epiney, Astrid/Haag, Marcel: Die Europäische Union. Europarecht und Politik, 8. Aufl., Baden-Baden 2009.

Bierschenk, Michaela/Dechent, Fabian: Einschreiten der „Aufsicht über die Aufsicht" als Rechtsschutzziel vor dem Beschwerdeausschuss der EU-Finanzmarktaufsichtsbehörden, EuZW 2016, S. 572–577.

Birnstiel, Alexander/Bungenberg, Marc/Heinrich, Helge: Europäisches Beihilfenrecht, Baden-Baden 2013.

Bogdandy, Armin von/Bast, Jürgen (Hg.): Europäisches Verfassungsrecht. Theoretische und dogmatische Grundzüge. 2. Aufl., Dordrecht 2009.

Bonin,Andreas von/Kadar, Massimiliano: Comission v Scott–How much freedom for the Commission in „Complex Economic Assessment" Cases?, EStAL 2011, S. 105–111.

Bornkamm, Joachim/Montag, Frank/Säcker, Franz Jürgen: Münchener Kommentar Europäisches und Deutsches Wettbewerbsrecht. Kartellrecht, Missbrauchs- und Fusionskontrolle. Band 1: Europäisches Wettbewerbsrecht, 2. Aufl., München 2015.

Bourquain, Knut: Die Förderung guten Verwaltungshandelns durch Kodizes, DVBl. 2008, S. 1224–1233.

Bronett, Georg-Klaus de: Europäisches Kartellverfahrensrecht. Kommentar zur VO 1/2003, 2. Aufl., Köln 2012.

Bull, Hans Peter/Mehde, Veith: Allgemeines Verwaltungsrecht mit Verwaltungslehre, 9. Aufl., Heidelberg 2015.

Bullinger, Martin: Nationales Verwaltungsverfahren im Vorfeld europäischer Rechtsangleichung. Die Ermittlung des Sachverhalts, EuR-Beiheft 1995, S. 35–48.

Bullinger, Martin: Das Recht auf eine gute Verwaltung nach der Grundrechtecharta der EU, in: Eberle, Carl-Eugen/Ibler, Martin/Lorenz, Dieter (Hg.): Der Wandel des Staates vor den Herausforderungen der Gegenwart. Festschrift für Winfried Brohm zum 70. Geburtstag, München 2002, S. 25–33.

Burgi, Martin: Verwaltungsverfahrensrecht zwischen europäischem Umsetzungsdruck und nationalem Gestaltungswillen, JZ 2010, S. 105–112.

Calliess, Christian: Die Charta der Grundrechte der Europäischen Union – Fragen der Konzeption, Kompetenz und Verbindlichkeit, EuZW 2001, S. 261–268.

Calliess, Christian/Ruffert, Matthias: EUV, AEUV. Das Verfassungsrecht der Europäischen Union mit Europäischer Grundrechtecharta, Kommentar, 5. Aufl., München 2016.

Classen, Claus Dieter: Strukturunterschiede zwischen deutschem und europäischem Verwaltungsrecht, NJW 1995, S. 2457–2464.

Classen, Kai-Dieter: Gute Verwaltung im Recht der Europäischen Union. Eine Untersuchung zu Herkunft, Entstehung und Bedeutung des Art. 41 Abs. 1 und 2 der Europäischen Grundrechtecharta, Berlin 2008.

Cuculoska, Irena: The Right to Good Administration of the EU: Definition, Scope and Content, Iustinianus Primus Law Review 2014, No. 9, Vol. 5, S. 1–22, abrufbar unter http://law-review.mk/pdf/09/Irena%20Cuculoska.pdf (letzter Zugriff: 07.09.2016).

Danwitz, Thomas von: Der Grundsatz der Verhältnismäßigkeit im Gemeinschaftsrecht, EWS 2003, S. 393–402.

Danwitz, Thomas von: Europäisches Verwaltungsrecht, Berlin 2008.

Degenhart, Christoph: Das Verwaltungsverfahren zwischen Verwaltungseffizienz und Rechtsschutzauftrag, DVBl. 1982, S. 872–886.

Degenhart, Christoph: Staatsrecht I. Staatsorganisationsrecht. Mit Bezügen zum Europarecht, 33. Aufl., Heidelberg 2017.

Donat, Christoph von: Anm. zu EuGH, Urteil v. 24. 5. 2011, Rs. C-83/09 P, EuZW 2011, S. 595–597.

Ehlermann, Claus-Dieter: Die Errichtung des Europäischen Fonds für währungspolitische Zusammenarbeit, EuR 1973, S. 193–208.

Epiney, Astrid: Die Rechtsprechung des EuGH im Jahr 2014. Europäisches Verfassungsrecht, NVwZ 2015, S. 704–715.

Fengler, Nico: Die Anhörung im europäischen Gemeinschaftsrecht und deutschen Verwaltungsverfahrensrecht. Zugleich eine rechtsvergleichende Untersuchung unter Berücksichtigung des Fehlerfolgenregimes, Frankfurt am Main 2003.

Frenz, Walter: Handbuch Europarecht. Band 4: Europäische Grundrechte, Berlin 2009.

Galetta, Diana-Urania: Inhalt und Bedeutung des europäischen Rechts auf eine gute Verwaltung, EuR 2007, S. 57–81.

Gambaro, Edoardo/Mazzocchi, Francesco: Private parties and State aid procedures: A critical analysis of the changes brought by Regulation 734/2013, CMLRev 2016, S. 385–417.

Gassner, Ulrich: Rechtsgrundlagen und Verfahrensgrundsätze des Europäischen Verwaltungsverfahrensrechts, DVBl. 1995, S. 16–24.

Gerhardus, Julia: Konkurrentenschutz im europäischen und nationalen Bankenaufsichtsrecht, Baden-Baden 2013.

Gersdorf, Hubertus/Paal, Boris (Hg.): Beck'scher Online-Kommentar Informations- und Medienrecht, 18. Edition, München 2017.

Goerlich, Helmut: Good Governance und Gute Verwaltung, DÖV 2006, S. 313–323.

Gornig, Gilbert/Trüe, Christiane: Die Rechtsprechung des EuGH und des EuG zum Europäischen Verwaltungsrecht–Teil 1, JZ 2000, S. 395–406.

Grabitz, Eberhard/Hilf, Meinhard/Nettesheim, Martin (Hg.): Das Recht der Europäischen Union, 62. EL, München, Stand Juli 2017.

Grimm, Dieter: Verfahrensfehler als Grundrechtsverstöße, NVwZ 1985, S. 865–872.

Groeben, Hans von der/Schwarze, Jürgen/Hatje, Armin (Hg.): Europäisches Unionsrecht. Vertrag über die Europäische Union, Vertrag über die Arbeitsweise der Europäischen Union, Charta der Grundrechte der Europäischen Union, 7. Aufl., Baden-Baden 2015.

Grzeszick, Bernd: Das Grundrecht auf eine gute Verwaltung - Strukturen und Perspektiven des Charta-Grundrechts auf eine gute Verwaltung, EuR 2006, S. 161–181.

Guckelberger, Annette: Gibt es bald ein unionsrechtliches Verwaltungsverfahrensgesetz?, NVwZ 2013, S. 601–607.

Gundel, Jörg: Der Schutz des Wettbewerbers im EU-Beihilfenrecht, WiVerw 2011, S. 242–255.

Gundel, Jörg: Der beschränkte Anwendungsbereich des Charta-Grundrechts auf gute Verwaltung: Zur fortwirkenden Bedeutung der allgemeinen Rechtsgrundsätze als Quelle des EU-Grundrechtsschutzes, EuR 2015, S. 80–91.

Haibach, Georg: Die Rechtsprechung des EuGH zu den Grundsätzen des Verwaltungsverfahrens, NVwZ 1998, S. 456–462.

Haratsch, Andreas/Koenig, Christian/Pechstein, Matthias: Europarecht, 10. Aufl., Tübingen 2016.

Härtel, Ines: Rettungsanker für das Widerspruchsverfahren?, VerwArch 98 (2007), S. 54–77.

Heidenhain, Martin: Zur Klagebefugnis Dritter in der europäischen Fusionskontrolle, EuZW 1991, S. 590–595.

Heidenhain, Martin: Handbuch des Europäischen Beihilfenrechts, München 2003.

Hilf, Meinhard: Die Organisationsstruktur der Europäischen Gemeinschaften. Rechtliche Gestaltungsmöglichkeiten und Grenzen, Berlin, Heidelberg, New York 1982.

Hirsch, Günter: Europarechtliche Perspektiven der Verwaltungsgerichtsbarkeit, VBlBW 2000, S. 71–75.

Huck, Winfried: Das System des rechtlichen Gehörs im europäisch geprägten Verwaltungsverfahren, EuZW 2016, S. 132–136.

Immenga, Ulrich: Die europäische Fusionskontrolle im wettbewerbspolitischen Kräftefeld, Tübingen 1993.

Immenga, Ulrich/Mestmäcker, Ernst-Joachim (Hg.): Wettbewerbsrecht. Band 1: EU, Kommentar zum Europäischen Kartellrecht, 5. Aufl., München 2012.

Immenga, Ulrich/Mestmäcker, Ernst-Joachim (Hg.): Wettbewerbsrecht. Band 3: Beihilfenrecht/Sonderbereiche, Kommentar, 5. Aufl., München 2016.

Jarass, Hans D.: Das Recht auf eine gute Verwaltung, insb. auf ein faires Verwaltungsverfahren, in: Baumeister, Peter/Roth, Wolfgang/Ruthig, Josef (Hg.): Staat, Verwaltung und Rechtsschutz. Festschrift für Wolf-Rüdiger Schenke zum 70. Geburtstag, Berlin 2011, S. 849–862.

Jarass, Hans D.: Charta der Grundrechte der Europäischen Union. Unter Einbeziehung der vom EuGH entwickelten Grundrechte, der Grundrechtsregelungen der Verträge und der EMRK, Kommentar, 3. Aufl., München 2016.

Johlen, Heribert/Oerder, Michael (Hg.): Münchener Anwalts Handbuch Verwaltungsrecht, 4. Aufl., München 2017.

Juan, María Muñoze de/Rivas, Jose Manuel Panero: The ECJ's Backlash on Access to Documents in the Commission's File on State Aid Cases by Private Parties, EStAL 2010, S. 871–880.

Kahl, Wolfgang: Grundrechtsschutz durch Verfahren in Deutschland und in der EU, VerwArch 95 (2004), S. 1–37.

Kahl, Wolfgang: Lücken und Ineffektivitäten im Europäischen Verfahrensverbund am Beispiel des Rechts auf Anhörung, DVBl. 2012, S. 602–608.

Kamann, Hans-Georg: Verfahrensrechtlicher und gerichtlicher Individualrechtsschutz im EG-Beihilfenkontrollrecht aus der Sicht der Praxis, in: Nowak, Carsten/Cremer, Wolfram (Hg.): Individualrechtsschutz in der EG und der WTO. Der zentrale und dezentrale Rechtsschutz natürlicher und juristischer Personen in der Europäischen Gemeinschaft und der Welthandelsorganisation, Baden-Baden 2002, S. 161–176.

Kańska, Klara: Towards Administrative Human Rights in the EU. Impact of the Charter of Fundamental Rights, ELJ 2004, S. 296–326.

Kaufmann, Marcel: Integrierte Staatlichkeit als Staatsstrukturprinzip, JZ 1999, S. 814–822.

Kiethe, Kurt: Schadensersatzansprüche konkurrierender Wettbewerber bei rechtswidrig ausgereichten Beihilfen im Sinne von Art. 87 EG, RIW 2004, S. 579–587.

Kilb, Wolfgang: Europäische Agenturen und ihr Personal – die großen Unbekannten?, EuZW 2006, S. 268–273.

Kingreen, Thorsten: Die Gemeinschaftsgrundrechte, JuS 2000, S. 857–865.

Kischel, Uwe: Die Kontrolle der Verhältnismäßigkeit durch den Europäischen Gerichtshof, EuR 2000, S. 380–402.

Kizil, Baran C.: EU-Grundrechtsschutz im Vertrag von Lissabon, JA 2011, S. 277–281.

Kling, Michael/Thomas, Stefan: Kartellrecht, 1. Aufl., München 2007.

Klingbeil, Frank Thilo: Das Beihilfeverfahren nach Art. 93 EG-Vertrag. Verfahrensablauf – Rechte der Beteiligten – Rechtsschutzmöglichkeiten, Baden-Baden 1998.

Knack, Hans J./Henneke, Hans-Günter (Hg.): Verwaltungsverfahrensgesetz (VwVfG). Kommentar, 10. Aufl., Köln 2014.

Knemeyer, Franz Ludwig: Von der rechtmäßigen zur auch guten Verwaltung. Zum Instrument einer selbst gesetzten Behördenverfassung, in: Baumeister, Peter/Roth, Wolfgang/Ruthig, Josef (Hg.): Staat, Verwaltung und Rechtsschutz. Festschrift für Wolf-Rüdiger Schenke zum 70. Geburtstag, Berlin 2011, S. 933–944.

Koenig, Christian: Die Totalverweigerung innerstaatlicher Beteiligungsrechte während des EU-beihilferechtlichen Vorprüfungsverfahrens…, EWS 2011, Heft 10, Erste Seite.

Koenig, Christian: Innerstaatliche Gewährung von Beteiligtenrechten im EU-beihilferechtlichen Verfahrensduopol zwischen Kommission und Mitgliedsstaat, BRZ 2011, S. 74–77.

Koenig, Christian/Kühling, Jürgen/Ritter, Nicolai: EG-Beihilfenrecht. Mit zahlreichen Übersichten und Tabellen, 2. Aufl., Frankfurt am Main 2005.

Kopp, Ferdinand O./Ramsauer, Ulrich: Verwaltungsverfahrensgesetz. Kommentar, 18. Aufl., München 2017.

Kopp, Ferdinand O./Schenke, Wolf-Rüdiger (Hg.): Verwaltungsgerichtsordnung. Kommentar, 23. Aufl., München 2017.

Koppensteiner, Hans-Georg (Hg.): Österreichisches und europäisches Wirtschaftsprivatrecht. Teil 8/2: Staatliche Beihilfen, Wien 2000.

Körber, Torsten: Die Konkurrentenklage im Fusionskontrollrecht der USA, Deutschlands und der Europäischen Union, Baden-Baden 1996.

Kruse, Eberhard: Bemerkungen zur gemeinschaftlichen Verfahrensordnung für die Beihilfekontrolle – Erwägungen zu einzelnen Verfahrensregelungen und zu Rechtsschutzmöglichkeiten, NVwZ 1999, S. 1049–1056.

Kühling, Jürgen: Die Zukunft des Europäischen Agentur(un)wesens – oder: Wer hat Angst vor Meroni?, EuZW 2008, S. 129.

Kuusikko, Kirsi: Advice, Good Administration and Legitimate Expectations: Some Comparative Aspects, European Public Law 2001, S. 455–472.

Lais, Martina: Das Recht auf eine gute Verwaltung unter besonderer Berücksichtigung der Rechtsprechung des Europäischen Gerichtshofs, ZEuS 2002, S. 447–482.

Lampert, Thomas: Dezentrale Beihilfenaufsicht durch Konkurrentenklagen vor den nationalen Gerichten der Mitgliedstaaten, EWS 2001, S. 357–364.

Lange, Knut Werner: Beteiligungsrechte Dritter im europäischen Fusionskontrollverfahren, in: Ebenroth, Carsten Thomas/Hesselberger, Dieter/Rinne, Manfred Eberhard (Hg.): Verantwortung und Gestaltung. Festschrift für Karlheinz Boujong zum 65. Geburtstag, München 1996, S. 885–918.

Laprévote, François-Charles: A Missed Opportunity? State aid Modernization and Effective Third Parties Rights in State Aid Proceedings, EStAL 2014, S. 426–439.

Lehmann, Matthias/Manger-Nestler, Cornelia: Einheitlicher Europäischer Aufsichtsmechanismus: Bankenaufsicht durch die EZB, ZBB/JBB, S. 1–21.

Lenaerts, Koen/Vanhamme, Jan: Procedural Rights of Private Parties in the Community administrative Process, CMLRev 1997, S. 531–569.

Lever, Jeremy: EU State Aid Law – Not a Pretty Sight, EStAL 2013, S. 5–10.

Loewenheim, Ulrich/Meessen, Karl M./Riesenkampff, Alexander/Kersting, Christian/Meyer-Lindemann, Hans Jürgen (Hg.): Kartellrecht. Europäisches und Deutsches Recht, 3. Aufl., München 2016.

Lübbig, Thomas: Anm. zu EuGH, Urteil v. 15.02.2001, Rs. C-99/98–1101, EuZW 2001, S. 179–180.

Lübbig, Thomas/Martín-Ehlers, Andrés: Beihilfenrecht der EU. Das Recht der Wettbewerbsaufsicht über staatliche Beihilfen in der Europäischen Union, 2. Aufl., München 2009.

Ludwig, Claus: Zum Verhältnis zwischen Grundrechtecharta und allgemeinen Grundsätzen, EuR 2011, S. 715–735.

Lumma, Moritz: Die Stellung Dritter in der Beihilfekontrolle, EuZW 2004, S. 457–461.

Mann, Thomas/Sennekamp, Christoph/Uechtritz, Michael (Hg.): Verwaltungsverfahrensgesetz – VwVfG, Baden-Baden 2014.

Martín-Ehlers, Andrés: Staatliche Beihilfen: Ein Plädoyer für Verfahrensrechte in der Vorprüfungsphase nach Art. 93 Abs. 3 EGV, EWS 1998, S. 245–248.

Martín-Ehlers, Andrés: Die Bindungswirkung einer Eröffnungsentscheidung der Kommission im Beihilferecht, EuZW 2014, S. 247–252.

Maunz, Theodor/Dürig, Günter (Begr.): Grundgesetz. Kommentar. Hg. v. Roman Herzog, 81. EL, München, Stand September 2017.

Mestmäcker, Ernst-Joachim/Schweitzer, Heike: Europäisches Wettbewerbsrecht, 2. Aufl., München 2004.

Meyer, Jürgen (Hg.): Charta der Grundrechte der Europäischen Union, 4. Aufl., Baden-Baden 2014.

Miersch, Michael: Kommentar zur EG-Verordnung Nr. 4064/89 über die Kontrolle von Unternehmenszusammenschlüssen, Neuwied 1991.

Lord Millett, Peter: The Right to Good Administration in European Law, Public Law 2002, S. 309–322.

Montag, Frank/Säcker, Franz Jürgen (Hg.): Münchener Kommentar zum Europäischen und Deutschen Wettbewerbsrecht (Kartellrecht). Band 3: Beihilfen- und Vergaberecht, München 2011.

Morgenstern, Christian: Die unmögliche Tatsache, abrufbar unter http://gutenberg.spiegel.de/buch/christian-morgenstern-gedichte-9419/75 (letzter Zugriff: 20.01.2018).

Mülbert, Peter O.: Zusagen im deutschen und europäischen Fusionskontrollrecht, ZIP 1995, S. 699–712.

Müller-Graff, Peter-Christian (Hg.): Enzyklopädie Europarecht. Band 4: Europäisches Wirtschaftsordnungsrecht, Baden-Baden 2015.

Müller-Ibold, Till: The AEA Proposal for a Regulation on State Aid Procedure, EuZW 1996, S. 677–682.

Nehl, Hanns Peter: Europäisches Verwaltungsverfahren und Gemeinschaftsverfassung. Eine Studie gemeinschaftsrechtlicher Verfahrensgrundsätze unter besonderer Berücksichtigung „mehrstufiger" Verwaltungsverfahren, Berlin 2002.

Nehl, Hanns Peter: The Imperfect Procedural Status of Beneficiaries of Aid in EC State Aid Proceedings, EStAL 2006, S. 57–63.

Nehl, Hanns Peter: 2013 Reform of EU State Aid Procedures: How to Exacerbate the Imbalance between Efficiency and Individual Protection, EStAL 2014, S. 235–249.

Nicolaysen, Gert: Europarecht I, 2. Aufl., Baden-Baden 2002.

Niemivou, Matti: The Finnish Administrative Procedure Act, European Public Law 2004, S. 461–468.

Nöhmer, Sabrina: Das Recht auf Anhörung im europäischen Verwaltungsverfahren. Tübingen 2013.

Nowak, Carsten: Die Entwicklung des EG-Beihilfenkontrollrechts in den Jahren 1998, 1999 und 2000, EuZW 2001, S. 293–306.

Nowak, Carsten: Grundrechtlicher Drittschutz im EG-Beihilfenkontrollverfahren, DVBl. 2000, S. 20–27.

Nowak, Carsten: Informations- und Dokumentenzugangsfreiheit in der EU– Neuere Entwicklungen und Perspektiven –, DVBl. 2004, S. 272–281.

Nowak, Carsten: Grundrechtsschutz im Europäischen Wettbewerbsrecht, in: Behrens, Peter/Braun, Ellen/ders. (Hg.): Europäisches Wettbewerbsrecht im Umbruch. Forum Wissenschaft und Praxis zum Internationalen Wirtschaftsrecht, Baden-Baden 2004, S. 23–71.

Oppermann, Thomas/Classen, Claus Dieter/Nettesheim, Martin: Europarecht. Ein Studienbuch, 7. Aufl., München 2016.

Pache, Eckhard: Die Europäische Grundrechtscharta – ein Rückschritt für den Grundrechtsschutz in Europa?, EuR 2001, S. 475–494.

Pampel, Gunnar: Rechtsnatur und Rechtswirkungen horizontaler und vertikaler Leitlinien im reformierten europäischen Wettbewerbsrecht, Baden-Baden 2005.

Parpworth, Neil: Constitutional and administrative law, Eighth edition, Oxford 2014.

Peers, Steve/Hervey, Tamara/Kenner, Jeff/Ward, Angela (Hg.): The EU Charter of Fundamental Rights. A commentary, Oxford 2014.

Pfeffer, Kristin: Das Recht auf eine gute Verwaltung. Art. II-101 der Grundrechtecharta des Vertrages über eine Verfassung für Europa. Baden-Baden 2006.

Philipp, Otmar: Verwaltungsrecht: Initiative für ein EU-Verwaltungsverfahrensrecht, EuZW 2013, S. 124.

Pietsch, Jörg: Die Grundrechtecharta im Verfassungskonvent, ZRP 2003, S. 1–4.

Pietzcker, Jost: Verfahrensrechte und Folgen von Verfahrensfehlern, in: Geis, Max-Emanuel/Lorenz, Dieter (Hg.): Staat, Kirche, Verwaltung. Festschrift für Hartmut Maurer zum 70. Geburtstag, München 2001.

Pitz, Johann: Torpedos unter Beschuss, GRUR Int 2001, S. 32–37.

Plappert, Liesa: Die neue Beihilfeverfahrensverordnung unter besonderer Beachtung der Auskunftsersuchen an Marktteilnehmer, EuZW 2014, S. 216–220.

Posser, Herbert/Wolff, Heinrich Amadeus (Hg.): Verwaltungsgerichtsordnung, 2. Aufl., München 2014.

Priebe, Reinhard: Entscheidungsbefugnisse vertragsfremder Einrichtungen im europäischen Gemeinschaftsrecht, Baden-Baden 1979.

Priebe, Reinhard: Agenturen der Europäischen Union – Europäische Verwaltung durch eigenständige Behörden, EuZW 2015, S. 268–273.

Reufels, Martin J.: Europäische Subventionskontrolle durch Private. Partizipation der Unternehmen an der EG-Wettbewerbsaufsicht über staatliche Beihilfen, Köln 1997.

Riedel, Eibe: Europäische Verwaltungsverfahrenssysteme im Vergleich. Sachverhaltsermittlung und Rechte der Betroffenen, EuR-Beiheft 1995, S. 49–73.

Rosenfeld, Katrin: Das Verfahrensrecht der gemeinschaftsrechtlichen Beihilfenaufsicht. Die primärrechtliche Regelung und ihre Ausgestaltung durch die Verfahrensverordnung, Baden-Baden 2000.

Rüssel, Ulrike: Zukunft des Widerspruchsverfahrens, NVwZ 2006, S. 523–528.

Ruthig, Josef: Aktuelle Entwicklungen der Finanzmarktaufsicht in Europa, in: Seok, Jong Hyun/Ziekow, Jan (Hg.): Der Staat als Wirtschaftssubjekt und -regulierer. Vorträge auf dem 5. koreanisch-deutschen Symposium zum Verwaltungsrechtsvergleich 2012 am 24. August 2012 in Daegu, Berlin 2013.

Ruthig, Josef: Aktuelle Reformen des Beihilferechts: Modernisierung oder Paradigmenwechsel?, ZG 2014, S. 136–152.

Ruthig, Josef/Storr, Stefan: Öffentliches Wirtschaftsrecht, 4. Aufl., Heidelberg 2015.

Schloh, Bernhard/Hoenike, Mark: Die Anforderungsfrist bei der Konkurrentenklage im Beihilfenrecht nach Art. 173 EGV, EuZW 1997, S. 398–402.

Schmidt-Aßmann, Eberhard: Verwaltungslegitimation als Rechtsbegriff, AöR 116 (1991), S. 329–390.

Schmitz, Thomas: Die Grundrechtecharta als Teil der Verfassung der Europäischen Union, EuR 2004, S. 691–713.

Schneider, Jens-Peter: Konkurrentenklagen als Instrumente der europäischen Beihilfeaufsicht, DVBl. 1996, S. 1301–1309.

Schoch, Friedrich/Schneider, Jens-Peter/Bier, Wolfgang (Hg.): Verwaltungsgerichtsordnung. Kommentar, 32. EL, München, Stand Oktober 2016.

Schohe, Gerrit/Hoenike, Mark: Die Rechtsprechung von EuGH und EuG zu staatlichen Beihilfen in den Jahren 1996 und 1997, EuZW 1997, S. 741–748.

Schröder, Meinhard: Wirkungen der Grundrechtecharta in der europäischen Rechtsordnung, JZ 2002, S. 849–854.

Schröder, Meinhard: Das Recht auf gute Verwaltung bei mitgliedstaatlicher Durchführung des Unionsrechts, in: Sachs, Michael/Siekmann, Helmut/Blanke, Hermann-Josef/Dietlein, Johannes/Nierhaus, Michael/Püttner, Günter (Hg.): Der grundrechtsgeprägte Verfassungsstaat. Festschrift für Klaus Stern zum 80. Geburtstag, Berlin 2012, S. 933–943.

Schroeder, Werner/Sild, Judith: Kontrolldichte im EU-Beihilferecht, EuZW 2014, S. 12–17.

Schröter, Helmuth/Jakob, Thinam/Klotz, Robert/Mederer, Wolfgang (Hg.): Europäisches Wettbewerbsrecht. Großkommentar. 2. Aufl., Baden-Baden 2014.

Schulte, Martin/Kloos, Joachim (Hg.): Handbuch Öffentliches Wirtschaftsrecht. Grundlagen, Beihilfen, Öffentliche Unternehmen, Gewerberecht, Umweltrecht, Regulierungsrecht, München 2016.

Schulte-Herbrüggen, Elena: Der Grundrechtsschutz in der Europäischen Union nach dem Vertrag von Lissabon, ZEuS 2009, S. 343–377.

Schulze-Fielitz, Helmuth: Neue Kriterien für die verwaltungsgerichtliche Kontrolldichte bei der Anwendung unbestimmter Rechtsbegriffe, JZ 1993, S. 772–781.

Schütterle, Peter: Das Interesse der Konkurrenten in der EG-Beihilfenkontrolle nach Art. 92 ff. EGV, EuZW 1994, S. 265–269.

Schütterle, Peter: Die Beihilfekontrollpraxis der Europäischen Kommission im Spannungsfeld zwischen Recht und Politik, EuZW 1995, S. 391–396.

Schwarze, Jürgen: Konvergenz im Verwaltungsrecht der EU-Mitgliedstaaten, DVBl. 1996, S. 881–889.

Schwarze, Jürgen: Der Grundrechtsschutz für Unternehmen in der Europäischen Grundrechtecharta, EuZW 2001, S. 517–524.

Schwarze, Jürgen: Geschriebene und ungeschriebene Regeln des europäischen Verwaltungsrechts, in: Köck, Heribert Franz/Lengauer, Alina/Ress, Georg (Hg.): Europarecht im Zeitalter der Globalisierung. Festschrift für Peter Fischer: Beiträge zum europäischen Verfassungs- und Wirtschaftsverfassungsrecht sowie zum europäischen und internationalen Wirtschaftsrecht, Wien 2004, S. 487–509.

Schwarze, Jürgen: Europäisches Verwaltungsrecht. Entstehung und Entwicklung im Rahmen der Europäischen Gemeinschaft, 2. Aufl., Baden-Baden 2005.

Schwarze, Jürgen: Verfahren und Rechtsschutz im europäischen Wirtschaftsrecht, DVBl. 2010, S. 1325–1333.

Schwarze, Jürgen: EU-Kommentar, 3. Aufl., Baden-Baden 2012.

Seitz, Claudia: Grundrechtsschutz durch Verfahrensrecht, EuZW 2015, S. 273–276.

Siegel, Thorsten: Die Widerspruchskammer im System des europäischen Verwaltungsrechtsschutzes – Wesen und Funktionsweise der Widerspruchskammer nach der neuen REACH-Verordnung für Chemikalien, EuZW 2008, S. 141–144.

Sinnaeve, Adinda: Der Konkurrent im Beihilfeverfahren nach der neuesten EuGH-Rechtsprechung, EuZW 1995, S. 172–176.

Sinnaeve, Adinda: Der Kommissionsvorschlag zu einer Verfahrensordnung für die Beihilfenkontrolle, EuZW 1998, S. 268–273.

Sinnaeve, Adinda: Die neue Verfahrensordnung in Beihilfensachen – Ein weiterer Schritt bei der Reform des Beihilfenrechts, EuZW 1999, S. 270–277.

Soltész, Ulrich: Die Rechtsprechung der Unionsgerichte zum Beihilferecht im Jahre 2010, EuZW 2011, S. 541–548.

Soltész, Ulrich: Die Rechtsprechung der Unionsgerichte zum Beihilferecht im Jahre 2011, EuZW 2012, S. 174–181.

Soltész, Ulrich: Nach der Reform ist vor der Reform – Herausforderungen für die künftige europäische Beihilfekontrolle, EuZW 2015, S. 277–280.

Soltész, Ulrich: Die Entwicklung des europäischen Beihilferechts in 2015, EuZW 2016, S. 87–94.

Soltész, Ulrich/Hellstern, Mara: Reform des Beihilfeverfahrens im Rahmen der State Aid Modernisation – Einige Überlegungen aus Sicht der Praxis, BRZ 2013, S. 3–10.

Sonder, Nicolas: Rechtsschutz gegen Maßnahmen der europäischen Finanzaufsichtsagenturen, BKR 2012, S. 8–12.

Soria, José Martínez: Die Kodizes für gute Verwaltungspraxis – ein Beitrag zur Kodifikation des Verwaltungsverfahrensrechts der EG, EuR 2001, S. 682–705.

Stein, Torsten: „Bananen-Split"? – Entzweien sich BVerfG und EuGH über den Bananenstreit?, EuZW 1998, S. 261–264.

Stein, Torsten: Haben die Engländer nicht eigentlich recht? Bemerkungen zu einer verpassten Chance für die Europäische Grundrechtecharta, EuZ 2008, S. 37–43.

Steiner, Udo: Verwaltungsverfahren und Grundrechte, NZS 2002, S. 113–118.

Stelkens, Ulrich: Der Eigenwert des Verfahrens im Verwaltungsrecht, DVBl. 2010, S. 1078–1086.

Stelkens, Paul/Bonk, Joachim/Sachs, Michael (Hg.): Verwaltungsverfahrensgesetz. Kommentar, 8. Aufl., München 2014.

Stern, Klaus/Sachs, Michael: Europäische Grundrechte-Charta: GRCh. Kommentar, München 2016.

Stöbener, Patricia Sarah: Nur noch „gute Beihilfen"? – ZumAbschluss der Beihilferechtsreform, EuZW 2014, S. 601–602.

Streckert, Oliver: Verwaltungsinterner Unionsrechtsschutz. Kohärenter Rechtsschutz durch Einführung eines Widerspruchskammermodells für die Europäische Kommission, Tübingen 2016.

Streinz, Rudolf: EUV/AEUV. Vertrag über die Europäische Union und Vertrag über die Arbeitsweise der Europäischen Union, 2. Aufl., München 2012.

Suerbaum, Joachim: Die Schutzpflichtdimension der Gemeinschaftsgrundrechte, EuR 2003, S. 390–416.

Sydow, Gernot: Die Vereinheitlichung des mitgliedstaatlichen Vollzugs des Europarechts in mehrstufigen Verwaltungsverfahren, Die Verwaltung 34 (2001), S. 517–542.

Sydow, Gernot: Verwaltungskooperation in der Europäischen Union. Zur horizontalen und vertikalen Zusammenarbeit der europäischen Verwaltungen am Beispiel des Produktzulassungsrechts, Tübingen 2004.

Temple Lang, John: The Charter and EU State Aid Procedure. Paper presented at the State Aid Modernisation Seminar of the UK State Aid Law Association, abrufbar unter http://uksala.org/wp-content/uploads/2014/11/JTL-paper-on-State-aid-procedure.docx (letzter Zugriff: 11.09.2016).

Terhechte, Jörg Philipp (Hg.): Konstitutionalisierung und Normativität der europäischen Grundrechte, Tübingen 2011.

Terhechte, Jörg Philipp: Verwaltungsrecht der Europäischen Union. Zur Ausdifferenzierung und Globalisierung der europäischen Verwaltungsrechtsordnung, Baden-Baden 2011.

Tettinger, Peter J./Stern, Klaus (Hg.): Kölner Gemeinschaftskommentar zur Europäischen Grundrechte-Charta, München 2006.

Vedder, Christoph/Heintschel von Heinegg, Wolff (Hg.): Europäisches Unionsrecht. EUV, AEUV, Grundrechte-Charta; Handkommentar; mit den vollständigen Texten der Protokolle und Erklärungen und des EAGV, Baden-Baden 2011.

Veelken, Winfried/Karl, Matthias/Richter, Stefan: Die europäische Fusionskontrolle. Grundzüge und Einzelfragen zur Verordnung (EWG) Nr. 4064/89, Tübingen 1992.

Voßkuhle, Andreas: Das Kompensationsprinzip. Grundlagen einer prospektiven Ausgleichsordnung für die Folgen privater Freiheitsbestätigung – Zur Flexibilisierung des Verwaltungsrechts am Beispiel des Umwelt- und Planungsrechts, Tübingen 1999.

Wade, William/Forsyth, C. F.: Administrative law, Eleventh edition, Oxford 2014.

Wagner, Anne: Die Stellung des Wettbewerbers im Beihilfenaufsichtsverfahren der Europäischen Gemeinschaft, Frankfurt am Main 2001.

Wahl, Rainer: Das Verhältnis von Verwaltungsverfahren und Verwaltungsprozessrecht in europäischer Sicht, DVBl. 2003, S. 1285–1293.

Weis, Hubert: Außervertragliche Institutionen der Gemeinschaft. Das Europäische Markenamt als Beispiel, EuR 1980, S. 273–285.

Weiß, Wolfgang: Rechtsschutz von Unternehmen im EU-Beihilferecht, ZHR 180 (2016), S. 80–130.

Winter, Gerd: Kompetenzverteilung und Legitimation in der Europäischen Mehrebenenverwaltung, EuR 2005, S. 255–276.

Woehrling, Jean-Marie: Die deutsche und die französische Verwaltungsgerichtsbarkeit an der Schwelle zum 21. Jahrhundert, NVwZ 1998, S. 462–467.

Woll, Udo: Beihilfenreform aus der Sicht von Unternehmen unter besonderer Berücksichtigung der Verfahrensreform, in: Immenga, Ulrich/Körber, Torsten (Hg.): Beihilfenrecht in der Krise–Reform des Beihilfenrechts. Referate der 3. Göttinger Kartellrechtsgespräche vom 25. Oktober 2013, Baden-Baden 2014, S. 101–140.

www.ingramcontent.com/pod-product-compliance
Ingram Content Group UK Ltd.
Pitfield, Milton Keynes, MK11 3LW, UK
UKHW020713041026
15590UKWH00002B/637

9 783631 749111